Hommel, Fritz

Zeitschrift für Keilschriftforschung und verwandte Gebiete

Hommel, Fritz

Zeitschrift für Keilschriftforschung und verwandte Gebiete

Inktank publishing, 2018

www.inktank-publishing.com

ISBN/EAN: 9783747777299

ZEITSCHRIFT

FÜR

KEILSCHRIFTFORSCHUNG

UND VERWANDTE GEBIETE

BEGRÜNDET VON FRITZ HOMMEL

UND

UNTER MITWIRKUNG DER HERREN

A. AMIAUD UND E. BABELON IN PARIS, G. LYON IN CAMBRIDGE-MASS. UND THEO. G. PINCHES IN LONDON

HERAUSGEGEBEN VON

CARL BEZOLD.

II. Band. Januar 1885. 1. Heft.

INHALT:

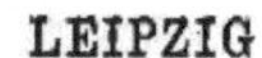
LEIPZIG

OTTO SCHULZE

11 QUER-STRASSE 11.

The colophon attached to K. 161, at the end of the 4th column, is as follows:

1. [cuneiform] . . . .

2. [cuneiform] . . . .

3. [cuneiform]

4. [cuneiform]

5. [cuneiform]

6. [cuneiform]

7. [cuneiform]

8. [cuneiform]

9. [cuneiform]

"'If a man's heart is diseased, (take) the pure milk of a wild cow, butter, the heart of a . . .'. The first tablet of the series 'For a body image-sick, for low spirits . . .'. Palace of Assur-bani-pal, the king of multitudes, the king of Assyria, to whom Nebo and Tasmit have given broad ears, and have bestowed sight on his eyes; the engraved characters of the written tablets, whereof none of the kings before me had taken a copy or record (אות), — recovery thro' the master of the thumb (*or* lancet?), the road to Borsippa, a complete strengthening, the potent medicines of Adar and Gula as many as exist, on tablets I wrote, I engraved, I made clear and for the inspection of my readers within the palace I placed".

As I pointed out many years ago in my Paper on *Babylonian Astronomy* 𒁹 𒈾 must be read *a-na* "for". This is made quite clear by the medical tablets where it interchanges with the simple 𒁹.

For the Accadian *alam* "image" see W. A. I. III. 70. 52. Reference is here made to the practice of making a wax or clay image of a person who was supposed to waste away as the image did. Apparently low spirits were ascribed to this imaginary cause. That *kis libbi* means "low spirits", literally "weariness of the heart's desires", may be gathered from W. A. I. II. 17. 23; cf. Prov. XIII. 12. The corresponding Hebrew root would be קוץ.

Atû is a synonyme of *zakâru, tamû* and *nabû*; see Strassmaier's *Wörterverzeichniss* s. v. We find *atâ* in W. A. I. III. 16. 31. Comp. Heb. אות.

"The master of the thumb" *(ubanu)* must be the doctor or surgeon. The Accadian *dubbin* is denoted by ideographs which represent "the lower part of the nail", and is also rendered into Assyrian by *tsumbu* and *imdhu*. The latter word represents [cuneiform] in R. 204. (II.) 20, and may possibly signify a "lancet".

"The road to Borsippa" must refer either to the fact that the temple of Nebo at Borsippa was a Babylonian temple of Esculapius to which sick persons were carried, or else that there was a medical college at Borsippa. Strabo (p. 739) states that there were colleges at Borsippa and Erech.

Takhizu cannot have its ordinary signification of "battle" here. The root is אחז, so that it may mean "strengthening".

A-zu, whence the borrowed Assyrian *asû* (אסא) has, as I first pointed out in 1876, the meaning of "medicine" [1].

Basâmu is an equivalent of *basu*. The primitive meaning seems to have been "to place", as Prof. Lyon has observed, and I have found *subtu* given as a substitute of it.

Aznik may be rather *azniq* "I compressed" like *zanqi* "the narrows".

The tablet of which this is the colophon begins as follows:

1. -*na* ŠU *a-lam* GIG *ki-iz* LIB GUR -*ru-us* *nam-tar* -*ru-us*

2.

3.

4. -*na ki-iz* LIB GIG

5. (?) *Zar-pa-ni-tum*

1) In the despatch-tablet K. 572, line 8, mention is made of the or "physicians".

6. [cuneiform]

7. [cuneiform] *an-ni-ta* [cuneiform]

8. [cuneiform]

9. [cuneiform]

10. [cuneiform]

"For a body image-sick, for recurrent low spirits take destiny-wood. Take . . . wood, the slice of a snake, *sisi, siman, tume-uru*; (these) 7 medicines for warding off disease (?) compound together; add mead; . . . . with raw flesh without . . . drink and . . .

For low spirits, on the day when the dove enters the ark make it ascend its horn and repeat an incantation thus: . . . .

For low spirits eat the flesh of . . . . without . . . . and live.

For the same take *suse* wood; drink it in water without . . . . and live. For the same compound wine; drink it in water without . . . and live. For the same, compound strong wine; drink it without . . . . and live".

Surus is the shaphel imperative of *crisu* which is explained by *nadû* W.A.I. V. 24. 12.

In the second column of this tablet (l. 19) [cuneiform] is replaced by *ta-ca-śim*, a 2nd pers. sing. present of *kaśâmu*.

The sense is made pretty clear by the numerous passages in which the word occurs, tho' the only signification of of which I know is that of "arc" (see my Paper on "Babylonian Augury" in T. S. B. A. IV, 2, 1876)[1]). UR-BI is found in the name of the wolf UR-BI-KU "devourer of . . .".

Before we find elsewhere inserted; the character represents *karpatu* "a cup" as well as *sicaru* "mead", and it may therefore have this signification here: *(ana) karpata nadi* "put in a cup". — "Black mead of Babylon" *(Din-tir)* is mentioned in Col. II, 4.

I have no idea what is meant by "the star KU-BAT". That a star is signified is shown by the variant UL for MUL. IT-TIK-ZI-GA is translated *seru* "flesh" (see Lenormant: *Études sur quelques parties des Syllabaires cunéiformes* p. 98, and *D. T.* 57, 1, where it is rendered *se-rim*).

The meaning of is unknown to me. It will be observed that is interchanged with *balu*.

In line 4 reference seems to be made to a custom of commemorating the return of the dove to the ark of Xisuthrus.

I must leave a translation of the incantation to others. with the gloss *munu* is an equivalent of *gesdinna* translated *dabatu* (? "good wine"), in 243, 20—24. It must therefore signify some species of wine[2]). *Amanum*

1) Strassmaier (l. c. s. v. *gu-su-su*) quotes KA-RAT pronounced *su-sut* and rendered by *gatsatsu sa sinni* "cutting of a tooth", from which it follows that means "to cut", "slice", or "compound". Hence in the sense of an arc it would literally signify "a segment".

2) In 82. 14. when pronounced *ni-mur* in Accadian is said to have the Assyrian significations of *tumru, dabtu* and *itranu*. *Tumru* may be "a palm" tho' *itranu* seems to mean "a watering-place" (W. A. I. V. 16, 4, compared with II. 62, 40—43).

is "sound" (W. A. I. II. 32. 62), and the whole phrase interchanges with *gesdin-na kal-ga* in K. 61. I, 15.

11. [cuneiform]-*na ki-iz* LIB GIG [cuneiform] KIM-*su tu-se-sab-su*

12. [cuneiform][1] [cuneiform]

13. [cuneiform] KIM-*su* MUN *tam-ma-ats ma* [cuneiform]

14. [cuneiform] (?) [cuneiform]

15. [cuneiform]

16. [cuneiform] (?) [cuneiform] (?) [cuneiform] (?)

17. [cuneiform] *nam-tai* [cuneiform]

18. [cuneiform] (?) [cuneiform]

1) This character could not be printed exactly; there should be in this and in the following passages [cuneiform] within [cuneiform]. Only on p. 12, l. 6, according to the original tablet, is to be read [cuneiform]. — *Ed.*

"For low spirits . . . seat him over his likeness; calves' milk, barley and fresh . . . plaster over his mouth and he will live.

For the same. Pour wine over his likeness and surround his head with . . .

For the same. Make a head of skin below: his likeness above drench with libations; his face smite with libations. A name on the skin also (?) for a good heart pronounce . . . . .

For the same. The root of the tree of human destiny, the root of the *susum* tree, *sisi*, *siman*, . . ., . . ., and the tongue of a dog compound together: drink it either in water or in palm-wine".

It is difficult to say whether "the likeness" was an image of the whole person or only of the part diseased. (perhaps pronounced *nuk* in Accadian, see W. A. I. V. 13. 37) is rendered *pupatu* "a calf" or "cow's embryo" in S. 2148. 3 where we have:

par-ra ù pu-pa-ša i-rak-kuš-[šu]

"the cow and its youngling he will bind"

en-za ù la-la-sa " .

"the goat and its offspring he will bind"

[parra ù pupaša] yu-sam-qa-tu

"the cow and its youngling he will slay"

"the goat and its offspring he will slay".

However, elsewhere is written as one word, which is interpreted *kašikan* in W. A. I. IV. 29. 51—52, and this may be its meaning here.

I do not know how the first syllable of is to be read and so leave the word undetermined.

In line 13. read *tukarrar* from כרר, of not unfrequent use in Assyrian.

I suppose *tusaqa* to be the Pael of *saqû* "to drink" with a causative sense, since it is joined with *sipkuti.*

In line 15. read *tamakhats* (not *tamadhar*).

In the second column there are several prescriptions for heartburn. Two of them are as follows:

(10). -*na lib-su ka-śi-su*

(11). ŚUKH *[lu ina]*

"For heartburn compound yellow garlic and the rind of a reed . . . drink it in an ass's water without . . .; dates either in . . . oil or in calve's milk drink".

(15). -*na lib-su ik-ta-na-śu-su*

(16). (?)

"For heartburn place upon the heart the hearts of . . . ., *kharkhar*, a good reed, the herb *muk*, and cypress: choose . . . . plaster it on his flesh (?) and he will live".

For *kaśi* and *iktanaśu* see W. A. I. V. 20. 15, 16 where *kaśu* is the equivalent of *kamu.* We find the Pael *yukaśśu* in W. A. I. IV. 19. 14 and the Iphtael *yuktaśśa* in 20, 2.

is rendered *sumi* W. A. I. IV. 7. 47, 51. *Sumi* is שום "garlic".

[cuneiform] is "oil", in Assyrian *saman* (W.A.I. IV. 26. 47) and *bissatu* (II. 25. 27), whence the verb *basâsu* "to oil" or "cleanse".

[cuneiform] "to bend" is explained by *gan-duppi* "a writing reed" and [cuneiform] by *disu* "grass" (W.A.I. V. 27. 58); [cuneiform] is the determinative. In W.A.I. II. 45. 49, 51 *purasu* (ברוש) is the rendering of [cuneiform]. [cuneiform] here, and elsewhere in the medical work, seems to have some such signification as "flesh", perhaps as "the covering" of the body. See W.A.I. II. 28. 6.

(17). [cuneiform]-*na* [cuneiform] *ik-ta-na-śu* [cuneiform] *su khir-khir*

(18). [cuneiform] (?) [cuneiform] *mu se qi num gig* [cuneiform] *ti su* IZ *e-ri-na* IZ *sur-man* GI KHI-GA SIM *muk* [cuneiform]

(19). [cuneiform] *khar-khar* [cuneiform] SIS *ur bi ta-ka-nam* [cuneiform] *bi* RU-di *ue sal*

(20). [cuneiform] *ni ni khal-za* [cuneiform] LIB RU-di DIB-BA *khi* [cuneiform] *bar ki* [cuneiform] *śi ip* [cuneiform] *ku su* UM [*ma* TI]

"To produce appetite drink palm-wine and raise (thyself) up (?). When (*enuma*) there is heartburn get the skin of the hearts of sheep; . . . . . of a mosquito for his life. Cedar wood, sherbin wood, a good reed, the herb *muk* or . . . ., and *kharkhar*, 5 medicines for warding off the pain (?) compound together; put in a cup . . . . .".

Isi may be the imperative of *naśû*. [cuneiform] is explained by *karrâbu* in W.A.I. IV. 17. 13, and the sense of the whole sentence is literally: "as for sheep, the skin of their hearts bring".

In line 22. mention is made of Eridu, but the line is too much broken to allow of a translation. In the next line but one occurs the phrase *itanapats kima nuni itta-*

nakbir cima tsiri "it spreads itself like the fish, it swells out like a snake". These lines form part of an incantation.

The beginning of another incantation at the commencement of the 3rd column is worth quoting, tho' the lines are mutilated:

. . . . . GIG *ma* [cuneiform] *ina* [cuneiform] *a-tsi ma* [cuneiform] . . .

. . . . . in Magan rising, also the Moon-god . . .

. . . [cuneiform] [cuneiform]*-u ma-ta sad-i u-se-ri-dam-[ma]*

. . . . . the Sun-god makes plain and mountain descend and

. . . . . *[ina qaq-]qa-ri sur-šu-šu qaq-qa-ra* DIR-ŠI [cuneiform] *su* AN-*e naq-pa[-su]*

. . . . . in the earth is his root, the earth is his bedchamber (?) the heaven is his perforation

. . . . . *ki-šu its-bat lib* [cuneiform] *ina* IM-DIR [cuneiform] *its-bat lib alpi ina tar-ba-tsi*

. . . . . in his . . . he took; the heart of the Moon-god in the mists he took; the heart of the ox in his lair (he took)".

Lower down we read:

AK-AK-Bi *ina* ŠU-SI *sepi-ka rab-ti sa* [cuneiform] RU-*di u ina* ŠU-ŠI *ka-tam* MAR-MAR *ma* [cuneiform]

"Let it be done! On the big toe of thy left foot place the incantation and cause it to remain on thy toe, and . . . . .".

The incantation is as follows:

[cuneiform] *ša-ru um-mi sa-ru sa-ru am-ma ili at-tam ša-ru bi-rit zi-e*

u si-na-a-ti at-tam tu-tsi-tsa ma it-ti ili akhi-ka na-si-e [cuneiform]-*ka* [cuneiform]

"O wind, my mother, wind, wind the . . . of the gods art thou, O wind among the storm-birds (*or* wind of the storm-god); yea the water dost thou make stream down and with the gods thy brothers liftest up the . . . of thy wisdom".

I now pass on to K. 61. The first column of the Obverse begins thus:

1. *-na* SAK LIB *su* *kim khi-si-tu* TSI *im-ta-na-ak na-bi kir-bi* GIG

2. GA BI KHIR *alapi* UZU SAKH BI MULU DIN-*na nu-us-ta-makh-khar* TI-*su*

3. *bar qa* ZAK *khi-li bar qa* SIM *li bar qa* SIM *gam-gam bar qa ziri* *bar qa pa-pa-śi se-man bar qa* SIM *im-di*

4. *bar qa ziri* *tar-ra-ti bar qa* *bar qa* IZ *se-nu bar qa* TIK *sa-khar-ra bar-qa pa-pa-śi*

5. *bar qa* *e-si-i bar qa* KUR-RA *bar qa* KU *tu-khu bar qa ziri* GAB *bar qa e-si-pa-ti* A-LIB

6. A-DAN SIM *khal* KAA-AB-BA *qa* KU GIG *qa ca-lum-ma* *qa* BI *in-sik*

7. *qa* KU *qu-ur-bi* *-nam tar* *kim ra-bi-ki ta-rab-bak ina* *sur-ri-śu lu-us-kun* A-LAL

8. UT-*me* GAB *ma ta mar* ma *kas kas ul* UT *lib-su i-pa-sakh*

9. *ma û kas kas ul* DIR *lib-su* NE *yu-cal* *ma û kas kas ul* ARA *ud-da* *-da*

10. *gur gur śu* *ma û kas kas ul* MI *yu-sam-ra-śu ma nu* TI

11. *û kas kas ul pu-li-e yu-rid* A-LIB IM-TIK *sa ud-da di-*

12. *kaś-śim ina* A *ta la as lal it* DUB *su kit-ni-e ina* BI NAK

13. UT-*ma* NAK *e-gis-śu-nu* IZ *tim ut* *ina ziri ir-ta-na-*

14. *-na* TSI GIG *śu-me ina* A NU NAK

15. A *gesdin-na* KAL-GA *al-us-śa* *kab-ru-ti* NAK

"For a diseased gall-bladder devouring the top of a man's heart like a ring(?) . . . . within the sick (part) we prepare cypress, goat's milk, palm-wine, barley, the flesh of an ox and bear, and the wine of the cellarer for his life. Half an ephah of clear honey, half an ephah of cypress, half an ephah of *gangam* herbs, half an ephah of flax-seed (linseed), half an ephah of . . . ., half an ephah of *imdi* herbs, half an ephah of the seed of *tarrati*, half an ephah of calves' milk, half an ephah of *semu* wood, half an ephah of . . . powder, half an ephah of the . . . of the river-god, half an ephah of *usu* wood, half an ephah of mountain medicine, half an ephah of the flesh(?) of a dove, half an ephah of the seed of the . . ., half an ephah of the harvest of the field, 10 measures of the juice of a cut herb, 10 measures of the tooth of the sea, one ephah of putrid flesh(?), one ephah of dates, one ephah of palm-wine and *insik*, one ephah of the flesh(?) of the entrails, slice and cut up: or like a mixture mix; let him put a reed in the ingredients at its beginning (*i. e.* let him begin to stir it with a reed). On the 4th day observe the (sick man's) countenance; if it shows a white (appearance) his heart is cured; if it shows a dark (appearance) his heart is still devoured by the fire; if it shows a yellow (appearance) during the day it achieves the man's recovery; if it shows a black (appearance) he will grow worse (?) and will not live. For the swelling (?) compound (the flesh of) a cow (which) has entered a stall and which has been slaughtered during the day. Seethe (?) in water and calves' milk its parts (?). Drink the result in palm-wine. Drink it during the day. *Egissunu, binu,* white reed and seeds he . . . .

For a diseased gall-bladder drink herbs in water without . . . . Mix water and strong wine: drink quantities of calves' milk".

De incantamentorum sumerico-assyriorum seriei quae dicitur *šurbu* tabula VI.

Disseruit *Petrus Jensen.*

II.[1])

Šiptu.

I, 51. *i-ḳal-la-pu* non accurate scriptum esse pro *iḳ-ḳal-la-pu* apparet ex *iššaḫaṭu* (II, 8), *innapašu* (II, 28) etc. — Cum *ḳalâpu* conjungendum esse syr. קלף constat.

Signa ab hominibus doctissimis non quid significent intelligentibus translata sunt miro quodam modo. Cum allium comburi luce clarius sit, legendum esse *ana išâti* apparet. Quod si ita est, non potest aliter legi neque intelligi nisi *innadû* = „inicitur". Verbum *nadû* respondere sum. discimus ex gr. ex 4, 38, 39 b; 4, 23, 34—35 b; 4, 10, 37—38 b; 3, 61, 26 a etc.

idem significare atque (= *li'bu*, cf. II, 9) docere videntur incantamenta insequentia. Tamen negari non potest, posse haec signa etiam hic indicare deum ignis. Nomen dei ignis fuisse *Gibil* judicant homines docti, quia ejus ideogramma ex duobus signis compositum est, quae *gi* et *bil* legi possunt, et quia *gibil* respondet assyrio *ḳilûtum*. Sed quomodo fieri potest, ut notio „combustionis" eadem voce exprimatur qua deus combustionis? Accedit quod signa ideo-

1) Cfr. tom. I, p. 279 sqq.

gramma ignis ([cuneiform]) continere videntur, ita ut, si legenda essent haec signa phonetice, quid significaret nomen dei ignis clare videre potuisse Sumerios pateret, id quod non verisimile esse elucet. Itaque confiteamur necesse est, dei ignis sumerici nomen non fuisse nisi *Gišbar (Ṅgišwar)*.

53. *musarí* pertinere ad agrum discimus ex 2, 27, 52 ef (*musarû ša iḳli*), esse partem agri ex 2, 35, 44 a et 2, 27, 52 ef inter se comparatis, esse partem agri fructus ferentem ex 2, 48, 24 ef sqq. [*kiššu* ad radicem *kanâšu* pertinet (cf. [cuneiform] = *paḫâru*); de [cuneiform] disseruit PAULUS HAUPT (*Sintfluthbericht* I, 42; KAT[2]), cf. S[c] 1, 8: [cuneiform] = *liḳitṭu* (√לקט)], esse denique partem agri irrigatione egentem ex 4, 27, 5 a (*bînu*[1]) *ša ina musarí mí lâ ištû* = tamarix (orientalis)[2]) quae in *musarí* aquam non bibit). Quos locos non minus quam hunc locum secutus conclusi *musarû* esse hortum olitorium (extra urbem situm?) sive simile quiddam (cf. quod ideogr. ejus ([cuneiform]) [cuneiform] (4, 27, 4 a) etiam ideogr. vocis *arḳu* est: 2, 26, 55). De hujus vocis origine acute sane sed non recte HALÉVY disseruit in ZK, t. I, p. 268. Cui cum repondeant signis sum. [cuneiform] [cuneiform], signo [cuneiform] et sum. *mu* (2, 20, 3) et sum. *sar*, et assyr. *banû, aṣû* (*ša urḳiti*: 4, 9, 2 a; 4, 3, 32 a) et assyr. *arḳu*, ortum esse vocabulum assyr. *musarû* ex sum. *musar* „locum ubi herba procrescit" significante apparet.

innirišu: Niphal vocis *iri'šu* = „plantare" = عرس.

[cuneiform] hic usurpatur loco praepositionis *ana*, id quod nonnunquam fit (cf. *ina matîma* = *ana matîma*: 3, 43, III, 1)[3]).

1) Cf. aram. בינא (Löw, *Aramäische Pflanzennamen*).

2) Cf. PETERMANN, *Pflanzenreich*, p. 753, lin. 17 cum 4, 26, 37 b.

3) Huius rei causa videtur esse quod posterioribus temporibus *ina* et *ana* simili modo pronuntiabantur ab Assyriis. Saepius enim pronuntiasse eos [cuneiform] sicut nostrum *ě* sive *ĭ* ex multis causis apparet.

[cuneiform] esse „receptaculum aquae" e multis locis apparet (cf. 2, 38, 14 a. b; 4, 14, 3, 12 b; 4, 65, 23, III)[1]). Ex iisdem locis elucet, [cuneiform] esse receptaculum aquae manibus hominum factum. Cum idem signum ut legatur *ḳâbu* et *ḳabû* S^b 244 et 245 postulent, quorum alterum in memoriam revocat syriacum קבא, קביא דמיא, alterum arabicum قَابَ[2]), cumque *asiga* („aqua impletum"?) 2, 38, 21 a. b respondeat ass. *îku išpuk*, 2, 38, 70 a. b scriptum sit ante *a-girin* (= *amiranu*)[3]), quod lacum significare elucet, *îku* aut „lacum" aut „puteal" esse sequitur. Sic apparet, *îku* nihil aliud indicare nisi „lacum" (*Teich*). [cuneiform] hic legendum esse *îku*, docere videtur 4, 14, 3, 11—12 b.

[cuneiform] hic legendum esse *palgu*[4]) idem locus docet; *ḳakḳaru* a radice **ḳarâru* = قَرَّ (cf. קרקע) derivandum esse notum est.

[cuneiform] esse „caulem" et ego conclusi et FRIDERICUS DELITZSCH probavit (*Hebrew language*, p. 34; cf. 5, 26, 25 gh sqq.; 5, 29, 29 ef; 2, 23, 1 ef sqq.). Ex his locis sequitur, pronuntiari posse ideogramma ex. gr. *zikpu*, *pirḫu*.

[cuneiform][5]) significare verbum *aṣû* discimus ex 4, 8, 42—43 b, verbum *elû* ex 4, 27, 16, 17 b.

1) *itti bîni aḫi îki.*

2) 2, 24, 51 a legimus: [cuneiform] = *sâdu ša* [cuneiform] *ḳiti.* Estne legendum hoc verbum *iskiti* et cum aethiop. [ethiopic] (= عرق?) conferendum?

3) Haud scio an *amiranu* derivatum sit a voce accadica *a-mirin* (= *a-miru*?) sumericae *a-girin* (*a-ngirin*) respondente.

4) Constat signa [cuneiform] etiam legi posse *ḫirîtu*, quod verbum Aramaei ab Assyriis accepisse videntur: חאריתא.

5) FR. DELITZSCH reficere posse sibi visus est S^c 25, S^b 1, 9 a cum in lacunis scripsit [cuneiform] [cuneiform] et [cuneiform]. Recte cum fecisse probatur

[cuneiform] dividi potest in ideogramma [cuneiform] = *na-mâru* (cf. [cuneiform] (3, 54, 53 b) cum [cuneiform] (3, 54, 46 b)) et complementum phon. *ru*. Sed cum vis lucendi non plane consentanea sit cum contextu sententiarum cumque ne [cuneiform] quidem complementum habeat phoneticum, alia nobis via ingredienda est. Elucet HALÉVY non recte interpretatum esse haec verba cum verteret: „Le soleil ne l'aura pas en memoire". Signa [cuneiform] respondent ass. *amâru* ASKT, p. 185, l. 23; 4, 30, 21 c, sum. [cuneiform] -*da nam-mí* assyr. *lâ uddî* (2, 48, 45 gh). Itaque etiam hic [cuneiform] ideogramma esse verbi *amâru* judico.

II, 1. *naptanu*[1]) significare „epulas" constat, omnia ea indicare, quae nostra voce *Essen* comprehenduntur

---

et locis ASKT 31, 702; 5, 38, 9 gh et loco 5, 21, 14 cd, ubi sumericum [cuneiform] respondet assyrio *i-du-lu-u*.

Cum 1) [cuneiform] idem significet atque [cuneiform] (*asû*), 2) sicut [cuneiform] possit legi *in* (cf. 4, 8, 42 b etc.), 3) vox his signis respondens desinat necesse sit in -*u* (4, 1, 40 a; 4, 27, 17 b etc.), verisimile mihi esse videtur, et [cuneiform] pronuntiatum esse quondam *ud(d)u* et [cuneiform] locis laudatis atque ubicunque legimus [cuneiform] pro [cuneiform] pronuntiandum esse *ud(d)u*.

1) *Patânu* illud quod legimus loco 2, 38, 73 gh verti solet „gustare" compararique cum فتن. Quod jure fieri refutare non possum. Alterum etiam verbum *patânu* habuisse Ass.-Bab. mihi constat. Conferentes enim 5, 19, 47 cd (ubi [cuneiform] = *mu-mu* = *kamû* = „pabulari, pasci"), 5, 30, 26 ef (ubi [cuneiform] = *bulṭu nadânu*) cum 2, 36, 62 gh (ubi [cuneiform] = *patânu ša akâli*) intelligimus hoc *patânu* significare aut „cibum praebere" aut „edere". Ab hoc videlicet *patânu naptanu* derivatum est.

negari non potest (cf. Sargon, Cylinderinschrift, l. 42: *naptan simat paššuri*). Ita hic quoque vertendum esse apparet.

[cuneiform] aliis locis significat *daḫû*. Quae significatio hic et l. 11, 21, 51 minime est apta. Reputantibus nobis 1) verbo assyr. *likû* et respondere sumericum [cuneiform] et s. [cuneiform] (2, 8, 52 ef; 2, 8, 51, ef), 2) v. assyrio *kussû* respondere et ideogramma [cuneiform] (1, 18, 44; 5, 70, 20; 3, 7, 15 etc.) et [cuneiform] (4, 18, 34 b, 2, 46, 51 ab)[1], 3) [cuneiform] esse ideogr. verbi assyr. *likû* (Delitzsch, *Lesest.*[2], p. 48, ann.; 4, 66, 44 a; 4, 55, 15 etc.), existimandum est, [cuneiform] hic ideogramma esse vocis *likû (lakû)*.

2. De hac linea ut recte judicemus consideranda sunt haec:

I, 1) vocis *altu* loco III, 4 posita est vox *alti*. Sequitur inde ut *altu* vocabulum sit phonetice scriptum.

2) signa [cuneiform] et a signo [cuneiform] et a signo [cuneiform] spatio sejuncta esse, testatur P. Haupt l. l. Unde sequitur, ut [cuneiform] cum [cuneiform] conjungendum sit.

3) [cuneiform] nihil aliud posse significare nisi *mâmît* elucet. Itaque hoc modo secernenda sunt signa hujus lineae atque disponenda: [cuneiform] [cuneiform] [cuneiform] [cuneiform] [cuneiform] [cuneiform].

II, 1) In incantamento, quod lineae 4, 8, III, 1—7. continent, sola nominantur ea mala, quae in linea 3. hujus incantamenti enumerantur, non quae in linea 4.

1) Cfr. 2, 50, 49 a (Delitzsch, *Paradies* 223) et tabulae Musei Britannici bilinguis S. 526 signatae lineam 18. — *Edit.*

2*

2) hujus incantamenti in lin. 5. optat homo aegrotus, ut sicut allium desquametur aliquid. Itaque quia, si comparatur aliquid, necesse est esse aliquid, quocum comparetur, linea 5. cum linea 4. conjungenda est. Unde sequitur etiam lineam 3. cum linea 2. esse connectendam. Nunc autem lineae 2. et 3. apodosis esse debent sententiae antecedentis. Ergo in linea 2. unum certe signum verbum indicare necesse est. Jam legimus l. 2, 39 38, cd:

[cuneiform] = *issuḫ*.

Nihil igitur impedit nos quominus legamus *linasiḫ-šu mâmît*, ne differentia quidem generis grammatici; nam 4, 8, 11—12 legimus *ší-rit-su lupassašu*, 4, 64, 9 b *lipšurûnišu mâmît*. Quod significari signis [cuneiform] probatur loco 4, 64, 52 a:

[cuneiform]

Denique 4, 64, 7—10 b legimus: *Umí* (cf. 5, 27, 56 gh) *nablumtum ša ina pânika kunnu lipsusu lumnûa, ai uḳarribûni uzzu uggat ili, kisitti*[1]), *ḫablatu, ḫiṭîtu, lipšurûnišu mâmît*, [cuneiform] *zikir ilâni rabûti*. Quae verba ita vertenda sunt: „Herbae *nablum tum*(?), quae ante te jacent, amoveant malum meum (mala mea?), ne appropinquare sinant mihi vehementiam, saevitiam dei; (pressum =) vexationem, scelus, delictum, solvant (eam) (inclamationem =) exsecrationem, extrahat eam nomen deorum magnorum". Cum Šaphel vocis *nisû* idem sit atque *nasâḫu* [cuneiform] legendum esse *lušisišu* (sive *lišisišu*) apparet. Quam ob aut etiam [cuneiform] *lišisišu* legere licet.

[cuneiform] non potest esse ideogramma [cuneiform] cum compl. phon. *ta* conjunctum, quia *ṣiḫirta* aut simile quod-

1) Verbum *kašû* notiones indicat „premendi" et „comprehendendi"; cf. 4, 66, 46 a; 4, 58, 31 a; 4, 57, 53 b; 4, 57, 40 b etc.

dam verbum hic non aptum est. Ideogramma mihi ignotum est. Itaque judicare licet signa esse legenda *tûrta* atque exprimere vocem assyriam. Nescio an derivata sit haec a radice חור et significet „porro“, ita ut inter *târu* et *tûrta* eadem intercedat ratio atque inter عَادَ et עוֹד et inter syr. חָב et חוּב. Reperi hoc vocabulum non nisi in A. H. SAYCE, *Elementary grammar*, p. 43. Sed nescio an ibi scribendum sit *tirtu* (cf. 2, 27, 44 c d).

respondet ass. *pitû* et *uššuru* (= *losmachen*, *loslassen*) 2, 39, 45; 4, 1, 18 et 19 a.

altu significare aliquid quod solvi possit apparet. Maxime verisimile est, *altu* pertinere ad radicem *עלל (cf. hebr. עֹל, arab. غُلّ, assyr. *ultu*, assyr. *alâlu*), ita ut *altu* ex **allatu* contractum sit (cf. quod *altu* (= „uxor, femina“) ex *aštu* = *aššatu* ortum est). Suspicor, *altu* significare „vinculum“ aut „torquem“ aut simile quid (cf. *kûru*).

3. *tâniḫu* „suspirium“ esse solet, hic non esse potest. Nam ad amovenda suspiria non opus est incantatione sed voluntate hominis. Contuentibus nobis 3, 13, 11 b (*baḫulâtišunu ušanniḫu ulamminu karassun*), 4, 66, 47 (post: *ilti'a lippaṭir, kasîti'a lirmû, tâniḫi'a litbalu sibît šârî*), Sanh. Taylor 4, 16 (*šunuḫiš marṣiš*), vix potest dubitari, vocabulum *tâniḫu* significare etiam id quod suspirium efficit i. e. „tormentum“; cf. germ. *das Weh, weh!*

-*ti* alii alio modo legerunt. Quomodo legendum sit, discimus ex IIII, 11. Nam cum ceterarum vocum, incantamenti, cujus haec linea pars est, nulla „peccatum“ indicet, de quo incantatores saepius loquuntur, vocabulo *ši*- -*su* aliquid hujusmodi significari posse videtur. Nunc autem -*ti* indicat „peccati“ genus et potest legi *širti* neque minus verbum -*su ši-rit-su*.

Ergo verisimile est, ita esse legendum. Quae cum ita sint, opinari possumus, verbum *širtu*[1]) idem esse atque syriacum שׁורעתא (radicis שׁרע) et significare „lapsum".

[cuneiform]-*latu* = *ḫablatu*, a radice *ḫabâlu* = חבל = خبل derivatum.

4. [cuneiform] utrum v. *zumru* an v. *mašku* indicet, non liquet. Ex eo tamen, quod [cuneiform] sequitur [cuneiform], [cuneiform] non sequitur, effici videtur, legendum esse [cuneiform] *zumru*.

[cuneiform] sine dubio illud [cuneiform] est, quod saepius assyrio *buânu* respondet. De hoc verbo egit Lenormant (*Transactions of the Soc. of B. A.*, VI, 144 sqq.) conclusitque significare id „ulcus". Quem secutus est Lyon (*Sargoninschrr.*, p. 69). Quorum sententiam equidem probare non possum propterea quod:

I. 2, 28, 13 bc sqq. quo loco multitudo ulcerum enumeratur, *buânu* non commemoratur;

II. a) 2, 17, 19 ab sqq. ubi compluria nominantur genera ulcerum adjectivo nomine non adjuncto *buânu* nominatur *lâ ṭâbu*, *limnu*, et *miḫiṣ buâni* i. e. contusio *buâni* incantatur; b) simili modo 4, 29, 21b non [cuneiform] sed [cuneiform] [[cuneiform] [cuneiform]][2]) exorcizatur; c) 2, 28, 16 b commemoratur [cuneiform] [cuneiform] i. e. *buânu marṣu*; 4, 67, 53 b homo aegrotus dicit a mago abscissum esse [cuneiform] [cuneiform] [cuneiform];

III. de eo qui non veretur deum suum haec dicuntur: „(morbus capitis) eum sicut cannam secat, ejus *buânu* sicut [cuneiform] [cuneiform] [cuneiform][3]) vexat" (*buânišu kîma* [cuneiform] [cuneiform] [cuneiform] *ušallit*[4]): 4, 3, 6—8);

1) Littera aspirata omissa est sicut littera ע vocis *zír*, litt. ח vocis *kîm*, litt. א vocis *niš* etc.

2) Cf. 2, 17, 20 a; 2, 28, 13 b.

3) Ricinus communis? (Halévy, *Doc. religieux*).

4) *t* legendum esse docet 2, 39, 14 gh. Quamquam non accurate

IIII. a) hoc loco *buânu* et *šîru* similem occupant in sententia locum (*stehen im Parallelismus mit einander*); b) idem fit 4, 3, 7—9.

Ex quibus locis omnibus apparet 1) *buânu* ipsum non esse malum, nisi cum corpus aegrotum sit; 2) *buânu* esse in corpore hominis, priusquam aegrotus sit; 3) *buânu* esse partem corporis. Quibus concessis ex eo quod ideogramma ulcerum saepissime signum [cuneiform sign] continet concludere licet, *buânu* esse genus quoddam carnis, fortasse „musculum“ [1]); cfr. 5, 61 V. 11: *šir buânî*.

6. *ina ûmi annî* cum interpretantur homines docti: „hoc die“ non recte interpretari mihi videntur. Ita enim ut in linguis indoceltícis ea vocabula, quae partem temporis significant vim suam saepius mutant (cf. quod graec. ὥρα cognatum est germ. *Jahr*, anglobritt. *time* danico *Time* = „hora“, danicum *Stund* = „spatium temporis“ germ. *Stunde*), sic in linguis semiticis idem verbum et partem temporis et tempus ipsum significare videmus, ex. gr. syr. עִדָּן et tempus indicat et annum, hebr. יוֹם et tempus et diem (cf. כַּיּוֹם הַזֶּה). Ita in lingua assyr. voce *ûmu* et „tempus“ exprimi et „diem“ [2]) ex eo colligi potest, quod *ina ûmîšu(-ma)* prorsus idem sit atque *inušu, ninušu*. Apparet etiam hic

quid sibi velit *ušallit* definire possum, tamen genus quoddam delendi significare affirmandum est (cf. 4, 22, 31 a; 4, 3, 55 b cum 4, 24, 45 b; 4, 26, 49 a). Videtur verbum significare „saevire in al., vexare“.

1) Cf. 4, 3, 29, 3 a b (ubi [cuneiform] [cuneiform] = *dadda*) cum 4, 29, 19 c (ubi [cuneiform] [cuneiform] = *buânu*). Non alienum videtur comparare *dadda* cum hebr. דַּדַּיִם, quod jam Josephum Halévy fecisse in libri qui inscribitur *Documents religieux*, pag. 79 video (*le mal de poitrine*). Ideogrammata [cuneiform] [cuneiform] et [cuneiform] [cuneiform] num idem significent et utrumque indicet „carnem surgentem“, in medio relinquo (cf. S^c 3, 13: [cuneiform] = *ilû ša napḫari*).

2) Cf. Hermanni Hilprecht *Freibrief Nebukadn. I.*, II, 59 (*adi ûm balṭu = Zeit seines Lebens*).

signifìcationem „temporis" magis aptam esse quam „diei". Minime enim verisimile est, differre velle hominem aegrotum discessum malorum usque ad vesperum. *Ina ûmi annî* igitur respondet latino „nunc", *ínušu*[1]) latino „tunc".

Šiptu.

9. 𒀭 𒄑 𒁇[2]) hic non esse deum ignis docent et alii loci et 3, 35, 56 a (*išâti ušaḫḫiz-ma ipḳidu ana* 𒀭 𒄑 𒁇), 5, 7, 122 (*išâti ušaḫḫizu iḳmû ina* 𒀭 𒄑 𒁇). Non legenda esse signa *išâti*, docent 1) 3, 35, 56; 5, 7, 122, hic locus (ubi signa 𒀭 𒄑 𒁇 antecedit vox *išâti*); 2) a) part. *ḳamû*, quippe quod masculini sit generis; b) adj. *ârirn* (5, 4, 60 a etc.), quippe quod item masc. sit generis. Judico legenda esse signa 𒀭 𒄑 𒁇 *li'bu*

1) *Ûmu* reperitur in his locutionibus: 1) *ina ûmišu* = „tum", 2) *ina ûmišuma* = „tum", 3) *(inu-ûmišu =) inûmišu* = „tum" (Neb. Senk. 1, 11), 4) *ninûmišu* = „tum" (1, 51, I, a, 20); *înu, ĩnu* in his: 1) *înušu* = „tum", 2) *nînušu* = „tum", 3) *nînu* = „cum" (1, 51, II, a, 7), 4) *nînum* „cum" (1, 51, II, a, 7). De quibus disseruit AMIAUD, *J. A.* 19, p. 241), accutissime ille quidem, sed non recte. Nam si *înu* ortum esset ex *ina ûm*, quomodo ortum esset *nînu*? Mihi quidem reputanti, et *ina ûmišu* contrahi in (*inu-ûmišu* =) *inûmišu* et *înušu* idem esse atque *nînušu*, dubium esse nunquam potuit, quin *nînu* ortum esset ex *ina-inu*, *nînušû* ex *ina înušû*. Jam cum intexerent, ut ita dicam, formam *inûmišu* formae *nînušu* novam quandam formam formavisse et monstruosam Ass.-Babylonios judicaverim, *ninûmišu* dico, ita ut Hebraei ex פלני et אלמני formaverunt פלמני.

2) Ut 𒀭 𒄑 𒁇 ita 𒀭 𒄑 𒉈 𒁇 quoque deum ignis significare jam pridem conjecerunt homines docti. Esse hoc ita satis apparet ex. gr. ex 4, 56, 37 a, ubi 𒀭 𒄑 𒉈 𒁇 eodem munere ungitur, quo 𒀭 𒄑 𒁇 fungi solet. Quid sibi velit 𒉈 nondum liquet. Equidem existimo hoc signum illud esse 𒉈, quod reperitur 4, 39, 23 (*dingir babbar in nin-zi* 𒉈 *iga[!] an ki*), ubi dubito an significet „tepefactorem".

(li'bu) et significare „flammam“, praesertim cum 4, 8, III, 2 *li'bu* huic [cuneiform] respondere videatur (cf. et ea quae disserui de 4, 8, III, 2 et 4, 1, III, 24).

10. *sissinu* = סנסנ(ים) = syr. סיסנא.

ḳâṭpu non legitur nisi hic. Cum casus nominativus sit, subjectum esse videtur. Neque minus cum signa [cuneiform] ita legi possint, ut consonantes vocis congruant cum consonantibus hebr. et aram. קטף, probabile videtur, signa legenda esse *ḳâṭpu* et significare „eum qui carpit (carpsit)“.

11. [cuneiform] [1]) significare „patinam“ legendumque esse *paššuru* constat (S[b] 269).

Šiptu.

18. [cuneiform] ideogrammatis vim ut reperiamus, contemplemur necesse est lin. 20, ubi legimus: „ejus [cuneiform] [2]) [cuneiform] in ejus [cuneiform] non revertentur“. Quia et *pikurtu* (cf. I, 48) et *arî* (cf. annotationem) partes sunt *gišimmari* (cf. annotationem), primum quid sit hoc quaeramus. Viam monstrant 2, 15, 24 cd sqq., ubi legimus, *gišimmar*os plantari, parvas arbores aqua perfundi (27), circum nemus aedificari aliquid (29), tricesimo die mensis *araḫsamna* custodem nemoris possessori nemoris dactylos ferre (40—47). Videlicet dactyli fructus sunt nemoris

1) Assyrios alterum verbum *paššuru* habuisse significans sellae aliquod genus ex 2, 22, 35 b patet. Apparet signum [cuneiform] 1. 5, 3, 80 non indiare „patinam“ sed „sellam“ (cf. 2, 23, 28 a), eodem modo quo [cuneiform] non solum *sîr* = „contra“ significat sed etiam *sîru* = מדבר, [cuneiform] non solum *ṭâbtu* = „sabulonem(?)“ sed etiam *ṭâbtu* = „beneficium“.

2) [cuneiform] esse legendum *âru* 5, 26, 45 ef, [cuneiform] esse legendum *gišimmaru* et S[b] 1, 23 b et 4, 21, 5 a (ubi [cuneiform] = [cuneiform]!) ostendunt.

arborum *gišimmaru* vocatarum (cf. 2, 15, 49: *sulup gišimmari*). Ergo *gišimmaru* est „palma" (quod Oppertus jam conjecit, cf. *Zeitschr. f. Keilschriftf.*, tom. I, p. 55). Recte nos judicasse, confirmatur loco 2, 46, 29—30, ab (ubi [illegible] et [illegible] distinguantur i. e. „palma masculina" et „p. feminina"), et loco 5, 26, 39 seqq. efgh (*libbi* enim est haggadicum לִב, fortasse *(u)kûru* aram. קורא, certo *sissinu* aram. סיסנא, *tubalu[-u]* = תובליא, *tuhal[-lu-u]* = תוחליא etc.; cf. Löw, *Aramäische Pflanzennamen*, p. 109 sqq.). Restat ut disseramus de voce illa quam Eberhardus Schrader (*Monatsberichte der Berl. Akad. d. W.*, 5. Mai 1881) „palmam" indicare judicavit, *mussukan* (*mismakan* etc.) dico. Equidem cur negem non habeo. Fortasse enim voce *gišimmaru* solum significabatur „palma dactylifera", cum *mussukan* omnia genera palmaram complecteretur. Jam cum *pikurtu* pars palmae sit, *âru* pars partis palmae sit necesse est. 2, 41, 21 e legimus [illegible]. Unde sequitur, [illegible] = *âru* etiam feminini generis esse posse. Apparet igitur, ut *âru* „florem" (palmae) indicet. Quae sententia optime probatur ex. gr. loco 4, 27, 7 a (5, a): *bînu ša ina musarî mî lâ ištû, gimmatsu*[1]) *ina sî'ri ârta lâ ibnû*. Quod si *âru* „flos" est, *pikurtu* (cum *âru* pars *pikurti* sit) nihil esse potest nisi „fasciculus" sive „panicula florum" (*Blüthenrispe*). Pertinere fortasse *pikurtu* ad radicem **pakâru* = syr. פכר et indicari vocis ideogrammate „fascem, fasciculum", jam supra diximus (I, 58).

21. *šipir* (*ṣi*-[illegible]-*ti*) saepius conjungitur cum casu genitivo verbi actionem aliquam significantis (*šipir nikilti* 5, 3, 85; *šipir išippûti* 5, 4, 86 etc.). In tabulis reperiuntur tria verba *ṣibûtu*: 1) *ṣibûtu* = „tinctio, immersio" (2, 30, 62 f); 2) *ṣibûtu* = „optatum"; 3) *ṣibûtu*, quod „preciosam ali-

1) Nescio an *gimmatu* comparare liceat cum Γυμμάθ = جُمَّة (ZDMG 27, p. 530).

quam rem" significare videtur (2, 67, 63). Cui (tertio) *ṣibûtu* nescio an cognatum sit et hebraicum צְבִי (cf. הוד, הדר = „splendor" = „ornamentum") et id *ṣibûtu*[1]), quod reperitur in hoc incantamento, ita ut pluralis ille *ṣibûtâti* pluralis sit singularis *ṣibûtu* eodem modo formatus quo pl. *isîtâti* (1, 19, 109), quem pluralem esse verbi singularis *isîtu* apparet.

25. Ante [cuneiform] non legendum esse [cuneiform] sed [cuneiform] [cuneiform] testatur P. HAUPT loco citato.

Šiptu.

28. [cuneiform] [cuneiform] compositum est ex duobus signis. Cum non reversuram esse rem his signis indicatam in dicat ovem suam et ad vestem dei aut regis non captum iri homo aegrotus, „lana ovis" sit haec res conjiciendum est. Quomodo legendum sit signum [cuneiform] docent ex. gr. 4, 8, III, 29—30 et 2, 17, 55 cd (*šipâti*)[2]). „Lanam ovis" peculiari aliqua voce vocatam esse, et ideogramma docet et pronomen adjectivum *annî*, quippe quod generis masculini sit. Loco 5, 14, 25 cd (ubi de lana sermonem esse docent verba antecedentia feminini generis) respondet signis [cuneiform] [cuneiform] vocabulum *itḳu*. Significata igitur esse videtur lana ovis verbo significante „rem preciosam, insignem".

---

1) Significat igitur *ṣibûtu* et „ornationem" et „ornamentum", sicut prima illa vox *ṣibûtu* et „tinctionem" significat et „id quod tinctum est" (5, 15, 13).

2) Respondet eidem signo etiam vox *ša*-[cuneiform] (4, 5, 32—34 e; 4, 3, 3 b), quod verbum *šârat* legendum esse significareque „crinem" ex II. S^b 19, b (DELITZSCH, *Assyr. Lesestt.*[2]), 5, 42, 59—60 cf, 5, 50, 51 a (*munšub* = — = *šar-tum*, SU.L = *zik-na[-tu]*, MUNŠUB(?). L = *zik-na[-tu]*, *munšub(?)* = *ša-rat*) apparet. Elucet ass. *šârtu* hebraico שַׂעֲרָה, arabico شَعْرَة cognatum esse.

innapašu jam pridem cum syr. נפש et arab. نفش collatum est.

[cuneiform] [cuneiform] etiam reperitur 2, 44, 12 ef. Unam vocem significari ideogrammate patet ex insequente pronomine suffixo. Cum 2, 44, 12 ef connexa sint haec signa cum signis [cuneiform] [cuneiform] (quibus „agnum" indicari vidimus: I, 16 annot.), judico signis [cuneiform] [cuneiform] significari „ovem adultum" sive „ovem" neque legenda esse alio modo atque signum [cuneiform], *immíru*.

Šiptu.

38. Cum [cuneiform] [cuneiform] significet „capram" (4, 28, 49 a), [cuneiform] [cuneiform] [cuneiform] significat „lanam caprinam". Non legenda sunt signa *šipât ínzi*, quia ea sequitur pronomen adj. masculini generis, quod non posse conjungi cum *ínzi*, docent incantamenta antecendens et sequens. Itaque una voce significatam esse „lanam caprinam" in lingua assyr. liquet. Quae qualis fuerit nescio.

41. Elucet in lacuna ponenda esse signa [cuneiform] [cuneiform] [cuneiform] (cf. II, 21).

Šiptu.

48. [cuneiform] signum determinativum esse patet ex genere grammatico vocis *anní* (cf. [cuneiform] [cuneiform] [cuneiform] [cuneiform] 5, 15, 15 ef).

ṣirpi (a radice *ṣarâpu* derivatum) hic significat „lanam tinctam" (fortasse „fila tincta"). Proprie significat „quidvis tinctum" (cf. 5, 15, 15 ef, ubi *ṣirpu* = „pannus tinctus").

[cuneiform] [cuneiform] esse „jugum textorium" Julius Oppert primus vidit.

[cuneiform] [cuneiform] [cuneiform] „textorem" significare apparet, quem quomodo appellaverint Assyrii non traditum est.

[illegible] nihil aliud significare potest nisi „filium". Mihi quidem Oppert non persuasit, significare signum „unum ex" (*Zeitschr. f. Keilschriftf.* I, p. 45 sqq.).

ubarra. Cum [illegible] illud, quod pars ideogrammatis „jugum textorium"[1]) indicantis est, S^c 1, 5 ut *bitramu* legatur postulet et loco 4, 21, 19—20 b sum. [illegible] respondeat assyr. *burmu*, in lacuna ponendum esse [illegible][2]) verisimile est. Significat scilicet *burrumu* actionem texendi. Videtur v. ass. cognatum esse syriaco ברם, arab. برم (cf. quod verbum *biň*, quod ejusdem originis est ac germanicum *binden*, in lingua danica rustica actionem „acubus texendi" significat).

Šiptu.

III, 1. Ad hoc incantamentum restituendum reputanda sunt haec:

I. Cum *li'bu* significet „flammam" (l. 2), cum *li'bu* verbum regere debeat cumque lineae 8. in lacuna ponenda sint signa [illegible], dubito an in lineae 2. lacuna forma quaedam verbi *ḳamû* ponenda sit. Jam vero cum optet nimirum incantator (sive homo aegrotus) ut fiat aliquid in lacuna fuisse *likmîka* verisimile est.

II. 1) *upuntu* verbo carere non potest;

2) cum *umma* novam sententiam introducat, hoc verbum in lacuna lineae 1. fuisse patet;

3) ante vocem *umma* fortasse verbum aliquod fuit actionem „dicendi" significans (quamquam interdum omittitur);

---

1) Verisimile est significari signis [illegible] [illegible] id quod ponitur ([illegible]) ad texendum ([illegible]) *(Gestell zum Weben, Webstuhl)*.

2) Delitzsch: *„50, b, Schluss: u-bar-ra-mu, auf K. 2953 erhalten"*.

4) cum verisimile sit, legendum esse in lin. 8. *ina išâti iḳ[ḳamû]*, contemplantibus nobis incantamenta antecedentia non magnae audaciae esse videtur conicere post *upuntu* legendum esse: *ana išâti anadî*.

2. III. Necesse est ut de signis [cuneiform] [cuneiform] disseramus. Si certum est in fine lineae 2. legendum esse *liḳmû* sive *liḳmîka*, *la-ba-* [illegible] non potest esse initium objecti ullius. Unde efficitur ut aut adverbii aut adjectivi alicujus initium sit ad *li'bu* pertinentis. Jam vero cum in lingua ass. quantum equidem scio verbum cujus primae syllabae sint *la* et *ba* huic loco aptum non repertum sit, separanda esse videtur syllaba *la* a syllaba *ba*, ita ut *ba* prima vocis syllaba fiat. Si licet conjecturam proferre, fortasse legendum esse contenderim *la ba-aṭ-lu* = „non desinens, non cessans“ (cf. *lâ pâdû* = „non cessans, non parcens“ etc.; *pâdû* = *baṭâlu*).

3. Post *mâmît*, si modo quid in lacuna fuit, ponendum esse in hac lacuna *limuttu* verisimile est.

4. Post *alti ma-* quid in lacuna scriptum fuerit, cum nihil supersit nisi syllaba *ma-* hujus verbi sive horum verborum, erui non potest.

5. Restituenda videlicet haec linea ita est ut cum II, 3 etc. congruat.

6. In lacuna fuerunt fortasse verba *(mala): ina zumri'a bašû* (cf. II, 4).

7. Non est dubium quin post [cuneiform] fuerint signa [cuneiform] [cuneiform], quia post [cuneiform] certe fuit signum pluralem numerum indicans, reliquum autem spatium plus quam unum sive duo signa continere non potest.

Jam aggrediamur ad explicanda verba.

[cuneiform] [cuneiform] ideogramma „seminis“ esse constat. Respondet nostro *Samenkorn*. Vix dubitari potest, quin [cuneiform] [cuneiform] legendum sit eodem modo quo [cuneiform], *ziru* dico.

ubuntu (upuntu) legimus etiam loco 4, 56, 10 a. Elucet v. significare plantam. Cum hoc incantamentum porrigatur a linea 1. usque ad lineam 21. (non enim scriptum est signum [cuneiform] ante lin. 8!), [cuneiform] *ubunta* videtur esse idem atque [cuneiform]. Quod si ita est facilius erit quid sit *ubuntu* definire. Nam [cuneiform] etiam reperimus locis 4, 25, 12 b; 4, 61, 19 b. Accedit quod, quia plantarum ideogrammata in scripturis sum. et ass. signum determinativum ante sehabere solent, [cuneiform] signum determinativum esse videtur. Quid significet [cuneiform], docuerunt me hi loci:

1) 4, 2, 20 c (ubi verbis: *kalama zi (da)*[1]) *gimi mu*[2])-*mu*-[cuneiform] respondent verba: *mâtum kîma ḳîmi iḳamû)*;

2) 4, 13, 56—57 b (ubi sum.: *zi ašnan* (?) *azaga* ass.: *ḳîm ašnan illîti* resp.);

3) 3, 42, 23 (ubi legimus: *ḳîmu urḳiti idranu, ḳîmu piširti*[3]) *bu*-[cuneiform]-*tu*[4]) *liḫnuḳaš).*

Ex his locis efficitur: 1) *ḳîmu* in agro esse, 2) *ḳîmu* significare „frumentum", 3) *ḳîmu* significare „herbam" et viridem et aridam. Nunc autem *ḳîmu* bis connectitur cum *ḳamû* (4, 2, 20 c; 5, 19, 47 cd), cujus ideogramma ex [cuneiform] (= *pû*) et [cuneiform] (= *ḳîmu*) compositum est atque loco 2, 36, 62 g h verbis *patânu ša akâli* vertitur. Ergo *ḳîmu* „fruges, proventum agri, pabulum" significat, *ḳamû* „pabulari, pasci". Esse *ḳîmu* aethiopicum ቀምሕ (cf. arab. قَمْحٌ, aram. קמחא, hebr. קֶמַח) *ḳamû* aeth. ቀምሐ non opus est dicere.

---

1) [cuneiform] cum significet *ḳîmu*, legendum esse *zi* docet S^b 1, 5, b.

2) Loco signi [cuneiform] legendum esse sig. [cuneiform], quod pronuntiandum esse *mu* docet 5, 19, 47 c d.

3) Cf. ennarationem l. IIII, 4: *piširtu* = „stramen", non = „panicum".

4) = *bu*-[cuneiform]-*tu* = *mauvaises herbes* (J. A. tomi 15. p. 512.; GUYARD).

Scimus igitur *ubuntu* esse 1) herbam, quae edi possit, 2) plantam non ita magnam *(ubuntu pî'a iprusu* 4, 56, 10 a), 3) plantam in ceremoniis saepius usurpatam, 4) plantam cujus semina plantantur (non seruntur solum). Quid sit, videant physici. Fortasse Josephus Halévy *(Documents relig.*, p. 138), qui talmudicum אפון comparasse videtur cum hac voce, recte vertit: *pois*.

6. *lâ ṭûb libbi lâ ṭûb šîri*. Vox *lâ* in lingua ass. eodem saepe munere fungitur quo graec. ἀν-, lat. *in-*, germ. *un-*, syr. ܠܐ, hebr. לֹא, אִי. Quomodo concrescat cum alio verbo ex eo colligi potest quod 1, 27, 38 et 65 loco *lâ amâri* scribitur *lâmâri*.

7. *kišpu* et sqq. Idem est ordo harum vocum locis 2, 17, 64 d; 4, 66, 18 b. Earum ideogrammata omnia continent signum , quod assyr. *imtu* et *ru'tu*[1]) significat. *Imtu* esse hebr. חמה jam Lenormant (*Transactions* 1878, p. 168) jure contendit, significare „*poison*" jam Sayce (*Elementary Grammar*, p. 6) conjectura collegit. *ru'tu* est syriacum רועתא. Itaque *kišpu, ruḫû, rusû* simile quidquam significare videntur atque „venenum". Probatur hoc ex. gr locis 2, 17, 64 cd; 4, 16, 57—58 b; 4, 66, 13 b (ex quo loco colligi potest, *kišpu* esse „liquorem" quendam). *kišpu* ejusdem originis esse atque hebr. כֶּשֶׁף vix dubitetur, praesertim cum versio veteris testamenti Alexandrina pro v. כשף habeat φαρμακεύεσθαι, pro voce מכשף φαρμακός[2]).

1) Cum hoc vocabulum etiam respondeat signo (S[b] 85), esse principalem atque originalem formam, unde simplicior forma orta sit , apparet (cf. quod ex ortum esse videtur , neque minus quod voci *šîmitan* respondet et signum et signum).

2) Is qui parat φάρμακα appellatur in lingua assyr. *kaššâpu* (4, 64, 62 a), ea quae parat *kaššâptu* (4, 64, 62, a).

ruḫû saepius conjungi cum *kišpu* jam dictum est (2, 17, 64 d; 4, 66, 18 d; 4, 56, 20 a(!). Hanc ob rem synonymum hujus vocabuli esse videtur[1]).

rusû quia sicut *ruḫû* saepius cum *kišpu* connectitur, et quia altera ejus ideogrammatis pars (2, 17, 64 cd) [cuneiform] assyrio *riḫû* respondet (cf. 5, 19, 29 cd, 30 cd: [cuneiform] = [cuneiform]-*lum ša riḫî*, [cuneiform] = *írû ša šitti* (= *šinati* = שִׁין) cum 5, 22, 44 et 50: [cuneiform] = *riḫûtum*, [cuneiform] = *írû*), simile quidquam esse atque *kišpu* et *ruḫû* concludo[2]).

[cuneiform]. Haec signa indicare vocem *aršašî* docent ex. gr. 2, 17, 60 ab, 65 cd. Simile aliquid significare videtur atque *kišpu* etc. Quia saepissime cum his vocibus conjungitur (2, 17, 65 cd; 4, 64, 63 a etc., cf. 2, 17, 60 ab: *aršašû, ru'tu*), et quia saepissime sequitur eas, complecti earum vim videtur. Verisimile igitur est, interpretandum esse *aršašû* „materiam malam, materiam morbiferam" (hoc ita esse ostendit signum [cuneiform] „quidquid" ideogrammatis)[3]).

Jam conemur reficere lineas 8—21.

8. Cum lacuna continuerit verbum exprimens actionem comburendi necesse sit, quoniam ante lacunam [cuneiform] legimus, cumque hujus verbi primi signi vestigia ostendant,

---

1) Originalis atque propria hujus vocis significatio videtur esse „sordes"; cf. 4, 26, 15, b; HAUPT, *Keilschrifttexte*, p. 75 (*zukki* comparare licet cum hebr. זכה et syr. דכא).

2) Derivatum esse videtur ab assyr. *risû*, ita ut proprie significet „liquorem" (ex. gr. 2, 30, 70, bc).

3) De etymo atque origine hujus vocis certi aliquid proferre non possum. Suspicor *aršašû* esse formam فَعْلَلَى radicis *(*ḫ*)*ardšu* = syr. חרש (cf. ሐረሰ, ሐሬሰ). Similis forma est *alkakati* (*ilkakati*): 4, 15, 60 a; 3, 7, 50; 8, 60 etc. *Namriru* non a radice *namâru* sed a radice *marâru* derivatum esse, probat forma *namrurat* (Bronzethore von Balawat III, 3).

initium ejus fuisse syllabam [cuneiform], non dubium esse potest, quin in lacuna fuerit *[i]ḳḳamû*.

12. [cuneiform] nihil potest significare nisi „locum considendi" (*šubtu*, [cuneiform]*-latu* etc.). Si revera scriptum hic esset [cuneiform], haec signa nomen regens indicarent vocabuli signis [cuneiform] indicati, objectumque verbi *iḳḳamû*. Nunc autem non [cuneiform] comburitur sed semen (III, 1). Unde efficitur, ut [cuneiform] aut perperam scriptum sit ab homine Assyrio aut perperam lectum a Georgio Smith. Itaque si reputabimus, lineas 1—21 unum tantum incantamentum continere, si comparabimus cum hoc incantamentum illud, cujus initium in fine partis III. hujus tabulae, cetera pars in parte IV. legitur, ubi primum quid faciat dicit magus, deinde id quod facit confert cum eo, quod ut fiat optat, verisimile nobis videbitur loco [cuneiform] esse scribendum et legendum [cuneiform] = *kîma*.

9. In lacuna ut ponamus *ri-šu* (sive *ra-šu*), postulat I, 53.

10. In lacuna ut ponamus [cuneiform] postulat I, 54.

13—15. Lacunas harum linearum in archetypo non esse tantas, quantas Georgius Smith eas describi jussit, testatur Haupt l. c. Idem dicit, in lacuna linearum 13. et 14. non fuisse nisi duo signa, in lac. lin. 15. duo triave. Quibus in lineis cum tria mala commemorentur corporis, quibus ne rursus perturbetur optat homo aegrotus, cum etiam supra (l. 7.) de tribus malis corporis (*kišpu, ruḫû, rusû*) locutus sit, cum ideogramma vocis *kišpu* sit [cuneiform] [1]), signi autem [cuneiform] vestigia manserint post lacunam,

1) Effici videtur hoc ex 4, 56, 18—20 d: quia et voci *ipišu* respondet verbum ab eadem radice derivatum et vocibus *ipištu* et *muštipištu*, etiam

in lacuna lineae 13. ponendum esse [cuneiform] [cuneiform] judico. Item in lineae 14. lacuna ideogramma vocis *ruḫû* et in lineae 15. lac. ideogr. vocis *rusû*. Itaque cum voci *ruḫû* respondeant signa [cuneiform][1]) voci *rusû* signa [cuneiform][2]), in lacunis haec signa ponenda esse mihi videntur.

16—21. Quid in harum linearum lacunis ponendum sit, docent II, 2 sqq. Quid in linea 19. post signum [cuneiform] (post verba: *kîma zîr (zi) upunti annî*) fuerit probari non potest (*liḫḫaliḳ*?).

Incantamenti verba interpretari conemur.

8. De [cuneiform] dixi III, 1.

[cuneiform] „hortum" aut *írišu*, [cuneiform] „olitorem" significare, constat.

De [cuneiform] et [cuneiform] dixi supra (I, 54).

innimídu. *imídu* synonymum esse vocis *írišu* supra dixi. Multis in linguis actio „ponendi" et actio „plantandi" eodem verbo exprimuntur (cf. aram. יצב (הציב), germ. *setzen*, sum. [cuneiform] (2, 15, 21, 25, 30 = *zaḳâpu* etc.).

12. De [cuneiform] et [cuneiform] et [cuneiform] dixi I, 55.

14. *iṣin ṣîru* vi congruere cum עצה, forma cum עציון jam pridem cognitum est.

15. [cuneiform] *libbi'a*. Quod verbum etiam reperitur locis 1, 69, 21 a (*u puluḫti Sîn bil ilâni — ina* [cuneiform]

---

v. *kišpu* respondere vocabulum ab eadem radice derivatum verisimile est. Quod si ita est, [cuneiform] significat vocem *kaššâpu*, ita ut [cuneiform] respondeat voci *kišpu*.

1) Cum saepius vocem *kišpu* sequatur *ruḫû*, loco 4, 57, 10 d vocem *kišpu* sequantur signa [cuneiform], cumque signo [cuneiform] respondeat assyrium *riḫû* (S^c 24), ideogramma vocis *ruḫû* [cuneiform] fuisse judico.

2) Ex. gr. 2, 17, 64 cd.

3*

nîšîšu šuškinâma) et 1, 69, 54 c (*u puluḫti* etc.). Quae locutio a locutione *puluḫti ilûtika rabîti* *šuškin* (1, 68, II, 27) nequaquam segregari potest. Reputantibus nobis in lingua syriaca שמיא דפומא significare „palatum“, *šamâmu* sive *šamî* „cavum“ atque id cameratum interioris partis corporis significare persuasum erit (cf. etiam quod κοιλόν = coelum est). Videlicet est „cavum pectoris, cavum thoracis“ sive „pectus interius“, cum *irtu* significet „pectus exterius“. Nam de ventre cogitare ob eam ipsam causam non licet, quia Ass.-Babylonios sedem timoris in ventre esse existimavisse non traditum est, nisi forte *šamâmu libbi'a* eam partem ventris significat, in qua *kabittu* posita est. Quibus dissertis quid sibi velit *ilput* dicere possumus. *Lapâtu* ut semper significet „evertere“ aut simile quiddam fieri non potest. Quomodo fieri potest ut haec vis adhibeatur locis 4, 4, 35 c (*ḫimîti illîtim, amîlu apal ilišu luppit*), 4, 26, 15 b (*zinništu ša ruḫî ḳâtsu iltapat*), 4, 26, 35 b (*mî bûri ša ḳâtu lâ ilput*)[1]), 2, 35, 63 gh (*ša ina sun mutiša kuzba lâ ilput*)? Mihi quidem dubium esse non potest, quin hoc *lapâtu*, prorsus sejungendum sit ab illo *lapâtu*, praesertim cum omnibus his locis uno modo verti possit (etsi ei respondet sumericum)[2]). Communis est omnibus locis significatio „stringendi“. Quod si accuratius volumus transferre, vertendum est *lapâtu* loco 4, 4, 35: „linere“; 4, 26, 15: „abstergere“; 4, 26, 35: „attingere“ (cf. Guyard, *J. A.*, tom. 15, p. 51). Quibus constitutis in mentem nobis venit

1) Apparet ex sumerico , loco signi legendum esse signum .

2) Hoc nihil aliud probat nisi scripsisse Ass.-Babylonios archetypos earum tabularum in quibus respondet assyrio *lapâtu* ei quod non exprimat actionem evertendi; scripturam quae vocatur sumericam ab iis inventam esse, probare non potest.

vocis *lipit* illius, quae saepius conjungitur cum deo pestilentiae. Apparet hoc *liptu* significare „contagionem". Etiam huic loco maxime aptam esse significationem „attingendi" quis est qui neget? Dubito an vertendum sit: „Viro ne inficiatur pectoris mei cavum".

Ín.

22—23. 1) Ex lin. 42., quia ex l. 39. (*ḳâtišu*, *šipišu*) apparet, virum circumvolvi aliqua re (re *ḳû* nominata), *ḳû* illud a femina factum esse patet (*ḳâša*).

2) Priusquam femina agere incipit, primum homo quidam aliquid facit feminae (apparet hoc ex eo quod quamquam lineae 22. primum signum est [cuneiform], lineae 23. primum vocabulum non est nomen feminae cujusdam sed praepositio *ana*, ita ut [cuneiform] subjectum esse non possit); deinde *Ištar* aliquid sive aliquem regit. Verisimile est, lin. 22. et 23. virum feminae mandare ut faciat id quod postea facit. Itaque cum ante verbum *ištakan* signum *-su* servatum sit, ante [cuneiform] signa [cuneiform] legenda esse judico et ante [cuneiform] [cuneiform] [cuneiform] [cuneiform]; cf. S^b 214; 5, 19, 32 cd.

Quod si ita est, [cuneiform] lin. 23. initium esse verbi significantis feminam quandam elucet. Nunc autem in carmine epico quod dicitur *Gišdubari* feminae quae vocantur *kizrêti* inter comites sunt deae Ištaris (4, 49, 16 b), l. 2, 32, 35 cd vocabula *kazratu* et *kizritu* respondent signis [cuneiform] [cuneiform] (post *ardatu*, *siništu* etc. positis). Itaque elucet post *ki-* in lacuna ponenda esse signa *iz-ri-ti*.

Loco 4, 49, 16 b vox *kizrêti* conjungitur cum *šamḫâti* et *ḫarimâti*. Voci *ḫarimâti* respondet eodem loco ideogramma [cuneiform] [cuneiform] [cuneiform] [cuneiform]. Loco 2, 32, 31 cd seqq. et voci *šamkatu* (*šamuktu*) et voci *ḫarmatu* (*ḫarimtu*) et voci *kazratu* (*kizritu*) respondet ideogramma [cuneiform] [cuneiform].

Cum certum sit, loco 4, 49, 16 b legendum esse [cuneiform] [cuneiform] (cf. P. Haupt, *Das babylonische Nimrodepos*, p. 49, lin. 2, annot. 4.), utroque loco haec signa legenda esse apparet. Itaque cum voci *kizritu* respondeant signa [cuneiform] [cuneiform], haec signa post [cuneiform] in linea 22. fuisse verisimile est.

Post [cuneiform] aut [cuneiform] aut [cuneiform] ponendum esse docet praepositio *ana* lineae 23.

Post [cuneiform] scribendum esse [cuneiform] docet *ištakan*.

24—25. Quibus concessis nemo dubitabit, quin post [cuneiform] legendum sit [cuneiform] [cuneiform], post [cuneiform] [cuneiform] *kizriti*; fortasse legendum est post [cuneiform] [cuneiform], post *kizriti* -*ša* (cf. Haupt,. *Nimrodepos*, p. 49). Quia assyrium *ašâru* (= ישר) respondet sumerico [cuneiform] [cuneiform], ante [cuneiform] *ba-nin-di* legendum est [cuneiform][[cuneiform]].

Cum *sinništu* (*zinništu*) sit subjectum hujus sententiae, (quia in proximis est sententiis), cum in hac incantamenti parte tres tantum personae nominentur, cum *ušišib* non usurpetur nisi cum spectet ad homines et animalia, cum denique ridiculum sit cogitare hominem quendam aliquo loco collocare deam, ab ancilla collocari hominem aegrotum judicare debemus. Quibus probatis [cuneiform] finem esse vocis significantis locum eum, ubi ponatur homo, verisimile est. Jam vero cum ex 2, 23, 59 cd habuisse Assyrios vocabulum *tiniḫu* idem significans atque *iršu* discamus, verisimile est in lacuna ante [cuneiform] ponenda esse signa [cuneiform] [cuneiform].

[cuneiform] aut *kîma* solet significare aut „facere" aut *maṣû*[1]) aut *šamâṭu* etc. Nunc autem [cuneiform] hic non significare potest *kîma*, quia lineae 27. prima vox est *sinništu*. Sequitur inde, ut [cuneiform] verbum (*Thätigkeitswort*) indicet.

1) Cf. *ušamṣî mâl libbi.*

Fortasse exprimit notionem „faciendi". Magis tamen verisimile mihi est, ei respondere hic assyrium *šamâṭu*, quia [cuneiform] assyrio *rakâsu* respondet, quocum *šamâṭu* vi congruere videtur (cf. syr. שמוטא et arab. سمط).

Cum assyr. *iršu* sumerico [cuneiform] (sive [cuneiform]) respondeat, *iršu* idem sit atque *tiniḫu*, post [cuneiform][1]) signa [cuneiform] in lacuna ponenda sunt.

28—29. Haec lineae comparandae sunt cum 2, 17, 55 cd sqq. Quo facto colligi potest, in linea 28. signa [cuneiform] sequi debere [cuneiform]. Ante [cuneiform] (cum quidquid est nihil esse possit nisi instrumentum) signum [cuneiform] ponendum est. 2, 17, 55 cd docet, pro [cuneiform] legendum esse [cuneiform] (Delitzsch: „*29 b:* [cuneiform] *ina pilakki* etc., *nicht* [cuneiform]*!*"), inter [cuneiform] et [cuneiform] ponenda esse signa [cuneiform].

30—31. Ante [cuneiform] ponendum esse [cuneiform] apparet ex linea 31. Cum [cuneiform] respondeat radici *barâmu* in lacuna post [cuneiform] signum [cuneiform] ponendum est. Quia [cuneiform] assyrio *kû* vertitur, ante [cuneiform] in lacuna [cuneiform] ponendum est.

32—33. Cum locis 4, 19, 5—6 b; 4, 12, 42—43 sum. [cuneiform] respondeat assyrio *i-kir-ri* ante [cuneiform] scribi necesse est [cuneiform] [[cuneiform]]. Delitzsch mihi scripsit haec: „33 b: *Anfang* (*gemäss* S. 1521): [cuneiform]".

34—35. Primum annotare debeo, in archetypo hujus tabulae loco signi [cuneiform] legi [cuneiform] (cfr. Haupt, l. l.). Haupt suadet, ut legamus ante [cuneiform] — [cuneiform]. Quod si recte suaderet, in linea 35. legendum esset *mu-*

1) Cf. versionem.

pa-aš-šir. At spatium quod ante *arrati* est, minus est, quam ut in eo quatuor signa scribi possint. Reputantibus nobis signa [cuneiform] non posse partem esse nisi ideogrammatis aut [cuneiform] aut [cuneiform] aut [cuneiform] aut [cuneiform] aut [cuneiform], [cuneiform] respondere loco 5, 30, 65 ab assyr. *arratum* (fortasse l. 2, 7, 2 gh assyr. *ḫušaḫḫu*; cf. 2, 7, 5; 5, 50, 69 a), vocabula in *-al* desinentia saepissime habere complementum phoneticum [cuneiform] (cf. 5, 30, 66 ab), non dubium esse nobis potest, quin hic legenda sint ante signa [cuneiform] signa [cuneiform]. Delitzsch hanc conjecturam confirmavit, cum mihi scripsit: „34 b: *Anfang* (S. 1521): [cuneiform]". Ante [cuneiform] legenda esse [cuneiform] idem mihi scripsit (S. 1521).

36—37. In lineis 40. et 41. narratur Marduk solvere rem *ḳû* appellatam. Itaque cum in lin. 39. narretur, circumvolvi manus pedesque hominis (manum pedemque h.) aliqua re, re *ḳû* appellata eum circumvolvi colligere licet. l. 36. cum iterum (cf. l. 31.) locutio *munaššir mâmît* usurpetur, novam sententiam introducit. Ergo cum ante *namtrima* unum tantum signum fuerit (Haupt, l. c.), signum [cuneiform] in lacuna fuit lineae 36., [cuneiform] in lacuna lineae 37. Esse hoc ita mihi nunc Delitzsch confirmavit (cf. S. 1521).

38—39. Ante [cuneiform] non legi [cuneiform] sed [cuneiform] testatur Paulus Haupt. Quae nimirum signa vestigia sunt signorum [cuneiform]; ll. 4, 5, 36 c; 4, 59, 22 a docent, prima lineae 38. signa fuisse [cuneiform]. Delitzsch mihi scripsit, in fragmento quodam legi posse haec: [cuneiform] (in l. 38), [cuneiform] [ ] (in l. 39). Apparet inter [cuneiform] et [cuneiform] esse scribendum [cuneiform], inter [cuneiform] et *ḳâtišu* [cuneiform].

Sequitur jam enarratio.

22. [cuneiform] legendum esse *garza* ostendunt S^b 214; 5, 19, 32 cd.

24. [cuneiform] legendum esse *nin* cum significet deam Ištar nominatam diximus I, 12.

[cuneiform] nimirum hic respondet latino *a* (*ab*) auctoris, germanico *von* (cf. ea quae disserui de [cuneiform] lineae 44). [cuneiform]-*ba-nin-di* igitur vertendum est „recta est"[1]).

26. [cuneiform] signa utrum legenda sint *giš-na(da)* an ideogramma sint vocis ignotae nescio.

[cuneiform] esse legendum *dur* ex. gr. ex 2, 26, 13 ab (2, 31, 13 gh); 4, 14, 20 a (ubi [cuneiform] = *dur* = *ṣalâlu*, [cuneiform]-*ru* = *ašâbu*) apparet.

1) Deam Ištaram incantationibus adesse, etiam l. 2, 17, 45 cd legimus. Videmus ibi dici, rem [cuneiform] = *kinu* ab Ištara afferri. Videtur igitur Ištara *gu* faciendum curasse. Nunc autem [cuneiform] „funiculus" est nostro loco; loco 2, 17, 45 cd sequuntur signum [cuneiform] signa [cuneiform] eadem, quae l. 4, 25, 6 b sequuntur signum [cuneiform] (= „lanam"). Itaque negari vix potest, [cuneiform] etiam l. 2, 17, 45 cd esse „funiculum" praesertim cum l. 2, 17, 48 cd jubeatur res [cuneiform] appellata alligari ad manum dextram. Cum his locis comparari potest 4, 31, 52 a quo loco gessisse narratur Ištar in pectore *dudinâti*, quod verbum, quamquam quid sit accurate determinare non possum, tamen quia loco 4, 63, b 51 conjungitur cum *palagdu* (quod arab. فَلْكَةٌ esse infra (l. 29) demonstrabo) instrumentum esse ab iis qui nebant usurpatum contendere audeo. Ex his rebus sequitur, deam Ištaram praefuisse arti nendi, sine dubio eam ob causam quia a feminis solis exercebatur. Quae res conferre posse videtur ad locum quendam libri Jacobi Sarugensis, qui inscribitur על מפולתא דפתכרא explanandum. Ibi (*ZDMG* 1875, p. 110, l. 54) legimus: תרעתא גדלת אלהתא. Legendum ne est גָּדָלַת et vertendum: „Tar'athâ netrix dearum (*die Spinnerin unter den Göttinnen*)"? Imprimis videtur ostendere ita vertendum esse, quod תרעתא nomen Ištarae (עַתַּר) continere maxima hominum doctorum pars judicat.

27. Pro [cuneiform]-*niṣtu* et *siniṣtu* scribitur etiam *ziništu*. Quia facilius ex *ziništu siništu* quam ex *siništu ziništu* fit, vetustior forma esse videtur *ziništu*. Num *ziništu* cum **ፀንሰ** comparare liceat, in medio relinquatur necesse est.

28—29. [cuneiform] cum significet *šupâtum* legendum esse „*sig*" docet S^b 1, 16 b, etiam cum significet *šipâtum* legendum esse *sig*, non traditum est, sed verisimile est, quia alium sonum indicari hoc signo non tradiderunt grammatici babylonici.

[cuneiform] *babbar* legendum esse, cum *piṣû* indicet, docet 2, 19, 14 ef.

[cuneiform] cum significet *ṣalmu* legi posse *gig*, ex eo effici videtur, quod signum hac vi instructum saepius sequitur compl. phonet. *ga*; non certum esse hoc, ex iis sequitur, quae disserui de lin. I, 12; sine dubio legi posse *kan* probant loci S^b 1, 21 a ([cuneiform] = *kan* = *adâru*); 5, 30, 20 ef ([cuneiform] [cuneiform] = *ûmu na'duru*)[1]).

[cuneiform]. Quamquam hoc signum saepius occurrit in tabulis, tamen omnes fere loci ita mutilati sunt, ut ex uno hoc loco quid sibi velit colligere possimus.

I. Voces „lana nigra" et „lana alba" reguntur a verbo *iṭmí* (nam non esse possunt subjectum, quia *šipâti piṣâti* et *šipâti ṣalmâti* plurales sunt, *iṭmí* singularis est). Etiam *ḳâ ṣîra* accusativus est. *Šipâti piṣ.* et *šipati ṣalm.* hic tantum commemorantur, postea semper de *ḳû* solo sermo est. Unde efficitur, ut *ḳû* sit id quod fit cum actio verbo *iṭmí* expressa adhibetur ad „lanam nigram" et „lanam albam".

II. 1) *ḳû* (circumvolvitur sive) alligatur ad caput, manum pedemque.

2) *ḳû* solvitur.

---

1) „Nigrum esse" etiam significatum esse verbo *gidi* hic ipse locus probat. Jacetne *gidi* inter *gig* et *mi* eodem modo atque *tub* inter *tug* et *tu (ti)*, *gi (mi)* inter *giš* et *mu*, *dub* inter *dug* et *zib*?

III. Circumvolvuntur eadem re caput et manus et pes. Ex his efficitur, *kû* esse rem ex lana nigra et lana alba factam, i. e. aut „pannum" aut „funiculum". Nunc autem idem *kû* et circum pedem et circum manum et circum caput circumvolvitur. Ergo quia brevi tempore *kû* fiat necesse est, „funis" sive „funiculus" est[1]). Apparet *kû* idem esse vocabulum atque hebraicum קו (cf. arab. قُوَّة). Jam vero cum verbo *itmi* ea actio exprimatur, qua lana nigra et lana alba funiculus fiant, nihil potest hoc verbum significare nisi „torquendi" sive „nendi" actionem. Quibus concessis non possum facere quin conjiciam *itmi* esse conjungendum cum hebraico טוה[2]) (طوى), praesertim cum 4, 3, 5 b; 4, 5, 35 c; 2, 18, 55 cd radicis verbi *iṭmî* primam consonantem aut *d* aut *ṭ* esse ostendant (de ideogrammatis differentibus inter se infra dicam). Jam quia voci *pilakku* antecedit praepositio ⟼, nihil aliud esse potest nisi instrumentum, quo netur funiculus. Ergo „fusus" est. Quibus dictis scimus, unde venerit talmudicum פילכא (= „fusus")[3]).

1) Esse hoc ita, omnes loci, quibus *kû* reperitur, probant (cf. 5, 15, 53 cd: ubi *kû* sequitur verbum *nallatum* a radice *alâlu* derivatum; 4, 6, 11, 12, 13: ubi legimus: *mulu-bi nam-mul(ul-lu) gu* -*sa-a î-i* (sive: *lal-i*) = *amîlu šû ina nîši kâ iša* [ ] *ana šîti* (?) (= *tarsu*? = *ḫa*- ?; cf. 4, 22, 13 a); 4, 22, 29 a; *kîma kî* *uparri*).

2) Posse semiticum ו in lingua assyria reddi signo , probant verba *namû* et נוה; probare videtur assyrium *zîmu*, quod idem esse atque syriacum זִיוָא, hebr. זִיו judico (2, 66, 2; 5, 61, 39 c; 5, 61, 44 c); fortasse probat assyr. *lamû*, quod a multis cum לוה comparatur. Haud scio an his exemplis adjungendum sit assyr. *di-mi-tum* (4, 19, 2 a), si quidem hebraico דוה (arab. دوى) cognatum est.

3) Lineae 5, 14, 14 ab compluria nomina continent generum lanae colore, aliis proprietatibus differentium inter se. In his est (in l. 15.) -*ku* cui ideogramma respondet . Loco

Quod verbum jam Josephus Halévy (*Doc. rel.* 139) cum *pilakku* comparavit, sed sonum solum secutus verborum, non contextum sententiarum. Signa [cuneiform] etiam locis 4, 5, c. 30 (ubi in lacuna ponenda sunt signa: [[cuneiform]] [cuneiform]); 2, 17, 55 cd respondent assyrio [cuneiform] (4, 5, 31 c legenda sunt verba: *kâ*-[cuneiform] *rukusma*). Signa significant: „ex duobus conjunctum" ([cuneiform] = *iṣîpu*). [cuneiform] quomodo legendum sit non traditum est. Verisimile est nomen fusi fuisse *bal* (si modo in linguae sumericae originalis scriptura [cuneiform] significabat fusum et non Ass.-Babylonii huic signo hanc vim

4, 63, 57 b [cuneiform] conjungitur cum [cuneiform] *duditti* et [cuneiform] *pallagdu*, locis 4, 65, 39 b; 4, 62, 28 a cum [cuneiform]. Ex his locis efficitur, [cuneiform] esse instrumentum ad lanam tractandam usurpatum. Quod si ita est, etiam *pallagdu* ejusmodi instrumentum est. Comparantibus nobis 4, 65, 3, 9 b; 4, 62, 28 a cum 4, 63, 57 b non potest esse dubium, quin [cuneiform] respondeat voci [cuneiform] *pal(l)agdu*, *pal(l)agdu* idem sit atque arabicum فلكة eodemque modo factum sit ex *palaktu* quo *aragdû* factum sit ex *araktû* (4, 28, 48—49 a), *šalandu* ex *šalamtu*.

Cum [cuneiform] significare *pilakku* = „securim" inter omnes constet, scimus nunc haec:

[cuneiform] = *pilakku* = „securis";

[cuneiform] = *pilakku* = „fusus".

Apparet his signis significata esse haec duo verba prorsus differentes inter se notiones exprimentia ob eam causam, quia (in lingua assyr.) eundem sonum habebant. Non consentio cum Josepho Halévy et Stanislao Guyard, linguam quae dicitur sumericam (sive scripturam sumericam) ab Assyriis inventam esse contendentibus. Sed non esse linguam sumericam, qualem exhibeant tabulae preces, incantamenta etc. continentes, originalem populi Sumeriorum linguam, et ex aliis causis colligi potest et ex novo fortasse hoc exemplo (nisi forte [cuneiform] modo in scriptura assyria „securim" indicabat, quod utrum ita sit annon nescio).

dederunt, quia in scriptura sum. [cuneiform] [cuneiform] significabat („securim" =) *pilakku*).

[cuneiform] [cuneiform] [cuneiform] potest per se legi *sur-sur-ri* et *šur-šur-ri*. Pronuntianda sunt signa *šur-šur-ri (šyr-šyr-ri)* his de causis: l. 4, 35 b voci *tamû* respondet signum [cuneiform] = *šir, šar, sir, sar*; 4, 5, 35.c signa [cuneiform] [cuneiform] *nu, šir*[1]). Itaque s. [cuneiform] legendum est *šur*. Quomodo fieri possit ut voci *tamû* et videantur respondere *šur* et *šir* alio loco persequar. Non dixisse Assyrios *šur-šur* ex eo apparet, quod [cuneiform] [cuneiform] compl. phon. sequitur *ri* (quod non pronuntiandum esse *ri* neque indicare tempus praesens contextus verborum sententiarumque nec non versio assyria *(itmi)* docent).

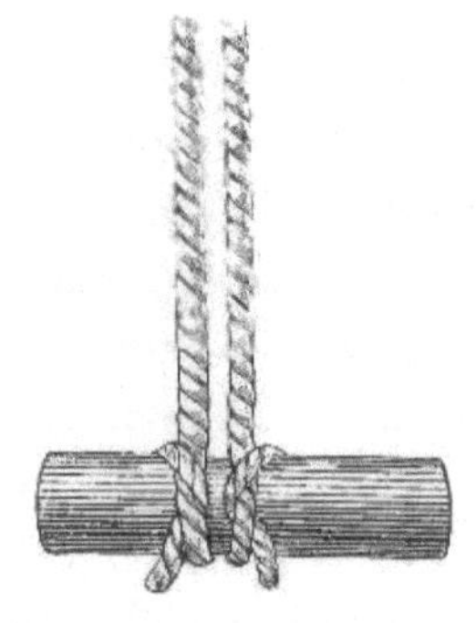

[cuneiform] [cuneiform] quid sibi velit, docent verba sumerica *min-tab-ba*. Haud scio an baculus fuerit ad quem colligabantur ultima fila, quo contorquendo in unum conjungerentur. Imagines[2]) in margine adumbratae accuratius ostendent quid sentiam. Est igitur

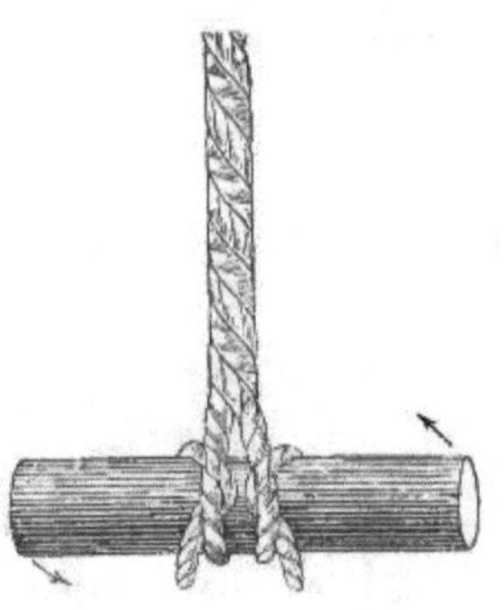

1) [cuneiform] legi posse *šir* apparet ex 1, 68, 30 a; 5, 6, 49 (3, 61, 21 a); 1, 69, 18 a; 1, 68, 6, 4 etc., ubi [cuneiform] [cuneiform] [cuneiform] vice fungatur signorum [cuneiform] [cuneiform] [cuneiform] ([cuneiform] [cuneiform] [cuneiform]). Id quod templum urbis Uru in terra Sumer sitae, quod signatur signis [cuneiform] [cuneiform] [cuneiform], appellatur *gi(š)-šir-gal*, confirmat miro modo sententiam FRIDERICI HOMMEL populum Sumeriorum pronuntiasse [cuneiform] *gal*, Akkadiorum *mal* judicantis.

2) Cf. imaginem in RIEHM, *Handwörterbuch* p. 442 delineatam.

ku ḫatti[1]) funiculus qui adhibito baculo factus est i. e. „funiculus ex compluribus filis contorto baculo factus".

quomodo pronuntiandum sit non satis elucet. Certum est, ultimas verbi ideogrammati huic respondentis litteras fuisse *un(u)* (cf. 5, 19, 11 cd; 2, 47, 43 c). Primam consonantem fuisse *g*, totum vocabulum *gun(u)* videtur docere Sᵃ IV, 21 (Delitzsch, *Assyr. Lesest.*², p. 41). Dubito enim eam ob causam num optimo jure scripserit grammaticus babylonicus *si*- -*gunû*, quia *sigunû* nomen fuit signi (= +) (cf. 2, 33, 3 c: = *ugun*).

. Est quod miremur post positum esse *i*. Cujus rei causas cum longum sit hic exponere alio loco explicabo. Hoc tamen dico, mihi persuasum esse, esse ex decurtatum (quod signum *bŏd* pronuntiandum esse compl. ejus phon. docet) pronuntiandumque *bŏ*. Addo me eruisse vocalem *ŏ* sumericum favere complemento phon. (cf. 4, 1, 1 a).

31. *bitrumu* non respondet germ. *bunt*, latino *versicolor*, sed magis germ. *zweifarbig*, lat. *bicolor*. Esse tamen *bitrumu* non prorsus idem atque lat. *bicolor* ostendere videtur loc. 4, 5, 32—35 (qui locus ita vertendus est: „Funiculum laneum[2]) *burrumta* ex lana capreolae nondum initae et lana agniculae (?) nondum initae torque et").

munaššir significare „discindere, dilacerare" constat. Quam significationem verbum hic respuit, quia infra legi-

1) Ita legendum esse signum etiam hic, docet 2, 28, 59—61. Nam illud quod ibi legitur esse id de quo nunc quaeritur, ostendit lineae 28. Videlicet associatio ut ita dicam idearum quaedam effecit ut a *ḫattu* ad *palû* veniret grammaticus (per = *pilakku*).

2) Esse *ulinnu (ulinu)* „funiculum laneum" docet 4, 21, 3 a, ubi *ulinnu* respondeat signis .

mus, *mâmît* non deletam esse (fertur enim in agrum). Ex l. 43. discimus existimasse Babylonios *mâmît* attrahi funiculo (*mâmît ķâša*). Itaque „abscindere, avellere" significare *uššuru*[1]) (cf. Guyard, *Notes assyriol.* § 54), necesse est. Probatur hoc eo quod ex. gr. loco 2, 15, 41 cd 𒍣 vertitur assyrio *nasâḫu*.

32. 𒅗 𒀝 compositum est ex 𒅗 = *pû* et 𒀝 = „facere" (fortasse significat 𒅗 „verbum"). Quod vocabulum significetur his signis non tradiderunt quantum equidem scio grammatici babylonii.

33. 𒁹 = *ana* (cf. lineae 35. primam vocem *ana*) interpretandum esse „adversus", probant loci 4, 26, 33 b sqq. (*ana ummi u kuṣi ša ana širi lâ ṭâbu mi' bûri* (בּוֹר) *ša ķâtu lâ ilput karpatu šuḫurratu mullîma*); 2, 17, 47 et 51 cd (= Haupt, *Texte*, p. 88 sqq.: *ana amurriķani ša inišu; ana ķuķani ša inišu*).

ikiru quia ejus ideogramma actionem indicat oris, quia 4, 19, 6 b legimus *ikirašu lidammiķ*, 4, 64, 68 a *arrat limuttim* antecedit verbis *ikiru lâ damķu*, simile aliquid videtur esse atque *arrat*. Judico ei respondere latinum „convicium"[2]); cf. 4, 64, 68 a.

In lacuna ponendum esse signum 𒋾 docet genus femininum vocis *mâmît*. Non solum *limutti* sed etiam *limniti* esse femininum vocis *limnu* videmus ex 5, 6, 114 (*îlamtu limniti*).

---

1) Cf. arab. نَشَرَ (مَنْشَارٌ = מְשׂוֹר), aram. נסר. Vocem *našru* ab alia radice derivatam esse probat id quod ei respondet arab. نَسْرٌ, aram. נשׁרא.

2) Cum *illu* respondeat hebr. הלל (هلّ), neque minus *irû* hebr. הרה, *ikiru* hebraico הכר (Job. 19, 3) respondere suspicor. Hac significatione fugari hujus vocis versiones adhuc praebitas (ex. grat. vers. Davidi Mich. هكر) negari non potest, praesertim cum תהכרו antecedat תכלימו.

38. [cuneiform]. Fortasse desinebat verbum signo [cuneiform] significatum in *d*; cf. 5, 14, 56 ef ([cuneiform]-*da* = *tapkirtu*); 2, 47, 22 ef ([cuneiform]-*da* = *agî bîlûti* (= „infula, vitta“) = *allu*).

39. *ḳâtišu*. De origine vocis *ḳâtu* sententiae probabiles nondum sunt expromptae (aram. קתא ex lingua assyria acceperunt Aramaei; cf. *ḳâtum ša duppi* 2, 32, 40 f). Audeo suspicare radicem vocis esse **laḳâḫu* (= *liḳû*, לקח), ita ut *ḳâtu* factum sit ex *laḳaḫatu* eodem modo quo קחת ex לקחת et *irâmu* ex *iraḫamu*.

šipišu. Hujus vocis radicem nondum cognitam esse, est quod valde miremur. Patet enim *šipu* esse cognatum arabico سَفْحٌ, ita ut eadem intercedat ratio inter *šipu* et سَفْحٌ atque inter *ḳimu* et قَمْحٌ.

40. De signis [cuneiform] dixi I, 16.

De *uruduga* = [cuneiform] disseruit Delitzsch in libro ejus, qui inscribitur: *Wo lag das Paradies?*, p. 228.

[cuneiform] legendum esse *tor-ro* alio loco demonstrabo.

[cuneiform] etiam aliis locis post verbum legitur:

1) 4, 26, 25: *su mul(ul-lu) dumu dingirana barantigada*;
2) 4, 2 c, 33: *nambaguruda*;
3) 4, 16 a, 5: *nukuruda*;
4) 4, 16 a, 39: *ḫabara* [cuneiform] *ruda*;
5) 4, 20, 3, 17: *nukuruda* (= *ana amíli apal ilišu lâ tadiḫî — ai iturûni — lâ uttakaru — liruruśu — ul uttakar*).

Ex his locis cognoscimus signum [cuneiform] 1) cum studio atque amore poni post radices in *ur (or)* desinentes; 2) posse exprimere optationem (et tempus praesens?) et tempus futurum, habere igitur eandem vim atque ex gr. tempus imperfectum verbi hebraici. Qua vi etiam hoc loco instructam esse syllabam *da*, ex iis quae sequuntur sententiis et ex versione assyria *(uparri')* apparet.

41. *uparri'*. Ex ideogrammate [cuneiform] multisque ex locis (2, 17, 64 ab; 4, 22, 29 a; 4, 22, 19 b) patet hoc verbum significare actionem „solvendi". Idem est atque hebraicum פרע [1]) (cf. arab. فرع, syr. ܦܪܥ).

42. [cuneiform] = *idin* (HAUPT, *Keilschriftt.* 182, 2).

[cuneiform] quare pronuntiem *in* dixi I, 56.

[cuneiform] semper legitur ab hominibus doctis *lag̃ lag̃*. Assyrios et Babylonios ita pronuntiasse certum est. Sumerios neque *lag̃* neque *lag* dixisse ostendam.

I. 1) [cuneiform], quamquam 2, 27, 7 c docet legendum esse *ki-lag̃*, tamen 2, 52, 3, 68 postulat ut pronuntiemus *kislag̃*;

2) loco 2, 26, 64 cd assyrio *namâru* respondet sumericum *su-lu-ug*.

II. [cuneiform], quod signum ex eodem signo ortum est, ex quo signum [cuneiform] (cf. HILPRECHT, *Freibrief Nebukadn. I*, p. V), legendum esse *zalag* discimus ex 2, 57, 58 a [2]). Ex his locis satis apparet [cuneiform] in linguae sumericae scriptura non indicasse sonum *lag̃* sed *slag*. Dixerit quispiam: At scripserunt Assyrii *sulug*. Respondeo: Non poterant verbum *slug* aliter scribere propter scripturae suae naturam, sicut Graeci, cum utebantur scriptura cyprica, non poterant verbum ἄνθρωπος exprimere nisi signis syllabis *an-to-ro-po-se* respondentibus. Audio alios objicientes: Signum [cuneiform] significabat sonum *lag̃* in linguae assyriae scriptura.

1) Etiam ejus verbi פרע quod significat „ducem esse" in lingua assyria reperitur radix atque ea in verbo [cuneiform]-*rû* (cui respondet sumericum *nam-in-ag-a*, ex. gr. 2, 6, 35 cd), quod videlicet pronuntiandum est *pitrû*.

2) Cf. cum his locis S^b 330: *a-za-lag*-[cuneiform] [cuneiform] [cuneiform]-*aš-la-ku*.

Sed saepius mutaverunt Ass.-Babylonii significationem signi sumerici, cum eo sonum repraesentarent ab eo sono, quem exprimebat in scriptura sumerica, syllaba prima omissa differentem. Exempli gratia [1]) in scriptura sum. indicabat sonum *girin*, in scriptura assyria son. *rin*, in s. s. signum son. *uru*, in s. babyl. sonum *ru*, signum in s. s. sonum *saḫir*, in script. ass. sonum *ḫir*. Sicut linguae hebraicae pronuntiationem rectam obliti sunt Judaei eamque secundum pronuntiationem linguae aramaicae formaverunt, quam posteriore tempore loquebantur, nec minus sicut nos linguam latinam et linguam graecam detestabili ne dicam horribili pronuntiamus modo, litteris scriptis eandem quam in nostris linguis habent vim attribuentes, ita grammatici Bab.-Assyriorum originalem

1) Signo etiam aliam significationem dederunt Ass.-Babylonii, soni eo expressi in scriptura sum. consonantem omittentes, dico significationem *lak*. Nam l. S^a 3, 12—13 (DELITZSCH, *Lesestücke*², p. 45) legimus:

- - *si* - - *ku*.

[-si] - - . Ex his locis sequitur, signo significatum esse sonum in *g (k)* desinentem. Nunc autem in scriptura sumerica pronuntiabatur *lagab*. Videtur igitur verisimile esse, *si*- -*ku* legendum esse *si-lak-ku* [simili modo factum est, ut signum in scriptura sum. indicet vocem *suḫur* (S^b 358), in s. ass. sonum *suḫ*]. Hanc rem praeclarissimo modo confirmare, recte me conjecisse, v. *namâru* respondere in lingua sumerica *slag*, haud scio an non opus sit dicere. Habemus enim has ut ita dicam aequationes:

sulug = *namâru* *zalag* =

slaḫ = *silag* =

= , = , *namâru* = = = .

Ergo *namâru* = *sulug* = **slaḫ* = *zalag* = *silag*. De differentia vocalium hic disserere longum est. Ut conferatur peto id quod et *si* et *sa* respondent assyrio *šâmu* et *mal* et *mul* voci *nabâṭu*, et *na* et *ni* voci *nâḫu* etc.

signorum sumericorum pronuntiationem obliti eodem saepius modo ea pronuntianda esse existimaverunt, quo in scriptura assyr. pronuntiabantur.

([cuneiform]) [cuneiform] [cuneiform] = *(inim)-inima* = *amâtu* esse, docent 2, 32, 62 a; S[a] 33.

[cuneiform] etiam aliis locis inter verbum et ejus suffixum ponitur; cf. 4, 2, IV 3; 4, 3, 21 a; 4, 6, 2. 36 a; 4, 12, 21 *(nam-siba-da-bi* = *rî'ussu)*; 4, 3, 21 a *(? bil-šub-bu-da-gimi* aut *bil-ru gid-da gimi?)*. Videtur nihil significare verbum cum *-da* conjunctum aliud atque verbum cum *-da* non conjunctum; cf. 5, 51, 54 b; 5, 51, 21 a.

Šiptu.

[cuneiform] [cuneiform] = *aššî*; cf. 4, 56, 17 b. [cuneiform] [cuneiform] leg. esse *surrû* vel *kalû* docent 2, 21, 4 cd; S[b] 287—288. Videtur significare „igniarium" hoc loco. Per se notio verbi amplior esse potest. Haud scio an nihil aliud significet nisi „instrumentum[1]), vas".

[cuneiform] *rubû* esse constat. Significare *rubû* aliquid latino „sacer" respondens, hic videtur demonstrare locus (Oppert).

attapaḫ utrum cum *napâḫu* = „elucere, effulgere, emicare" conjungendum sit an cum *napâḫu* = „conflare" non patet ita, ut dubium esse non possit. Tamen quia forma vocis *attapaḫ* alia est atque forma vocis *appuḫu* (IIII, 2) significare *attapaḫ* existimo „ut emicet aliquid facere, incendere".

[cuneiform] [cuneiform] [cuneiform] non solum a Georgio Smith, sed etiam a Paulo Haupt lectum est. Tamen falsum est. Nam cum ex eo quod [cuneiform] [cuneiform] *attapaḫ* respondent verba [cuneiform] [cuneiform] *appuḫu*, colligi possit, [cuneiform] *ašrupu* respondere *attapaḫ* *iša*-[cuneiform], *iša*-[cuneiform] formam vocis *išâti* indicet ne-

1) Cf. hebraicum כְּלִי (Delitzsch, *Hebrew language*, p. 25).

4*

cesse est. Unde sequitur ut pro [cuneiform] legendum sit [cuneiform] (Delitzsch: „*K. 4945: Letztes Zeichen: ta!*").

52. [cuneiform] etiam l. 4, 58, 53 b, Lenormant, *Choix de textes cun.*, p. 208 cum rebus ad usum ignis pertinentibus conjungitur. Jamdiu (a Friderico Delitzsch) esse „foculum" cognitum est. Legenda esse haec signa *kinûnu*, docet et fragmentum tabulae a Francisco Lenormant editum (l. c.) et 5, 39, 57 ab sqq. *kinûnu* esse idem atque כנונא, كانون constat; cf. *Zeitschr. f. Keilschr.* I. 122 sqq. Usque ad hoc tempus conservatum est hoc verbum eadem vi praeditum (cf. Maltzan, *Mekka*, p. 138, Meyer, *Arabischer Sprachführer*, p. 318).

piširtu (piḫirtu?) non legi in tabulis nisi hic et 2, 34, 69, quo loco idem significare atque hoc loco apparebit. Respondere videntur signa [cuneiform] voci *piširtu*. De his signis disseram paucis ad l. IIII, 7.

IIII, 1. *ramku* ductum est a radice *ramâku* et significat proprie „effusorem, libatorem". Ex hac significatione orta est sign. „sacerdotis, incantatoris" (boni), quia et sacerdotes et incantatores (quorum muneribus unus functus esse homo videtur) libatione et respersione utebantur saepissime[1]). Quomodo legenda sint signa [cuneiform], nomen dei [cuneiform] sum. indicantia, l. ZK I, 310 sq. me nescire confessus nunc conicere audeo. Nam ex eo quod urbs dei *IN.KI-ga* sacra fuit *Iridug (Urudug)*, quod porro Maruduk (filius dei *IN.KI-ga*) saepius appellatur *du Iriduga (Uruduga)*, quod denique Graeci Oannem etiam *Εὐέδωκος* vocatum esse (Lenormant, *Magie u. Wahrs.*) tradiderunt, haud scio an non temerius sit concludere, signa [cuneiform]-*ga* pronuntianda esse *Iriduga* vel Ĕrĕduga.

1) Aliud verbum ab eadem radice derivatum idemque significans est [cuneiform]-*ku* = *rimiku*, quod verbum Assyrii, verbi *šippû (šîpû?)* quocum saepius conjunctum est imitantes formam, finxerunt (1, 17, 21; Tigl. I, 30).

2. *appuḫu* videtur significare „conflare“, quamquam equidem non intelligo quomodo loco 2, 51, 9 b *appuḫu* (signum [cuneiform] videlicet loco signi [cuneiform] ponendum est) actionem „conflandi“ possit significare. Nam *diparu* = [cuneiform] (4, 26, 42 a) „facem“ esse et ex ejus ideogrammate („canna“ + „ignis“ + „ferre“) et ex locis elucet ubi reperitur. Nam 4, 26, 42 a deum ignis eam ferre docet (eaque tenebras illustrare?), 4, 56, 27 b incendi ea aliquid, 4, 56, 17 b illustrari. Majoris momenti est, quod loco 4, 50, 47 b reperitur. Hic enim locus ita vertendus est: „Annunaki sustulerunt faces et luce sua (earum?) tremente effecerunt, ut terra micaret“ [1]). Rejicienda igitur est versio PAULI HAUPT (cf. EB. SCHRADER, KAT[2] 62). Elucet has faces fulmina esse. Num *diparu* syriaco ליפרא cognatum sit, in medio relinquere malo. Quod si ita sit, inter *diparu* et ליפרא eadem intercedat ratio atque inter *admanu* et (אלמנ(ות (ארמון).

unâh nimirum significat „exstinguo“ (cf. 2, 27, 48 gh: [cuneiform] = *kabâsu ša išâti* ([cuneiform] = *pašâḫu*)).

1) Reperimus in tabulis has ut ita dicam aequationes: *šu-ru-us* = *ḫamâṭu* 5, 30, 62 ab; *šu-ru-us* = *kabâbu* 5, 30, 63 ab; *šu-ru-us* = *šamû* 2, 34, 71 ab; *šu-ġu-us* = *šamû* 5, 19, 26 ab; *šu-ġu-us* = *šabâbu* 5, 19, 26 ab; [*šu-*]*ru-us* = *šabâbu* 2, 34, 64 cd. Ex his locis efficitur, ut

1) *šuġus* sit idem atque *šurus*, id quod demonstrat, sum. *ġ* arabico غ simile esse (HAUPT);

2) *kabâbu* sit idem atque *ḫamâṭu*. Videlicet hoc verbum radix est vocis *kakkabu* (כוכב, كوكب; cf. vocem كبكب linguae maghrit.: MALTZAN, ZDMG 27, 227); cf. 5, 30, 61 ab et HILPRECHT, *Freibrief Nebukadn.* I, 17;

3) *šamû* sit idem atque *ḫamâṭu*. Hoc verbum suspicor esse radicem vocum سَمَآءٌ, שָׁמַיִם etc., ita ut haec vox propice significet „id quod micat“. Nam a radice سما non derivatum esse سَمَآءٌ plerique judicant homines docti;

4) *šabâbu* sit idem atque *ḫamâṭu* et arab. شَبَّ, hebr. (aram.) שְׁבִיב cognatum.

3. *aš*-[cuneiform] [cuneiform] in ZK I, 293 legi *aš-šub-bu*, a radice *šabâbu* ducendum et ex *ašbubu* eodem modo quo *našaddu* ex *našdadu*, *namurratu* ex *namruratu* etc. ortum esse hoc verbum existimans. At I. 5, 50, 41 b (*: išâtu išarap)* docet legere nos debere *ašrupu*.

urâba. Huic verbo respondet *urabbû* lineae 6. Reputantibus nobis 1) *urâba* in vocalem desinere, non *ukabbat*, *unâḫ*; 2) *urabbû* in longam vocalem desinere, *unâḫu*, *ukabbatu* in brevem; 3) respondere loco 2, 51, 19 b huic *urâba* verbum *u[-rab-]bi*: dubium esse non potest, quin radicis verbi primae consonantes sint *r* et *b*, tertia sit consonans infirma. — Sumericum [cuneiform] [cuneiform] [cuneiform] (accadicum [cuneiform] [cuneiform] [cuneiform]) saepius vertitur assyrio *sanâḳu* (2, 48, 45 ab; 26 cd; 5, 29, 69 ef (= *dim*); 4, 15, 57—58 a ([cuneiform] = [cuneiform] [cuneiform]; cf. 4, 30, 21 a); cf. 4, 64, 5 b etc.; 2, 33, 46 e); cujus verbi, quia loco 2, 48, 45 idem est atque *šimû*, *magiru*, deinde 5, 29, 69 idem est atque *ṣabâtu*, neque minus significat actionem „alligandi" (1, 41, 30), „colligendi" (1, 42, 29 a, ita fortasse in locutione: *ašṭur asniḳ abrî*), „appropinquandi" (4, 64, 5 b; 4, 15, 58 a), quia denique vocis *sunḳu* radix est *sanâḳu* (cf. syr. סנק), principalis significatio est „comprimere, premere". Itaque quia [cuneiform] [cuneiform] (= *dim-dim*, *dig-dig* sive *ding-ding*) et assyrio *sanâḳu* = *daḫû*, et assyrio *sanâḳu* = *magâru* respondet, principalis vocis *dim-dim* (*ding-ding*) significatio sit necesse est „comprimere, premere". Nunc autem locis 5, 29, 71 gh; 2, 32, 16 ef; 2, 44, 2 cd [cuneiform] [cuneiform] [cuneiform] respondet assyrio *rabû*, ([cuneiform]-*bu-u*, [cuneiform]-*butu* i. e.) *tarbû*, *tarbûtu*. Ergo verisimile est *rabû* proprie significare „comprimere, reprimere"[1]). Quam significationem huic loco maxime accomodatam esse elucet.

1) Fortasse *rabû* cognatum est hebr. רבע ei, quod significat „inire", quod non esse formam aramaïcam hebraïco רבץ respondentem ipsa verbi significatio persuadeat nobis necesse est (cf. LAGARDE, *Semitica*, p. 26). Quod si ita sit, eadem ratio intercedat inter רבע (= „inire") et (*rabû* =)

4. 𒀭 𒊺 [cuneiform]. Hoc signo non exprimi ipsius nostri „frumenti" notionem (cf. Lyon, *Sargon*, Cylinderinschrift, l. 41), sed genus quoddam frumenti (*une sorte de grain*), jam Stanislaus Guyard contendit (*J. Asiat.* 1880, tom. 15, p. 512). In inscriptionibus historicis saepissime legimus species frumenti(?) signis 𒊺 et 𒊺 [cuneiform] [cuneiform] indicatas, in scriptis sacris species frumenti(?) signis 𒀭 [cuneiform] et 𒀭 𒊺 [cuneiform] indicatas. Cum praeter haec indiogrammata etiam reperiamus speciem frumenti signis 𒀭 𒊺 [cuneiform] significatam, quinque autem genera frumenti in Assyria et Babylonia culta esse non traditum sit, eadem frumenti genera diversis signis indicata esse ab Ass.-Babyloniis judicemus necesse est. Colebantur ab Ass.-Babyloniis imprimis triticum, hordeum, panicum. Esse 𒊺 „triticum" constat. Esse 𒀭[1]) 𒊺 [cuneiform] „hordeum" (3, 37, 72 a), docere videtur arabicum شعير. Esse 𒀭 𒊺 [cuneiform] vile quoddam genus frumenti(?) docet Sargonis Cyl. linea 21. (*šamaššamî kî* 𒀭 𒊺 [cuneiform] *ina maḫîri šâmi*).

---

ribû (= „comprimere") atque inter כבש („comprimere feminam") et *kabâsu* (*ša išâti* 2, 27, 48 gh). *Ribî* illud assyrium, quod saepius conjungitur cum *šarrûti'a*, videlicet cum arabico رب („commoratus est") conferendum est.

1) Signum *an*, quod continent haec nominum frumenti generum ideogrammata non significat „deum" sed eodem munere fungitur quo fungitur illud signum [cuneiform], quod reperitur in ideogrammatis „flammam" ([cuneiform] [cuneiform] [cuneiform]) et „ferrum" ([cuneiform] [cuneiform]) significantibus, quia haec res divinae existimabantur esse originis (cf. [cuneiform] *ašnan* [cuneiform] *laṣu*: 4, 64, 50 a). Eodem modo usurpari [cuneiform] in scriptura medica constat (Oppert, *Le peuple et la langue des Mèdes*, p. 46).

Itaque significari hoc ideogrammate „panicum" [1]) collegi (cf. 5, 1, 48 cum Herodoti libri I. cap. 183.). Verisimillimum tamen est, signo [cuneiform] signari „stramen" [2]). Restat ut eruamus quae sit vox respondens signis [cuneiform]. LYON (*Inschriften des Sargon*, Cyl., l. 41) ex 4, 16, 28 a conclusit esse haec legenda *nirba*. Non recte is quidem. Nam Nirba nomen dei esse, apparet ex l. 4, 16, 24 [3]). „Panici" vel (id quod et ex annott. 1 et 3

---

1) Signa [cuneiform] nihil aliud esse videntur nisi signa [cuneiform]. Signum enim [cuneiform] videtur eodem modo penetrasse in signum [cuneiform] quo signum [cuneiform] in signum [cuneiform] (ex quibus signis factum est signum [cuneiform]; cf. nomen signi [cuneiform]: *ša izaku pappu idû*), et signum [cuneiform] (ex quibus signis factum esse videtur signum [cuneiform] = „frater"; cf. quod et [cuneiform] „fratrem" significat et [cuneiform]). Qua de causa etiam [cuneiform] „panicum" significare elucet et verisimile est [cuneiform] indicare „triticum".

2) Quod ex loco 3, 41, 33 b (*kîmu* (= „pabulum") *urkiti* — *kîmu piširti*) nec non ex ipsis ll. 5, 1, 48 et Sarg. Cyl. l. 21 concludere licet, aliisque locis, ubi legimus *piširtu*, non refutatur (*piširu*: LOTZ, *Tigl.* VIII, 68 = *piširtu* = „stramen"?; [cuneiform] (VIII, 67) = „horreum"?; cf. 4, 2, 28 c).

3) Loco 4, 23, 13—14 respondet signo dei [cuneiform] sum. [cuneiform]-*ra*, quod et aliis modis pronuntiari potest et *Dušara*. Nolo quidquam contendere. Tamen non possum facere, quin moneam eos qui legunt, deum דושרא nabataeum (*Zeitschrift d. D. M. G.* 1875, p. 99 sqq.; WETZSTEIN, *Reisebericht in d. Hauran u. d. Tr.*, p. 112 sqq.; KREHL, *Religion d. vorislamischen Araber*, p. 48; VOGUÉ, *Inscriptions sémitiques*, p. 120) et nomine et vi miro quodam modo cum hac voce et hoc deo congruere.

Si verum est, quod supra diximus, [cuneiform] idiogrammatis non significare deum, expectare nos necesse est, deo hujus frumenti responsura esse signa [cuneiform]. Nos non recte expectare, docet ex. gr. quod locis 3, 69 a b, 2—3, 6—7, 8—9 [cuneiform] non opponitur [cuneiform] et ex eo, quod ss. [cuneiform] l. 5, 42, 18 gh ass. resp. *tibnu* (= תבן), app. videtur) „straminis" nomen fuit *piširtu*. Videtur enim [cuneiform] respondere voci *piširtu* lineae III, 52, praesertim cum 4, 17, 19 b ([cuneiform] *illiti*) doceat, „straminis" nomen ass. esse gen. fem.

ukabbat. Cum appareat frumentum sive stramen in ignem inici (2, 51, Nr. 1 rev.!), cum voci *unâḫu* opposita sit vox *appuḫu*, voci *urâba* vox *ašrupu*, verisimile est voci *unakkû* aliquo modo oppositam esse vocem *ukabbat* (-*tu*; cf. l. 7.). Itaque *ukabbat* significet necesse est aut actionem „tollendi" aut „delendi". „Tollendi" significare actionem ex verbis sequentibus („ita — solvat, — solvat, — auferat —, amoveat —, solvat") effici videtur. Esse *kubbutu* talmudicum כבר (כִּבּוּר, מְכַבֵּר) = „averrere" nemo negabit, cum assyrium *kabâtu* id quod respondet hebraico כבד doceat, minime impedire quominus *kubbutu* cum כבר conjungamus, differentiam inter ר et *t* consonantes intercedentem.

Loco signorum [cuneiform] legenda esse signa [cuneiform] DELITZSCH me docuit. Quem indicent haec signa deum nescio. Videntur tamen indicare „deum herbarum" (cf. quod [cuneiform] = *urḳitu*).

9. [cuneiform] non legendum est *mamman* (quod sunt qui contenderint), quia locus 4, 67, 37 a docet, ei respondisse verbum et masculini generis formam possidens et feminini. Cum notio hoc signo expressa exprimatur arabico فلان aram. פלן, hebr. פְּלֹנִי, fortasse ei respondet vox **pulânu* sive **pulânû* [1]).

[cuneiform] sed [cuneiform] [cuneiform] non [cuneiform] sed [cuneiform].
[cuneiform] non [cuneiform] sed [cuneiform].

1) Cf. P. HAUPT, *Johns Hopkins University Circulars* 1884, vol. III, Nr. 29, p. 51. — (*Bezold*).

10. [cuneiform] „filium“ indicare videtur (cf. 5, 8, 46).

lûpassašu esse formam Paelis docet vocalis *u* syllabae *lu*. *pasâsu* legitur ex. gr. locis 4, 59, 20 a (post *lišatbû*), 4, 64, 7 b (*lipsusu lumnûa* ante *ai uḳarribûni*), 5, 4, 38 (*pâsisu ḫitâti*). Ex his locis apparet, *pasâsu* exprimere actionem „amovendi“. Num ei sit significatio angustioribus finibus circumscripta, non patet [1]). Forma vocis *lupassašu* ex *lupassisašu* orta est eodem modo quo *ukallu* ex *ukallilu* (4, 5, 39 c). Idem igitur factum est de verbo assyrio, quod de verbo syriaco; cf. syr. מרכבן in Barhebraei grammaticae capite eo quo agitur de אתותא דמתגנבן בשמהא ובמדם מן מלא (ed. Bertheau, verss. 308 sqq., Martin, 346 sqq.).

Šiptu.

15. Post [cuneiform] fuisse signa [cuneiform] jam Paulus Haupt vidit.

16. Spatium signum [cuneiform] sequens majus esse in archetypo hujus tabulae, quam in hac tabula testatur Paulus Haupt.

17. Quia loco 57, IV, 11 legimus *kîma* [cuneiform] *ina aḫi atabbi*, quia *šuḳtu* est idem atque *atabbu*, quia post signum [cuneiform] legi posse [cuneiform] testatur P. Haupt, in lacuna ponendum esse verbum *šu-uḳ-ti* suspicor.

19–20. Cum *zinû* significet „irasci“, hic scribendum et legendum esse *zinûti* — *zinûti* apparet.

21. Quia ante lacunam [cuneiform] legitur, post lacunam *libbi ilî'a*, quia in lin. 9. legimus *ḳisir libbi ilišu*, *ḳi* esse

1) Ei cognatum esse videtur hebraicum פסס (Ps. 12, 2).

initium formae cujusdam a *ḳiṣru* derivatae patet. Ergo aut legendum est *ḳiṣir* aut *ḳiṣri (ḳiṣru)*. Nunc autem vestigia signorum [cuneiform] reliquiae signorum [cuneiform] aut [cuneiform] [cuneiform] nullo modo esse possunt. Ergo in lacuna scribenda sunt signa [[cuneiform] [cuneiform]] [cuneiform][[cuneiform]] aut [[cuneiform] [cuneiform]] [cuneiform][[cuneiform]].

22. [cuneiform] in lacuna ponendum esse docent II, 7, 17 etc.

23—24. Cum lacunam utriusque lineae verbum (= *Zeitwort*) continuisse necesse sit, cum vocem *aššum* significantem „quia" saepissime permansivum tempus sequatur (cf. Haupt, *Keilschriftt.* 75, 7, 8; 2, 15, 45 ab), denique in utraque linea post lacunam legamus [cuneiform], fuisse hoc *ta* verisimile est verborum, quae in lacunis scripta erant, terminationem secundam personam singularis numeri temporis permansivi[1]) indicantem. Cum post lacunas et ante lacunas legamus accusativos, verba in lacunis fuisse necesse est accusativum duplicem regentia. Primi verbi prima consonans fuit *t*. Itaque in lacuna l. 23 *am-ḫa* fuisse suspicor (cf. 1, 17, 18 cum 1, 18, 45; cf. S[c], 82). Quid in lacuna fuerit lineae 24., non possumus eruere. Suspicor in lacuna fuisse *ga-am-la* (cf. 4, 67, 35 a).

25. Si comparabimus hunc locum cum l. 4, 56, 7 b ([cuneiform])[2]), l. 4, 67, 33 a ([cuneiform]), 4, 17, 43, 44 a ([cuneiform]

1) Conferre licet cum hoc loco locum 4, 67, 33 a sqq., si modo ita restituendus est: *[aššum dî]-nu dânu purussâ parasu [nadanu] šulmu bašû ittika [naṣṣaru? t]agamal u šuzubu tîdi.*

2) Cf. autem Lenormant, *Choix de textes*, fasc. III, Nr. 96, p. 250 sqq., ubi integra tabula K. 142 + K. 43 + K. 2601 signata primum edita est. — (*Bezold*).

[cuneiform] = *purussâšu purus*), intelligemus signum [cuneiform] post lacunam scriptum non recte esse lectum mutandumque esse in [cuneiform] et in lacuna ponenda esse signa: [cuneiform] [cuneiform] [cuneiform] [[cuneiform].

14. [cuneiform] hic non significare flammam sed ignis deum docent ll. 23 sqq.

[cuneiform] lego *šadî*, quia cum *nârâti* conjunctum est.

[cuneiform] etiam legendum esse loco 4, 56, 25 a videtur.

šukti. Quia l. 1, 47, VI, 20—21 legimus *šuktu ušišširama ušaḫbiba atabbiš*, in Sanheribi inscriptionum a Sayce editarum paginae 149. linea 60 (= Layard, *inscrr.*, p. 64, l. 61) = Sanh. Kuj. IV, 35: *atabbu ušaḫbiba šuktiš*, *atabbu* idem fuisse videtur atque *šuktu*. *Šuktu* hebraicum שֹׁקֶת esse Pognon (*L'inscription de Bavian*) probavit. Esse *atabbu* „canalem" ex 2, 38, 16 ab; 4, 57, IV, 11 apparet.

24. Verbum גמל duplicem accusativum regere posse constat (Prov. 31, 12: גמלתהו טוב ולא רע). *naṣṣaru* forma est نَفْعَل a radice *naṣâru* derivata (= **nanṣaru*).

25. *purussû*. Forma hujus vocis cognata esse videtur formae הפוכיא linguae syriacae (cf. *pukurrû*, *rugummû*).

26. Hac in linea legenda esse eadem verba, quae leguntur loco 4, 19, 1 a, me docuit Fr. Hommel (*Vorsem. Kulturen*, p. 477; annot. 175). Qua de causa ita reficienda sit linea, eodem loco explicavit.

28. Post [cuneiform] legendum esse [cuneiform] idem me docuit; post [cuneiform] et ante [cuneiform] legendum esse [cuneiform] ipse jamdiu conjeci comparatis cum hoc loco locis 4, 59, 40 a et 4, 19 b, 24.

26. [cuneiform] = [cuneiform] -*tum* non reperi nisi hoc loco et loco 4, 19 a, 1[1]). Conjicio hoc vocabulum aut conjungendum esse cum hebr. et aram. שמא (cf. 4, 19, 30: [cuneiform]-'-*tu rupuštu*[2]) *pîšu imtalî*) aut cum hebr. רוח (cf. ea quae annotavi ad vocem *ṭamû* lineae III, 29).

Ein Fragment zu Sª.

Von *C. Bezold.*

Die jüngst veröffentlichte zweite Hälfte von *Vol. V* des englischen Inschriftenwerkes enthält *(pl. 38)* einige wichtige Fragmente zu den sog. „Syllabaren". Eines derselben, D.T. 16, auf dessen Zugehörigkeit zu S^b ich am 14. März 1883 aufmerksam wurde, ist meines Wissens dasjenige „babylonische Duplicat" dieser Art, das von allen zuerst edirt[3]) worden ist — von LENORMANT in *choix de textes*, Hft. 3, Nr. 77, S. 177. Es ist Duplicat zu dem unnummerirten, von HORMUZD RASSAM zu S^b 1 (S. 23;

1) Cf. HOMMEL, *Semiten* I, 512 atque *Liter. Ctrlbl.* 1883, col. 1796. — (*Bez.*).

2) Cf. 5, 23 efgh 4—5: [cuneiform] = *ru'tu* = *rupuštu*. Esse in lacuna ante nomen signi signum [cuneiform] (vel [cuneiform]) ponendum, docent et verba signo respondentia et nomen *ulu-nagar-diššiku*. Legenda enim esse signa [cuneiform] *ulu*, hujus loci docet linea 11, esse signo [cuneiform] nomen *nagar* docet S. 1300 (cf. DEL., *Assyr. Lesest.*², p. 40 annot. 12), signo [cuneiform] nomen *diššu* constat.

3) Die Edition zweisprachiger Texte geht bis auf LAYARD zurück, der auf pl. 58 seiner *inscriptions in the cuneiform character* (London 1851) ein 13-zeiliges Fragment auf einem von RICH gebrachten Täfelchen von rotem, gebranntem Thon veröffentlicht hat. Dies enthält, wie es scheint, [cuneiform] [cuneiform]; vgl. II R 7, 13^{cd}.

vgl. TALBOT, TSBA III, 497 ff.; BOSCAWEN, ibid. IV, 170; DELITZSCH, AL[2] 57 f.; STRASSMAIER, *Wörterverzeichniss* 454. 459. 528. 554. 578. 599. 603. 629. 744. 756. 791. 801) hinzugefundenen Fragment, das HAUPT in ASKT 186 und PINCHES V R 38, Nr. 2 veröffentlicht haben.

Ein anderes, bisher noch unedirtes assyrisches Thontafel-Fragment, das mir Mr. PINCHES am 4. Juli 1882 in bekannter Liberalität zur Copie überliess, gehört zu derselben Classe von Inschriften. Es trägt die Signatur: „82, 5—22, 317", d. h. es ist der 317te derjenigen nummerirten Keilschrifttexte des britischen Museums, welche am 22. Mai 1882 dorthin verbracht worden sind, und lautet wie folgt:

Obv., col. a.

(Fehlen 3 oder 4 Zeilen)

Col. b.

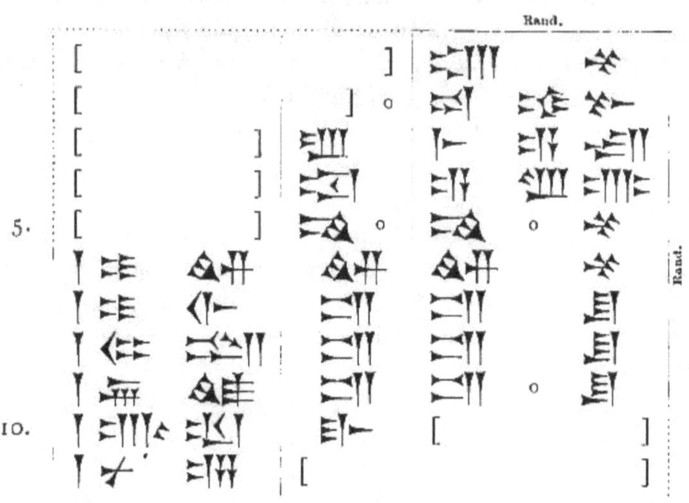

Rev., col. a.

Col. b.

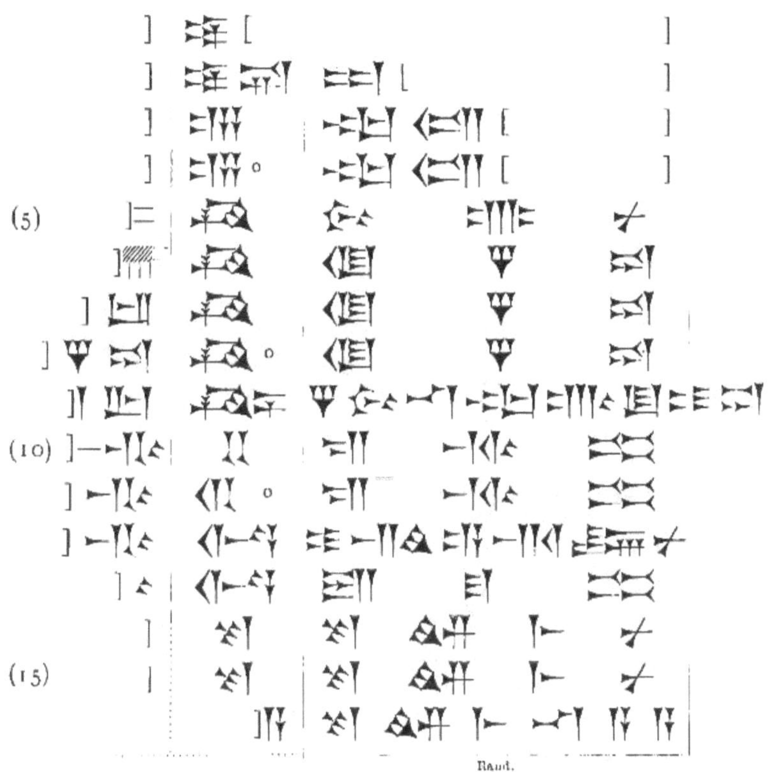

Wie man sieht, entspricht obv., col. a, 4—16 dem Anfang der zweiten Columne von S^a und rev., col. b (1)—(16) S^a V, 33 ff.; man citirt diese Stücke daher wohl am bequemsten als $S^a R^M$. Obv., col. b und rev., col. a sind mit keinem bisher veröffentlichten Stücke der Serie S^a identisch.

Ich erlaube mir folgende Transscription nebst den mir möglichen Ergänzungen sowie einigen erläuternden Bemerkungen zu dem umstehend mitgeteilten Fragmente vorzulegen.

Sª Rᴹ II,

1.	*[ši-i]*	=	[cuneiform]	=	*i-[gu-ú]*	
2.	*[li-ib]*	=	[cuneiform]	=	*i-gu-ú*	
3.	*[ba-aǧ?]*	=	[cuneiform]	=	*i-gu-ú*	
4.	*[ma-]di**	=	[cuneiform]	=	*i-gu-ú*	* *ad*
5.	*[i-*gu]-ú**	=	[cuneiform]	=	*i-gu-ú*	* * *gi*
6.	*[*i]-gi**	=	[cuneiform]**	=	†*gu-nu-ú*†	* * [cuneiform]; ** [cuneiform]
7.	*[ǧi]-i*	=	[cuneiform]	=	*du-ú-gu*	† † *[i-]gi gu-nu-ú*
8.	*[da-]ab*	=	[cuneiform]	=	**du-ú-gu**	* * [cuneiform]
9.	*[ša-]ar**	=	[cuneiform]	=	**du-ú-gu**	* *ár*; * * [cuneiform]
10.	*[du-ú*-]gu*	=	[cuneiform]	=	**du-ú-[gu]**	* fehlt; * * [cuneiform]
11.	*[du-ú]*	=	[cuneiform]	=	*kam*-[mu]*	* *ka-am*
12.	*[ka-mu]*	=	[cuneiform]	=	[[cuneiform]]	

Die Ergänzungen und Varianten geben Sª und das babylonische Duplicat Sᴾ 157 (V R 38, Nr. 3). Dabei ist zu bemerken, dass die ersten beiden Zeilen von SªRᴹ durch eine Zeile ersetzt sind, um die Nummern von Sª beibehalten zu können. Wahrscheinlich enthielt nur die erste Zeile des Fragmentes links den durch die historischen Texte bezeugten Wert *ši*, die zweite einen andern, auch durch Sᴾ 157 nicht bestimmbaren. Zeile 3 und 4 sind in Sª vertauscht. *-aǧ* statt des von Pinches schraffirten Zeichens für خُرْ vermute ich nach den erhaltenen Spuren und wegen der Aehnlichkeit der betr. beiden neubabylonischen Zeichen. Lenormant's Ergänzung wird gerechtfertigt. Zu *i-gi* (Z. 5, var.) vgl. die Glosse K. 2061, col. I, 12 (ASKT 202 f.), sowie S[a] IV, 24; S[a] 1, 2; S[a] 2, 3; S[a] 3, 14; S. 1300, 51, zu (Z. 6) = (var.) = V[H] 99 (V R 16, 28[ab]) [1]); vor *gunû* ist sicher mit der Var. *igi* zu denken oder (als Verbesserung eines Schreibversehens?) zu setzen. Hier bedeutet *gunû*: , resp. wohl ; sonst: (S[a] I, 19), (S[a] I, 34; II, 38; S[c] 19. 114. 120; V R 37, 27) [2]), (S[c] 93; S. 1300, 5 f. 30) und (S[c] 64; S[a] IV, 21, wo gleichfalls *si-i* hinzuzudenken ist). Danach sind auch die Stellen S[a] II, 42; [3]) III, 32; K. 5430 und S[c] 260 zu beurteilen resp. zu ergänzen. Zum Lautwert *šar* und *šur* des Zeichens vgl. Delitzsch, AL[2] 31 und Haupt, SFG 63, zum Wert *du* ibid. 46, 11 und K. 2061, col. I, 18; einen Lautwert *ḫa-a* scheint II R 36, 70[ef] anzudeuten, einen weiteren (*id*?) K. 4337 (II R 50), col. III, 32.

S[a] R[M] V, 33. *[du-mu]* = = *[du-mu]*
34. *[i-bi-la]* = = *ap-[lu]*
35. *[ú-mu]* = = *ka-lam-[mu?]*
36. *[ka-la-ma?]* = = *ka-lam-[mu?]*
37. [?] = = *gu-ú-nu*

---

1) = = (z. B. Asurn. I, 37 var; K. 171) ist nicht nur *biltu* (Delitzsch, Haupt; z. B. IV R 11), sondern auch *šarrat(u)*; cfr. z. B. Asurb. R[M] II, 128; VI, 127; VIII, 21 varr.

2) Das dortige Zeichen ist offenbar ; denn = *gišpu* (*giš-pu* S[a] I, 28 ist anders zu beurteilen, S[a] V, 10 kaum richtig): Delitzsch, AL[2] 21; V R 37, 14. 16; S[c] 25, 110. Die Durchkreuzung von vier schrägen Keilstrichpaaren entspricht der assyr. Gruppe oder ; vgl. die Zeichen für *gal*, *gi*, *gi* und *li* V R 62, Nr. 2.

3) Lenormant's Ergänzung verbietet der Name von : S[c] 308; aber auch Delitzsch's Vorschlag (AL[2] 38, Anm. 1) kann ich nicht annehmen, da immer vorn an das Zeichen gesetzt wird.

38.	*[gu-ú ?]*	=		=	*ki-ša-du*
39.	*[?-] ib*	=		=	*ki-ša-du*
40.	*[ki-]ša-du*	=		=	*ki-ša-du*
41.	*[du]-ur*	=		=	*ša gu-na ka-ga.*KU *ı-du*
42.	*[?-] ig*	=		=	*si-iq-qu*
43.	*[si-?]ig*	=		=	*si-iq-qu*
44.	*[?-] ig*	=		=	*i-gi . i-ri-in-nu*
45.	*[?]*	=		=	*da-ma-qu*
46.	*[ti-im-mi-na ?]*	=		=	*ti-im-mi-nu*
47.	*[ti-i ?]*	=		=	*ti-im-mi-nu*
48.	*[ka-ra ?*	=	?]	=	*ti-im-mi-na-a-a*

Für die Ergänzungen kommen ausser S^a folgende Stellen in Betracht: S^b 307 = V R 23, 29^{cd} = V R 39, 68^{cd} (vgl. IV R 20, Nr. 3, 2 f.; II R 9, 62^{gh} ff.; 33, 7^{ef} u. s. f.); S^b 247. 367. (369). 370 (II R 28, 67^{bc}; 27, 52^{cd}; 48, 19^{gh}); S^b 311—3. Die naheliegenden Ergänzungen *[mu-ú]* und *[ti]-ib* in der linken Spalte von Zeile 37 und 39 (vgl. HAUPT, ASKT 134) habe ich aus Mangel an sicheren Anhaltspunkten unterlassen: die Zerlegung von in *mu* + *sub* ist bedenklich, da der Wert *sub* für [1]) sonst nicht nachgewiesen ist und das Original von S^b 368 nach PINCHES bietet. Dass das Zeichen ausser den in S^c 3 aufgeführten und dazu Z^H gefügten Werten (s. für die letzteren beiden IV R 16. 29. K. 4623. S. 1366 u. s. f.) noch andere hat, ist kaum nötig zu bemerken; vgl. IV R 28, 31/32 a; II R 36, $5/6^{cd}$; K. 4995,

1) Der Name von (DELITZSCH: *munu*; woher?) ist nach 82, 8—16, 1 obv. 20 f., das mir Prof. SAYCE freundschaftlichst am 7. Nov. 1883 brieflich mitteilte, .

5*

rev. 15/16; II R 54, 9[ab] = IV R 23, col. II, 13/14 = K. 44, obv. 26/27 *(napḫâru)* und endlich den „unveröffentlichten bilinguen Text“ (Delitzsch bei Lotz, *Tigl.* 86) K. 5001, 8/9: [cuneiform] = *mu-ša-az-nin ab-ni u i-ša-ti ilî a-a-bi libbi-ka.* Die Form [cuneiform] ist eine schon von Chossat, *classification* Nr. 83 bemerkte assyrische Variante von [cuneiform]; die neubabylonische [cuneiform] (Pinches, *sign-list* 231) erscheint z. B. Asurb. Abuh. (V R 62, Nr. 1) 11. 13, die altbabylonische, [cuneiform] (Neb. II, 31) entspricht zugleich auch ass. [cuneiform]. [cuneiform], *igi-irinu* ist wohl zu unterscheiden von [cuneiform], *igi-pîrum* (vgl. II R 48, 14[g], ASKT 193 und S[a] 2, 3, wo das Original in der rechten Columne nach Pinches *i-gi.* [cuneiform] [[cuneiform]] bietet); den Wert [cuneiform] (II R 27, 62[c]; Z[H] 683) vermag ich oben nicht einzureihen.

S[a] R[M] obv., col. b,				
	1.	*[ú-mu*	= [cuneiform]]	= *um-mu*
	2.	*[du-ub*	= [cuneiform]]	= *du-up-pu*
	3.	*[mi-iz]*	= [cuneiform]	= *mi-i-su*
	4.	*[ú-ru-du]*	= [cuneiform]	= *i-ru-ú*
	5.	*[a-ma]*	= [cuneiform]	= *am-mu*
	6.	*i-im*	= [cuneiform]	= *im-mu*
	7.	*i-ši*	= [cuneiform]	= *iš-šú*
	8.	*mi-il*	= [cuneiform]	= *iš-šú*
	9.	*sa-ḫar*	= [cuneiform]	= *iš-šú*
	10.	*ga-al*	= [cuneiform]	= *[gal-lu?]*
	11.	*nu-un*	=[[cuneiform]?	= *nu-un-ti-in?*]

Die Ergänzungen beruhen auf S[b] 118; S[c] 35 (S[b] 115, II R 24, 43[f] = V R 19, 19[c], II R 25, 35[g]); S[b] 120. 114 (= K. 44, rev. 16/17). 97 (= F. 1, 18). Die beiden letzten

Zeilen sind unsicher: den Namen *gallu* kenne ich nur aus DELITZSCH's AL[2] 17; zu *nuntin* vgl. oben, S. 67, Anm. 1. Die Zeichen [cuneiform], [cuneiform] und [cuneiform] scheinen graphisch unter einander nahe verwandt zu sein; denn nicht nur setzt Ašurnâṣirpal [cuneiform], d. i. [cuneiform] für [cuneiform] (z. B. Asurn. II, 9. 106. 117; III, 42. 44; Asurn. Mon. rev. 36), sondern [cuneiform], d. i. [cuneiform] dient im Neubabylonischen auch zum Ausdruck von [cuneiform] (PINCHES, *sign-list* 53; PSBA V, 106 rem.; TSBA VIII, 288 rem. 1) und steht überdies für [cuneiform], d. i. [cuneiform] (V R 65, I, 1 var.)[1]).

[cuneiform] hat ausser den Lautwerten *kìl, lag, rit* (DELITZSCH, LOTZ, HAUPT) und *rát* (? K. 257, obv. 19) etc. (vgl. V R 42, 17 ^{bc} f., 33 ^{hi} ff.) auch die Werte *mis (miṣ)* und *miš* (LOTZ; K. 2051, 15), *šit (šid)* und *sit* (Asurn. I, 64 var.). Ebenso ist: [cuneiform] = *sab, šab* (DELITZSCH); [cuneiform] = *sag, šag* (SCHRADER); [cuneiform] = *saḫ, šaḫ* (LOTZ); [cuneiform] = *sal, šal* (SCHR.); [cuneiform] = *sam, šam* (SCHR.); [cuneiform] = *sar, šar* (SCHR.); [cuneiform] = *sip, šib* (V R 60, I, 3. 31; II, 9. 16; III, 27. 29; 61, IV, 41. 52); [cuneiform] = *sig, šig* (SCHR.); [cuneiform] = *sil (ṣil), šil* (Syll. und Asurb. R^M IV, 66 f. (= Sm. 165)?; vgl. SCHRADER, ABK 75, Nr. 222); [cuneiform] = *zil, šil* (JENSEN in dieser *Zeitschrift* I, 320, ann. 2); [cuneiform] = *sis, šiš* (DEL.); [cuneiform] = *sir, šir* (LOTZ); [cuneiform] = *sub, šub* (S^b 80); [cuneiform] = *sul, šul* (DEL.); [cuneiform] = *sum, šum* (LOTZ); [cuneiform] = *sur, šur* (DEL.); — [cuneiform] = *gas, gaš* (DEL.); [cuneiform] = *tas, taš*[2]) (SCHR.);

---

1) Beachtenswert ist [cuneiform] [cuneiform] [cuneiform] [cuneiform], d. i. doch wohl *ṣît šamši* Salm. Mo. II, 6 [Gegensatz: *irîb šamši*; das Nomen *riba* derselben Wurzel (V R 64, II, 34; III, 18) möchte ich als Analogiebildung nach den Ableitungen ursprünglicher Wurzeln primae ❜ auffassen].

2) Auch *das*, resp. *ṭas*, z. B. Asurb. R^M IV, 112; V, 2. 11. 17. 64. 69. 111 varr.

[cuneiform] = *mas maš* (DEL.); [cuneiform] = *ras, raš* (DEL.); [cuneiform] = *pis, piš* (HAUPT, *Nimr.* S. 11, Z. 10. 17); [cuneiform] = *kis, kiš* (DEL.); [cuneiform] = *tis, tiš* (DEL.); [cuneiform] = *tis, tiš* (HAUPT, ASKT 8. 196); [cuneiform] = *ḫis, ḫiš* (DEL.); [cuneiform] = *lis, liš* (LOTZ); [cuneiform] = *niz, niš* (?? S^b 259); [cuneiform] = *muz, muš* (DEL.). Nur bei diesen 30 zischlauthaltigen Lautwerten der Zeichen für die „zusammengesetzten" Sylben werden in der assyrischen Schrift, soweit unsere jetzige Kenntnis derselben reicht, sämmtliche Zischlaute nicht unterschieden, bei 45 anderen dagegen stets ש von ז — ס — צ, also *zin (sin)* von *šin, zuk (zug, zuq, suk)* von *šuk* u. s. f. Darnach ist das Urteil SCHRADER's (und natürlich auch VON GUTSCHMID's Angaben ABK 196; *Neue Beiträge zur Geschichte des alten Orients,* 6. 16 f. 51) zu beschränken.

Zu *imu* (Z. 6) vgl. S^c 285 ff., zu *išu* (Z. 7) S^b 122 f.; S^a IV, 15.

$S^a R^M$ rev., col. a,

(1)	*ki-i*	[= [cuneiform]?	= *ki-i-tu*] ?
(2)	*sa-ag*	[= [cuneiform]	= *ki-i-tu*]
(3)	*li-il*	[= [cuneiform]	= *ki-i-tu*]
(4)	*ki-id*	= [cuneiform]	= *ki-[i-tu]*
(5)	*ba-ar*	= [cuneiform]	= *taq-[qu]*
(6)	*da-ag*	= [cuneiform]	= *taq-qu*
(7)	*i*	= [cuneiform]	= *i-gu-ú*
(8)	*i-ku*	= [cuneiform]	= *i-gu-ú*
(9)	*i*	= [cuneiform]	= *bi-i-tum*
(10)	*bu-ur*	= [cuneiform]	= *ki-sal-lu*
(11)	*li-il*	= [cuneiform]	= *ki-sal-lu*

Die Ergänzungen sind nach S^b 234 und S^c 210 gegeben. Der Lautwert *ki* gegenüber *gi* von S^b scheint nach ASKT 171, § 15 beurteilt werden zu müssen. Z. (2) bestätigt auf's neue DELITZSCH's Bemerkung bei LOTZ, *Tigl.* 182, Anm. Zu Z. (5) möchte ich vermutungsweise beifügen, dass sich am Ende das noch nicht völlig aufgeklärte Ideogramm [cuneiform] zu [cuneiform] (II R 27, 16^c) verhält wie der Lautwert *na* des Zeichens [cuneiform] (Z^H 381; V R 29, 19^g) zum Lautwert *ba-ar* (= [cuneiform]) desselben. Zu [cuneiform] = *iku* vgl. Z^H 430, IV R 14, Nr. 3, 11/12 und II R 38, 14^{ab}. Z. (9) = S^b 232; an Z. (11) reiht sich vielleicht S^a 1. [cuneiform] 1) ist, wie Asurb. Abuh. 25 und V R 64, II, 45; III, 9. 45 lehren, aus einer graphischen Vereinigung der Zeichen [cuneiform] und [cuneiform] entstanden. Den Zischlaut des Wortes *kisallu*, pl. *kisal(l)âti* sichern Stellen wie Sanh. Const. 82 und Asurn. Ob. II, 28.

1) Vgl. die Erklärungen des Ideogramms in S. 1024 u. S. 2148.

Additions and Corrections to the Fifth Volume of the Cuneiform Inscriptions of Western Asia.

By *Theo. G. Pinches.*

II[1]).

Plate 31, No. 1.

The first text, K. 2895, is one of a number of tablets containing explanations of the series of omen texts beginning *âlu ina melê šakin*[2]). This text referred to the 18th, (19th), and 20th tablets of the series.

The length of the tablet is 2 in. and 7/8ths (= 70 millimeters), and the width in 2 in. and 1/8 (= 54 millimeters). The lithographed copy gives the shape of the original in fairly good proportion, though, as this text was the lithographer's first attempt to reproduce the late Babylonian cursive style, he has not represented the characters particularly well.

The colour of the clay is yellow-ochre, deepening to a warmer hue at the top of the obverse and the bottom of the reverse.

A few extracts from this tablet will be found in my "*Texts*", pl. 19.

---

1) Comp. vol. I, p. 342 ff.

2) Cf. P.S.B.A. for January, 1884 pp. 57—59, and my "*Texts in the Babylonian Wedge-writing*", pl. 11—15, which contain parts of the 97th and the 5th tablets of the series.

Obverse, l. 1. The first two characters are [cuneiform] [cuneiform]. The third character of the Assyrian part should be printed [cuneiform]. Compare W. A. I. II., pl. 38, l. 12—14[cd].

[[cuneiform] = [cuneiform] (with three upright wedges instead of four, as here), will be found (*e. g.*), in K. 831, reverse, l. 11 (*"Texts in the Babylonian Wedge-writing"*, pl. 9): *it-ti a-ḫa-meš us-sa-al-lim-mu* (for *uštallimu*). Compare line 65 of this plate].

l. 2. The first character of the Assyrian part is intended for [cuneiform].

l. 7. For [cuneiform], read [cuneiform] (= [cuneiform]) in the Assyrian part (see my *"Texts"*, pl. 19, l. 15).

l. 8. For [cuneiform], read [cuneiform] in the Assyrian part (*"Texts"*, pl. 19, l. 16).

l. 10. For [cuneiform] [cuneiform], read [cuneiform] [cuneiform] (*"Texts"*, pl. 19, l. 18).

l. 12. One character only is lost at the beginning.

l. 13. For [cuneiform], read [cuneiform]. One character only is lost at the beginning. The remains of characters in the Assyrian part lend themselves to [cuneiform] [cuneiform] [cuneiform] (*irnitta-šu ikaššad*).

l. 14. The traces before *mu-ḳu* seem to be part of [cuneiform] (*êmuḳu*).

Obverse, l. 15. For [cuneiform], read [cuneiform] (Assyrian part). *Îsḳu* (or *êšḳu*) seems to mean "gift", "revenue"; *ṣîttum* is a synonym of this word, meaning "revenue" or "property".

l. 17. The first character of the Assyrian part looks like [cuneiform] in the original. The [cuneiform] at the end of the line should be small.

l. 18. The beginning of the Assyrian part has the remains of the characters [cuneiform]. The [cuneiform] at the end should be small.

l. 19. The first character of the Assyrian part is [cuneiform] (*mullê*).

Reverse, There should be a thick line between lines 7 and 8.

l. 9. The line dividing the Assyrian from the Akkadian should be extended upwards between [cuneiform] and [cuneiform].

l. 10. The wedges [cuneiform] are probably intended for [cuneiform]. In the reverse of No. 4 (l. 27), the *pi* of *uppi* is written in almost the same way, the only difference being, that the upright wedge, very faint in No. 4, seems to be altogether left out in this line. Slight traces of it can, however, be detected, beneath the second of the upper horizontal wedges, which has nearly obliterated it.

l. 14. The second character is intended for [cuneiform] (see my "*Texts*", pl. 19, l. 19).

l. 15. It is doubtful whether the fourth character of the Assyrian part be [cuneiform] or

, but is probably the former. Compare, however, No. 2, l. 37.

Plate 31, No. 2.

The second tablet, K. 1. belongs to the same series as the foregoing, and refers to the 27th, 28th, 29th, and 30th of the series beginning: *âlu ina melê šakin*.

The length of the original of this text is 4 in. and 3/8ths (= 11 centimeters), and the width in 2 in. and 1/16th (= 52 millimeters).

The writing of this tablet is rather more careless than in no. 1. The text of the obverse is rather crowded, so that the scribe, thinking that he had too much room, spaced the writing out considerably, when he came to the reverse; but taking up too much room there, he was obliged to write seven lines of the explanation on the left-hand edge. The seven blank lines at the end of the reverse do not therefore exist in the original. This tablet is one of the most perfect of its class, the upper part of the reverse only being mutilated.

The general colour of the tablet is a dark brownish grey, deepening almost to black in some places.

A few extracts from this tablet will be found in my "*Texts*", pl. 19.

Obverse, l. 30. Read . The last wedge is probably part of (compare line 32).

l. 31. The first character of the Assyrian part seems to be rather than .

l. 32. For , read (see the correction to line 30).

Obverse, l. 34. The first character of the Assyrian part seems to be .

l. 36. The first character seems to be rather than .

l. 37. Doubtful whether *ṣâtum u ša pî* or *ṣâtum u šupar pî,* but probably the latter.

l. 40. The first character seems to be rather than .

l. 41. The third character is intended for . There are traces of two characters at the end of this line, which are, perhaps, the remains of   *(dibbatānu ?).*

l. 43. The first character may, possibly, be the Babylonian form of .

l. 48. For   , it would be better, perhaps, to read   . The characters are, however, written very close together, and are exceedingly difficult to distinguish.

l. 52. The second character seems rather to be than simply .   and   are probably dialectic variants of the same non-Semitic word.

l. 53. The beginning of this line is very badly written in the original, of which the copy gives a very fair idea. The character before *ta* is probably intended for .

l. 54. The fourth character should be .

Obverse, l. 55. The sign for city (the tenth character) should be .

l. 56. The second character should have the slanting wedge higher up. It is equivalent to the Assyrian *(si-gunū)*, and was, most likely, as in the case of the Assyrian form, confused with (Assyrian).

l. 58. *Da* should have three horizontal wedges only, instead of four.

l. 61. The last character but one seems rather to be than *(i-par-ri)*.

l. 62. The last character but one seems rather to be than . This line probably contained at least four characters more, written on the edge, the last of all seeming to be *pi*. This line is difficult to read, as there are several false wedges in the original.

Reverse, l. 29. The character after should have another wedge (). It is probably equivalent to the Assyrian .

l. 31. The first character is , *bir* (Assyrian).

l. 33. There is a slight trace of the last upright wedge of the small inner character , which forms part of the last character but one.

l. 35. Traces of the characters forming the words *melê šakin* (in Assyrian [cuneiform]) are to be seen on the edge of the tablet.

Reverse, l. 37. The last character is intented for *as* (Assyrian [cuneiform]).

l. 38. Traces of [cuneiform], written very small, are to be seen on the edge of the tablet.

l. 45. For [cuneiform], read [cuneiform], after the division-line.

l. 52. The small character should be [cuneiform], not [cuneiform] (this was a lithographer's mistake, which was duly corrected, but seems to have worked up again). The remaining characters of this line are quite correctly given. The extra wedge in the eighth character is evidently a mistake of the Assyrian scribe, who intended to write the same character as the fifth and tenth of the line. The whole line in Assyrian characters, is, of course: [cuneiform].

l. 57. The last character seems to be intended for [cuneiform], but the original has a character very like that of the lithographed plate.

Edge, col. I., l. 67. For [cuneiform], read [cuneiform] (See, for the Babylonian form, my *Signlist*, No. 231).

l. 68. The second character, after the division-line, is, perhaps, the Babylonian form of [cuneiform], but it is not clear in the original.

Edge, col. II, lines 67 and 68. It is doubtful whether the second character of these lines be really , as the topmost wedge seems to be shorter than the others, and is more like an upright than a horizontal wedge. It may be intended for the archaic Babylonian form of with only one wedge within ( ).

l. 69. It is not unlikely that this line refers to the two foregoing: if so, the character (which is smaller than the in the original, though as large as the) should be the same size as the others. The group after the division-wedges ( ) should be . The last three characters are difficult — perhaps they are to be read as one (=).

l. 70. The scribe has clearly written *a-ṣa-tum* instead of *ṣa-a-tum*.

Plate 31, No. 3.

This text (numbered R^m 855) is the upper part of a tablet similar to the others in form and style of writing. The upper part of the obverse is very mutilated, and the whole of the inscription on the reverse, except a few traces, is gone.

The length of the tablet is 2 in. and $^3/_8$ths (= 60 millimeters), and the width 2 in. and $^1/_4$ (= 57 millimeters). The colour is brown-yellow.

The writing, though filled with silica in some places, is nevertheless very clear. It is sometimes rather crowded, and the scribe has found himself obliged to continue the lines on the right-hand edge.

In plate 18 of my "*Texts*", a few extracts from this tablet are given.

Line 1. At the beginning traces are to be seen, which may be or (or almost anything else). The two wedges at the end may be part of (Assyrian).

l. 6. The seventh character is intended for *(banû âššu êpêši)*. ("*Texts*", pl. 18, Extracts, l. 3).

l. 9. The characters after look like the Babylonian forms of . In my "*Texts*", pl. 18, Extracts, l. 6, I have copied, doubtfully, , but the above seems to be the more likely reading.

Plate 31, No. 4.

This text, as printed, is made up of two fragments: K. 36, and K. 2817. Since the publication of the first half-volume, I have had the good fortune to find another small fragment, adding to or completing lines 20—29 (obverse), and 31—36 (reverse).

Of this tablet, which contains explanations of the difficult expressions to be found in the 45th (and 46th) of the series of omen-tablets above-named, we have now rather more than half, containing the lower part of the obverse and the upper part of the reverse. What is left is in a very fair condition, and the writing is very clear.

The length of the tablet is 3 in. and a half (= 89 millimeters), and the width 2 in. and a half (= 64 millimeters). The colour varies from a very light greenish yellow to a warm brownish yellow.

A few extracts from this tablet are given in my "*Texts*", pl. 18 and 19.

Lines 20—29. The completed lines of the obverse are as follows:

Remarks:

The first character of l. 20 may also be transcribed or .

The second character of l. 21 is the contracted form of .

The characters in l. 22 are doubtful.

The Babylonian form of the first character in l. 25 is .

For l. 26, compare W.A.I. IV, pl. 12, l. 17 with p. 83, l. 11.

Line 36. The last character is intended for the Babylonian form of .

Reverse, l. 24. The first character should have another wedge ( ).

l. 25. The last character should be *(di)*.

l. 29. The second character is intended for the Babylonian form of .

Reverse, l. 31—36. The completed lines are as follows:

31	[illegible]	[illegible]
	[illegible]	[illegible]
	[illegible]	[illegible]
	[illegible]	[illegible]
35	[illegible]	[illegible]
	[illegible]	[illegible]

Remarks:

The second characters of l. 32 may be also [illegible] or [illegible]. The last character also of this line is doubtfoul.

As nothing is added to lines 37 and 38, they are not repeated here.

Plate 31, No. 5.

The seven lines given here are from the upper part of the reverse of a small tablet, written in exactly the same style as the others, but referring to a series beginning [illegible]. The obverse of this tablet is very much defaced, the bottom left-hand and top right-hand corners are broken off, and from the lower part of the reverse the words to be explained are almost entirely gone.

The length of the tablet is three inches (= 75 millimeters), and the width 1 inch and $^{6}/_{8}$ ths (= 49 millimeters). The colour is yellowish red.

I give here an attempt at a transcription of the mutilated obverse, one line from which, as well as two from the portion of the reverse published, will be found in my "*Texts*", pl. 19, last three lines.

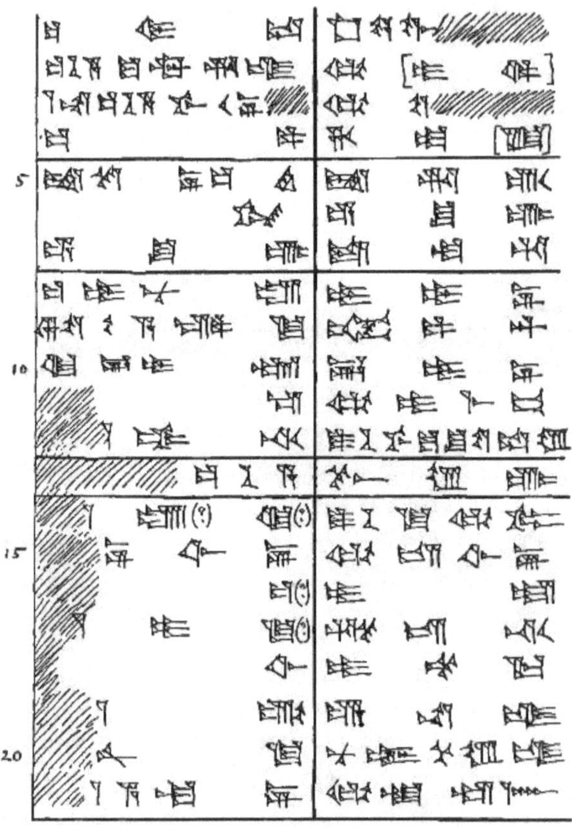

Remarks:

Line 1. The first character of the explanatory part, though fairly clear, seems to me to be doubtful.

2. Traces of the [cuneiform sign] of *idi* are to be seen.

4. Traces of *tu* are to be seen.

5. This line in rather irregularly spaced, as here.

12. The [cuneiform sign] of *šudduru* is doubtful.

14. The last two characters are slightly doubtful.

In the published part of the reverse it is only needful to remark that the character [cuneiform sign] in line 49 should, most

6*

likely, be (two characters), that the last character of this line is intended for *uk*, and the last but two for *ḫur* (compare line 36, No. 4, obv.).

The following is a transcription of the unpublished part of the reverse. —

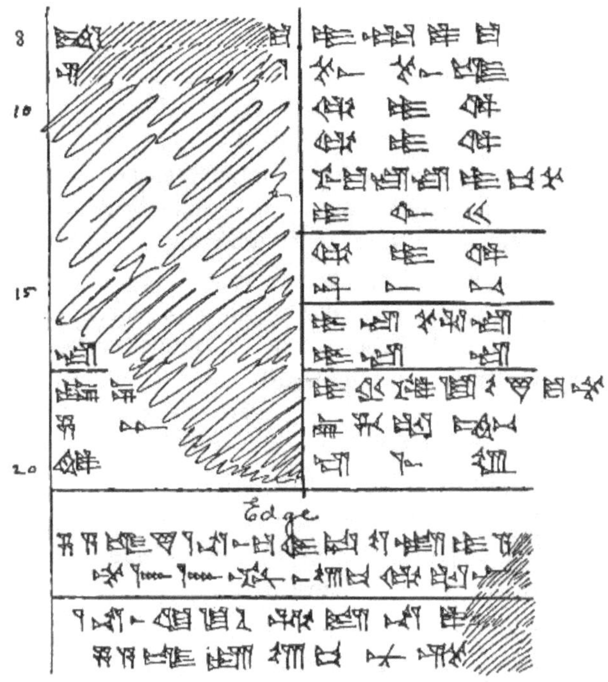

Remarks:

Line 12. The first two characters are written in Babylonian just as given above, and are consequently to be read separately *(mimma susu ikaššad)*.

l. 16 and 17. Of the character transcribed as three wedges only are to be seen ( ), These can hardly, however, be completed otherwise than as the Babylonian form of *gan* or *kan* ( ).

l. 18. Of the character transcribed as [cuneiform] two complete and two incomplete wedges only are to be seen [cuneiform]. These can not be any other than the usual cursive form of the Babylonian *i* ([cuneiform], for [cuneiform]).

Plate 31, No. 6.

This, the last of the plate is the lower half of a tablet containing explanations of certain texts beginning [cuneiform] and [cuneiform]. It is written in the same style of Babylonian as the others, the only difference being, that certain wedges which appear in couples are sometimes placed so close together as to look like a single wedge.

The height of this tablet is one inch and $^{15}/_{16}$ths (= 50 millimeters), and the width is 2 inches and $^{1}/_{4}$th (= 57 millimeters). The colour is reddish yellow-ochre. The obverse is in an exceedingly good condition, where not chipped away, but the reverse is rather indistinct, and seems to have suffered considerably from damp.

A few extracts from this tablet are given in my "*Texts*", pl. 20, l. 10—17.

[In lithographing this text, the obverse and reverse have somehow got interchanged].

Obv. (= Rev) l. 56. The first character visible here may be completed as [cuneiform].

l. 57. The sixth character from the end is written [cuneiform] in the original, and seems to be intended for the Babylonian form of [cuneiform]. The last character but two is [cuneiform]. The words after the division-line are therefore probably to be read *ki-bi-is me-e ta-lap-pat-ma* [cuneiform] *ûl i-di.*

Rev. (= Obv.) l. 65. The last character but one in each division should have an extra wedge, being intended for the Babylonian form of [cuneiform] (this applies also to the last character in each division cf. l. 63). The second character should be [cuneiform], not [cuneiform], and the first character was probably [cuneiform] *(išabaṣ-ma = isabaṣ-ma).*

There are a few fragments of similar texts in the British Museum, (from which I have given some extracts in my "Texts", pl. 20), but the most important are all published. These texts seem to be clean copies of what may be called students' notebooks, and the frequent occurrence of the words *ûl îdi* shows that the Babylonian or Assyrian professor himself was not seldom at a loss when attempting to explain the ideographs and difficult expressions of the omen-tablets.

Assyriologische Notizen zum Alten Testament.

Von *Friedrich Delitzsch.*

I.

Das Land Uz.

Für die geographische Lage des Landes Uz, des Schauplatzes des Gedichtes von Hiob, kam bislang ein Dreifaches in Betracht. Zunächst einige das Land Uz betreffende Angaben innerhalb des Buches Hiob selbst. Cap. 1, v. 3 heisst es von Hiob, er sei gross gewesen „vor allen Söhnen des Ostens"; er und seine Volksgenossen gehörten also mit zu den arabisch-aramäischen Völkerstämmen im Osten und Nordosten Palästina's, zu den Stämmen der syrisch-arabischen Wüste. Und wenn 1, 15 erzählt wird, dass die Sabäer in Hiobs Acker- und Weideland eingefallen seien, und 1, 17, dass die Chaldäer drei Heereshaufen gestellt hätten und über Hiobs Kameele hergestürzt seien, so muss das Land Uz für solche räuberische Ueberfälle sowohl seitens der Chaldäer als der — wohl in Nordarabien[1]) wohnhaften oder wohnhaft gedachten — Sabäer offen gelegen haben, also am Rande der grossen Wüste, wozu auch die Mittheilung 1, 19 stimmt, dass ein grosser Wind „von der Wüste herüber" gekommen sei — es ist der östliche Theil der bis zum persischen Meerbusen sich hindehnenden syrisch-arabischen Wüste gemeint.

1) Vgl. SCHRADER, KAT² 145 f., sowie meine Schrift: *Wo lag das Paradies?* S. 303.

Die ungefähre Lage des Landes Uz war weiter zu bestimmen mit Hülfe der sonstigen Stellen des A. T., an denen Uz erwähnt wird, obenan der Völkertafel, welche עוץ als ersten unter den vier Söhnen Arams nennt (Gen. 10, 23), sowie Gen. 22, 21, wo עוץ als Erstgeborener der Söhne des Nachor von der Milka erscheint (neben בּוּז und dem „Vater Arams" קְמוּאֵל). Dass das Land Uz hiernach eine irgendwie in Beziehung zu Aram stehende Landschaft gewesen sei, darf jetzt wohl als allgemeine Annahme bezeichnet werden. Die ältere Ansicht, welche in Uz eine seïritisch-edomitische Landschaft sieht, kann weder durch Gen. 36, 28, wo augenscheinlich ein ganz anderer, nur zufällig gleichklingender Stammesname עוץ vorliegt [1]), noch auch durch Thren. 4, 21, wo Uz, bzw. ein Theil von Uz lediglich in zeitweiligem Besitze Edoms erscheint, gestützt werden. Das Land Uz, welches übrigens ziemlich umfangreich gewesen sein muss — beachte Jer. 25, 20 „alle Könige des Landes Uz" —, muss nach alledem nordwärts von Idumäa gelegen haben in der Richtung der von Aramäern (und Arabern) innegehabten Gebiete nord- und nordostwärts vom See Genezaret. An diese aus dem A. T. selbst sich ergebende ungefähre Ortsbestimmung des Landes Uz hat gewiss auch Josephus (ant. 1, 6, 4) sich gehalten, wenn er *Οὖσος* den Grund zur Bevölkerung der Trachonitis und von Damask gelegt haben lässt; desgleichen die bis auf Eusebius zurückzuverfolgende „Ueberlieferung", derzufolge Hiob aus Trachonitis, näher aus dem Lande Sichons gebürtig war. Mag man freilich schon damals das Wohnhaus Hiobs in Batanäa gezeigt haben, oder dort in dem fruchtbarsten Theile der Haurân-Ebene, der sog. Nuḳra, noch jetzt die Wohn- und Grabstätte Hiobs und wenig weiter südwärts die Ruine eines Hiob-Klosters zeigen, so ist jene Tra-

1) Ebenso urtheilt z. B. auch MERX, Art. Uz in SCHENKEL's Bibellexikon.

dition zwar an sich nicht so unglaubwürdig wie ähnliche sog. „Ueberlieferungen", aber eine Gewähr für absolute Sicherheit bietet jene, von Wetzstein[1]) in so überaus anziehender und lehrreicher Weise behandelte, Tradition doch nicht — was sie allein beanspruchen kann, ist „überwiegende Wahrscheinlichkeit" (Franz Delitzsch).

Für die Bestimmung der Lage des Landes Uz kamen endlich auch die Länder in Betracht, aus welchen die Freunde Hiobs stammen. Denn soviel durfte angenommen werden, dass diese Länder, wenn auch dem Wohnsitze Hiobs nicht nächstbenachbart, doch auch nicht durch endlose Strecken von ihm geschieden, vielmehr durch verhältnissmässig leichten und ziemlich regelmässigen Verkehr mit ihm verbunden waren. Freilich führten auch diese Ländernamen nur zu dem schon durch die andern Instanzen gewonnenen Resultat, dass das Land Uz von Edom aus wie von den weiter nordwärts gelegenen Gebieten gleicherweise zu erreichen, also etwa zwischen beiden gelegen war. Hiobs Freund Eliphas stammt aus Teman (2, 11), einem zweifellos edomitischen Gebiet, wie obenan Jer. 49, 20 lehrt, wo der Landesname Teman mit Edom wechselt, und wie auch aus Gen. 36, 11 hervorgeht, wo Teman als ein Enkel Esaus und zwar obendrein als Sohn des Eliphas (v. 10) — letzterer Name war hiernach echt idumäisch — namhaft gemacht ist[2]). Hiobs zweiter Freund Bildad stammt aus Schuach (2, 11). Der Name שׁוּחַ kommt innerhalb des A. T. nur noch unter den Söhnen Abrahams und der Ḳeṭûra vor (Gen. 25, 2), alles Repräsentanten östlicher (nicht blos ostjordanischer!) Völker und Stämme bis hinab nach Midian; Hiobs dritter Freund Zophar ist aus Naʿama

1) In seinem Excurs über *„das Hiobskloster in Hauran und das Land Uz"* zu Franz Delitzsch's *Iob-Commentar*, S. 551—604.

2) Bei diesem edomitischen Teman ist unter allen Umständen stehen zu bleiben; „ein noch immer stattliches Têmâ in Ost-Haurân" der Haurân-Hypothese zu Liebe zur Wahl zu stellen ist unstatthaft.

gebürtig, dessen Lage zur Zeit noch unbestimmbar ist. Und schliesslich Elihu ist ein בוּזִי (32, 2); das Land בוּז aber erscheint zwar Gen. 22, 21 als mit עוּץ nahe verbunden — בוּז und עוּץ sind nach dieser Stelle, wie schon oben bemerkt, Söhne Nachors —, und wird Jer. 25, 23 mit den eigentlichen Arabern innig verknüpft, indess ein sicherer Anhaltspunkt war damit so wenig für die genauere geographische Lage von Buz als wie für jene von Uz gegeben.

Dies der Stand der Frage auf Grund der alttestamentlichen Angaben. Wir möchten nun aus der Keilschriftliteratur einiges neue Material beibringen und der Prüfung anheimgeben, und zwar Material nicht geschöpft aus noch unveröffentlichten oder erst seit kurzem veröffentlichten assyrischen Texten, sondern dargeboten von längst bekannten Keilschriftdenkmälern, obenan den Inschriften des Königs Salmanassar II (860—824). Wie die späteren assyrischen Könige Sargon, Sanherib, Asarhaddon, Asurbanipal bis in die weiten Ländergebiete zwischen dem Euphrat und Nordarabien ihre Kriegs- und Siegeszüge ausdehnten, so hatten schon lange vor ihnen die Könige Asurnaṣirpal und sein Sohn Salmanassar den Euphrat in der Nähe von Karkemisch überschritten und den Glanz der assyrischen Waffen bis an das Gestade des Mittelmeeres und den Orontes entlang südwärts bis hinab gen Hamâth und zum Libanon getragen, die näher wie ferner wohnenden Völker aus ihrer Sicherheit aufschreckend. Vielleicht finden sich in den Annalen dieser Könige Angaben, welche auch in das weitgedehnte Gebiet vom rechten Euphratufer südwestwärts nach dem Haurân und weiter nach dem todten Meer ein wenig mehr Licht zu bringen geeignet sind.

Schon in unserer Schrift „*Wo lag das Paradies?*" wurde S. 297 f. darauf hingewiesen, dass die Keilschriftliteratur an den Ufern des Euphrat, in der Gegend etwa der Stadt Reṣeph, des heutigen *Ruṣâfa*, der bekannten

Wüstenstation der grossen Palmyra-Route, ein Land שׁוּחַ kennt, welches sich lautlich und möglicherweise auch sachlich mit dem alttestamentlichen שׁוּחַ decke: denn wenn die Assyrer diesen fremden Namen *Sûḫu* mit ס schreiben, so ist dies ja in vollem Einklang mit jenem bekannten und auch in dieser *Zeitschrift* (I, 1 ff.) von neuem hervorgehobenen graphischen Gesetze des Assyrischen, fremdländisches שׁ durch ס wiederzugeben. Dieses Land Sûchu erstreckte sich von oberhalb der Mündung des Belîch bis etwa zur Mündung des Châbûr, lag also stromabwärts von Karkemisch und dessen Gebiet; vgl. nur Tig. V, 48 ff., wonach Tiglathpileser I in Einem Tage vom Lande Sûchu an bis nach Karkemisch im Lande Chatti einen Plünderungszug ausgeführt hat. Was nun in meinem „*Paradies*" lediglich als möglich gesetzt wurde, bin ich jetzt in der Lage als wirklich zu beweisen, dass nämlich das keilschriftliche Land Sûchu mit dem alttestamentlichen שׁוּחַ Gen. 25, 2, ebendamit aber auch mit dem Heimathlande von Hiobs Freund Bildad Eins ist.

Der König Salmanassar erzählt in seiner grossen Monolith-Inschrift (Salm. Mo. Obv. 29 ff.), dass er in seinem ersten (vollen) Regierungsjahr, d. i. 859 v. Chr., am 13. Ijjar aus Ninewe aufgebrochen sei und den Tigris überschritten habe; er habe die dem Achûni, Adin's Sohn, gehörige Stadt La'la'tê eingeäschert, weiterhin die ebenfalls dem Achûni gehörige Stadt Bur-mar'âna erobert und darnach auf Schiffen von *taḫšu* [1])-Häuten den Euphrat überschritten; als er dann weiter auf Lutibu, eine Festung des Landes Sam'al, vorgerückt sei, hätten sich die verbündeten Könige Chânu (Chajânu) vom Lande Sam'al, Sapalulmê vom Lande Patin, Achûni, Adin's Sohn, Samgara vom Reiche Kar-

1) Vgl. für dieses *taḫšu*, hebr. תַּחַשׁ meine Bemerkungen in S. BAER's *Liber Ezechielis*, Lipsiae 1884, p. XVI f.

kemisch ihm entgegengestellt, er aber habe die verbündeten Truppen in blutiger Feldschlacht geschlagen, worauf er ein grosses Bild seiner Majestät am Quellpunkt des Saluara am Fusse des Gebirges Chamân aufgerichtet habe. Darauf sei er über den Orontes gegen die Festung *A-li-ṣir* des Sapalulmê[1]) von Patin gezogen, dieser aber habe zu seiner Rettung Achûni, Adin's Sohn, Sa(n)gara von Karkemisch, Chânu von Sam'al, ... vom Land Ḳuê, Pichirim von Chiluku d. i. wohl Cilicien, *Bur-a-na-tê*[1]) *mât Ja-as-bu-ḳa-a-a* (Z. 54) und andere herbeigerufen. Der assyrische König siegte natürlich und eroberte die Festung, wobei Bur-anatê von Salmanassar mit eigener Hand gefangen genommen wurde (Rev. 4 f.). Wie man sieht, hatte der Patinäerkönig die Fürsten aller ihm nächstbenachbarten Länder zur Bundesgenossenschaft aufgerufen. Das Land Sûchu, welches ebenfalls zu diesen nächstbenachbarten Gebieten gehört, fehlt entweder, weil es schon zu Asurnaṣirpal's Zeit seine Selbständigkeit an Assyrien verloren zu haben scheint, oder aber es war im Anfang der sehr beschädigten ersten Zeile der Rückseite des Monolith genannt. Dagegen wird — und dies scheint mir von hohem Interesse — jenes Land namhaft gemacht, welches auch Gen. 25, 2 aufs engste mit שׁוּחַ verknüpft ist, nämlich Land und Volk יִשְׁבָּק, assyr. *Jasbuk*! Ist aber diese Identification richtig — und wer möchte sie bestreiten? —, so ist auch das hebr. שׁוּחַ als eben jenes, den Reichen Karkemisch, Sam'al und Patin benachbarte, keilschriftliche Sûchu erwiesen; die Heimath von Hiobs Freund Bildad war also jenes Euphratgebiet, in welches die von Damaskus über Tadmor nach dem Euphrat führende grosse Karawanenstrasse ausmündet, wenig südostwärts von Bileams Heimath Pethor[2]).

1) Beachte für *Sapalulmê* und *Bur-anatê* die Gleichung II R 40, 40. 41 c: *lu-ul-mu-ú* = *a-na-tum*.

2) Siehe für diese Landschaft SCHRADER, KAT² 155 f.; *Wo lag das Paradies?* S. 269.

Nicht gleich Bestimmtes wie für das Land שׁוּחַ lässt sich für das Land בּוּז, aus welchem Elihu gebürtig war, den Keilschrifttexten entnehmen. Doch steht von vornherein wenigstens so viel fest, dass die Keilschriftliteratur desselben Erwähnung thut. Schon in „*Paradies*" S. 306 f. wurde darauf hingewiesen, dass wie Gen. 22, 21 f. im A. T. בּוּז und חֲזוֹ in nahe Beziehung zu einander gesetzt sind – neben עוּץ als Erstgeborenem des Nachor erscheint dort בּוּז als zweiter, חֲזוֹ als fünfter Sohn —, so auch die Prisma-Inschrift des Königs Asarhaddon die Länder *Ḫazû* und *Bâzu* in engstem Zusammenhange mit einander nennt. Die Zusammenstellung dieses Länderpaares mit dem biblischen בּוּז und חֲזוֹ scheint mir nicht bloss „grosse Wahrscheinlichkeit" zu haben, sondern so sicher und unbestreitbar zu sein wie nur irgend eine solcher geographischer Combinationen. Denn zu der lautlichen Uebereinstimmung gesellt sich der Umstand, dass *Ḫazû* und *Bâzu* in eben jenem Ländergebiete liegen, in welchem man wie עוּץ, so auch בּוּז von jeher zu suchen gewöhnt ist. Das Asarhaddon-Prisma berichtet III, 25 ff. also: „Das Land Bâzu, ein ferngelegener Bezirk — eine Strecke trockenen Landes, ein Terrain von MUN, eine Gegend des Verdurstens, 140 Doppelstunden Landes *bâṣê*[1]) *puḳûtu* und Gazellenmund-Stein[2]), 20 Doppelstunden Landes Schlangen und Scorpionen, welche wie Heuschrecken das Erdreich anfüllten, 20 Doppelstunden das Land Chazû, ein Bergland von *saggilmut*-

1) *bâṣê* (auch Neb. Senk. I, 15) wohl „Sümpfe, Moräste", vgl. hebr. בֹּץ, בִּצָּה.

2) Asarh. III, 28 *aban* geschrieben. Wie mir Herr Dr. Hilprecht mittheilt, bietet das andere III R 15. 16 veröffentlichte Asarhaddon-Prisma (col. IV, 12) ebenso wie ein noch unveröffentlichtes (80. 7—19. 15. P. S. bezeichnetes) Fragment, welches unter anderem den Feldzug Asarhaddons gegen Tirhaka berichtet, *aban* . Damit ist die Lesung *aban pî ṣabiti* entschieden. Welche Steinart mag wohl „Gazellenmund" benannt worden sein?

Gestein[1]), liess ich hinter mir zurück und zog ich. Wohin seit ewigen Zeiten kein König vor mir gezogen war, dahinein zog ich siegreich. Die 8 Könige in jenem Bezirk [nämlich dem Land Bâzu] tödtete ich" u. s. w. Die Länge der Marschroute ist vom Aufbruch aus Ninewe an gerechnet[2]). Aber wenn wir gleich wissen, dass eine assyrische „Doppelstunde" etwa einer Parasange = 30 Stadien = 3/4 deutsche Meile gleichkommt (Oppert), so lässt sich doch nur annähernd bestimmen, wo das nach 160 Doppelstunden beschwerlichsten Wüstenmarsches erreichte Land Chazû und das nach weiteren 20 Doppelstunden erreichte Land Bâzu gelegen habe, dies deshalb, weil wir nicht wissen, welchen Weg das assyrische Heer zunächst durch Mesopotamien und dann jenseits des Euphrat eingeschlagen hat. Trotzdem steht ein Doppeltes fest: einmal dass das Land Chazû und das noch etwas entferntere Land Bâzu an oder in der grossen syrisch-arabischen Wüste gelegen haben muss und weiter dass sie in der Richtung des Haurân zu suchen sind. Das Letztere darf wohl aus den Angaben geschlossen werden, welche die Prisma-Inschrift des Königs Asurbanipal, des Sohnes Asarhaddons, betreffs der von Asurbanipals Heer auf dem arabischen Feldzuge zurückgelegten Entfernungen darbietet. Es heisst dort (V R 8, 79 ff.): „Den Tigris und den Euphrat trotz (grossen) Hochwassers überschritten sie wohlbehalten. Sie zogen ferne Wege, erstiegen hohe Berge, durchschritten weithinschattende Wälder. Zwischen hohen Bäumen, Dornen

1) II R 40, 56 a, b wird *aban tar(? ḫaz, ḫaṣ? kut?)-ma-mu* durch *aban sag-gi-li-mut* erklärt.

2) Es geht dies besonders klar aus dem S. 93, Anm. 2 erwähnten noch unveröffentlichten Fragment hervor, wo der auf den medischen Feldzug folgende Zug nach dem Land Bâzu mit den Worten eingeleitet wird: [auf meinem so und so vielsten] *gir-ri-ia* „Feldzug" „das Land Bâzu, ein ferngelegener Bezirk" u. s. w., alles übrige mit den Prisma-Inschriften in wörtlicher Uebereinstimmung.

(? *giṣṣê*), *aḫartinnê*, eine Strasse von *iṣ iṭdêti*[1]) zogen sie wohlbehalten. Das Land Maš, einen Ort des Verdurstens, des Verschmachtens, wohin kein Vogel des Himmels kommt, woselbst Wildesel, Gazellen nicht weiden, 100 Doppelstunden Landes von Ninewe aus, der Lieblingsstadt Istars, der Gemahlin des Bêl, marschirten, zogen sie wider Uaitê', den König von Arabien, und Abijatê', der mit den Streitkräften des Nabatäers herankam". Der Bericht erzählt dann weiter, dass der König am 25. Siwan aus *Ḫadattâ* aufgebrochen sei, weiter an den Cisternen von *Laribda* gelagert habe, worauf man dann abermals durch „das Land des Verdurstens, die Gegend des Verschmachtens" nach der Ortschaft *Ḫurarîna* zwischen den Ortschaften *Jarki* und *Azalla* gegangen sei. Die Nabatäer und andere Stämme werden geschlagen, worauf das Heer, nachdem es 8 Doppelstunden weit siegreich vorgedrungen, nach Azalla zurückkehrt. Es folgt ein Weg von 6 Doppelstunden, abermals durch die Wüste, nach der Ortschaft *Ḳuraṣiti*. Der Stamm Ḳidru (קֵדָר) wird besiegt, die Kriegsgefangenen aber und die sonstige Beute nach Damask gebracht. Am 3. Ab Aufbruch aus Damask nach dem Haurân[2]). Zu den 100 Doppelstunden, welche das assyrische Heer bis Chadattâ zurückgelegt hat, kommen also bis nach Damaskus noch Märsche, Streifzüge, Gefechts- und Ruhetage im Gesammtbetrage von c. 37 Tagen (25. Siwan bis 2. Ab) hinzu, und da ein assyrisches Heer durchschnittlich 2 Doppelstunden Weges marschirt[3]), so erhalten wir für die Länge des Marsches von Ninewe bis Damaskus ungefähr — selbstverständlich ist diese Berechnung eine ganz ungefähre — 170 Doppelstunden,

1) Siehe für dieses Wort II R 23, 39 e. f.: *ê-ṭi-id-tum* = *êṭ-ṭi-du*; doch wohl = אָטָד, أَطَدَ.

2) Vgl. „*Paradies*" S. 298 ff.

3) Siehe „*Paradies*" S. 179.

und mögen wir nun etwas mehr oder weniger annehmen, wir erhalten für die Länder Chazû und Bûz das Gebiet ostwärts und südostwärts von Damaskus, auf welches man, vor allem wegen עוץ, für das Land בוז, die Heimath von Hiobs Freund Elihu, längst schon gekommen war (LXX haben an der Stelle Job. 32, 2 sogar den ausdrücklichen Zusatz zu Elihu dem Buziten: τῆς Αὐσίτιδος χώρας).

Was mir nun aber für Uz, das Land Hiobs, das Wichtigste zu sein scheint, ist, dass ich glaube Namen und Land Uz selbst innerhalb der Keilschriftliteratur nachweisen zu können. Wir lesen auf dem schwarzen Obelisk Salmanassars (Z. 146—155) wörtlich Folgendes: „In meinem 28. Regierungsjahr [d. i. 832], während man in der Stadt Kelach sich aufhielt, hinterbrachte man die Nachricht, dass die Patinäer den Lubarni, ihren Herrn, ermordet und den Surri, dem der Thron nicht zukam, zur Königsherrschaft über sich eingesetzt hatten. Den Dajan-Asur, den Turtan, den Befehlshaber des grossen Heeres, beorderte, sandte ich an der Spitze meines Heeres und meines Lagers. Den Euphrat trotz Hochwassers überschritt er, in Kinalua, seiner [des Patinäers] Hauptstadt schlug er das Quartier auf[1]). Den Surri, dem der Thron nicht zukam, überwältigte die Furcht vor dem Glanze Asurs, meines Herrn, und er ging hin in den Tod. Die Patinäer fürchteten sich vor dem Glanze meiner mächtigen Waffen und ergriffen den Sohn des Surri nebst den Rebellen und lieferten sie aus. Selbige Leute befestigte ich auf Breter. *Sâsi mâr mât Uṣ-ṣa-a* (Z. 154) fasste meine Füsse, zur Königsherrschaft über sie setzte ich ihn ein". Wer ist dieser Sâsi, eines Uṣṣäers oder Ûṣäers[2]) Sohn, welcher, freiwillig dem König Assyriens huldigend,

1) *ma-da-ak-tam iškun.* Vgl. zu obiger Uebersetzung Asurb. 41, 32: auf dem jenseitigen Ufer *iš-ku-na ma-dak-tam* „schlug er das Lager auf".

2) *mât Uṣ-ṣa-a* „der Ussäer"; das Determinativ *amêlu* ist nicht nothwendig, vgl. V R 8, 95: *mât* oder *amêlu Na-ba-ai-ta-a-a* „der Nabatäer".

von diesem auf den Thron des Landes Patin erhoben wird? was mag es für ein Land gewesen sein, dieses Land Uṣṣu oder Ûṣu, welchem dieser Sâsi angehörte? Doch gewiss ein Land, welches dem Patinäerlande west- und nordwärts von Aleppo [1]) nicht allzufern lag, ein Land also, das ähnlich wie Sûchu und Jasbuḳ, שׁוּחַ und יִשְׁבָּק, mit Patin in Verbindung und Verkehr stand, auch gleich diesen nach der syrisch-arabischen Wüste hin lag, da es sonst in den ausführlichen Berichten von den assyrischen Zügen nach Hamâth und weiter nach Damaskus niemals erwähnt wird? Bietet sich da nicht das Land עוּץ fast von selbst dar [2])? Wenn in der grossen Schlacht bei der hamathensischen Stadt Ḳarḳar in Salmanassars sechstem Regierungsjahr Aegypter, Araber, Ammoniter als Bundesgenossen von Damaskus und Hamâth erscheinen, so kann es nicht Wunder nehmen, wenn ein Angehöriger des Landes Uz, auch wenn dieses in Haurân gelegen hat, von den Siegen der assyrischen Waffen hört und sich zu freiwilliger Huldigung entschliesst, theils um sein eigenes Land vor einer assyrischen Invasion zu bewahren, theils um den erledigten Thron eines anderen Staates für sich zu gewinnen.

Die assyrische Keilschriftliteratur bestätigt hiernach im Allgemeinen die jetzt gangbarste Ansicht von der Lage des Landes Uz durchaus. Doch möchte es mir der Erwägung werth scheinen, ob nicht eine etwas mehr nördliche Lage des Landes Uz, etwa in der Gegend von Tadmor-Palmyra, zu den alttestamentlichen Angaben mindestens ebenso gut wie die Lage in Haurân passe (denn nach Jer. 25, 20 war Uz ein grosses Land, nach der Völkertafel der erste unter den Söhnen Arams), ungleich besser aber noch zu den keilschriftlichen Ergebnissen. Ein in der Richtung nach Tadmor wohnender

1) Die Stadt ʿAzaz, assyr. *Ḫazaz*, gehörte unter anderen zu Patin.

2) Die Combination würde mir über jeden Zweifel erhaben sein, würde nicht statt *Uṣ-ṣa-a* leider auch *Uz-za-a* gelesen werden können.

Uṣäer würde mir ein noch passenderer Inhaber des Patinäerthrones erscheinen als einer aus dem Haurân. Und auch was die Länder der Freunde Hiobs betrifft, so scheint mir der Haurân vom Lande שׁוּם allzufern und allzu mühsam erreichbar zu sein, während umgekehrt Nabatäer und Kedräer schon zu Asurbanipals Zeit (siehe oben) bis weit nordostwärts von Damaskus ihre Züge ausdehnten, ein Land Uz als in Edoms Händen etwa zur Zeit des Falles Jerusalems, ein Idumäer als Freund des Uṣäers Hiob nichts Befremdliches hat, auch wenn dieses Uz noch nord- oder nordostwärts vom Haurân gelegen haben sollte.

Sprechsaal.

Miscellen.

Von *Fritz Hommel.*

I. (Mittheilungen der Herren LEHMANN und JENSEN).

§ 1. Auf S. 323 des vorigen Bandes, Anm. 2, habe ich für die Postposition *KU* als ursprüngliche Aussprache auch wirlich *ku* in Anspruch genommen und das als Glosse und phonetische Schreibung vereinzelt vorkommende *šú* (dialektisch *ší*) nicht als die stets einzusetzende Aussprache dieser Postposition, sondern als ganz davon zu trennen, also als eine zweite selbständig neben *ku* existirende und dann mit ihm gelegentlich auch verwechselte angesehen. Eine sehr glückliche Vermuthung Dr. CARL FR. LEHMANN's, die derselbe mir in einem vom 17. November 1884 datirten Briefe mittheilte, löst nicht nur die ganze Frage, sondern gibt sowohl mir als auch denen, welche *KU* = *šu* postulirten, zugleich Recht. Mit seiner Erlaubniss theile ich die betreffende Stelle seines Briefes wörtlich mit[1]: „Ich möchte nämlich nicht annehmen, dass es zwei verschiedene Postpositionen *ku* und *šu* gegeben habe. II R 13, 40^{ab} *i-a-ni-šu ba-ab-tu-ri* = *ana bîti-šu irub* würde ja an sich eine solche Annahme ermöglichen. Entgegensteht doch aber II R 48, 12^{a}, wo dem *šú* der Glosse *ù-kur-šú* das Zeichen *KU*, also die gewöhnliche Ausdrucksweise der bekannten Post-

1) Die Anmerkungen und Zusätze in [ ] sind von mir hinzugefügt.

position entspricht. Die Stellen sind jedenfalls beide jung; der Glossator (II R 13, 40) wie der Anfertiger der Liste II R 48 waren doch wohl sicher Assyrer[1]). Ich möchte die von ihnen gegebene Aussprache *šu* einfach für eine jüngere Form des *ku* halten, in welcher das *k* palatalisirt erscheint. Eine solche Palatalisirung kann ja in verschiedener Weise vor sich gehen:

1. der ursprüngliche *k*-Laut wird zu č (tsch), oder

2. er erscheint als *š* (frz. *chef* gegenüber *caput*, [*chaleur calor* etc.], oder skr. *ç* in seiner jetzigen Aussprache *sh*) oder

3. er wird *z* [unser deutsches *z*] z. B. russisch *zarj* gegenüber griech. *καῖσαρ* etc.

Die Schreibung *šu* würde uns zunächst auf die zweite Art führen. Der am nächsten liegende Lautübergang, der doch auch wohl meist die Mitte zwischen dem ursprünglichen *k*-Laut und seiner Erscheinungsform als *š* bildet, wäre aber der zu č. Dass die sumero-akkadische Sprache Laute gehabt habe, die dem semitischen Organe fremd sind, ist ja nur natürlich und mehr als wahrscheinlich. Diese können wir nirgends ausgedrückt finden, sondern nur erschliessen. [Dr. LEHMANN weist hier auf das von ihm und davon unabhängig von P. JENSEN fürs Sumero-akkadische erschlossene *y̆*[2]) hin, welchen Laut in ähnlicher Färbung, und zwar als reines helles *ü*, auch ich als Mittelstufe zwischen dem älteren *u* und dem dialectischen *i* annehme]. Sollte nicht ein *č* — wie z. B. auch in den Turksprachen (ZKF I, S. 164) — schon im Sumero-akkadischen secundär entwickelt sein? Die Assyrer konnten das nur durch *š* (in unserm Fall also *šu*) wiedergeben. Eine solche Palatalisirung (sei es zu *č*,

1) Diese zweifellos richtige Bemerkung Dr. LEHMANN's ist zur richtigen Beurtheilung so mancher auf den ersten Blick seltsamer Erscheinungen der Nationallexika und verwandter Zusammenstellungen von grosser Bedeutung, wie ich noch in manchen Paragraphen dieser Miscellen auszuführen Gelegenheit haben werde [Vgl. HAUPT, SFG 37. LEHMANN].

2) Mittellaut zwischen *ü* und *ö*, aus ursprünglichem *u*; etwa wie der Vocal in engl. *but* in seiner jetzigen Aussprache (LEHMANN).

sei es gleich zu *š*) geht ja fast immer[1]) Hand in Hand mit einer Verhellung, wenn man so sagen darf, des ursprünglich dunkeln dem *k*-Laut folgenden Vocals (cf. Collitz' Palatalgesetz in Bezzenb.'s *Beiträgen* III, S. 203 ff.; lat. *caput*, frz. *chef* etc.). So ist anzunehmen, dass das *u* in *šu* hier nicht mehr rein ist, sondern schon zu *ü (ö, y̆)* hinneigt[2]) . . . Ich möchte demnach annehmen, dass wir in *šü* eine jüngere Form von *ku* haben, die *čü* (bzw. *čy*) oder *šü* (*šy*) zu lesen wäre. Wir können dann *ku* und *šu (šü, čy)* lesen; da als die ältere Form vorliegt, werden wir *ku* zu lesen vorziehen, wo wir nicht inschriftlich [d. h. in Texten, die Spuren des imi-sal-Dialectes oder sonst jüngere Formen aufweisen] auf die andere Form gewiesen werden. Wir hätten dann weder zwei Postpositionen (Hommel), noch in allen Fällen *šu* zu lesen, wie Haupt in den sum. Fam.-Gesetzen will."

Ich kann mich diesen Ausführungen nur mit dem grössten Vergnügen anschliessen, und halte also dafür, dass ursprünglich *ku* lautete, dann aber *kü*, *čü* oder *šü* (letzteres durch phonetisch ausgedrückt) und schliesslich (so in den rein dialectisch abgefassten Texten) zu *ši* (geschrieben entweder mit historischer Schreibweise, oder phonetisch, *ši*) wurde.

Was die Palatalisirung eines ursprünglich reinen Gutturals anlangt, so möchte ich die wohl unbedenklich

1) Oder wenigstens in vielen Fällen, da z. B. in *chaleur*, *chant* etc. (aus *calor*, *cantus* etc.) doch ein reines *a* vorliegt. Warum *capra* zu *chèvre* und *canto* zu *chant* wird (bezw. auf welchen verschiedenen Gesetzen beruhend) vermag ich nicht anzugeben; Accentverschiedenheit z. B. liegt doch wohl kaum hier vor.

2) Ich erinnere hier daran, dass ich nicht als den Vertreter des auch von mir angenommenen Mittellautes *ü*, sondern lediglich als Schreibung für reines *i* im Sumero-akkadischen ansehe (vgl. ZKF I, S. 72 f.).

aufzustellenden Vergleichungen sum. *gig* „Nacht" (später *gik*), türk. *ǵiče*, *sag* „Kopf", türk. *sač* „Haar" und vielleicht auch noch *dag* „Stein"[1]), türk. *tăš* hier anführen, und zugleich noch einer anderen Palatalisirung des *k* gedenken, nämlich zu *j*, welche als in sichern Beispielen vorliegt in sum. *kur* „Land" (später *kür*), türk. *jer* dass. (in dem in SCHILTBERGER's Reisen am Schluss mitgetheilten kaukaso-tatarischen Vaterunser noch *gjer*) und sum. *ku* „essen", türk. *je-mek* dass., *gig* „krank", „Krankheit", türk. *jig*.

Von grosser Wichtigkeit ist, zu beiden Erscheinungen (*k* zu *č* sowohl, als *k* zu *j*) zu vergleichen, was RADLOFF, *Phonetik der nördl. Turksprachen*, § 213 ff. (S. 156 und folg.) ausführt; vgl. vor allem § 213 „alle Dialecte am Südrande des grossen türk. Sprachgebietes bieten überall im Anlaute das mittellinguale *j*, ebenso die vom Altai aus nach Nordwesten hin wohnenden Baraba- und Irtisch-Tataren. Alle nördlichen Tatardialecte hingegen bieten an Stelle des *j* im Anlaute palatal gesprochene Doppelconsonanten, und zwar die nach Osten vom Irtisch gesprochenen Dialecte die tonlose Palatale *č*, die nach Westen vom Irtisch gesprochenen die tönende Palatale *ǵ*, *z*, *ž*. Die Sprache der Jakuten und Tschuwaschen endlich, die gleichsam den östlichen und westlichen Flügel der nördlichen Dialecte bilden, bieten S-Laute, und zwar das jakutische *s*, während das tschuwassische das palatalisirte *s* bietet."

§ 2. In den *Proceedings* der American Oriental Society vom 7. Mai 1884 (Boston), p. VIII f. (vgl. auch *Johns Hopkins University Circulars*, Vol. III, No. 33 (Baltimore, Juli 1884), p. 125 hat in einem kleinen „On the

1) *dag* = „Stein" nehme ich trotz der Glossen *na* und *za* unbedenklich fürs sumerische an, da der gewöhnliche Lautwerth *dag*, *tag* des betreffenden Zeichens doch unmöglich semitischen Ursprungs sein kann. Vielleicht ist sogar *za* „Stein" erst eine jüngere Form für *da(g)*, wozu *dug* „gut", imi-sal *zib* zu vergleichen wäre.

dialectic Equivalence of *sh* and *n* [in der später erschienenen Wiederholung in den Circulars richtiger formulirt: of *n* to *š*] in Proto-Babylonian" betitelten Aufsatz Dr. LEHMANN die Aufmerksamkeit auf diese von HAUPT (*Sintfl.* 25) zuerst gesehene, dann von mir anfangs bezweifelte, später (ZKF I, S. 170, Anm. 2 und 212, Anm.) wenigstens als nicht unmöglich betrachtete und mit einem neuen Beispiele belegte Lauterscheinung aufs neue gelenkt, und dieselbe durch eine Mittelstufe von *r* zu erklären versucht. Es sei hier wiederholt, dass die sichern Beispiele für den beregten Lautwandel sind: sum. *nir* „Fürst", akk. *šir*; sum. *nir* „klagen" (in *a-nirra* „Klage"), woneben, was zu beachten (und was zuerst HAUPT notirt und LEHMANN hervorgehoben) *šiš* „klagen" erscheint[1]), akk. *šir* (in *a-širra*); endlich sum. *nin*, akk. *šin*, *šim* (bzw. *šib*) „vier". Wir hätten demnach, da die Formen mit *n* (statt *š*), wie ich zuerst durch den Nachweis des jüngeren Characters des imisal-Dialectes gezeigt, die jüngeren sein müssen (und nicht umgekehrt die Formen mit *š*), die Stufenreihe: *n*, *r*, *š*, was ich, trotz den von LEHMANN angeführten Parallelen[2]) schon wegen des dann zu statuirenden Wandels von *r* zu *š* für unwahrscheinlich halte. Ich schrieb darüber an Dr. LEHMANN und schlug zur Lösung der schwierigen Frage die Uebergangsreihe *nir*, *ňir* (sprich *njir*), *žir* (wie franz. *jir* zu sprechen) vor. Daraufhin antwortete er mir, dass diese Erklärung, die ihm bereits im August 1884 Dr. PETER JENSEN (der also ganz unabhängig von mir auf das gleiche gekommen war) brieflich vorgeschlagen hatte, im wesentlichen nun auch ihm als die wahrscheinlichste vorkomme. Kurz darauf schrieb mir dann Dr. JENSEN selbst auf einer

1) Dazu (zu *šiš* neben *šir*) führt LEHMANN (zum Theil nach HAUPT) als Parallele *duš*, *dur*, *dul* = *ašâbu*, wie *i-iš* neben *i-ir* (also *iš* = *ir*) „weinen", ass. *bakû* an.

2) Nämlich aus dem Semitischen (שְׁנַיִם zu תְּרֵין), und ferner sum. *Unug* zu *Uruk* (Warka) und *gan* „Garten" zu *kar* (LEHMANN), Uebergänge, welche ich für Semitismen halte.

Karte vom 11. Dec. 1884 noch folgendes dazu: „Meine genauere Meinung ist die, dass nicht *nir anir, (ni), nê* zu sprechen ist, sondern *nĕr, anĕr, nĕ* und *nĕ*, woraus durch *njĕr, anjĕr, nĕ* — *jĕr, ajĕr nĕ* (*j* wie franz. *j* gesprochen) wurden.“ Was das letztere, nämlich die Aussprache des mit *í* am besten zu transscribirenden Lautes als *ĕ* anlangt (blos in den genannten Fällen, oder überall wo *í* geschrieben wird?), so muss ich dabei bleiben, dass mir kein zwingender Grund vorzuliegen scheint dafür, dass das *í* im Sumero-akkadischen eine von *i* verschiedene Aussprache gehabt hätte. Es kann in manchen Fällen im Sumero-akkadischen (zumal in jüngeren Entwicklungstadien desselben) ein *ĕ* wie auch ein *ê* (vgl. für letzteres *mí* „ich“ aus *maï* schon in den Gudea-texten) aus ursprünglicheren Lauten entstanden sein, aber durch die Schrift ausgedrückt erscheint es niemals.

§ 3. In dieser *Zeitschrift*, Bd. I, S. 187 ff. hat Mr. Sayce seine interessanten Mittheilungen über altbabylonische Epenverzeichnisse veröffentlicht. Daselbst findet sich bei den Verfassernamen häufig der Zusatz *lù-dub-mí-a* (daselbst etwas ungenau durch *nisu* DUP ME-A transscribirt), was merkwürdiger Weise durch „the man of a non-existent tablet“ übersetzt wird. Der Ausdruck, dessen bab.-assyr. (semitisches) Aequivalent uns unbekannt ist, kann nur „den mit der Tafel seienden“, d. i. den Tafelschreiber“, „Gelehrten“ bedeuten, da Sayce's Uebersetzung nothwendig ein *lù-dub-nu-mí-a* voraussetzen würde, wozu man z. B. Strassm., Nr. 6425 (S. 782) *nu-me-a* vergleiche[1]). In *lù-dub-mí-a* haben wir vielmehr eine noch nicht beob-

1) Zu der dort mitangeführten Stelle II. Rawl. 51, 67, wo *nu-mí-a* (als Sternbezeichnung) durch *ba-lum* übersetzt wird, vergleiche man auch K. 4648, 12/3 obv. (Haupt's Congr.-Vortrag, S. 286) *za-da nu-mí-a* = *ina ba-li-ka* „mit dir nicht-seiend“, bezw. „ohne dich“. *Balu* ist hebr. בַּל, arab. بَلْ, worin vielleicht eine Verkürzung aus *ba-lâ* (vergl. arab. بِلَا „ohne“) vorliegt.

achtete sumerische Nominal-Suffixbildung, die auf ganz gleicher Stufe steht mit dem S. 198 des 1. Bande's unserer *Zeitschrift* aufgeführten *lù-ǵul-gàl* „feindlich", nur dass hier statt des Verbum subst. *gal* „sein, werden" (akk. *val*, türk. *bol-mak* „sein", mong. *bol-ǵu* „werden") das andere, *mi* (mong. *bi*, türk. *mi* im Suffix *-miš*) verwendet erscheint.

Zu Sayce's Aufsatz möchte ich für heute noch bemerken, dass mir für sumerische, bzw. semitische Abfassung der betreffenden dem Anfang oder Titel nach mitgetheilten Literaturstücke nicht etwa der nichtsemitische oder semitische Name des angegebenen Verfassers, sondern vielmehr der Anfang oder Titel selbst massgebend zu sein scheint. So ist z. B. das erste der S. 188 aufgezählten drei Stücke — beachte in diesem Fall den pl. *annûtum* statt *annû*[1]) — wohl sicher sumerisch abgefasst gewesen (*Nin-maǵ bùr-ni gir-ra* beginnend), die der beiden folgenden Zeilen semitisch, und gleichwohl haben dieselben alle den e i n e n *Baša-Gula* (also semitischen Namens) zum Verfasser. Der Verfassername *Î-kur-tur-nun-na* (oder wohl besser *Î-kur-màr-Nun-na* d. i. „I-kur ist der Sohn der Wassertiefe", ein mythologisch interessanter Name, wozu man meine *Semiten* I, S. 369 vergleiche) lässt uns noch nicht erkennen, ob sein Träger ein Semite war, wohl aber können wir aus dem Anfang des von ihm verfassten Gedichts *ù mi(?)da ù sù-ud-da ù-ri-a-ta* deutlich sehen, dass der betreffende Text in der nichtsemitischen Sprache der alten Chaldäer abgefasst war. Und ebenso sicher sind die Stücke, deren Titel mit KU-*kar* (d. i. wohl besser zu lesen *zikir?*) beginnt (so vor allem das berühmte Nimrodepos, *zikar Giš-dù-bar*[2]), dessen Dichter *Sin-likî-unninî*

---

1) Man beachte auch das lange *u* in *annû*, welches ich nicht als Pluralendung, sondern ebenso auffassen möchte, wie z. B. die Länge in *attâ*, *šû*, *šî* etc.

2) Dass *(ilu) Gish-dù-bar* auf semitisch *Namra-uddu* (Delitzsch, Calwer Bibellexicon, S. 639) zu lesen (dann [cuneiform sign]-*dù* = *uddu*, was eine con-

war), von Anfang an semitisch abgefasst gewesen. Bei Namen übrigens, wie *Sin-likî-unninî* (d. i. „o Sin, nimm an meine Wehklage") möchte ich noch am ehesten SAYCE's Schlussfolgerung gelten lassen, da derartig zusammengesetzte Namen doch sicherlich nur Semiten angehören konnten. Dass dagegen aus dem Namen des Verfassers der „Geschichte des Fuchses" (*zikar* LUL-A, zu lesen *zikir šilibi*): KAK-*Mardug* Sohn des *Amil-Dù-nun-na* bzw. MULU-DÙ-NUN-NA, oder, wie nach S. 193 es scheint, NITAĜ-DÙ-NUN-NA für diesen Text sumerische Abfassung folgen soll, kann ich nicht glauben; es wird dies überdies durch die, soviel ich weiss, semitisch abgefassten Fragmente, welche davon noch erhalten sind (vgl. SMITH's *Chald. Genesis*), widerlegt.

VARIA.

1.

Il significato della Rad. חרץ in assiro è assai disputato. Forse ha più sensi distinti; ma probabilissimo mi sembra quello di dirigere in generale; e più particolarmente dirigere moralmente, ossia governare. Si osservi che un solo e medesimo ideogramma nei testi assiri è adoperato per *êtillu* 'signore' (S^b 130); *malku* 're' (II R 26, 15 e), *tarâṣu* (V R 31, 64. 63 e); *šarru* (II R 38, 67 a; V R 16, 7 a). Quindi facilmente anche *tarṣu* vale 'direzione, governo'. La migliore traduzione della frase *ina tarṣi* credo l'abbia data l'HAUPT, cioè: „*unter der Regierung*" (V. *Nachrichten von der königl. Gesellschaft der Wissenschaften zu Göttingen* 1883 n° 4. p. 95).

---

eretere Bedeutung als „strahlend", etwa „Fackel" oder ähnliches, gehabt haben muss, und *bar* = *namra*, vgl. auch den analog gebildeten Namen *Namra-ṣit* und seine sumerische Schreibung in den bilinguen Texten), steht mir ausser Zweifel.

2.

Da ASKT p. 84—85 linea 40 sembra risultare [cuneiform] = *ta-ri-tu* 'la donna gravida'. Questa uguaglianza sembra pure risultare da II R 32, 56 b, c, dove però in luogo di [cuneiform] si ha [cuneiform], donde deriva: [cuneiform] = [cuneiform]. Il significato di 'donna' per l'ideogramma [cuneiform] è noto. Conviene forse questo significato anche a [cuneiform]? Allora una spiegazione possibile per la expressione [cuneiform] (Pinches, *Texts in the babylonian Wedge-writing*, p. 19 n° 2, a destra, in fine) sarebbe quella di riguardarla perfettamente equivalente alla comune [cuneiform], considerando per esempio in [cuneiform] il segno [cuneiform] come determinativo posposto. Una seconda interpretazione potrei anche proporre che mi sembra meno probabile: dal luogo citato di II R apparisce che [cuneiform] (il quale è composto evidentemente di [cuneiform] + [cuneiform]) deve leggersi secondo la glossa [cuneiform]. Ora appunto [cuneiform] è la pronunzia di [cuneiform] nella sottoscrizione pubblicata dal Pinches. Talchè si potrebbe in [cuneiform] considerare [cuneiform] come una sorta di complemento fonetico a [cuneiform], essendochè [cuneiform] è una parte di [cuneiform] = *ê-mê*. Allora in questa seconda ipotesi l'espressione [cuneiform] si scinderebbe in [cuneiform] = *ê mê* + [cuneiform] = *sal*. Dichiaro che preferisco la prima spiegazione e desidererei veder provato con altri esempii che [cuneiform] = [cuneiform] [1]) = 'donna'.

---

1) Vedi anche questa *Zeitschrift*, tom. I, p. 299; tom. II, p. 69. — *Ed.*

3.

Alcune osservazioni al sig. Pognon a proposito del suo pregevole scritto *"l'Inscription de Mérou-nérar I."*: *Journal Asiatique*, 1883, vol. II).

a) Secondo il Pognon (l. c. p. 372) l'ideogr. AN.IM non si deve leggere *Râmânu*, ma *Mérou*. Lasciando da parte tante buone ragioni per la vecchia lettura (non combattute dal sig. Pognon) si desidererebbe che egli ci parlasse del biblico רִמּוֹן. Come spiegare questa pronunzia? Il sig. Pognon forse dirà: il Dio degli Aramei *Rimmôn* non è uguale all' assiro-babilonese AN.IM. Prima di proporre una nuova lettura, converrebbe dimostrarlo.

b) L'A. (l. c. p. 381) afferma che il singolare di *mal-ki* 'i re' non suona *malku* ma *maliku*. Grammaticalmente ciò mi par poco ammissibile. E poi il testo II R 31, n° 3 porta chiaramente *ma-al-ku*. Vegga il sig. Pognon la edizione più corretta di questo testo che si trova in Lotz-Delitzsch, TP p. 88.

c) L'A. (p. 380) non sa dar ragione del nome reale *Pudîlu*, e propone di scindere PU.DI.AN in due ideogrammi 1) 𒁍, 2) 𒁲 𒀭. Del significato di 𒁍 𒁲 neppure io oserei sentenziare. Ma che il nome si debba dividere piuttosto in 𒁍 𒁲 e 𒀭 mi par cosa certa. Basta, credo, confrontare la scrittura assira *Ḫa-za-'-ilu* (𒀭!), *Ḫa-za-ilu* (𒀭), con il biblico חֲזָאֵל.

Firenze, 15. Dicembre 1884.

X.
(un lettore della *Zeitschrift*.)

Bibliographie.

Baer, S. — Lieber Ezechielis, textum masoreticum accuratissime expressit . . . . . cum praefatione Francisci Delitzsch et glossario Ezechielico-Babylonico Friederici Delitzsch (p. X—XVIII). Lipsiae 1884. XVIII, 134 p. in 8°.

Bertin, G. — Akkadian Precepts for the Conduct of Man in his Private Life: Transactions Soc. Bibl. Arch. vol. VIII, p. 230—270.

Bezold, C. — Ausführliche Kritik über P. Haupt's „das babylonische Nimrodepos I": Oesterr. Monatsschrift f. d. Orient 1885, Nr. 1, S. 19—20.

Budge, E. A. W. — Babylonian life and history. London 1884.

Delattre, A. — L'Asie occidentale dans les inscriptions Assyriennes: Revue des questions scientifiques, Oct. 1884. 70 p. in 8°.

Delitzsch, Friedr. — Ein Gang durch das alte Babylon: Daheim 1884, Nr. 49, S. 778—83 und Nr. 50, S. 793—5.

— Die Artikel: Sepharwaim, Sesach, Siccuth, Simri, Sini, Sterne, Suchoth benoth, Susa, Syrien, *Abth. a* (Aram-Naharaim), Thammuz, Thartak, Tharthan, Thel, Thideal, Thirhaka, Thogarma, Tiglath-Pileser, Tigris, Ur, Uz in: Bibl. Handwörterbuch (Calwer Bibellexikon), 8. (Schluss-) Lief. Calw und Stuttg. 1885.

Frothingham, A. L. — The meaning of Baalim and Ashtaroth in the Old Testament: Amer. Journ. of Phil., Vol. V, 3, p. 331—8.

Haerdte, Dr. F. Freih. v. — Astronomische Beiträge zur assyrischen Chronologie: Denkschrr. der math.-naturw. Classe der k. Ak. d. Wiss. zu Wien 1884, Bd. XLIX.

Halévy, J. — Aperçu grammatical de l'allographie assyro-babylonienne: tiré du vol. II des Travaux de la 6e session du Congrès internationale des Orientalistes à Leide. Leide (Brill) 1884.

Houghton, W. — The Birds of the Assyrian monuments and records: Transactions Soc. Bibl. Arch. vol. VIII, p. 42—142.

La grande **inscrizione** di Dario a Behistun: Civiltà catt., Ser. 12, Vol. 8, Quad. 824, p. 143—60.

Le **inscrizioni** degli Achemenidi: ibid., Quad. 826, p. 404—20; Quad. 828, p. 663—82.

Justi, F. — Geschichte der orientalischen Völker im Alterthum. Mit Illustrationen und Karten (= Allg. Weltgeschichte. Von Th. Flathe, G. F. Hertzberg etc. Theil I: Das Alterthum). Berlin (Grote) 1884. Lief. 1—5 (darin S. 119—59: Chaldäa).

König, E. — Ausführliche Kritik über F. Hommel's „die semitischen Völker und Sprachen I": Theol. Ltrtrz. 1884, Nr. 23, S. 548 ff.

Lyon, D. G. — Kritik über P. Haupt's „das babylonische Nimrodepos I": Andover Rev. Sept. 1884.

Meyer, Ed. — Geschichte des Alterthums. Erster Band. Geschichte des Orients bis zur Begründung des Perserreichs [darin: „Altbabylonische Geschichte", S. 145—93; „das erste Assyrerreich", S. 325—36; „die Zeiten der assyrischen Grossmacht", S. 405—96; „der Untergang Assyriens", „die Zeiten des neubabylonischen Reichs", „die Begründung des Perserreichs", S. 575—617]. Stuttgart (Cotta) 1884. XX, 647 S. in 8°.

Müller, D. H. — Eine neue Keil-Inschrift von Van: Oesterr. Monatsschrift f. d. Orient 1885, Nr. 1, S. 24.

Nikolsky, M. — Assirîyskié klinsobrâznouié textoui. Moskau 1883.

— Souméríyskiy gimm bôgou ogniâ. Moskau 1884.

Oberziner, L. A. — Divisione politica e militare dell' antica Assiria: note storiche. Trento (Monauni) 1884.

Oppert, J. — Traduction d'une inscription babylonienne d'un roi séleucide, Antiochus Soter, fils de Seleucus: Rev. crit. 1884, Nr. 39, p. 248.

Pinches, Theo. G. — The Antiquities found by Mr. Rassam at Abu-Habbah (Sippara): Transactions Soc. Bibl. Arch. vol. VIII, p. 164—171.

— Babylonian Legal Documents referring to House Property, and the Law of Inheritance: ibid., p. 271—298.

— Documents relating to Slave-dealing in Babylonia in ancient times: Proceed. Soc. Bibl. Arch. 1884—5, p. 32—6.

— The Early Babylonian King-lists: ibid. p. 65—71.

Rassam, H. — Recent Discoveries of Ancient Babylonian Cities: Transactions Soc. Bibl Arch. vol. VIII, p. 172—197.

Rawlinson, H. C., **Max Müller** and **Ainsworth**, W. F. — The discoveries at Behistun and Nineveh: The Athenaeum 1884, p. 493—4; 623—4.

Riehm, E. C. A. — Handwörterbuch des Biblischen Alterthums für gebildete Bibelleser. Herausgegeben unter Mitwirkung von .... Georg Ebers, ... Eb. Schrader .... u. A. Mit 664 Abbildungen, Karten und Plänen im Text, 6 Aquarelldrucken, 14 Einschaltbildern, 3 farbigen Karten und einer Schrifttafel ausserhalb des Textes. Bielefeld und Leipzig 1884. 1849 S. in 8°.

Rösch, G. — Die Begegnung Abraham's mit Melchisedek. Eine Studie: Theol. Studien u. Kritt. 1885, Hft. 2, S. 321—56.

Sarzec, E. de — Découvertes en Chaldée. Prèm. livr. Paris (Leroux) 1884.

Strassmaier, J. N. — Alphabetisches Verzeichniss der assyrischen und akkadischen Wörter im zweiten Bande der „Cuneiform inscriptions of W. A." sowie mehrerer anderer meist unveröffentlichter Inschriften mit zahlreichen Ergänzungen und Verbesserungen der Texte nach den Thontafeln des Britischen Museums. 5. Lief. (S. 769—960) in 4°. Leipz. 1885 (Hinrichs, Band IV, Lief. 5 der „Assyr. Bibliothek", hrsg. v. Friedr. Delitzsch und P. Haupt).

Wright. — The empire of the Hittites. With decipherment of hittite inscriptions by prof. Sayce; a hittite map by Wilson and Conder; and a complete set of hittite inscriptions, revised by Rylands. London (Nisbet) 1884.

Berichtigungen.

S. 16, Z. 8—11 streiche: esse partem — (√לקט)];
ibid., Z. 20 l.: signa st. signis;
S. 20, Z. 30 l.: vel st. aut;
S. 46, Z. 1 u. 29 l. *ḫatti*, *ḫattu*, *st.* *ḫatti*, *ḫattu*.
S. 53, Z. 3 l.: [cuneiform] st. [cuneiform].

Abgeschlossen am 31. Januar 1885.

Akademische Buchdruckerei von F. Straub in München.

Akademische Buchdruckerei von F. Straub in München.

ZEITSCHRIFT

FÜR

KEILSCHRIFTFORSCHUNG

UND VERWANDTE GEBIETE

BEGRÜNDET VON FRITZ HOMMEL

UND

UNTER MITWIRKUNG DER HERREN

A. AMIAUD UND E. BABELON IN PARIS, G. LYON IN CAMBRIDGE-MASS. UND THEO. G. PINCHES IN LONDON

HERAUSGEGEBEN VON

CARL BEZOLD.

II. Band. April 1885. 2. Heft.

INHALT: Seite

VERLAGS-BUCHHANDLUNG VON OTTO SCHULZE IN LEIPZIG.

ZEITSCHRIFT
FÜR
KEILSCHRIFTFORSCHUNG
UND VERWANDTE GEBIETE.

BEGRÜNDET VON FRITZ HOMMEL

UND

UNTER MITWIRKUNG DER HERREN

A. AMIAUD UND E. BABELON IN PARIS, G. LYON IN CAMBRIDGE-MASS. UND THEO. G. PINCHES IN LONDON

HERAUSGEGEBEN VON

CARL BEZOLD.

Zweck dieses internationalen Unternehmens ist, ein Organ aller Zweige und der Nachbargebiete der babylonisch-assyrischen Sprach- und Altertumskunde ins Leben zu rufen. Die Zeitschrift enthält zunächst:

a) Kleinere Textveröffentlichungen (auch auszugsweise); Collationen bereits veröffentlichter Texte. Mitteilungen neuer Funde.
b) Paläographische, grammatische und lexicalische Aufsätze auf dem Gebiete der nichtsemitischen wie semitischen Keilschriftforschung, nebst einschlägigen sprachvergleichenden Studien.
c) Beiträge zur Geographie und Geschichte (incl. Chronologie), zur Kunst, Kultur und den Religionen der Euphrat- und Tigrisländer und der benachbarten Reiche, soweit die der letzteren aus den Denkmälern Beleuchtung erhalten.
d) Besprechungen der auf dem Gesammtgebiete der Keilschriftforschung erschienenen Literatur, sowie eine regelmässig fortgeführte Bibliographie.

Die Aufsätze sind in deutscher, englischer, französischer, italienischer oder lateinischer Sprache abgefasst, und wird im Interesse der jungen Wissenschaft Sorge dafür getragen, jede persönliche Polemik unbedingt auszuschliessen. Der Herausgeber darf hoffen, durch Correspondenzen, Anfragen, Aeusserungen von Zweifeln, Bitten um Aufschluss und sonstige kleinere Mitteilungen auch seitens der nichtassyriologischen Fachgenossen unterstützt, am Schluss jedes Heftes eine Art Sprechsaal eröffnen zu können, um auch hierdurch das rasche und gedeihliche Aufblühen der Assyriologie zu fördern. Dem Unternehmen haben die hervorragendsten in- und ausländischen Vertreter dieser Wissenschaft ihre Hilfe zugesagt.

Die „Zeitschrift für Keilschriftforschung" erscheint in Vierteljahresheften zu je 5—6 Bogen 8° zum jährlichen Subscriptionspreis von 16 M.

Einzelne Hefte kosten 5 Mark.

Man beliebe alles was die Redaction betrifft an **Dr. C. Bezold**, 34 Brienner-Str. München, alles was die Expedition und den Verlag anbelangt an die Verlagsbuchhandlung von **Otto Schulze** in Leipzig, 11 Quer-Strasse, zu adressiren.

Sur un vase judéo-babylonien du musée Lycklama de Cannes (Provence).

Par *Henri Hyvernat.*

Monsieur le Rédacteur,

J'ai l'honneur de vous communiquer un travail que je vous prie d'insérer dans votre revue, parce que je le crois de nature à intéresser vos lecteurs. Il s'agit d'un vase couvert à l'intérieur d'une longue inscription chaldéenne. Il se trouve au musée Lycklama de Cannes en Provence. Nous connaissons déjà plusieurs vases de ce genre.[1]) Le musée de Londres en possède une dizaine qu'il doit à STEWART, à LAYARD et à Sir RAWLINSON. Je n'insiste point sur leur importance. Après les écrits cunéiformes, ces inscriptions sont les plus anciens documents que nous possédions, sur la magie chaldéenne[2]), elles peuvent donc contribuer à éclairer un des points les plus obscurs de la science assyriologique. Cependant quatre d'entre elles, seulement, sont entrées dans le domaine scientifique, parce que seules elles ont eu le privilége d'être

---

1) LAYARD: *Discoveries in the ruins of Nineveh and Babylon.* Chap. XXII, p. 513. CHWOLSON: *Corpus Inscriptionum hebraicarum.* St. Petersburg 1882. Col. 103.

2) Sur la Magie Chaldéenne voy. FR. LENORMANT: *Die Magie und Wahrsagekunst der Chaldäer.* 8. Jéna 1878. — JOS. HALÉVY: *Documents religieux de l'Assyrie et de la Babylonie.* 8. Paris 1882. Il suffirait d'avoir jeté un coup d'œil sur ces deux savants ouvrages pour se convaincre du rapport intime qui existe entre la démonologie rabbinique, et celle des tablettes assyriennes.

reproduites en fac-similés d'ailleurs assez imparfaits.[1]) Mr. Chwolson les a fait entrer dans son «*Corpus Inscriptionum Hebraïcarum*» sous les N° 18, 19, 20 et 21 et les a accompagnées d'un resumé des commentaires de MM. Lévy[2]) et Joseph Halévy[3]). Il y a joint des observations personelles qui témoignent autant de sa profonde érudition que de son flair scientifique. Malheureusement les vases du Musée Britannique sont dans un très mauvais état de conservation. En outre, les scribes ont dû se tromper souvent, et quelquefois ils ont tellement négligé l'écriture, que le déchiffrement de plusieurs passages même bien conservés est presque impossible. On s'explique que, devant des pareils obstacles, des savants tels que ceux que nous avons nommés aient pu voir échouer leurs efforts en plus d'un endroit, malgré leur perspicacité et leur science bien connues. Dans ces circonstances, je crois que les personnes qui s'intéressent aux études sémitiques verront avec plaisir la publication d'un nouveau document. Il est d'une exécution très-nette. J'ai pu le lire et le traduire dans son entier si j'en excepte, toutefois, quelques mots, qui, sans doute, seront éclaircis par le public savant, auquel j'ai l'honneur de m'adresser.

1) Mr. Layard dans l'ouvrage que nous avons cité a donné un facsimilé à la main de trois inscriptions, qui correspondent aux N° 18, 19 et 21 du *Corp. Ins. Hebraïc.* de Mr. Chwolson. Mr. S. M. Rodwell dans le *Transactions of the Society of Biblical Archaeology*, Vol. 11, 1873, p. 114 suiv. a donné une photolithographie d'une autre inscription correspondant au N° 20 du même *C. I. H.* Mr. Chwolson s'est contenté de faire reproduire ces quatre fac-similés par procédé lithographique.

2) Mr. A. Lévy a fait une longue et savante étude sur le N° 1 de Mr. Layard, 18 de Mr. Chwolson, dans la *Zeitschr. d. deut. morg. Gsells.* B. IX, 1855, p. 465 et suiv.

3) *Acad. des Ins. et Bel. Let. Comptes rendus.* 1877. *Observations sur un vase judéo-babylonien du British Museum*, par M. Halévy, p. 288—293. Pour ce qui est des transcriptions, Mr. Chwolson a pris celle de Mr. Lévy pour le N° 18; celle de Mr. Halévy, pour le N° 20. Pour le NN° 19 et 21 il s'est servi de transcriptions manuscrites qui lui ont été communiquées par Mr. Jos. Halévy.

Le vase a été trouvé dans la nécropole d'Amram, à Hillah, par Mr. le Chevalier LYCKLAMA A NIJEHOLT, au mois d'Avril 1867[1]), et fait actuellement partie du beau musée oriental dont la munificence de ce savant amateur a enrichi la ville de Cannes. Il a la forme d'une écuelle légèrement elliptique; son plus grand diamètre est de 0,16, son plus petit diamètre est de 0,158. La profondeur est de 0,045 et l'épaisseur des bords de 0,005 environ. Pendant longtemps ce vase est resté couvert à l'intérieur d'une croûte grisâtre. En 1883 Mr. HEILMANN, le conservateur du musée, eut l'heureuse idée de la faire disparaître par un procédé chimique, et à sa grande surprise il vit apparaître une longue inscription écrite en spirale et partout assez nette bien qu'en plus d'un endroit l'encre eût pâli. Quelques mois plus tard cet intéressant document m'était signalé par un homme de lettres, qui, après avoir blanchi dans l'enseignement supérieur, consacre encore à l'étude des loisirs justement acquis au repos. Je veux parler de Monsieur HIGNARD, professeur honoraire de la faculté des lettres de Lyon. C'est à sa générosité que je dois les deux reproductions photographiques dont cette notice est accompagnée. Au nom de la science, comme en mon propre nom, je lui offre mes remerciements les plus sincères.

Je donnerai tout d'abord une transcription que je crois pouvoir garantir exacte, parce que je l'ai faite à plusieurs reprises, avec soin, à de longs intervalles.

ווו(1) חתים ומחתם(2) ביתיה דזרין פרוך(3) חתים ומחתם ביתיה
וכל אינשי ביתיה וכל קניניה דזדאן וכל עיבוריה וחמריה דזדאן
פרוך בר קאקי(4) מן כל שידין ושיפטין(5) ופתכרין(6) בישין ומן כל

---

1) Mr. le Chevalier LYCKLAMA DE NIJEHOLT a publié un intéressant récit des ces voyages dans l'ouvrage intitulé: *Voyages en Russie, au Caucase et en Perse, dans la Mésopotamie, le Kurdistan, la Syrie, la Palestine et la Turquie executés pendant les années 1866, 1867 et 1868.* — 4 f. volum. in 8. Paris chez Arthus Bertrand 1872—1873.

חרשי בישין ומעבדי תקיפין[7] ומן כל עקין[8] בישין ומן כל מידעם
ביש חתימין ומחתמין כל אינשי וכל קניניה דזדאן פרוך בר קאקי
בשבעין קיטרין[9] בשבעין עיסרין[10] בשבעין חתמין בשישין א אבני
זימרא[11] ובעיזקתיה דערבדזיוא[12] בר רבי ובעיזקתיה דמיכיל[13]
דמיכאיל גברא מלכא עיסרא דאוריתא[14] ובעיזקתיה דכסדיאיל[15]
גברא מלכא עיסרא דכסדאי ובעיזקתיה דגבריאיל גברא מלכא עיסרא
דנורא[16] ובעיזקתיה דאסף נדסדיוא[17] גינא[18] דשלמוה מלכא בר
דאויד ובעיזקתיה[19] דשלומא מלכא בר דאויד ובחתמא רבא דמר[20]
עלמא דלא קיטריה מושתרי ולחתמיה[21] מותבר כורוך[22] אתא והוה
אילהינו מאלך הועלום אמן אמן סלה הללויה[23] תוב אשבעית
עליכון כל שידין ופתכרין וליליתא וכל מידעם ביש תיפרחו[24]
ותירפעין מן בביה ומן ביתיה וביתיה ודעיה וחיכליה ואיסקופתיה
דזדאן פרוך בר קאקי ומן כל אינשי ביתיה ומן כל קניניה דזדאן פרוך
בר קאקי אמן אמן סלה הללויה חתים ומחתם בחתמא רבא דמרי
עלמא דלא קיטריה מישתרי ולחתמיה מיתבר בורוך אתא והוה אמן
אמן סלה הללויה

Ce qui peut se traduire ainsi:

«Scellée et bien scellée est la maison de Zâdân Ferruch.

Scellée et bien scellée est la maison, ainsi que tous les gens de la maison, et toutes les possessions de Zâdân, et tout le froment, et tout le vin de Zâdân Ferruch, fils de Ḳaḳi; contre tous les génies, *chafetinn* et démons mauvais; contre tous magiciens méchants et toutes machinations puissantes; contre toutes tribulations mauvaises, et contre toute mauvaise chose, n'importe laquelle. Scellés et bien scellés sont tous les gens et toutes les possessions de Zâdân Ferruch, fils de Ḳaḳi; avec 70 nœuds, avec 70 liens, avec 70 sceaux, avec 60 pierres *zimar*, et avec le sceau de Arubdziuah, fils de Râbê; et avec le sceau de Michel le Puissant, le Roi, le Prince de la Loi; et avec le sceau de Casdiël, le Puissant, le Roi, le prince des Chaldéens; et avec le sceau de Gabriel, le Puissant, le Roi, le prince du feu; et avec le sceau d'Asaph Nadasdiuah, jardinier de Salomon, roi, fils de David; et avec le sceau de Salomon, roi, fils de David, et avec le grand sceau du Maître du monde dont le nœud ne se délie pas, et dont le sceau ne se brise pas. Béni sois tu, Jahve, notre Dieu, roi du monde! Amen, Amen, Amen, Selah, Alleluia. — De nouveau, je vous adjure vous tous, génies, démons, Lilith, et toute chose mauvaise, n'importe laquelle; fuyez et sortez de la porte, de la maison, des paturages, des champs et du seuil de Zâdân Ferruch, fils de Ḳaḳi; ainsi que de tous les gens de la maison et de toutes les possessions de Zâdân Ferruch, fils de Ḳaḳi. Amen, Amen, Selah, Alleluia. Scellé et bien scellé avec le grand sceau du Maître du monde, dont le lien ne se délie pas, et dont le sceau ne se brise pas. Béni sois tu Jahve, Amen, Amen, Selah Alleluia".

On le voit, notre inscription est une formule de conjuration contre les mauvais esprits. Elle a plusieurs points de contact avec les inscriptions publiées par Mr. Chwolson, mais elle n'en offre pas moins un intérêt tout spécial. Si, en effet, les autres inscriptions nous éclairent sur les différentes catégories d'esprits nuisibles, et sur les effets fâcheux qu'ils produisent sur l'homme, la nôtre jette un jour tout nouveau sur leur antagonistes et sur les défenseurs de l'homme. C'est d'ailleurs ce que j'essaierai de mettre en lumière, en commentant les principaux passages du texte. Auparavant, toute fois, et pour être plus clair dans la suite, je résumerai brièvement les principales idées des Talmudistes sur les êtres surnaturels.

La croyance aux esprits est aussi vieille que le monde; il faut en rechercher l'origine dans les plus anciennes traditions de l'humanité, traditions que le peuple juif garda dans toute leur pureté aussi longtemps que dura sa mission, tandis que les autres peuples les défigurèrent et les altérèrent de siècle en siècle. Cette croyance devint chez les Perses le germe de tout un système de religion qui, il faut l'avouer, ne manquait ni de largeur dans la conception, ni d'une certaine aptitude à élever l'esprit de de l'homme. Je veux parler du Parsisme, la religion de Zoroastre. Par malheur il arriva aux Perses ce qui arrive à tous les peuples conquérants. Ils vainquirent les Mèdes, mais leurs idées religieuses n'eurent pas le même succès que leurs armes. Mises en face des croyances toutes superstitieuses de la vieille race que Mr. TH. LENORMANT a appelée protomédique, elles se laissèrent pénètrer. De la fusion des deux systèmes résulta le Magisme. Cette modification du Parsisme s'accentua encore, lorsque, à leur tour, Ninive et Babylone tombèrent sous les coups des Perses. Là, en effet, il eut à lutter contre les anciennes traditions accadiennes, traditions étroitement liées avec celles des Mèdes et qui déjà avaient resisté à la civilisation sémitique. Transporté en Perse et en Chaldée au moment où le système de Zoroastre ainsi modifié était dans toute sa sève, où ses rameaux avaient pénètré jusqu' aux bourgades les plus reculées, le peuple juif ne put se soustraire totalement à son influence. Sans doute l'idée de monothéisme était trop enracinée en lui, pour qu'il acceptât franchement le Dualisme des indigènes[1]). Il ne pouvait concevoir ces deux principes, sans cesse opposés, tous deux émanés de l'Être suprême, et destinés à rentrer en lui, se disputant la conquête du monde, sous les regards du principe premier, qui reste passif dans la lutte sans, pour cela, être indifférent à son issue. Les exilés de la Palestine n'acceptèrent donc jamais la religion de leurs conquérants et c'est pourquoi ils eurent plus d'une fois à souffrir leurs

1) Sur l'influence que le Parsisme exercea sur les Juifs voyez l'introduction du traité du Dr. ALEXANDER KOHUT: *Ueber die jüdische Angelologie und Daemonologie in ihrer Abhängigkeit vom Parsismus* — dans les *Abhandlungen für die Kunde des Morgenlandes, herausgegeben von der Deutschen Morgenländischen Gesellschaft unter der verantwortlichen Redaction des Prof. Dr. Hermann Brockhaus*. IV. Band N° 3. Leipzig. 1866.

persécutions.[1]) Mais le sentiment du merveilleux se développa à l'excès chez eux et leur esprit contracta une tendance bien marquée à la superstition. Cette tendance présida à la composition des livres Talmudiques[2]) ; et elle se trahit à chaque instant dans les commentaires des Livres Saints.

Les anges sont toujours les serviteurs de Dieu, les ministres et les messagers de ses miséricordes. Mais ils prennent une part plus active dans le gouvernement du monde. Ce sont des princes, des rois, que Dieu prépose au mouvement des astres, à la marche des empires, à la garde et à l'instruction des hommes.[3]) Plusieurs patriarches furent instruits par eux, Adam, par exemple, Enoch Abraham, Isaac, Joseph.[4]) On connait les noms de beaucoup d'entre eux. Ils ont quelquefois à nous défendre contre les génies. Ces derniers sont des êtres malins et turbulents plutôt que mauvais.[5]) Ils ont un corps d'homme ou de femme et des pieds de coq. Comme nous ils mangent, boivent, se reproduisent par voie de génération et meurent. Comme les anges ils ont des ailes, se transportent, en un instant, d'une extrémité du monde à l'autre et ils savent l'avenir.[6]) Leur action malfaisante est limitée à certains jours, principalement au mercredi et au samedi soir.[7]) Ils ne peuvent rien contre les gens pieux, ni contre les maîtres de la loi. Ils ne sont pas d'ailleurs sans contribuer au bien du monde et à la glorification de Dieu.[8]) Bien qu'ils

---

1) A KOHUT o. c. p. 12 et 13.

2) ibid. p. 15.

3) ib. p. 17 et suiv. GREG. MICHAELIS: *Notae in curiositates inauditas. Jac. Gaffarelli.* Hamburgi, 1876. Not. 66, p. 310, Not. 72, p. 330.

4) FABRICIUS: *Codex pseudoepigr. Vet. Testam.* p. 4.
GREG. MICHAELIS o. c. N. 72, p. 330.

5) KOHUT o. c. p. 51.

6) Chag. 16 a.

7) Pesachim 111—112 b. Abodah Zarah 12 a.

8) Jerus. Berach. 5—6.

aient un corps on le voit rarement surtout quand on est trois[1]), ou plus de trois ensemble. Le Talmud donne à ce sujet les recettes les plus curieuses : «Celui qui veut s'assurer de leur passage, doit prendre de la cendre tamisée et la répandre autour du lit, il apercevra le matin des traces de pas semblables à ceux d'un coq. Celui, qui voudra les voir devra prendre le fœtus d'une chatte noire qui sera noir lui même. Que ce soit un premier né. On le consumera au feu, on le pulvérisera, puis on se répandra de cette poudre dans les yeux. On verra alors ces esprits. Mais il faut avoir soin de verser le reste de la poudre dans un tuyeau en fer, de le sceller avec un cachet en fer, afin que ces mêmes esprits n'en enlèvent rien, et il faut cacheter le couvercle, afin que cette poudre n'endommage personne (Talm. de Babyl. Berach f. 6 col. a. — traduction de Mr. Schwab). La puissance des génies s'étend aux quatre éléments, aux êtres animés et aux êtres inanimés. Ils craignent les Anges, mais plus encore Salomon[2]) à qui Dieu avait concèdé une puissance illimitée sur toutes les créatures et qui se servit souvent des génies pour satisfaire ses désirs ambitieux, ses caprices et ses passions. Ce grand roi aurait composé une quantité de formules de conjuration contre les esprits, et écrit un livre sur les moyens d'utiliser les animaux, les plantes, et les pierres[3]) pour la guérison des maladies dont ils sont les auteurs.[4]) Le souvenir de Salomon et de sa puissance sur les génies s'est perpétué jusqu'à nos jours parmi les Arabes, et grâce à l'imagination bien connue de ce peuple, il n'a rien perdu du merveilleux que lui avaient attaché les Juifs.[5])

1) Berach. 43 b.

2) Sur la légende de Salomon v. Fabric. o. c. p. 1014—1067. — Weil: *Bibl. Legenden der Muselmänner.* Frankfurt 1845. p. 225 et suiv. — Cassel: *Der Thron Salomo's* s. p. 2, 42, 52.

3) Suidas s. v. Ἐζεχίας.

4) Kohut o c. p. 58 et 59.

5) Lévy l. c. 489.

Commentaire.

(1) וווו. Cette série se trouve cinq fois dans le N° 4 de Mr. Layard. Le N° 2 (19 de Mr. Chwolson) nous présente une fois trois vavs et une fois quatre, aussi qu'une quantité d'autres lettres groupées d'une manière incompréhensible et qui ne peuvent être que des abbréviations de formules connues des possesseurs des vases, ou, tout au moins, des magiciens, auteurs de ces formules. Au fond de notre écuelle on voit deux cercles concentriques divisés en segments égaux par deux lignes droites qui se coupent à angle droit. Chacun des segments du moindre cercle porte un des vavs mentionnés. Dans ceux du plus grand cercle on lit les mots suivants que l'on peut considérer comme le titre de l'inscription:

חתים | ומחתם | ביתיה | דזרין פרוך |

(2) חתים ומחתם «scellés et bien scellés». Cette expression, dont la lecture ne peut être mise en doute, se retrouve dans trois autres passages de notre inscription. Nous la voyons aussi à la première ligne de l'inscription N° 21 du C. I. H. où Mr. Chwolson lit avec raison מחתם et non נחתם comme le porte la transcription manuscrite que lui a communiquée Mr. Jos. Halévy. Ce dernier, sans doute, aura pris pour un נ le premier jambage de מ. Cette lettre est pourtant bien nettement indiquée dans le facsimilé de Mr. Ellis. L'analogie me fait penser que, dans ce même N° 21 le mot qui précéde מחתם doit être orthographié חתים comme dans notre inscription et non pas חתום. Afin d'éviter des repétitions je renvoie aux N° 9, 11 et 19 les éclaircissements sur la raison d'être de ces deux mots.

(3) זרין פרוך — C'est le nom du possesseur de l'amulette. Nous le retrouverons encore quatre fois dans le courant de l'inscription; mais avec un א au lieu d'un י; c'est d'ailleurs l'orthographe ordinaire de ce nom propre déjà connu (V. Nöldeke: *Gesch. d. Arab. und Pers. 356*).

(4) בר קאקי — fils de Ḳaḳi(?) — se voit encore trois fois à la suite du nom du possesseur.

(5) ושיפטין. D'après l'original, on croirait d'abord que la cinquième lettre de ce mot est un ע mais avec plus d'attention on se convainct que c'est bien un ט. Comment traduire? Placé entre שידין et פתכרין, ce mot ne peut désigner qu'une catégorie de génies ou démons; mais je ne connais à la racine שפט aucun sens de ce genre et je ne crois pas que les Assyriens ni les Hébreux en aient jamais fait usage dans leur Démonologie. Serait-ce le mot persan شفت «*turips*».

(6) ופתכרין. Ce mot, dérivé du persan «*patikara*, image»[1]) ne se trouve jamais dans le Talmud qu'avec la signification d'«idole». Ici comme dans plusieurs inscriptions des vases du British Museum il a celle de: «démon, génie». Le N° 2 de Mr. Layard, 19 de Mr. Chwolson nous présente peut-être une forme féminine du même mot.[2])

(7) מעברין חקיפין. Ce passage nous prouve que la traduction de Mr. Ellis est aussi défectueuse que sa transcription quand il lit (Layard o. c. N° 4 l. 6) ומעברין חקיפין et traduit: «et de Abdi le puissant». Il est probable que le même mot est encore caché sous la transcription très suspecte de l'auteur anglais dans ce passage חרשין בישין מעברווכוסו (o. c. n. 2 l. 15) ce qu'il traduit ainsi: «and every evil enchanter that causes diseases». Mr. Ellis a d'ailleurs répété cette erreur au N° 3 l. 13 et au N° 4 l. 14 — Mr. Jos. Halévy a déjà fait observer que l'épithète חקיפין qualifiant les opérations magiques était inconnue aux auteurs de Talmud (*Comp. rend. de l'Acad. des inscr. et b. lett.* 1877, p. 291).

(8) עקין. Ce mot, on ne peut en douter, indique comme ceux qui le précèdent quelque action magique. Je crois qu'il doit être ramené à la racine עוק «ar-

1) Oppert: Jour. Asiat. IV sér. tome XVIII, p. 344.

2) Chwolson o. c. 109, 3.

ctari, angustiis premi». On pourrait dans ce cas le traduire par «tribulations, malheurs». Alors nous aurions peut-être un certain correspondant dans l'assyrien. Nous trouvons en effet dans les conjurations des tablettes d'Assurbanipal un démon appelé Ašakku, qui selon Mr. Halévy *(Doc. relig. de l'Assy. et de la Babyl.)* pourrait se ramener à une racine אשק identique à la racine אשק *injuste et violenter egit, oppressit.*

(9) בשבעין קיטרין . Avec 70 liens. On sait que les démons n'ont aucun pouvoir sur tout ce qui est lié, scellé, mesuré ou compté.[1]) C'est sous l'influence de cette idée, sans doute, et pour donner plus de force à sa conjuration que l'auteur a fait précéder le mot קיטרין et les trois substantifs suivants, d'un nombre déterminé. Pourquoi a-t-il pris de préférence 70 et 60? 70 est un nombre assez fréquent dans la Bible, comme d'ailleurs le nombre 7 et ses multiples.[2]) Le nombre 7 est commun dans la Démonologie accadienne où il est souvent parlé des 7 démons de la terre et des 7 démons du ciel (V. Lenormant: *Die Magie und Wahrsagekunst,* p. 17—18; Halévy: *Documents religieux,* p. 47[3]).

Quant au chiffre 60 s'il n'est pas une erreur du scribe, il doit provenir du système sexagésimal usité en Chaldée.

(10) עיסרין. Ce mot se retrouve trois fois de suite uns peu plus bas, mais avec un sens tout différent. Ici il me paraît devoir être traduit par «liens, nœuds» et on peut le rapprocher du verbe אסר, le א et le ע s'échangeant volontiers dans certains dialectes sémitiques. Dans les autres passages auxquels je fais allusion, le contexte appelle le sens de «maître, prince»; et il est plus difficile de trouver dan le lexique un radical qui justifie l'interprétation, à moins que l'on ne veuille recourir au mot עשיר «riche, noble».

1) Chulin 105 b.

2) Steinschneider, *Zeitschr. d. D. Morg. Gesells. IV,* 145.

3) Comp. aussi Lotz: *Quaestionum de historia Sabbati libri duo,* p. 25. — *Réd.*

On pourrait toutefois se demander s'il ne faudrait pas là encore voir une signification dérivée du même verbe אסר. La croyance juive que les liens et les sceaux pouvaient seuls quelque chose contre les démons et les magiciens n'aurait — elle pas établi le passage de l'idée de lier à celle de dominer? et le mot «lien» ne pourrait — il pas avoir été employé pour le mot «prince»? Mais ce n'est là qu'une hypothèse que je donne pour ce qu'elle vaut. En attendant mieux, le contexte nous autorise à traduire dans le second cas עיסרא par *prince* avec autant de sécurité que dans le premier cas nous le traduisons par «*lien*».

(11) בשישין אבני זימרא — C'est la première fois que dans les formules de conjuration il est fait mention de pierres. Les auteurs du Talmud ne nous ont rien laissé, que je sache, qui explique la mention qui en est faite ici. Mais nous pouvons la comprendre par d'autres documents. «Salomon», dit Michel Glycas, dans ses annales, «Salomon parla aussi des pierres précieuses; il discourut non seulement de leur nature et de leurs couleurs, de la manière dont elles naissent et dont elles se forment, mais aussi des différents usages auxquels chacune d'elles est propre. Il fit voir comment l'une est gardienne de la chasteté, comment une autre résiste aux inflammations sulfureuses, comment une autre, enfin, chasse les mauvais génies . . .»[1]). Les légendes judéo-musulmanes nous parlent de quatre pierres précieuses qui furent données à Salomon par quatre anges envoyés de Dieu pour lui conférer la toute puissance sur la création. La première lui donnait l'empire sur les vents, la deuxième, sur les animaux; la troisième, sur la terre ferme et sur les mers; et la quatrième sur le monde des esprits. Une courte inscription gravée sur chacune d'elles rappelait à Salomon qu'il tenait de Dieu seul sa puissance merveilleuse. Le roi fortuné

1) Fabricius o. c. p. 1042. — Mich. Glycas. Ann.

réunit ces quatre pierres et en forma le fameux anneau dont nous aurons encore à parler.[1])

Le mot que je lis זמרא pourrait à la rigueur se lire נמרא, car le trait vertical de la première lettre n'est pas aussi droit qu'ailleurs. Il présente une légère courbe à gauche, mais beaucoup moins accentuée que celle du ן et c'est pourquoi j'ai opté pour la première lecture. Au premier abord la troisième lettre semble être un ח parce que le crochet supérieur du ר est assez effacé mais en mouillant le vase j'ai pu m'assurer de la véritable lecture. — Quelle est cette pierre זימרא? Tout au plus oserais-je regarder ce mot comme une corruption du mot זמרגד, qui semble voué aux transformations les plus curieuses. Dans la version chaldaïque (Exod. 28, 18) il est écrit אזמרגד. Dans le Targum de Jon. nous le trouvons deux fois (Num. 2, 10, Cantic. cantic. 5, 14) sous la forme אזמורד. En arabe il est devenu زمرد. En grec et en éthiopien on trouve *Μάραγδος* መረግድ፡ et *Σμάραγδος* (زبرجد) ዘመረግድ፡. Une coïncidence qu'il n'est peut-être pas inutile d'observer c'est que d'après le témoignage de Suidas (Dict. gr. v. c. m.) le sceau de Polycrate était en émeraude.[2]) Jene m'arrête pas à discuter le rapport qu'il peut y avoir entre la légende de l'anneau de Salomon et celle de l'anneau du Tyran de Samos.

(12) בעיזקתיה דערברזיוה בר רבי. Non contente d'embellir à l'excès son héros, l'imagination orientale l'entoura de tout un cycle où se rencontrent de la manière la plus inattendue les personnages les plus disparates. Certaines légendes donnent à Salomon, Asaph pour vizir[3]); elles le font converser avec Marcolfe, Locman et Esope.[4]) Ce

1) WEIL o. c. 225–231.

2) HÉRODOTE. III. 41 et suiv.

3) WEIL, *Bib. Leg.* 265.

4) FABRICIUS, o. c. p. 1056; cf. FABRICIUS, *Bibliotheka græca* lib. 2, c 9, § 13.

Ce passage de notre inscription, ainsi que celui qui a rapport à Asaph semble prouver que l'on attribuait à ces personnages une certaine puissance sur les esprits.

(13) מיכ֯יל (א au-dessus). Pléonasme évident. Le scribe s'étant aperçu de son erreur a d'abord voulu la corriger en ajoutant un א au dessus du ך; puis il s'est décidé à écrire le mot de nouveau.

(14) מיכאיל . . . . עיסרא דאוריתא. Les livres talmudiques nous représentent l'Archange St Michel comme l'instrument de la bonté et de la grâce de Dieu.[1]) A ce titre, on pouvait bien l'appeler le prince de la Loi, car la Loi était aussi appelée le pacte de Dieu avec les hommes (ברית) son testament, le témoignage de sa bienveillance, de son affection pour les hommes. L'Archange St Michel est aussi le défenseur attitré[2]) du peuple choisi, comme nous le verrons tout-à-l'heure, et, en cette qualité, il était encore le prince de la Loi, dont les Juifs confondaient, et avec raison, les intérêts avec les leurs. D'après deux anciens écrits, St Michel aurait assisté aux derniers instants de l'auteur inspiré de la Loi, et aurait été chargé du soin de l'ensevelir. Observons, enfin, pour expliquer la mention de la Loi dans notre inscription, qu'on lui attribuait une certaine efficacité contre les démons. C'est au moyen de la Loi qu'Asaph aurait chassé Sachr le prince des génies.[3])

(15) בעיזקתיה דכסדיאיל עיסרא דכסדאי. «Avec l'anneau de Casdiël . . . . prince des Chaldéens». Cette traduction s'impose. Je ne vois pas, en effet, comment on pourrait tirer un autre sens de ce passage où aucune lettre ne peut prêter à l'erreur. Je crois d'ailleurs pouvoir démontrer qu'elle est plus naturelle qu'elle ne le semble tout d'abord.

D'après une des traditions les plus accréditées chez les Juifs, Dieu aurait confié à 70 anges comme à autant

1) Kohut, o. c. Cap. II §. 7.

2) Midr. Esther R. p. 95 b.

3) Weil o. c. 273.

de princes les 70 nations de l'univers, sauf toutefois le peuple hébreu dont Il se serait réservé la protection immédiate.[1]) Les auteurs de la version Alexandrine étaient apparemment sous l'influence de cette tradition lorsqu'ils ont traduit dans le Deutéronome (XXXII, 8) ces trois mots למספר בני ישראל (secundum numerum filiorum Israël) par *κατὰ ἀριθμὸν ἀγγέλων Θεοῦ* (secundum numerum Angelorum Dei). Mais c'est surtout dans le livre de Daniel que nous voyons clairement et que nous touchons, pour ainsi dire, du doigt cette croyance à la protection de chaque peuple par un ange particulier. En effet, St Jérome et après lui Théodoret et la majorité des Exégètes voient un ange protecteur dans ce mystérieux prince des Perses qui, pendant vingt et un jours, résista au défenseur du peuple de Dieu, ainsi que dans le prince des Grecs dont il est fait mention quelques versets plus bas. Cette interprétation, d'ailleurs, est confirmée par le dernier verset du chapitre où l'Archange St Michel est appelé le «prince des Juifs». Nous ne devons donc pas être étonnés de trouver un Ange qualifié de *prince des Chaldéens*; et on a bien pu l'appeler le *Chaldéen de Dieu*, puisque d'une part il représentait la nation des Chaldéens et que, de l'autre, il est le ministre de Dieu.

Cela établi, il reste à démontrer pourquoi dans une inscription qui est incontestablement d'origine juive, nous trouvons l'invocation de l'Ange protecteur des Chaldéens. La difficulté est plus apparente que réelle. Les habitants de l'Assyrie et de la Mésopotamie n'etaient pas exclusifs dans leur conception de la divinité. Les dieux des peuples étrangers étaient pour eux de véritables Dieux; ils croyaient bien que leur Dieu était supérieur aux autres, mais ils ne croyaient pas qu'il fût inutile d'honorer ceux-là. Ils étaient même convaincus que pour être heureux à

---

2) ROSENMÜLLER, *Daniel*, p. 348. 349. Jalk. Schim. § 241. MICHAELIS o. c. Not. 66 et 72.

l'étranger, il importait d'adorer les lieux locaux. C'est ce qui ressort clairement d'un passage du IVe livre des Rois (XVII, 6. suiv.). «La neuvième année du règne d'Osée, nous dit la Bible, le roi des Assyriens prit Samarie et transporta Israël en Assyrie où il le fit habiter dans les villes Mèdes de Hala et de Habor près du fleuve Gozan . . . . . Or le roi des Assyriens fit venir des habitants de Babylone, de Cutha, d'Avah, d'Emath et de Sepharvaïm et les établit dans les villes de Samarie, en la place des enfants d'Israël. Ces peuples possédèrent la Samarie, et habitèrent dans ses villes. Lorsqu'ils eurent commencé à y demeurer, comme ils ne craignaient point le Seigneur, le Seigneur envoya contre eux des lions que les tuaient. On en porta la nouvelle au roi des Assyriens et on lui fit dire: 'Les peuples que vous avez transférés en Samarie, et auxquels vous avez commandé de demeurer dans ses villes, ignorent la manière dont le dieu de ce pays-là veut être adoré, et ce Dieu a envoyé contre eux des lions qui les tuent, parce qu'ils ne savent pas la manière dont le Dieu de cette terre veut être adoré'. Alors le Roi leur donna cet ordre et leur dit: 'Envoyez en Samarie l'un des prêtres que vous en avez amenés captifs; qu'il y retourne et demeure avec ces peuples, afin qu'il leur apprenne le culte qui doit être rendu au Dieu du pays'».

Il faut avouer que les Juifs, déjà portés au polythéisme et à la superstition, quand ils étaient en Palestine, durent l'être bien davantage, lorsqu'ils devinrent les esclaves d'un peuple idolâtre, qui avait, pour appuyer le prestige de ses doctrines, celui de la conquête et de la prospérité matérielle. Les captifs ne consentirent pas à reconnaître d'autres dieux que Jahve, grâce, sans doute, aux trois grands prophètes, que Dieu suscita alors pour consoler, encourager et fortifier son peuple pendant l'exil; mais il n'y a pas de témérité à croire qu'ils durent être influencés en quelque chose par le milieu dans lequel ils vivaient. Et quand on leur redisait à chaque instant, qu'il n'y a pas de bonheur à espérer pour qui n'honore pas le dieux du pays où il vit, est-il étonnant qu'ils se soient laissés aller à invoquer, sinon un dieu auquel ils ne croyaient pas, au moins l'ange protecteur de la Chaldée?

C'est là d'ailleurs une hypothèse dont je n'ai pas la prétention de faire une certitude avant que d'autres exemples ne viennent la confirmer. J'avoue même que je ne crois pas impossible de lui opposer dès maintenant d'autres hypothèses; on pourrait, par exemple, voir dans cette invocation une superstition plutôt qu'une croyance religieuse. De tous temps les Chaldéens ont été considérés comme les Maîtres de la magie et de la sorcellerie; et, les sciences occultes passant pour être révélées par des êtres surnaturels, on pourrait voir dans le mot Casdiel, le nom de l'ange qui aurait initié les Chaldéens.

(16) ובעיזקתיה דגבריאיל · · · · · · · עיסרא דנורא. Ces quelques mots sont une expression exacte de l'idée que les Juifs de Babylone s'étaient faite de l'Archange Gabriel[1]). Cet esprit céleste représente la puissance vengeresse de Dieu d'une manière générale, mais plus spécialement en tant qu'elle s'exerce par le moyen du feu. «Dieu ordonna à Gabriel de prendre des charbons ardents et de les répandre sur Israël. Gabriel fit part de ce commandement au Chérubin et lui demanda deux charbons. Pendant six ans Gabriel les garda, parce qu'il s'attendait à ce qu'Israël s'amendât; mais comme il ne le faisait pas, Gabriel voulut exécuter le châtiment» (Mid. Rabb. 155 a). «Quand le méchant Nimrod jeta notre père Abraham dans la fournaise ardente, Gabriel se présenta devant le Saint qui est Un (qu'il soit béni) et dit: 'Seigneur de l'Univers, laissez moi, je vous prie, aller rafraîchir la fournaise et délivrer le Juste'. Alors le Saint (qu'il soit béni) lui dit: 'Je suis seul dans mon monde, et il est seul dans son monde. Il est plus convenable que celui qui est seul délivre celui

1) Kohut o. c. 30—33.

qui est seul'. Mais comme Dieu ne laisse jamais une créature sans récompense, il dit à Gabriel: 'A cause de ta bonne intention, tu auras l'honneur de délivrer trois de ses descendants'. Quand le méchant Nabuchodonosor jeta Ananias, Misaël et Azarias dans la fournaise ardente, Yourkami, le prince du salut se présenta devant Dieu et dit: 'Seigneur de l'Univers, laissez-moi, je vous prie, aller rafraîchir la fournaise et délivrer ces hommes justes de sa fureur'. Mais Gabriel intervint et dit: 'Ce n'est pas ainsi que la puissance de Dieu doit être manifestée. Vous êtes le prince du salut, et tout le monde sait que l'eau apaise le feu. Mais moi je suis le prince du feu, et je veux rafraîchir la flamme à l'intérieur (de la fournaise), mais la rendre plus ardente à l'extérieur, (pour dévorer les bourreaux) et alors je ferai un miracle dans un miracle'. Alors le Saint lui dit: 'Descends'. Et Gabriel s'écria: 'Réellement la Vérité du Seigneur reste éternellement». (Pesach. fol. 118, c. I)[1]). «Les Rabbins, dit un autre passage du Talmud, nous enseignent ceci: Il y a six espèces de feu: Un feu qui mange et ne boit pas; un feu qui boit et ne mange pas; un feu qui mange et boit; un feu qui consume le sec et l'humide; un feu qui consume le feu et un feu que le feu dévore. A la première espèce appartient le feu ordinaire; à la deuxième le feu de la maladie; à la troisième le feu comme celui d'Elie; car il est dit (III R. 18, 38): il dévora l'eau du fossé. A la quatrième espèce appartient le feu de la majesté divine; car ainsi enseigne Mar: Il (Dieu) étendit sa main entre eux (les Anges) et il les consuma (Syn. 38. B.); à la cinquième appartient le feu de l'Ange Gabriel; à la sixième, enfin, le feu du sacrifice».

(17) ובעיזקתיה דאספ נרסריוא Je crois que ces deux noms désignent Asaph fils de Barachias et un des prin-

1) *A Talmudic Miscellany compiled and translated by* PAUL ISAAC HERSHON. London 1880, p. 4. § 11.

cipaux musiciens de David et de Salomon. J'ai déjà dit que les légendes arabes faisaient d'Asaph, le Vizir de Salomon. Lorsqu'elles font converser Esope avec le roi de Jérusalem, c'est, apparemment, quelles confondent le fabuliste grec avec le musicien de David, à cause d'une certaine ressemblance de lettres dans les deux noms.[1]) On sait quel prestige la poésie et la musique exercent sur les Orientaux. Les personnes que la nature a douées de ces talents ont toujours joui, chez eux, d'une réputation de haute sagesse. La Bible elle-même voulant faire l'éloge de Salomon, nous dit qu'il surpassait de beaucoup en sagesse Ethan, Héman, Chalcol et Dorda fils de Mahol, tous les quatre fameux musiciens du Temple, au temps de Salomon. — Il est inutile de développer ici les raisons qui auraient pu amener les Juifs à passer, sur cette question, du domaine de la vérité et de la nature, à celui de la fable et du surnaturel. Du reste ils n'ont pas été seuls à le faire, témoins les *ἐπῳδοί* des Grecs, les *incantatores* des latins, nos *enchanteurs*.

(18) גינא דשלמוה «Jardinier de Salomon». On serait endroit d'attendre une autre épithète pour Asaph; aussi n'est ce pas sans une certaine crainte que je traduis גינא par «*jardinier*» (D'autant plus que pour cela je suis obligé de supposer, dans le texte, une incorrection grammaticale; il faudrait ····· גינאא דש ou ··· גינאיה ד ou encore ··· גינא ש. Cependant ce ne serait jamais qu'une très-légère incorrection, qu'il est facile de mettre sur le compte de l'inadvertance). Toutefois, il n'est pas impossible de s'expliquer le qualificatif que notre inscription donne au musicien du temple. Les plantes furent, d'après les livres saints eux-mêmes, l'objet des écrits de Salomon: «Et disputavit de lignis a cedro quae in Libano est usque ad hyssopum quae egreditur de pariete» lisons-nous dans le IIIe livre des Rois (IV, 33). Salomon lui-même dans l'Ecclésiaste nous dit: «Feci

1) Fabricius o. c. p. 1032; *Biblioth. grec.* l. 2. 9.

9*

mihi hortos irriguos et paradisos et seminavi omnia genera herbarum». Mais là, comme ailleurs, les Rabbins toujours guidés par cette tendance à la superstition dont je parlais tout-à-l'heure ont enchéri sur le texte sacré et ont créé le merveilleux. Aux paroles de Salomon, que je viens de citer, le Targum ajoute: «partim ad usum cibi, et partim ad usum potûs, et partim ad usum medicinae, omnis generis herbas aromaticas, plantavi in illis arbores steriles et omnes arbores aromatûm quas attulerunt mihi lemures (טלני) ac spiritus noxii (ומזיקי) ex Indiâ et omnem arborem fructiferam; füitque terminus ejus a muro urbis quae est in Jerusalem ad ripam aquarum Siloa» — «J'ai vu» dit Joseph «un Juif nommé Eléazar, qui, en la présence de l'empereur Vespasien et de plusieurs de ses capitaines et de ses soldats, délivra plusieurs possédés. Il attachait au nez du possédé un anneau, dans lequel était enchassée une racine, dont Salomon se servait à cet usage; et, aussitôt que le démon l'avait sentie, il jetait le malade par terre et l'abandonnait. Il récitait ensuite les mêmes paroles, que Salomon avait laissées par écrit, et, en faisant mention de ce prince, défendait au démon de revenir».[1]) — Un vestige de ces croyances nous est resté dans le nom d'une plante très-répandue, la *convallaria polygonalis* que l'on appelle vulgairement et dans toutes les langues: *Sceau de Salomon*.

(19) ובעיזקתיה דשלמוה «et avec l'anneau de Salomon». Ce passage, où nous lisons en toutes lettres le nom de Salomon, confirme bien l'interprétation que Mr. Lévy faisait d'un passage analogue dans l'ins. No. 18 du C. I. H.; interprétation que Mr. Chwolson taxait de témérité et d'incertitude.

La légende de l'anneau de Salomon est bien connue.[2]) Divers auteurs anciens nous l'ont conservée avec quelques

1) Antiq. VIII, II, 324.

2) WEIL o. c. 225 et suiv.;
LÉVY o. c. 489 et suiv.

variantes.[1]) J'ai déjà dit comment d'après la fable arabe cet anneau aurait été formé. Tant que Salomon resta vertueux il accomplit les choses les plus merveilleuses au moyen de son anneau qui lui donnait un empire illimité sur toute la nature. Il réussit même à enchaîner et à soumettre à ses volontés Sachr (Asmodée) qui habitait de préférence une île lointaine au delà de l'Océan. Mais lorsque la volupté lui fit oublier la vertu, Dieu permit que le prince des démons s'emparât de son anneau, par ruse, et le chassât ignominieusement de son royaume. C'est alors que Salomon parcourut le monde en disant: «Ego Ecclesiastes rex fui in Jerusalem, et proposui in animo meo quaerere et investigare sapienter de omnibus quae fiunt sub sole; hanc occupationem pessimam dedit Deus filiis hominum ut occuparentur in ea». Il entra au service d'un pêcheur, qui, en récompense de ses services, lui donnait sa nourriture et un poisson qu'il pouvait vendre à son profit. Pendant ce temps, Sachr, devenu tout puissant, grâce à l'anneau magique, opérait les plus grandes merveilles et se faisait passer pour Salomon. Mais son inconduite et son impiété ne tardèrent pas à révéler la ruse à Asaph; et à son tour celui-ci détrôna et chassa Sachr au moyen de la Loi. Le prince des démons s'enfuit et en traversant les mers pour regagner son île, il perdit le précieux anneau. Un poisson l'avala. Dieu voulut que ce poisson fut pris par le pêcheur et qu'il échût en récompense à Salomon qui, avec l'anneau, retrouva sa puissance première.

(20) ובחתמא רבא דמרי עלמא «Et avec le grand sceau du Maître du monde». Ce Maître du Monde c'est Dieu. Lui seul mérite ce titre. La Bible et la Fable s'accordent pour nous dire que Salomon dut à Dieu seul sa science et sa puissance extraordinaires. Les Anges qui lui appor-

1) Hammer-Purgstall, *Literaturgesch. d. Araber*, V p. 1075. R. 2; Kohut o. c. 82—83.

tèrent les quatre pierres précieuses étaient envoyés de Dieu. Sur chacune d'elles étaient gravée une de ses inscriptions: «La puissance et la Grandeur sont à Dieu — Toutes les créatures louent le Seigneur — Le ciel et la terre sont les serviteurs de Dieu — Il n'y a qu'un seul Dieu et Mahomet est son prophète». Le nom de Jahve était gravé sur la chaine dont Salomon lia le prince des démons. Du reste, ce n'est pas la première fois, que nous trouvons l'invocation de Dieu, dans une formule de conjuration. L'inscription No. 18 du C. J. H ainsi que plusieurs passages du Talmud nous présentent l'exclamation יה אלהים et, dans l'inscription précitée, nous trouvons encore l'invocation de Dieu sous la forme בשום יה.

(21) ולחתמיה מיתבר — Evidemment pour ·· ולא חתמיה. Le contexte l'indique assez clairement, et quoique plus bas nous retrouvions ces deux mots orthographiés de la même manière je n'hésite pas à y voir une erreur, ou, tout au moins, une licence de la part du scribe.

(22) בורוך אתא והוה אילהינו מאלך הועלום. Ce passage malgré les nombreuses incorrections qu'il présente ne laisse pas d'être clair. Du premier coup d'œil on reconnait cette formule de louange qui se rencontre à chaque pas dans les prières des Israëlites. ברוך אתה יהוה אלהינו מלך העלם (Béni sois-tu Jahve notre Dieu, roi du siècle). — L'insertion de cette phrase hébraique suffirait, je crois, à prouver, si cela était nécessaire, que notre inscription ne peut être que d'origine juive. Nous retrouverons à la fin du texte les trois premiers mots avec les mêmes incorrections apparentes. Je dis, apparentes, parce que je ne serais pas surpris qu'elles eussent été expressément voulues du scribe. De crainte de profaner le nom de Dieu les Juifs ne l'écrivaient et ne l'écrivent encore jamais sans le modifier en quelque manière. C'est ainsi que pour אלהים on trouve habituellement אלאים, ou אלרים ou bien

---

1) Lévy o. c. p. 491.

encore אלקים. Le tétragramme sacré יהוה était soumis à des modifications analogues.[1]) Il ne serait pas impossible que le scribe de notre vase eût poussé le respect pour une formule de benédiction aussi fréquente, jusqu'à vouloir la modifier dans tous ses mots. On remarquera du reste que les changements dont nous parlons consistent surtout dans l'addition de certaines lettres.

(23) אמן אמן אמן סלה הללויה Autre un emprunt à la langue hébraique. Cette conclusion se présente deux fois encore avant la fin de notre inscription. Elle est également très fréquente sur les vases du British Museum.

ליליתא[2]) — Lilith — C'est dans la Bible (Is. 34, 14) que ce nom se lit pour la première fois. On le retrouve plus tard très-fréquemment dans le Talmud, dans les écrits mandaïtes et dans les monuments plus récents de la Cabbale. On désigne généralement par ליליתא un génie du sexe féminin qui serait la mère des démons. On la représente sous les traits d'une femme richement parée qui hante le berceau des enfants pour leur nuire et le lit des adultes pour les porter à l'impureté. On trouve aussi dans le Talmud et dans une inscription du genre de celle qui nous occupe le nom de Lilith au pluriel; il désigne alors d'une manière générale tous les génies du sexe féminin.[3])

(24) היפרחו[ן]. L'omission du ן est probablement un oubli du scribe. Ce mot, dont la lecture est incontestable, et qui est parfaitement classé dans le lexique, pourrait peut-être résoudre une difficulté du No. 18 du C. J. H. A la ligne 11e Mr. Lévy lit ברחן le mot que Mr. Ellis avait lû קרחן. Il allègue tout d'abord qu'il est aussi difficile de voir un ר dans la deuxième lettre qu'il est aisé d'y voir un ר. Il

---

1) Lévy o. c. p. 491.

2) Pour de plus de détails sur cette divinité voy. Lévy o. c. comment. h. Kohut o. c. p. 88. Gr. Michaelis o. c. n. 85, p. 365—367. Hamburger, *Real-Enc. f. Talm.*

3) Comp., cependant, *lilû* et *lilîtu* en assyrien. — *Réd.*

s'appuie ensuite sur le contexte qui réclame le sens de «*fuir*». Or ברח a ce sens, tandis que קרח n'a jamais voulu dire que «*brûler*». En même temps Mr. Lévy reconnait que la forme de la première lettre n'est certainement pas la forme habituelle du ב· Je viens à mon tour, fondé sur l'anologie des deux inscriptions, proposer de lire cette première lettre ף et non ב le sens n'y perd rien, et si le facsimilé ne m'est pas favorable, il ne m'est pas non plus défavorable.

וביתיה répétition du mot précédant échappée au scribe.

Avant de terminer ce travail, je crois utile de dire quelques mots sur l'usage auquel le vase dont nous nous occupons était destiné, sur son caractère paléographique, et sur sa date.

Mr. Ellis qui le premier a tenté de déchiffrer les inscriptions du British Museum, est aussi le premier qui aît émis une opinion sur la destination des vases qui les contiennent[1]) D'après lui, ils devaient recevoir des substances liquides ou semiliquides qu'ils influencaient mystérieusement et douaient de propriétés curatives extraordinaires. La principale raison sur laquelle il se base, est, qu'on a trouvé au fond de ces vases, un dépôt de matières pulmenteuses «*something like soup*». Mr. Jos. Halévy ne partage pas cette manière de voir. «Cette opinion», dit-il, «est écartée par la considération que l'eau devait avoir pour effet d'effacer l'écriture à la longue. L'épaisseur des bords est telle d'ailleurs qu'on ne pouvait aisément se servir de la coupe pour boire»; puis, il nous donne son avis personnel en ces termes: «Il paraît donc plus probable que ces vases étaient de simples amulettes destinés à préserver la famille contre les démons et les maladies dont ces êtres étaient réputés les auteurs.[2]) En d'autres

1) Layard o. et l. c.

2) *Comptes rendus de l'Acad. des I. et B. L.* l. c.

termes, c'étaient des talismans de famille». Sans doute l'opinion de Mr. Ellis ne me semble pas admissible; je crois même pouvoir ajouter d'autres raisons à celles que lui oppose Mr. Halévy, par exemple[1]) l'usage traditionnel, chez les Hébreux, de nettoyer et de purifier avec soin au temps de la Pâque tous les ustensiles qui servaient aux besoins domestiques. Du reste, notre vase a été trouvé lui aussi recouvert d'une patine qui cachait entièrement l'inscription; mais, comme nous l'avons déjà dit, cette substance, d'après le témoignage du conservateur du musée de Cannes, ne ressemblait nullement à de la soupe desséchée; c'était un dépôt calcaire qui a disparu sous l'action de l'acide. Malgré cela, j'hésite à adhérer au sentiment de Mr. Halévy. Les amulettes et les talismans sont habituellement en métal ou en pierre dure, et ils sont de dimension telle que l'on puisse aisément les porter sur soi. Ils consistent en figures et en signes cabbalistiques, bizarres et indéchiffrables, plutôt qu'en inscriptions claires et compréhensibles pour tous ceux qui sont au courant de la langue. Mais, ce que je reproche le plus à l'opinion que Mr. Halévy adopte, c'est de ne tenir aucun compte de la forme que revêtent ces prétendus talismans. Ce sont de véritables coupes, ou plutôt, de véritables écuelles; et, à moins d'y être autorisé par des documents formels, on ne peut pas raisonablement supposer qu'ils n'étaient pas destinés à recevoir quelque chose. Que pouvaient-ils donc recevoir? Je ne me fais pas fort de répondre à cette question d'une manière péremptoire. Tout au plus hasar-

---

1) J'avoue pourtant que ni cette raison, ni même celles de Mr. Halévy ne me semblent irréfutables. Il ne serait pas impossible que l'on se fût servi de ces coupes pour prendre des remèdes, ou, plutôt, pour faire des aspersions magiques préservatrices dans les maisons et dans les propriétés. On pourrait même supposer un vestige de la démonologie des Accadiens, qui disposaient dans leurs demeures des aliments et des breuvages pour les dieux et pour les bons génies qu'ils invoquaient contre les démons (W. A. I. IV, 21; cf. Lenormant: *Die Magie und die Wahrsagekunst*, p. 49).

derai-je une hypothèse qui m'est venue à l'esprit, à la lecture d'un passage de la dispute de Grégentius, évêque de Tephra avec le Juif Herban.[1]) Herban vantait l'empire de Salomon sur les esprits. «Salomon a humilié les démons!» répond l'évêque. «Mais vous ne savez point ce que vous dites. Pendant un temps, il est vrai, il les a enfermés dans des vases, il les a enchaînés avec son sceau, et emprisonnés sous la terre, mais considérez avec moi . . .»[2]). Ce passage, quelque soit d'ailleurs l'authenticité du document auquel il appartient, prouve que, vers le commencement du sixième siècle, c'était une croyance populaire chez les Juifs que l'on pouvait imprisonner les esprits nuisibles dans des vases. Cette croyance c'est perpétuée chez les Arabes, comme nous pourrions le démontrer par de nombreuses citations des *Mille et une nuits*[3]). Pourquoi ne verrions nous pas ces prisons des génies, dans nos coupes de terre cuite? Les inscriptions qu'elles portent, ne semblent elles pas nous dire que si des vases ont jamais servi à emprisonner les esprits, il ne faut pas les chercher ailleurs.

On m'objectera, et je me suis moi-même déjà objecté que le texte des inscriptions indique formellement non pas l'enchaînement des démons, mais, si je puis ainsi parler, le *scellement* des personnes et des choses qu'on voulait protéger, tandis que les esprits reçoivent l'ordre de fuir. On pourrait répondre, que cela prouve, tout au plus, que les formules sont plus anciennes que l'usage de les écrire sur des vases; ou, en d'autres termes, que la croyance à l'incarcération des esprits dans les vases, est postérieure à celle de leur éloignement par une simple formule. Mais qu'est-il besoin d'aller chercher si loin une explication satisfaisante? Ce ne serait qu'une inconséquence de plus

1) Gregentius Archiepiscopus Tephrensis in disputatione cum Herbano Judæo p. 27—28 — cité par FABRICIUS o. c. p. 1038.

2) *ἠσφαλισατο τουτους εν τοις αγγειοις και σφραγίσας κατεχωσεν.*

3) *Mille et une nuits.* Bulak 1, 15.

dans les légendes juives. La fable comme l'erreur n'était-elle pas souvent pétrie d'inconséquences et quelquefois même de contradictions criantes? Il y a d'ailleurs dans les Annales de Nicétas Choniate[1]) un passage qui me semble confirmer mon hypothèse: «Les calomniateurs, dit l'Historien, ont toujours été punis par Dieu, d'une manière ou de l'autre; Aaron, surtout, qui a été pris dans ces propres filets. En effet on ne tarda pas à découvrir qu'il s'occupait de magie et (parmi ses instruments) on trouva un objet ressemblant à une écaille de tortue (simulacrum testudinis) sur lequel était représenté un homme, les deux pieds dans des entraves, et la poitrine transpercée d'un clou». J'espère avoir, dans un assez bref délai, l'occasion de démontrer, que cette figure d'homme représentait un génie du sexe masculin, enchainé par le magicien au fond de l'écaille de tortue. Je ferai alors connaître un autre vase qui tout en ayant de grands rapports avec les terres cuites du Musée Britannique, ramène fatalement à l'esprit le passage de Nicétas Choniate, que je viens de citer.

Je ne dirai presque rien de la paléographie de notre inscription. Le lecteur s'en rendra facilement compte lui-même par l'inspection des deux fac-similés photographiques dont cette notice est accompagnée. Je me contenterai d'observer que les lettres ont constamment la même forme, sauf le ה qui deux fois dans le mot בית se rapproche un peu du ק. Cette régularité dans l'exécution me semble donner à l'inscription du musée de Cannes une immense supériorité sur celles du Musée Britannique. Rarement dans celles-ci, on trouve plusieurs fois la même lettre faite de la même manière. On peut s'en convaincre par la savante table paléographique que Mr. Jules Euting a dressée pour le *C. I. H.* de Mr. Chwolson. Je ferai aussi remarquer que dans notre inscription la forme du ר, du ב et

1) Fabricius o. c. 1037. Nicetas Choniates *Ann.* l. IV, de *Manuele Comm.* c. 7, p. 160.

du ך à la fin des mots est parfaitement distincte de la forme de ces mêmes lettres au commencement ou dans l'intérieur des mots.

Je m'étendrai davantage sur une question bien importante, mais aussi bien épineuse, pour ne pas dire d'une solution désespérée: celle de la date de notre monument. Les savants qui se sont occupés de la même question à propos des terres cuites du Musée Britannique ont émis des opinions très divergentes. Les uns, comme Mr. Ellis[1]), croient ces vases antérieurs d'un siècle ou deux à l'ère chrétienne; mais leur sentiment repose sur des raisons si légères que je ne m'arrêterai pas à les réfuter, ce qui d'ailleurs serait superflu après le travail de Mr. Lévy que nous avons déjà cité plusieurs fois. Deux savants français plus sérieux MM. Lenormant et Renan[2]) placent la plus ancienne de nos inscriptions au IV° siècle de notre ère. Ils se fondent principalement sur la nature du texte: «Les idées magiques et cabbalistiques qui s'y rencontrent, et qui rappellent le livre d'Enoch, feraient regarder ces inscriptions comme l'ouvrage des gnostiques et des Sabiens». Ce sont les paroles de Mr. Renan. Mr. Lenormant les confirme, et ajoute, entre autres considérations, que, parmi les vases trouvés par Mr. Layard, il en est un dont l'inscription, tout-à-fait analogue aux autres, est écrite en caractères Araméens, ce qui lui semble concluant.

Voici les vases du Mussée Britannique singulièrement rajeunis. Et pourtant, le IVe siècle semble à Mr. Lévy une date encore trop reculée. A son avis, la plus ancienne de ces terres cuites ne serait pas antérieure au VIIe siècle. Le savant allemand prend pour point de départ, l'inscription même qui fait le sujet de son étude, le N° 1 de Mr. Layard, 18 de Mr. Chwolson, et la soumet à une analyse minutieuse.[1]) Il s'arrête tout d'abord à ce

1) Layard o. et l. c.

2) Chwolson o. c. 115—116.

3) Lévy o. c.

passage ·ריבטלון מן בהר דוך בתניון דוך ומן בהר דברא Le mot בהר lui semble indiquer l'Euphrate, et comme les Arabes furent les premiers à appeler ainsi ce fleuve, (بحر désignant non seulement les mers, mais aussi tout grand courant d'eau) Mr. Lévy conclut que son inscription ne saurait être antérieure à l'invasion arabe c. a. d. au VIIe siècle. Mr. Lévy considère ensuite la langue. Elle lui paraît être le Chaldéen pur.

L'emploi du ה comme signe de l'état emphatique paraît indiquer une certaine antiquité; mais ce témoignage est combattu par la présence presque aussi fréquente de l' א qui y est employé pour la même fin. D'autant plus que certaines formes semblent plaider aussi pour une époque plus récente. «Für eine spätere Zeit jedoch sprechen Formen wie לינשיהון· גיברא· גיטין, wo gar das Hülfschirek das י als *mater lectionis* hat, die an die spätere Schreibart, wie wir sie im Talmud und bei den Mendaiten finden, erinnert». Mais le grand argument de Mr. Lévy n'est point là. Il est dans la présence d'une forme spéciale pour les lettres ץ· ף· ן· ם· ך· quand elles terminent le mot. Aussi Mr. Lévy développe cet argument *in extenso*, et en prend occasion pour approfondir la question de l'origine de ces lettres finales. Elles sont certainement d'une époque assez récente; car on ne les rencontre jamais dans les inscriptions phéniciennes, et dans les inscriptions de Palmyre on n'a pu en constater qu'une seule avec quelque certitude, un ן· Dans le courant des premiers siècles, on les voit apparaître petit à petit spécialement en Palestine. Au VIIe siècle elles étaient très répandues dans ce pays. Les auteurs de la Gemara de Jérusalem en ont eu la connaissance exacte et en ont fait une scrupuleuse application. Les lettres finales n'appartiennent pas au même alphabet que les autres lettres. Celles-ci sont originaires de la Chaldée. La première tendance à l'écriture cursive dont ce pays est le berceau, les a fait arrondir au bas. Celles-là au contraire ont gardé le type plus allongé et plus anguleux du vieil alphabet sémitique qui fut particulièrement vivace en Palestine. Lorsque le Juifs revinrent de la captivité ils rapportèrent avec eux l'écriture chaldéenne, qui peu à peu chassa celle du pays et finit par la remplacer complètement. Toutefois, le précepte de diviser les mots du texte sacré sauva quelques unes des lettres de l'ancien alphabet, que l'on réserva pour la fin des mots. C'est ainsi que l'écriture de Babylone se compléta à Jérusalem. Les lettres finales passèrent peu à peu, du texte sacré, aux textes profanes; puis les Rabbins de Babylone les adoptèrent et les vulgarisèrent en Chaldée; Mr. Lévy croit que cet ensemble d'observations faites sur des monuments dont la date est parfaitement connue lui permet de poser en principe, que l'absence ou la présence des lettres finales dans un inscription est un des criterium les plus certains d'antiquité ou de non-antiquité. Il tire immédiatement ses conclusions. L'inscription N° 1 de Mr. Layard contient les formes finales pour le ך, le ם et le ף, elle sera de beaucoup postérieure à la rédaction du Talmud de Babylone, mais elle sera plus ancienne que les autres inscriptions, qui, en outre de ces formes finales, présentent celle du ן, qui n'existe pas dans le N° 1. Enfin Mr. Lévy termine en comparant les lettres de son inscription avec celles des inscriptions de Palmyre (Ier—IIIme siècle), celles du *Codex Babylonicus* (916) et d'autres monuments sémitiques. Mais il y cherche une simple confirmation de la thèse qu'il vient d'établir et non pas un nouvel argument.

Telles sont les différentes opinions que Mr. Chwolson a trouvées devant lui quand, à son tour, il a abordé la question. De Mr. Ellis il va sans dire qu'il n'en fait même pas mention. Quant au sentiment de Mr. Renan et de Mr. Lenormant il lui semble reposer sur des principes inadmissibles[1]). Les notions sur les esprits que l'on a trouvées dans les inscriptions des terres cuites du Musée Bri-

1) Chwolson o. c. c. 115—116.

tannique, n'ont jamais été la propriété exclusive des Gnostiques ni des auteurs du livre d'Enoch, et elles n'ont pas davantage été puisées dans le Talmud. Le fait du vase à l'inscription araméenne n'est rien moins que concluant, d'abord, parce que Mr. Chwolson le croit assez ancien, et puis parce qu'il ne répugnerait pas à admettre quelques siècles de distance entre cette inscription et les autres. Mr. Lévy ne trouvera pas davantage grâce devant l'auteur du *C. J. H.* Je dirai même que celui-ci supposera plutôt qu'il ne fera la réfutation des arguments de son adversaire. Laissons lui la porole, «Lévy's Vermuthung, dass der in der Inschrift N° 18 erwähnte Ortsname בהר = بحرين und dass בהך wie das arabische بحر als Benennung des Euphrats aufzufassen sei, weshalb er die Inschrift in die Zeit nach der arabischen Invasion versetzen will, verdient, wie ich glaube, nicht erst widerlegt zu werden. Für alle Fälle steht diese Vermuthung auf so schwachen Füssen, dass es mehr als gewagt wäre, aus ihr irgend welche Folgerungen zu ziehen».

Les exemples de *scriptio plena* cités par Mr. Lévy, n'embarassent guère plus Mr. Chwolson; voici sa réponse. «Da wir aber keine älteren jüdischen literarischen Denkmäler als den Talmud aus Babylonien besitzen, können wir auch nicht wissen, zu welcher Zeit diese Orthographie sich bei den babylonischen Juden ausgebildet hat . . . . . Dabei darf man nicht vergessen, dass jene Beschwörungen wohl von Ungelehrten und für Ungelehrte geschrieben wurden, denen man vielleicht das Lesen erleichtern wollte».

Mr. Chwolson ne s'arrête pas à réfuter l'argument tiré de l'existence des formes finales du ך, du ם et du ף. Il a démontré ailleurs qu'il n'est pas concluant.

Mais le savant orientaliste n'est pas de ceux qui détruisent pour le plaisir de détruire. Maintenant qu'il a fait table rase des opinions de ces prédécesseurs dans la question, il édifie son propre système. Il ne tiendra compte ni du texte, ni de la langue qui lui semblent pouvoir s'accorder avec des époques très-différentes. La voie que Mr. Lévy a suivie d'une manière tout-à-fait secondaire, celle de la Paléographie lui semble bonne. Mais il juge que ce savant n'a pas tiré tout le parti possible de ses observations. Voici comment Mr. Chwolson reprend ses arguments et quelles conclusions il en tire: «In seiner paläographischen Analysis des Alphabets dieser Inschrift (p. 478 ff.). hat er nachgewiesen, dass die meisten Buchstabenformen desselben in den Satrapen-Münzen, in dem Stein von Carpentras, und andern sogenannten ägyptisch-aramäischen Denkmälern vorkommen, und dass einige von ihnen denen der palmyremischen Inschriften gleichen. Da aber die zuerst genannten Denkmäler dem IV. und III. vorchristlichen Jahrhundert angehören, und da die letzteren aus dem I. bis III. nachchristlichen Jahrhundert herrühren, so ist die natürliche Folgerung, dass die Inschrift Nr. 18 etwa dem ersten christlichen Jahrhundert angehört, d. h. einer Zeit, wo viele der älteren aramäischen sich noch erhalten haben und die aus dem aramäischen entwickelten Alphabete, hauranisch, nabatäisch, palmyrenisch und Quadratschrift, noch nicht auseinander gegangen sind»; puis il conclut: «Denkmäler in Quadratschrift, in denen die paläographisch characteristischen Buchstaben solche Formen aufweisen, welche später verschwunden sind, aber mit denen der ihnen entsprechenden Buchstaben in den erwähnten Schwester-Alphabeten identisch oder ihnen sehr ähnlich sind — solche Denkmäler, sagen wir, können nur dem I., spätestens dem II. christlichen Jahrhundert angehören».

Voici donc le plus ancien des vases du Musée Britannique placé par Mr. Chwolson au Ier ou, au plus tard, au IIme siècle de notre ère. Puis, s'appuyant toujours sur la paléographie, spécialement sur l'accentuation plus ou moins grande des crochets supérieurs des lettres, l'auteur place le N° 19 au second siècle. Le N° 20 est de la première moitié du IVme siècle et non pas du neuvième siècle, comme

Mr. JOSEPH HALÉVY croyait l'avoir démontré.[1]) Enfin l'inscription N° 21, de toutes la plus récente, doit être au plus tard du Vme siècle.

Tels sont les principes de Mr. CHWOLSON et telles sont ses conclusions. Si je voulais, ou plutôt, si je pouvais y adhérer sans restriction, je ne serais pas embarrassé pour fixer la date de l'inscription du musée de Cannes. Je choisirais le Ier ou tout au moins le IIme siècle. En effet, cette inscription a, au point de vue paléographique, le plus grand rapport avec le N° 18 de Mr. CHWOLSON. L'écriture est beaucoup plus régulière, comme nous l'avons déjà remarqué, mais elle offre absolument le même type; et les crochets du ב, du ר, du ך, du ה et du ח y sont au moins aussi accentués.

Et cependant, à côté de ces caractères, qui, pour Mr. CHWOLSON, seraient une preuve certaine de haute antiquité, nous en trouvons d'autres que tous les savants reconnaissent et que Mr. CHWOLSON lui-même doit reconnaître comme signes d'une époque relativement moderne; c'est l'usage constant de l' א pour la formation de l'état emphatique, c'est l'emploi très régulier des formes finales du ך, du ם et du ן (le scribe n'a pas eu l'occasion d'employer celle du ף ni celle du ץ); c'est, enfin, la *scriptio plena* qui se rencontre à chaque pas (אינשי trois fois, מידעם 2 f., היטרין 3 f., עיסרין, שישין, עיזקת 6 f., מיכאיל, עיסרא 3 f., כסדיאיל גבריאל, גינא, מישתרי 2 f., מיהבר 2 f., [היפרחו[ן, הירפעון, איסקופת). Ces constations de faits me semblent corroborer singulièrement les raisons que donnaient Mr. LÉVY. Je dirai même qu'elles me font soupçonner que, le sentiment de Mr. LÉVY pourrait bien n'être pas le moins vrai.

Mais, pourquoi nous hâter de fixer un edate que nous n'avons pas encore le moyen de trouver? Pourquoi vouloir poser en certitude une simple probabilité, une hypothèse qui sera peut-être reconnue fausse dans quelques années?

---

1) *Comptes rendus de l'Acad. des Ins. et Bel. Let.* l. c.

Sachons attendre. S'il est une classe d'inscriptions encore restreinte et peu connue, il faut avouer que c'est bien celle que nous avons aujourd'hui le modeste honneur d'augmenter d'une unité. La Chaldée est loin de nous avoir livré tous ses trésors d'antiquité. Espérons que, parmi les richesses que son sol nous céde chaque jour, on finira par découvrir quelque monument d'une date moins incertaine, qui nous servira de base pour établir, au moins approximativement, l'époque des vases du Musée Britannique et de celui du Musée Lycklama.

NB. Nous donnons deux photographies. La partie obscure de l'une correspond à la partie claire de l'autre. La forme concave de la coupe n'a pas permis de reproduire l'inscription dans son entier. On pourra néanmoins, surtout avec la loupe, vérifier la majeure partie des mots, et se faire une idée exacte du caractère paléographique de notre monument. La grandeur des lettres est légèrement réduite. Aux photographies je joins un alphabet calqué avec le plus grand soin sur l'original lui-même.

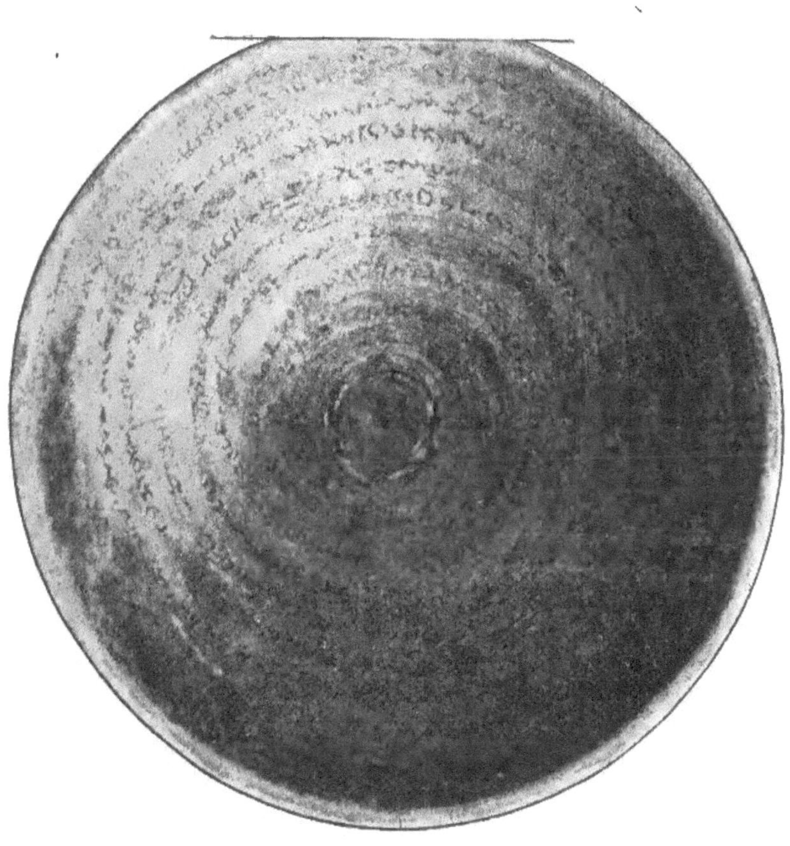

Archaic Forms of Babylonian Characters.

By *Theo. G. Pinches.*

I.

Among the Assyrian antiquities in the British Museum, are several tablets and fragments from Kouyunjik, of a class which seems to have been hitherto quite neglected. These documents, however, notwithstanding their unattractive nature, are not altogether without interest or value, for they give, in long narrow columns, lists of archaic Babylonian characters, sometimes with, sometimes without, their late Babylonian equivalents; and, as in the case of those which have the late Babylonian signs added, there are seldom less than two forms of the more complicated archaic signs, they are of value not only in enabling us to identify the more unusual forms, but also in helping students to get an idea of what the original line-forms of the various characters were like.

The forms which I here reproduce are from a fragment numbered K. 4372. It is part of the flat side (obverse) of a large tablet, and contains the middle part of four columns, the first two being in good condition, and the others mutilated by fractures, which pass through them. The colour of the clay is reddish yellow, and the size is 3 inches and $^1/_2$ (88 millimeters) by 4 inches $^7/_{16}$ths (112 millimeters).

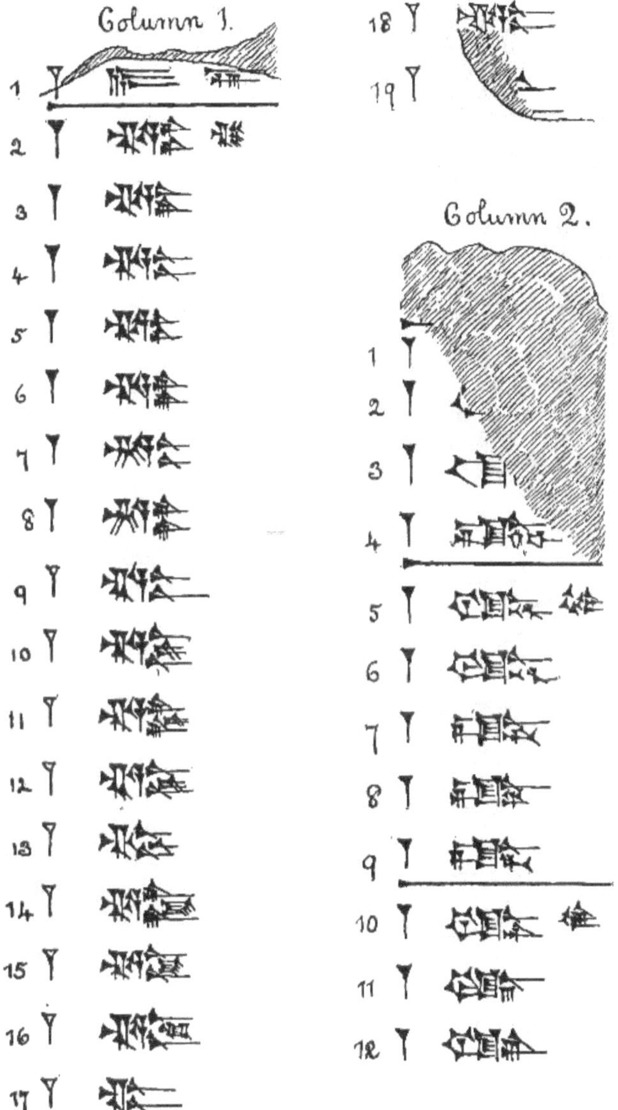
Column 1.
1
2
3
4
5
6
7
8
9
10
11
12
13
14
15
16
17
18
19
Column 2.
1
2
3
4
5
6
7
8
9
10
11
12

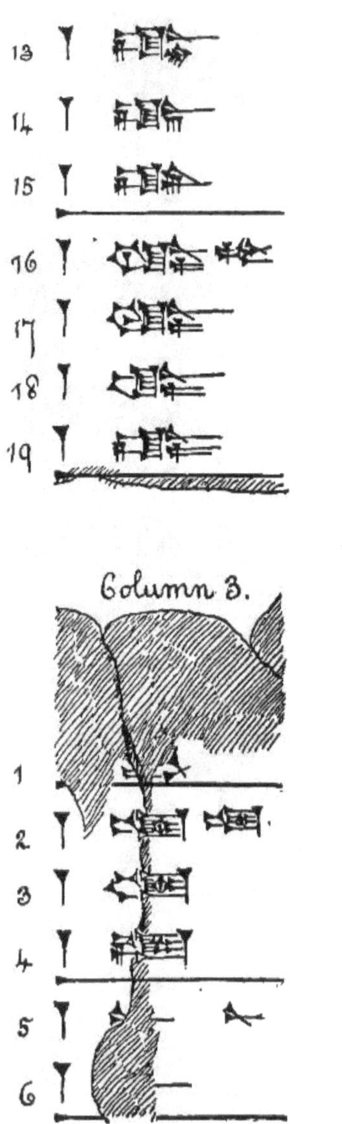
13
14
15
16
17
18
19
Column 3.
1
2
3
4
5
6

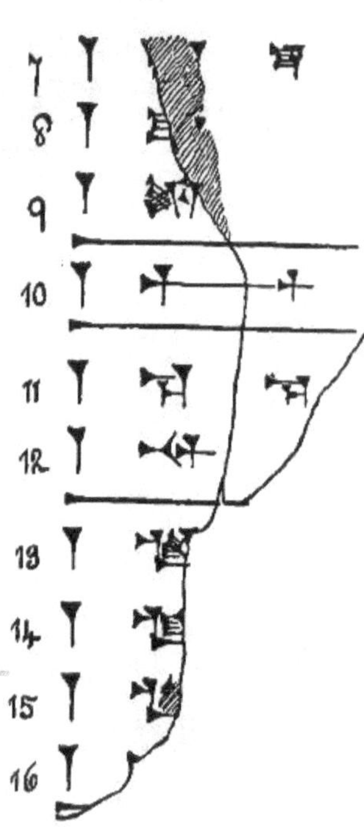
7
8
9
10
11
12
13
14
15
16

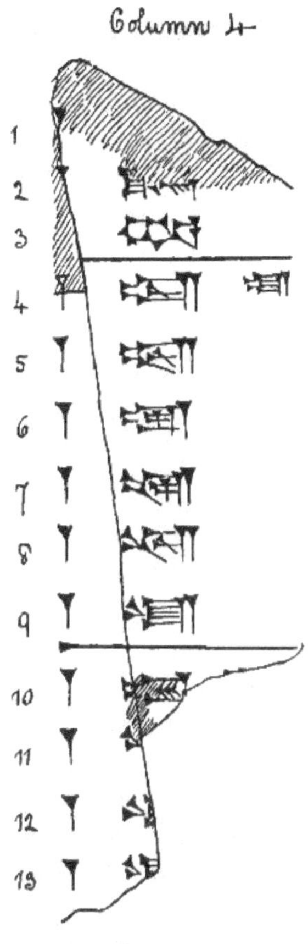

Column 1.

The first character of the list, as we have it, is the archaic form of 𒊓, written with six wedges[1]), three upright and three horizontal. It is probably a development of [2]), and seems to be intended to represent a net, as the meaning *šêtu* "net," implies (cf. W. A. I. II, 22, 13 and foll., where the various kinds of birdcatchers' nets, &c., are given). Another common meaning of this character is *buanu,* generally translated "ulcer", — to which, however, it must be confessed, it does not bear much likeness, and it is therefore very probable that the real meaning of *buanu* is rather "a rash", which, overspreading the body in fevers and other diseases, was, likely enough, regarded by the Akkadians as being not unlike a net. From this meaning of "rash" would very easily come that of disease in general, including, of course, ulcers, leprosy, &c. 𒊓, with the meaning of *buanu*, probably designates those diseases visible to the eye.

1) Eight is, however, the more usual number.

2) As is well known, it is generally needful, when one wishes to get an idea of the original line-form of a character, to turn it round so as to have the left-hand end at the top. The original line-form of 𒊓 was therefore probably thus (the ends of the three horizontal probably crossed the three upright lines).

The second division has the greater part of the numerous forms of the character [cuneiform], the number here given being at least eighteen. The last but one I have restored in outline, completing the traces left, but it may have differed from the form I have given. In line 16, the exact form of the small character within is doubtful, so I have given the most likely rendering. It is difficult to guess, from these archaic forms, what the original shape of the character [cuneiform] may have been. Judging from the line-form[1]), the first part (top?) of the character seems to be intended for [cuneiform] "the eye", the late Babylonian and Assyrian [cuneiform], and the meaning of "fate" probably comes therefore from the idea of seeing, providing, and determining, and the meaning of "province" from that of overlooking, providing for. There seem to have been, however, three or four other line-forms of [cuneiform].

Column 2.

The first division of this column gave, when complete, four forms of the character represented by the Assyrian [cuneiform] (also written [cuneiform] and [cuneiform] [cuneiform]). One complete form only remains. It is, as is easily seen, formed with the sign for "foot", with the characters *a-lim*, which give the pronunciation to the group.[2]) The antilope (*turāḫu*) was probably designated by this character as the "strong-" or "nimble-footed"[3]).

The second division gives five forms of the character [cuneiform]. It is composed of the sign for "foot", with a

1) See the plate illustrating the Rev. W. HOUGHTON's paper upon the original forms of the wedge-characters, T. S. B. A. Vol. VI.

2) The dialectic form *e-lum*, however, has not the sign [cuneiform] added, evidently because merely phonetic.

3) The late Babylonian form will be given in a future paper.

small character beneath, which in the fourth line of the division has the form of the Assyrian [cuneiform sign]. The character has developed, in late Babylonian, into the regular form of *din*, prefixed[2]), but has taken, in Assyrian, the form of [cuneiform sign].

The third division has six forms of the sign [cuneiform sign], one of whose elements is also the sign for "foot", with three upright wedges, which, however, appear under various forms, in the archaic style. The original meaning was, perhaps, "foot-multitude", hence (through the mid-meanings of "flock" and "army"), "host".

The fourth division contains four forms of the sign for "ass", composed also of the character for "foot" ([cuneiform sign]), with [cuneiform sign] placed beneath. Original meaning probably "the prancing-hoofed", or, perhaps, "the solid-hoofed". The commoner Assyrian form, in which, as in Babylonian, the [cuneiform sign] was prefixed, has the positions of the upright and the crotched wedges interchanged, making [cuneiform sign], instead of [cuneiform sign].

[These examples imply, that the regular development of [cuneiform sign] at the left-hand of a character is [cuneiform sign] or [cuneiform sign], becoming [cuneiform sign] in late Babylonian, and [cuneiform sign] in late Assyrian].

Column 3.

The first division of this column has a mutilated character, the form of which is doubtful.

The second division has three forms of the character [cuneiform sign], giving some interesting variations. I have re-

1) In the India-House Inscription of Nebuchadnezzar it is beneath the forepart of the character.

2) The form [cuneiform sign] in W. A. I. V., 34, col. I, l. 21 is a lithographer's variant — the character is, naturally, not intended to be "transcribed" (DELITZSCH, "*Paradies*", p. 147).

stored some of the wedges defaced by the crack, and their exact positions are therefore doubtful; but as they are in outline, the restored parts are easily seen.

The third division contained two forms of the character [cuneiform], of which one, which seems to have been the ordinary form, is fairly well preserved, whilst the other is almost entirely gone. The loss of this second character is unfortunate, as it might have given some suggestions as to the reason of the many values of this character. For notes upon some of the meanings, see P. S. B. A., Vol. IV., pp. 113—114.

The fourth division gives three archaic forms of [cuneiform], of two of which traces only remain. The third form is interesting on account of its cross-wedges on the left.

The next division gives [cuneiform], whose archaic form does not differ from late Babylonian and Assyrian.

The sixth division of this column gives two forms of [cuneiform], the second being very unusual. The likeness to a horn is not very evident, but perhaps the second form, turned with the left-hand end upwards, represented in profile the forehead and one horn of an ibex or goat.

The last division of the column contains portions of four forms of a character which is apparently the Assyrian [cuneiform] (*si-gunû*).[1])

Column 4.

The first division of this column has only two characters left, the first being mutilated. The traces lend themselves to the early Babylonian form of [cuneiform], but with this the complete form hardly agrees, though it is nevertheless possible that this indication is correct.

---

1) Compare p. 77 ("Obverse, l. 56").

The next division contains six forms of the character 𒀀, none of them differing very greatly from the late-Babylonian form.

The last division has the remains of four forms of some character — probably [cuneiform sign] *uru*. The last and most archaic form of the list was probably very much like those found, for example, in W. A. I. vol. I., pl. 2, No. III., l. 15; pl. 3, No. VIII., l. 3, &c. This character, turned on its side, is certainly not unlike a seat with a low back, seen from the front; and the small horizontal (= upright) wedges, seen in the most archaic forms, probably represent small close panels such as are found in the representations of altars, &c., on the Babylonian cylinder-seals.

The original tablet has seven initial wedges of a fifth column, but the characters themselves are entirely gone.

Additions and Corrections to the Fifth Volume of the Cuneiform Inscriptions of Western Asia.

By *Theo. G. Pinches.*

III[1]).

Plate 13.

The text lithographed on this plate was discovered by Mr. G. Smith at Kouyunjik in 1873—74. It is a large fragment to which a smaller one has been joined, by the discoverer, at the bottom right-hand corner of the reverse. The tablet contained, when complete, two double columns of inscription on each side, and the amount of text which we now have is a little less than half, the lower part of the obverse, the upper part of the reverse, the top left-hand corner and the whole of the explanatory portion of the second column of the obverse, as well as the bottom right-hand corner of the reverse, being broken away. The size is 4 inches and 3/4ths (12 centimeters) each way. The colour is reddish yellow-ochre.

Obverse.

Column I., l. 1. A close examination of the only character left in the non-Semitic column shows traces of several horizontal and two

1) Comp. vol. I, p. 342 ff.; vol. II, p. 72 ff.

slanting wedges in the first portion of the character, implying that it is really [cuneiform][1]), and not [cuneiform].

l. 4. The few traces remaining of the second character suggest [cuneiform], which the word in the explanatory column (*kisal-luḫi*) would also lead us to expect. The character [cuneiform] is also, probably, to be supplied in lines 2 and 3.

l. 26. The upper parts of the two top strokes of the [cuneiform] are all that can be seen in the original.

[With regard to *kirû*, it is to be noted that this word ought always to translate the Assyrian [cuneiform] (with six wedges in front). This form corresponds (see T. S. B. A. Vol. VIII., p. 287) with the Babylonian [cuneiform], but [cuneiform] (with five wedges in front) corresponds with the Babylonian [cuneiform]. Hence the character which I have transcribed (*Zeitschrift*, Vol. II., p. 81) by [cuneiform], is [cuneiform] in the original. The phonetic values[2]) of [cuneiform] (= [cuneiform]) are probably *sar* and *šar* only, whilst *sir* (*šir*) and *ḫir* belong to [cuneiform] (= [cuneiform][3])). These two characters were probbably often confused by the Assyrians, partly on account of their likeness to each other, partly on account of the coincidence, that they have, very nearly, the same phonetic values, and (with the prefix for wood) are also trans-

---

1) The meaning of "datepalm" for this character is suggested in my *Sign-list*, no. 246. ("*Texts in the Babylonian Wedge-writing*", London, 1882).

2) That is: the values used as syllables by the Assyrians and Babylonians.

3) Compare S^a, col. III. l. 38, with W. A. I. V., pl. 39, l. 28, and S^b 145, 349, and 350.

lated by words very much alike in sound.[1]) A comparison of many passages brings out the distinction more clearly, and it is worthy of note, if for no other reason, than that it reduces the number of possible values of each respective form. Much more might, of course, be said upon the subject, but at present I merely confine myself to pointing out the fact [2])].

Column II., ll. 16—22. The characters at the edge are the last characters of the Akkadian column.

Reverse.

Column III., l. 36. The last character of this line is probably [cuneiform]. (The horizontal and crotched wedges are clear, but the upright wedge is filled up with clay, and is therefore invisible).

l. 39. For [cuneiform], read [cuneiform]. The last character was, perhaps, the same as the last character of the next line.

l. 40. It is probable that we ought to read [cuneiform] instead of [cuneiform], as in line 39. *Ri'i ṣabê* and *mu'ir ṣabê* would be, of course, synonyms, meaning "captain of soldiers." (compare W. A. I. V., pl. 39., ll. 30—35 ^{cd}).

l. 42. In the first character (which should begin a little more to the right) the small inner sign has four upright wedges.

---

1) [cuneiform] *kirû* (pl. *kirêtu* T. S. B. A., VIII., p. 287) "garden"; [cuneiform] *kirissu* (from the Akkadian *kirit* (or *kirid*), probably meaning "a staff". (Cf. W. A. I. IV., pl. 63, l. 51).

2) This distinction will always be observed in the reprint of W. A. I. IV., now in the press.

l. 54. slants a little in the original.

Column IV., l. 34. A close examination of the exceedingly mutilated first character of this line shows the traces of . In the Assyrian column, instead of , read (cf. S^b 121).

The character is, in this plate, in every case correctly printed.

Assyriologische Notizen zum Alten Testament.

Von *Friedrich Delitzsch.*

II.[1])

Der Name Benhadad.

Dass 𒁹 𒀭 𒅎-*id-ri* (Salm. Ob. 59. 88. Salm. Co. 71. 87. 92. 100), auch 𒁹 𒀭 𒅎-*ʾi-id-ri* (Salm. Mo. Rev. 90) vom Lande Damaskus, welcher, im Verein mit dem König von Hamâth und den übrigen Königen des Landes Chatti, dem assyrischen König Salmanassar II in dessen 6., 10., 11. und 14. Regierungsjahr, d. i. 854, 850, 849 und 846, feindlich entgegentrat, einunddieselbe P e r s o n ist wie der biblische בֶּן־הֲדַד, näher Benhadad II (1 Rg. 20. 2 Rg. 6, 24. 8, 7 ff.), hat Schrader aus chronologischen Gründen und sonstigen geschichtlichen Erwägungen, unter Widerlegung der erhobenen Einwände, eingehend dargethan (KGF 371—375) — die Gleichheit beider Personen steht so fest, wie die von 𒁹 𒀭 𒅎-*ʾidris*'s Nachfolger, assyr. *Ḫa-za-ʾi-ilu* (Salm. Ob. 97. 103) mit Benhadad's Mörder und Nachfolger חֲזָאֵל (2 Rg. 8, 7—15. 10, 32 f.). Die einzige Frage ist, wie sich die Namen 𒁹 𒀭 𒅎-*ʾidri* und בֶּן־הֲדַד mit einander vereinigen lassen.

Man ist dieser Frage freilich aus dem Wege gegangen. Schon Sayce hat, indem er den ersten Bestandtheil des assyrischen Namens, mit der gewöhnlichen babylonisch-assy-

1) Vgl. S. 87 ff.

rischen Lesung des Gottheitsideogrammes 𒀭𒅎, *Rammân* las, *Rammân-'idri* für einen andern, zweiten Namen des Benhadad erklärt.[1]) Indess, da Benhadad unmöglich ein Königstitel, etwa den ägyptischen Pharaonen entsprechend, gewesen sein kann, so würde nur die Annahme übrig bleiben, dass die nämliche Persönlichkeit zwei ganz verschiedene Personennamen geführt habe — eine Annahme, welche beispiellos wäre, ja eigentlich undenkbar ist.[2]) Eine andere Ansicht hat Schrader ausgesprochen: in den „Nachträgen und Berichtigungen" zu KGF (1878 S. 538 f.) als Muthmassung, mit ungleich grösserer Bestimmtheit dagegen in KAT² (1883) S. 200 f. Da nämlich als westländischer Name des Luft- und Wetter-, Donner- und Blitzgottes Rammân *Hadad (Addu, Dadda, Dadu)* neuerdings doppelt und dreifach bezeugt ist (siehe unten), liest Schrader jenen damascenischen Königsnamen *Dadda-'idri*, *Dad-'idri*, und identificirt diesen Namen mit dem Namen eines Königs von Zoba, הֲדַדְעֶזֶר (2 Sa. 8, 3 ff.), was das hebraisirte aramäische *Hadad-'idri* sei (vgl. ܥܕܪ helfen, ܥܘܕܪܢܐ Hülfe)[3]) — Benhadad II habe also „in Wirklichkeit nicht so, sondern Hadadezer geheissen", „es sei dem hundert oder wie viel Jahre nach den betr. Ereignissen lebenden und schreibenden zweiten prophetischen Erzähler eine Namensverwechselung begegnet." Indess die Annahme eines Irrthums muss doch füglich überall der letzte Ausweg bleiben, in diesem Falle aber um so mehr, als sich sonst die biblischen Schriftsteller mit der Geschichte von Damaskus sehr wohl vertraut zeigen, wie sie denn ausser den drei Königen des Namens Benhadad „in be-

1) *Records of the Past* V, 32 *ann.* 1: "*This is the Ben-hadad of Scripture, whose personal name seems to have been Rimmon-idri.*"

2) Auf אֶלְיָקִים, יוֹיָקִים; *Ja'ubi'di, Ilubi'di* wird man mich nicht verweisen wollen.

3) Ist auch אֱלִיעֶזֶר Gen. 15, 2 „hebraisirt"?

glaubigster Weise“ noch einen Rezôn, Ṭâb-Rimmôn, Ḫaza'ēl und Reṣîn als Könige von Damaskus erwähnen. Ueberdies darf auch nicht vergessen werden, dass Hadadezer doch immer nur als der Name eines Königs von Zoba, nicht eines Königs von Damaskus wirklich sicher bezeugt ist. Sodann aber habe ich gegen die Gleichsetzung der Namen *Dadda-'idri Hadad-'ezer* noch zwei gewichtige Bedenken. Das erste ist, dass eine solche „Hebraisirung“ eines fremden, in diesem Falle aramäischen, Namens, ohne jede Analogie ist; das zweite, dass mir die Annahme, die Bewohner von Damaskus, Zoba u. s. w. hätten zur Zeit Salmanassars II und seiner Vorgänger eine aramäische Sprache geredet, ganz und gar nicht so sicher ist als dies gewöhnlich und ziemlich allgemein angenommen wird. „Dass man assyriologischerseits es streng vermeiden sollte, mit dem so leicht irreführenden Begriff »Syrien« zu operiren“, habe ich schon in meiner Schrift „*Wo lag das Paradies?*“ S. 273 ausdrücklich bemerkt. In der Zeit des Bestandes, der Blüthe des assyrischen Reiches von „Syrien“, „syrisch“, „Syrern“ zu sprechen, ist einer der schlimmsten Anachronismen, der sich denken lässt: verdankt doch der Name Syrien seinen Ursprung erst dem Untergang des Reiches und Namens Assyrien! Insonderheit aber sollten Assyriologen, welche durch die assyrische Literatur über die Staatenverhältnisse in dem weiten, uns als „Syrien“ geläufigen Ländergebiete zur Zeit eines Asurnazirpal, Salmanassar II, Tiglathpileser II eingehend unterrichtet sind, diesen verhältnissmässig jungen und noch dazu wenig bestimmten Namen „Syrien“ meiden. Der Name „Syrien“ ist aber obendrein ein äusserst gefährlicher, insofern sich mit ihm unwillkürlich der Begriff aramäischer Nationalität und Sprache verbindet. Wer aber wollte behaupten, dass die Völker von Karkemisch, von Patin, Aleppo, Hamâth, dass die Völker des weiten Hettiterlandes zur Zeit der Reiche Israel und Juda, zur Zeit des assyrischen Reiches ausnahmslos Aramäer gewesen seien? Gewiss niemand.

11*

Ebensowenig zweifellos scheint mir nun aber auch die aramäische Nationalität und Sprache der Könige wie der Unterthanen der Reiche von Damaskus, Zoba u. s. w. Gegenüber Am. 1, 5. Jes. 7, 8, gegenüber den Büchern Samuelis, den Büchern der Könige, welche ja freilich alle Damaskus, Zoba u. s. w. als Aramäerland bezeugen, bleibt die Thatsache stets beachtenswerth, dass die Assyrer südwestwärts vom Euphratufer keine Aramäer kennen, dass es ein אֲרַם צוֹבָה, אֲרַם דַּמֶּשֶׂק für die Assyrer nicht gibt (siehe *Paradies*, S. 257). Auf alle Fälle bleibt die Frage offen, ob die hebräischen Schriftsteller mit dem Namen „Aram" den Begriff jener ethnologischen und linguistischen, also auch lautgesetzlichen, Sonderstellung verknüpften, welche wir mit der Bezeichnung „aramäisch", im Gegensatz zu hettitisch, kanaanäisch, arabisch u. s. f., zu verbinden gewohnt sind, und es bleibt weiter die Frage offen, ob nicht zu Davids und seiner Nachfolger Zeit die herrschende Bevölkerung der Reiche von Damaskus und Zoba, welcher die Könige entstammten, anderen Stammes gewesen seien als Aramäer, welch letztere meinetwegen, früher oder später, unter Verdrängung etwa hettitischer Völkerstämme, zugewandert und zu immer grösserem Einfluss gelangt sein mögen. Eines von vielen analogen Beispielen würde sein, dass das babylonische Heer, welches im Jahr 879 v. Chr. der Stadt Sûru im Land Sûchu zur Hülfe wider die Assyrer kam, ein *ummân mât Kaššî*, ein „Kossäerheer" genannt wird — die Kossäer hatten sich eben in Babylonien die grösste politische Macht anzueignen gewusst[1]) —, während der Name des damaligen babylonischen Königs echt babylonisch *Nabû-bal-iddina* war (s. Asurn. III 17 ff.). Ebendesshalb wurde es oben als ganz und gar nicht sicher bezeichnet, dass in dem Namen *Dadda-'idri* dieses letztere *'idri* die zu erwartende aramäische Urform des hebr. עֵזֶר sei. Bei der weittragenden Bedeutsamkeit dieser ethno-

1) Vgl. meine Schrift: *Die Sprache der Kossäer*, Leizpig 1884, S. 13.

logisch-linguistischen Fragen erscheint äusserster Skepticismus als allererstes Gebot.

Die Frage bleibt also bestehen, wie die beiden Namen 𒁹 𒀭 𒅎-*'idri* und בֶּן־הֲדַד mit einander zu vereinigen seien. Freilich scheint sie jetzt am allerwenigsten noch lösbar, seitdem die Correctheit des zweiten Bestandtheils des alttestamentlichen Namens, הֲדַד, mehr wie je gesichert scheint. Dass Hadad ein westländischer Gott gewesen sei, durfte ja schon aus dem Königsnamen הֲדַדְעֶזֶר gefolgert werden, und der Eigenname (wahrscheinlich Gottesname) הֲדַדְרִמּוֹן Sach. 12, 11 legte weiter den Schluss nahe, dass Hadad mit dem Luft- und Wettergott Rimmôn-Rammân Eins sei. Dazu stimmte vortrefflich eine Notiz des Macrobius, der zufolge Adad der syrische Himmels- und Sonnengott war.[1]) Ebendieser Gottesname hatte weiter auch an dem edomitischen Königsnamen הֲדַד (Gen. 36, 35 f.; 1 Chr. 1, 46 f. 1 Rg. 11, 14 ff.) eine Stütze. Die Assyriologie hat seitdem die Existenz dieses westländischen Namens *Hadad* für den Luft- und Himmelsgott mehrfach erwiesen. Die grossen Prisma-Inschriften Asurbanipals (siehe jetzt V R 9, 2. 8, 2) erwähnen als König des Stammes Ḳidru d. i. קֵדָר, überhaupt als König der Nordaraber einen gewissen Uaitê', den Sohn des 𒁹-*Bir*-𒀭 𒅎, Var. 𒁹-*Bir-da-ad-da* (9, 2) — der Gott 𒀭 𒅎 hiess also auch bei den Nordarabern *Dadda*, d. i. offenbar abgekürztes הֲדַד, was um so weniger auffällig ist, als auch ein Neffe dieses Birdadda laut V R 8, 1 den echt westländisch-damascenischen Namen *Ḫa-za-ilu* d. i. חֲזָאֵל führte. Ganz neuerdings aber hat Theo.

1) Macrobius berichtet im I. Buch der Saturnalien (23, 17 f.): accipe quid Assyrii [= Syri] de potentia solis opinentur. deo enim, quem summum maximumque venerantur, A d a d nomen dederunt. eius nominis interpretatio significat u n u s u n u s. hunc ergo ut potentissimum adorant deum. Siehe zu diesem Auszug Eduard Meyer, *Ueber einige semitische Götter*: ZDMG. XXXI, 734.

G. Pinches in einer vergleichenden keilschriftlichen Götterliste die Angabe gefunden, dass der Gott Rammân unter vielen andern auch die Namen *Adad, Addu, Da[du]* gehabt habe, ja bei den beiden letzteren sogar den ausdrücklichen Zusatz, dass dies die Namen Rammân's im [cuneiform] d. i. im Westlande seien. Die Existenz des westländischen Gottesnamens ist hiernach von allen Seiten her bezeugt und bestätigt.[1]) Nichts scheint also klarer und einfacher, als dass der Name בֶּן־הֲדַד vollständig richtig ist, nämlich „Sohn des Hadad" bedeutet, wie ja der Name Bar-Hadad für die spätere syrische Zeit als Name eines mesopotamischen Bischofs wirklich bezeugt ist.[2]) Man sagt, Ben-Hadad sei das „hebraisirte aramäische Bar-Hadad". Dies alles mag zugegeben werden; nur bleibt dann das Räthsel, wie die Assyrer aus diesem „Hadad's-Sohn" einen [cuneiform]-*'idri* machen konnten, für alle Zeiten ungelöst, nachdem wir die Lesung *Dad-'idri* und die Identificirung mit הֲדַדְעֶזֶר als höchst hypothetisch erkannt haben. Gegen Eines aber ist schon hier Verwahrung einzulegen, dass nämlich in jenem nordarabischen *Bir-Dadda* der Name „Sohn des Hadad" auch monumental erhalten sei. Für Schrader ist diese Deutung des Namens verhängnissvoll geworden. Denn nur weil ihm *Bir-Dadda* sicher = *Bar-Hadad* ist (KAT[2] 200. 206),

---

1) Auch etymologisch erklärt sich der Gottesname leicht. Wie *Rammân* (רמון) den „Donnerer" bedeutet (St. *ramâmu* „brüllen, donnern" s. Pinches in PSBA 1883, p. 73 note 1), so leitet sich הֲדַד ungezwungen her vom Stamme הדד, dessen hebräische Ableitungen, soweit deren vorkommen (הֵד Ez. 7, 7; הֵידָד Jes. 16, 9. 10 u. ö.), zwar nur von lautem Schreien üblich sind, welcher aber urspr. allgemein „lärmen" u. ä. bedeutet hat, wie ja هَدَّ vom Zusammenkrachen (هَدَّة, هَدِيد) einer einstürzenden Mauer, ja geradezu auch vom Donner (هَادَّة) gebraucht wird: הֲדַד hiess der Luft- und Wettergott als der „Donnerer".

2) Vgl. von Gutschmid, *Neue Beiträge zur Geschichte des alten Orients*, S. 46 ff. — [S. auch Nöldeke, *Ltr. Ctrbl.* 1876, Nr. 33, Sp. 1076. — *Red.*]

ist ihm auch *Ben-Hadad* sicher das hebraisirte aramäische *Bar-Hadad*, giebt er es auf, Benhadad II und 𒁹 𒀭 𒅎-*'idri* in Einklang zu bringen, nimmt er endlich seine Zuflucht zur Annahme jenes Irrthums auf Seiten des biblischen Schriftstellers, welcher Ben-Hadad und Hadad-ezer mit einander verwechselt habe. Eben damit hat er seinen trefflichen Auseinandersetzungen in KGF 375—395 selbst die Spitze abgebrochen. Ich für meine Person halte diese Auseinandersetzungen fest, sie nur um einen Schritt weiter führend — ich thue es, weil mir die Deutung des Namens *Bir-Dadda* als „Sohn des Hadad" falsch und keinen Augenblick haltbar scheint. Der Beweis wird weiter unten gebracht werden. Hier vorläufig nur die Bemerkung, dass, selbst den aramäischen Charakter der damascenischen Königsnamen zugegeben, ich zur Annahme eines nordarabischen *bar*, ja sogar *bir*, „Sohn" nimmer fortschreiten würde.

Das bisherige Ergebniss war, dass der Name בֶּן־הֲדַד sehr wohl „Hadad's Sohn" bedeuten kann, durch den keilschriftlichen Namen *Bir-Dadda* aber in keiner Weise gestützt wird, und dass die Ausmerzung des biblischen Benhadad II und seine Ersetzung durch einen damascenischen Hadadezer äusserst fragwürdig ist. Unter diesen Umständen scheint es angezeigt, die Frage, wie der im Allgemeinen best beglaubigte Name *Ben-Hadad* mit dem monumentalen assyrischen 𒁹 𒀭 𒅎-*'idri* zu vereinigen sei, von neuem aufzunehmen. Zuvor jedoch ist es nothwendig, die sehr scharfsinnige und auf den ersten Blick bestechende Ansicht zu prüfen, welche Pinches „upon the name Ben-Hadad" ganz neuerdings vorgebracht hat[1]), da dieselbe, wenn richtig, das Räthsel bereits gelöst haben würde. Pinches stützt sich auf drei Contracttafeln aus der Regierung des letzten babylonischen Königs, Nabonid (555—538 v. Chr.), und zwar datirt aus dessen 2., 5. und

1) PSBA 1883, p. 71—73.

9. Regierungsjahr. In diesen Tafeln, welche theils den Kauf bezw. Verkauf eines Hauses und Gartens in Borsippa, theils eine Geldanleihe, theils eine Eingabe an den königlich babylonischen Gerichtshof betreffen, wird (als eine der beiden Parteien) ein Mann mehrfach genannt, dessen Name theils [cuneiform]-*na-tan(-nu)*, theils [cuneiform]-*na-tan-*(v. *ta-nu*) geschrieben ist. Die aus Nabonid's 9. Jahr datirte Tafel nennt ausserdem den Schwiegersohn ebendieses Mannes, nämlich [cuneiform]-*a-ma-ra*. Beide Namen sind im Allgemeinen leicht verständlich: der mittlere Namensbestandtheil, bald phonetisch *ad-du*, bald ideographisch [cuneiform] geschrieben, wird eben durch diesen Wechsel der Schreibweisen als der Gottesname *Addu* d. i. חֲדַד erwiesen; der letzte Namensbestandtheil aber, in dem ersteren Namen *natán*[1]), in dem letzteren *amár*, giebt sich von selbst als das uns aus den hebräischen Eigennamen bekannte נָתַן „er hat gegeben", אָמַר „er hat gesagt, befohlen". Beide Namen vergleichen sich ohne Weiteres hebräischen Namen wie אֲמַרְיָהוּ, יְהוֹנָתָן, אֶלְנָתָן; es sind, wie der Gottesname Hadad zeigt, Namen von aus dem Westland gebürtigen, in Babylon sesshaft gewordenen Fremden, und wie des Näheren noch der Verbalstamm נתן zeigt, es sind sicher nicht aramäische, sondern westländisch-kanaanäische Namen.[2]) Aus diesem Grunde scheint PINCHES allerdings

1) Die Betonung des Verbums auf der 2. Sylbe darf vielleicht aus der Schreibung *na-tan-nu* gefolgert werden.

2) PINCHES nennt den *Bin-Addu-natan* einmal einen „Syrian" — gegen diese, durch das nebenstehende נתן besonders augenfällig als falsch erwiesene, Nomenclatur siehe meine obigen Bemerkungen —, weiterhin spricht er von „Samaritans who had long settled in Babylonia, and become naturalised." Auch diese Bezeichnung „Samaritans" ist an sich zweideutig, jedoch schliesse ich aus PINCHES' sonstigen Bemerkungen, dass er damit Unterthanen des Reiches Israel bezw. Nachkommen von solchen meint, und dieser Ansicht kann ich im Allgemeinen nur beipflichten. Vgl. dazu aus meinem Art. „Gefangenschaft" (Calwer Bibellexikon) die Bemerkung: „Ueber

berechtigt [1]), obige Namen, deren erster Bestandtheil gemäss seiner ideographischen Schreibweise und

die exilierten Israeliten und ihr ferneres Schicksal fehlen alle Nachrichten. Dass nach der Zerstörung Ninewe's und dem Uebergange der Herrschaft über Assyrien-Mesopotamien an Medien die Nachkommen der verbannten Israeliten, soweit sie zu einigem Wohlstand gekommen waren oder sonst die Möglichkeit fanden, ihre Wohnsitze ungestört nach Belieben verändern durften, viele auch nach Babylonien wanderten, wo sie mit den jüdischen Exulanten Nebukadnezar's in Berührung kamen, darf getrost angenommen werden." Und weiter: „Es steht zu erwarten, dass die vielen Tausende babylonischer Thontäfelchen, welche zum grössten Theil aus der Zeit Nebukadnezar's und seiner Nachfolger stammen und welche in allen ihren verschiedenen Arten, mögen sie Grunderwerb, Geldanleihen, Häuserkauf- und Verkauf, Sklavenhandel u. s. w. betreffen, wiederholt unzweifelhaft hebräische Eigennamen aufweisen, in Zukunft manch hellen Lichtstrahl auf das Leben und Treiben der jüdischen Exulanten in Babel und den übrigen babylonischen Ortschaften werfen werden." Es dünkt mich schon seit geraumer Zeit sehr wahrscheinlich, dass das weitverzweigte „Haus Egibi", welches wir zu Nebukadnezar's und seiner Nachfolger Zeit in Babylonien zu so hohem Einfluss, auch zu hoher merkantiler Bedeutung gelangt sehen, israelitischen Ursprungs gewesen ist und eine Familie repräsentirt, deren Stammvater, wie es scheint, von Sargon in das assyrische Exil weggeschleppt worden war, die sich dann aber schon frühzeitig in Babylon niedergelassen und dort naturalisirt hatte. Dafür, dass das „Haus Egibi" schon zu Asarhaddon's Zeit in Babylon existirte, siehe BOSCAWEN in den *Transactions of the Society of Bibl. Archaeology*, Vol. VI, 1878, p. 9. Die Schreibungen des Namens Êgibi: *Ê-gi-bi*, *Êk-ki-bi*, *Ê-gi-ba* u. ä. führen etymologisch nothwendig auf eine Grundform *Êkibu* — ein Name, welcher, soweit ich die babylonischen Personennamen übersehe, babylonisches Gepräge nicht hat, sehr wohl aber babylonisirtes יַעֲקֹב sein kann.

1) PINCHES freilich leitet seine Berechtigung aus einem anderen Grunde her. Er glaubt nämlich aus babyl.-assyr. *bintu* „Tochter" schliessen zu dürfen, dass neben *ablu* auch *binu* „Sohn" im Babylonischen gebräuchlich gewesen sei. Indess so gewiss zuzugeben ist, dass *bintu* „Tochter", vor allem auch *bin bini* „Enkel" ausser Zweifel setzen, dass ein babylonisches *binu* „Sohn" einmal existirt hat, so entschieden ist zu bestreiten, dass dieses Wort ein übliches gewesen sei, doppelt entschieden, dass dasselbe in irgend einem babylonisch-assyrischen Eigennamen gebraucht und durch die Ideogramme und schriftlich wiedergegeben worden sei. Aber wozu diese Erwägung überhaupt? Der Name *Bin-Addu-natan* kann doch nicht vorn babylonisch und hinten „samaritanisch" sein, auch nicht bei einem babylonisirten Samaritaner!

„Sohn" bedeutet, *Bin-Addu-natan, Bin-Addu-amar* zu lesen. Pinches glaubt nun, dass der in Frage stehende Königsname Benhadad ursprünglich *Bin-Addu-* bezw. *Ben-Hadad-'idri* d. i. „the son of Rimmon, my glory" gelautet habe, dieser lange Name aber von den Assyrern mit Weglassung des ersten Theiles zu *Hadad-'idri*, von den Hebräern mit Weglassung des dritten Theiles zu *Ben-Hadad* gekürzt worden sei. Die Ansicht ist, wie schon bemerkt, für den ersten Blick bestechend, indess bei näherem Zusehen scheint auch sie mir unhaltbar. Was zunächst die Lesung jener keilschriftlichen Namen betrifft, so konnte kein Babylonier sie anders lesen als *Abal* oder *Abil* (abgekürzt *Bal, Bil*)-*addu-natan* bezw. *-amar*. So wenig ein solcher babylonisirter „Samaritaner" es wagen konnte, in einem babylonischen Document sein נתן „geben" ideographisch also 𒋧, zu schreiben, weil jeder babylonische Leser dieses ohne Weiteres *nadânu* gelesen haben würde, so wenig konnte er sein *bin* „Sohn" ideographisch schreiben — es blieb ihm nichts anderes übrig als die rein phonetische Schreibung (vgl. *na-tan, na-tan-nu, na-ta-nu* in den obigen Namen). Sodann, was ist das für ein Gott, der „Sohn des Rimmôn", der „Sohn des Hadad"? Weder aus dem Babylonischen, noch dem Assyrischen, noch dem Phönizischen oder Hebräischen ist mir eine Gottheit bekannt, welche „Sohn des Luftgottes" genannt worden wäre. Ich möchte fast bezweifeln, ob das babylonisch-assyrische Pantheon überhaupt einen Gott als speciellen Sohn des Rammân betrachtet und namhaft macht. Endlich aber, um weiterer kleinerer Gegengründe zu geschweigen, wäre es denn doch ein schier unglaubliches Zusammentreffen, dass, während überhaupt Abkürzung fremdländischer Eigennamen mit Weglassung ganzer Namensbestandtheile weder im Babylonisch-Assyrischen noch im Hebräischen eine Analogie hat, gerade an dem Namen *Ben-Hadad-'idri*, unabhängig von einander, die Assyrer und die Hebräer dieses Kunststück geleistet hätten, den Sinn des damascenischen Königsnamens beide gleichermassen völlig verkehrend. Die beiden keilschriftlichen Namen scheinen mir von Pinches mit Glück in die Discussion des Namens Ben-Hadad hereingezogen zu sein, aber sie können und müssen, glaube ich, in anderer Weise verwerthet werden (siehe das Nähere unten).

Wie es auf allen Gebieten der Wissenschaft so oft der Fall zu sein pflegt, dass man, geblendet von neueren Funden, von den älteren, weit natürlicheren Ansichten sich abwendet, die betreffenden Fragen durch scheinbar sich vertiefende Untersuchungen zu ergründen sucht, in Wahrheit nur aber mehr und mehr verwickelt und schliesslich fast unentwirrbar zurücklässt, so ist es, scheint mir, auch bei der Auffindung des Zusammenhanges zwischen *Ben-Hadad* und 𒁹 𒀭 𒅎-*'id-ri* gegangen.

Schon Oppert war von der Identität der beiden Personen 𒁹 𒀭 𒅎-*'idri* und בֶּן־הֲדַד von Anfang an überzeugt; die beiden Namen aber vereinigte er auf eine ausserordentlich einfache Weise. Es ist ja bekannt, dass innerhalb des alttestamentlichen Kanons die beiden Buchstaben ד und ר unendlich häufig verwechselt sind.[1]) Angesichts des keilschriftlichen *'idri,* welches sich im Uebrigen, was den Hauchlaut an erster und das *d* an zweiter Stelle betrifft, mit dem hebräischen הדר vollständig deckt, bot sich die Annahme wie von selbst dar, dass הדד aus הדר lediglich verschrieben sei, und diese Annahme ward noch obendrein dadurch wenigstens einigermassen[2]) gestützt,

1) Vgl. nur Gen. 36,39 הֲדַר, nach den meisten Handschriften הֲדַד (LXX Ἀρὰδ); auch 1 Chr. 1, 50 bieten einzelne Handschriften הֲדַר (LXX Ἀδὰδ).

2) Ich sage: einigermassen, denn bekanntlich geben LXX auch den Namen הֲדַדְעֶזֶר, in welchem הֲדַד unzweifelhaft richtig ist, durch Ἀδρααζάρ wieder. — Dafür, dass des Justinus (36, 2) *Adores,* König von Damaskus, auf das *υἱὸς Ἄδερ* der LXX zurückgeht, wie sein *Azelus* auf ihr Ἀζαήλ, siehe Schrader, KGF 387—394; vgl. ABK 143 Anm. 2. So wenig aus

dass die LXX den Namen בֶּן־הֲדַד allüberall durch υἱὸς Ἄδερ wiedergeben, also in der That הדר, nicht הדד lasen. Für den ideographisch geschriebenen ersten Bestandtheil des keilschriftlichen Namens aber folgerte er aus hebr. בן, dass der Luft-, Donner- und Blitzgott neben *Rammân* auch noch den Namen *Bin* gehabt, der ganze Königsname hienach *Bin-'idri* gelautet habe. Ich gestehe, dass ich dieser Ansicht Oppert's auch jetzt noch vor allen andern seitdem aufgestellten Hypothesen unbedenklich den Vorzug geben würde; auch nach Schrader's lange Zeit hindurch festgehaltenem Urtheil hatte Oppert mit der Lesung *Bin* „das Richtige getroffen." [1])

Das einzige Bedenken gegen diese Lösung unseres Namenräthsels ist dies, dass die von Oppert wie von Ménant auch jetzt noch befolgte Lesung des Gottesnamens 𒀭 𒅎 als *Bin* sonst in keiner Weise zu stützen ist. Nirgends findet sich zu diesem Gottheitsideogramm etwa die Glosse *bi-in*, nirgends findet sich in einem babylonischen oder assyrischen Eigennamen *Bi-in* phonetisch geschrieben [2]). Bei dem gewaltigen Umfang der jetzt vor-

diesem *Adores* des Justinus ein weiteres Zeugniss für die höhere Ursprünglichkeit von הדר hergeleitet werden kann, so wenig kann freilich andrerseits das Zeugniss des Nicolaus von Damaskus, welcher vier Damascenerkönige Namens Ἄδαδος kennt, für höhere Ursprünglichkeit von הדד verwerthet werden. Denn wie Schrader, KGF 379—386, sonnenklar gemacht hat, verdanken diese vier Adade des „geborenen Damasceners" ihren Ursprung nicht einheimischer Tradition, sondern sind samt und sonders der Bibel entlehnt (entsprechen dem biblischen Hadadezer, Benhadad I und II und III).

1) Siehe ABK 142—145. Schrader's eigene, etymologische Zuthat: „Der Gott wird mit *Bin* aller Wahrscheinlichkeit nach bezeichnet als die höchste Intelligenz, als Vernunft, vgl. hebr. בִּינָה", ist wohl von ihm selbst längst aufgegeben.

2) In Namen wie *Bi-in-di-ki-ri* III R 49 Nr. 1, 32 ist *bin* natürlich das westländisch-kanaanäische בֶּן „Sohn"; zu diesem Namen dürfte vielleicht בִּדְקַר 2 Rg. 9, 25 zu vergleichen sein.

liegenden babylonisch-assyrischen Literatur bleibt es allerdings ein sehr gewichtiges Bedenken, dass der Gottesname *Bin* absolut unbelegbar ist, wie sich denn auch sonst bei den andern semitischen Völkern Vorderasiens keinerlei Spuren eines Gottesnamens בן entdecken lassen. —

An OPPERT anknüpfend, möchte ich nun im Folgenden eine andere Lösung dieser historisch wie religionsgeschichtlich gleich wichtigen Frage befürworten.

Längst schon hat man erkannt und gebührend hervorgehoben, dass in den zwei assyrischen Königsnamen, welche wir jetzt gewöhnlich *Rammân-nirârî* und *Šamšî-Rammân* lesen, der Gottesname *Rammân* bald 𒀭 𒅎 bald ganz einfach 𒌋 geschrieben wird. Für Rammân-nirârî I (c. 1350) vgl. 𒁹 𒀭 𒅎-*nirârî* I R 6 Nr. III. A. IV R 44, 1, dagegen 𒁹 𒌋-*nirârî* I R 6 Nr. III. B; für Rammân-nirârî II (911—890) vgl. 𒁹 𒀭 𒅎-*nirârî* Asurn. I 29, dagegen 𒁹 𒌋-*nirârî* Asurn. I, 29 var. II 126 (ohne 𒁹). I R 35 Nr. 3, 16; für Rammân-nirârî III (811—782) vergl. 𒁹 𒀭 𒅎-*nirârî* I R 35 No. 2, 8. C[a]102, dagegen 𒁹 𒌋-*nirârî* I R 35 Nr. 1, 1. 3, 1. 4, 1; — für Šamšî-Rammân III (824—811) 𒁹 *Šamšî*-𒀭 𒅎 Sams. I 26. I R 35 No. 3, 9 var., dagegen 𒁹 *Šamšî*-𒌋 I R 35 Nr. 3, 9. Nr. 4, 2. Eben wegen dieses auffälligen Wechsels der Schreibungen ist es gar nicht so sicher, ob in diesen Namen der Luftgott wirklich *Rammân* zu lesen sei; denn *Rammân* ist doch nur als die übliche Aussprache von 𒀭 𒅎 bezeugt, nicht aber für 𒌋. Da gemäss III R 67, 47 c. d der Luftgott 𒀭 𒌋 geschrieben wird als Gott *ša birḳi* „des Blitzes", und da der Gott *Barḳu*, der „Blitzgott", monumental bestätigt ist, so liegt es nahe genug, jene Namen *Barḳu-nirârî*, *Šamšî-Barḳu* zu lesen. Noch näher liegt es indessen, da in jenen Namen 𒌋 das Gottesdeterminativ nicht vor sich hat, also offenbar kein Ideogramm darstellt[1]), den Winkelhaken p h o n e t i s c h zu lesen — natürlich nicht *u* (denn diesen Lautwerth verdankt ja das Zeichen erst seinem Gebrauch als assyrisch-semitische Copula), sondern mit einem Lautwerthe, welcher für dieses 𒌋 als G o t t e s name bezeugt ist. Oppert glaubt, dass 𒌋 eben *Bin* zu lesen sei (*Bin-nirâri, Šamši-Bin)*, aber nirgends findet sich eine auch nur entfernt auf diese Lesung hinführende Angabe. Schrader sagte (KGF 377) von diesem *U*, dass wir sein „sicheres phonetisches, besonderes Aequivalent, wenn es Gottesname ist, sonst nicht kennen." In der That, wir wussten es nicht. Aber seit dem Besitze des 2. Theiles des V. Bandes des Londoner Inschriftenwerkes wissen wir es: d a s Z e i c h e n 𒌋 a l s G o t t e s n a m e i s t *Bur* zu lesen, und weiter: D e r L u f t - u n d D o n n e r g o t t R a m m â n f ü h r t e i n B a b y l o n i e n , A s s y r i e n u n d d u r c h d a s g a n z e W e s t l a n d h i n b i s N o r d a r a b i e n a u c h d e n N a m e n *Bur* o d e r *Bir*.

1) Dasselbe Ideogramm 𒀭𒅎, welches zur Bezeichnung des Gottes Rammân verwendet wird, wird in dem Syllabar S^c 288 durch *šamû* „Himmel" und *irṣitu* „Erde" erklärt: der Gott Rammân ist ja der Gott des Himmels und alles dessen, was zwischen Himmel und Erde ist, der Gott der Atmosphäre und aller atmosphärischen Erscheinungen. Geradeso wird aber auch 𒌋 durch *šamû* „Himmel" und *irṣitum* „Erde" erklärt in dem grossen babylonischen Syllabar V R 36. 37 (col. II 45. 46), welches ausschliesslich dem Schriftzeichen 𒌋 und dessen Zusammensetzungen gewidmet ist; als nichtsemitische Aussprache des Zeichens 𒌋 in diesen beiden Bedeutungen ist aber ausdrücklich *bu-ru* angegeben — es ist klar, dass 𒌋 als Bezeichnung des Gottes der Atmosphäre nicht anders als *Bur* zu sprechen ist.[2])

1) Beiläufig die Bemerkung, dass die Fassung von 𒌋 als Z a h l e n i d e o g r a m m durch den Text K. 170 (siehe *Assyrische Lesestücke*, 1. Aufl., S. 39 f.) ausgeschlossen ist: der Gott Rammân hat als heilige Zahl nicht z e h n (dies ist die Zahl des „Feuergottes" Nusku), sondern s e c h s.

2) Bislang war 𒌋 in der Aussprache *bur* nur als Aequivalent von

2) Der Name *Bur* des Gottes Rammân wird über allen Zweifel erhoben dadurch, dass er sich auch mit dem gewöhnlichen assyrischen Zeichen für *bur*, nämlich 𒁓, geschrieben findet. Der Eponymenkanon C[a] (siehe *Assyrische Lesestücke*, 2. Aufl., S. 88, Z. 64) nennt für das Jahr 848 v. Chr. den Namen [cuneiform] d. i. *Bur-Ra-ma-na* (var. *Bur-Ra-man*). Die Bedeutung dieses Namens war bislang dunkel, da kein assyrisches *bûru* oder *burû* (*pûru* ist ausgeschlossen, s. sofort), bekannt ist, welches einen irgend passenden Sinn gäbe. Erinnern wir uns dagegen, dass einerseits in הֲדַד־רִמּוֹן zwei Namen des Donnergottes gepaart sind — eine Doppelung der Namen, zu welcher Schrader, KGF 454, passend Bezeichnungen des Zeus-Jupiter wie Ζεὺς βροντήσιος, Ζεὺς βροντῶν, Jupiter tonans vergleicht —, und dass andererseits edomitische Könige sich direct mit dem Namen des Donnergottes הֲדַד nannten, so erklärt sich auch *Bur-Râmân* auf das Ungezwungenste als gepaart aus *Bur* und appositionell hinzugesetztem *Rammân*, den allgemeinen Namen *Bur* als *Rammân* d. i. „Donnerer" specialisirend.

3) Ein neues Stück des Eponymenkanons, welches ich 1878 in Rassam's Sammlung fand[1]), schreibt eben-

assyr. *šuplu* „Tiefe" bekannt gewesen, s. II R 29, 68 a. b; auch diese Bedeutung wird durch V R 36 col. II bestätigt, insofern 𒌋 d. i. *bu-ru* Z. 25—27 durch *šuplum* „Tiefe", *šupalum* „tief, niedrig", *šapâlum* „niedrig sein", *šuppulu* „erniedrigen" erklärt wird. — Ich bin nach dem oben Ausgeführten geneigt, die beiden erwähnten Königsnamen *Bur-nirâri* und *Šamši-Bur* zu lesen, doch halte ich, bis wir *Bur* einmal 𒁓 in ihnen geschrieben finden, die Lesung *Rammân-nirâri*, *Šamši-Rammân* nicht für absolut ausgeschlossen. Dagegen scheint mir Oppert's und Ménant's Lesung *Bin* des Zeichens 𒌋 durch V R 36. 37 endgiltig beseitigt.

1) Das Fragment gehörte, wie es scheint, zu einer Tafel, welche auf jeder Seite vier Columnen enthält: Obv. col. III beginnt mit C[a] 56 und bietet ganz oder in Resten die Namen C[a] 56—70; col. IV beginnt mit C[a] 113 und bietet die Namen C[a] 113—127; Rev. col. V schliesst mit den Zeilen C[a] 202—215, während col. VI, soweit erhalten, unbeschrieben ist.

diesen Eponymennamen [Keilschrift] d. i. *Bir-Râmân.* Dieser Wechsel von *Bur* und *Bir* (nicht *Pir!*) ist wichtig, weil er auf den nichtsemitischen Ursprung dieses Namens des Luftgottes hinweist; er ist noch wichtiger für die Erklärung des oben S. 166 f. besprochenen nordarabischen Königsnamens *Bir-Dadda.* Denn wie es auf der Hand liegt, dass die Namen *Bur* (var. *Bir*)-*Rammân* und *Bir-Dadda* durchaus analog sind, insofern dort der assyrische, hier der westländische Name des Donnergottes mit dem allgemeinsten Namen des Luftgottes *Bir* bez. *Bur* gepaart ist, sô ist es nicht minder in negativer Hinsicht unzweifelhaft, dass *Bir-Dadda* nicht, wie SCHRADER will, „Hadad's Sohn" bedeuten, dass *bir* nicht das aramäische בַּר „Sohn" sein kann. Denn wenn es schon unmöglich ist, dass in einem nordarabischen Namen *bar* „Sohn" enthalten sei (noch dazu mit der Vokalaussprache *bir!*), so ist es doppelt unmöglich, dass ein echtassyrischer Name wie *Bur-Rammân* dieses aramäische *bar* „Sohn" aufweise (noch dazu mit der Vokalaussprache *bur!* und *bir!*). *Bir-Rammân, Bir-Dadda,* הֲדַד sind völlig congruente Personennamen.

4) Wie für Assyrien-Babylonien und Nordarabien, lässt sich aber auch für das übrige Vorderasien der Gottesname *Bur, Bir* nachweisen. Ich komme auf diesen Gegenstand in einer späteren „Notiz" noch ausführlicher zurück, beschränke mich hier desshalb darauf, der Stadt *Bur-mar-ʾa-na* (Salm. Mo. Obv. 34. 36. Rev. 37) Erwähnung zu thun, welche, beim oder am Euphrat gelegen, zum Hettiter-Bezirk Bît-Adini (d. i. בְּנֵי עֶדֶן) gehörte und deren Namen doch wohl sicher „*Bur ist unser Herr*" bedeutet.[1])

1) Der Name erinnert an den kanaanäisch-phönizischen Stadtnamen *Samsi-mu-ru-na (Samsi-mô-rô-na?)*, d. i. „Samas ist unser Herr"? Siehe über diese Stadt und ihre muthmassliche Identität mit dem alttestamentlichen שִׁמְרוֹן מְראוֹן Jos. 12, 20 *Paradies* S. 286 f.

Nach diesen Ausführungen[1]) kehre ich zu dem Namen Benhadad zurück. Das hebr. בן führt auf einen zweikonsonantigen, mit *b* anlautenden Namen des Luftgottes: *bin* ist nicht nachweisbar, *bir* dagegen gesichert — sollte nicht *Bir-'idri* die Urform des damascenischen Königsnamens gewesen sein und eine Brücke geschlagen werden können von *Bir-'idri* zu בן־הדד? Ich glaube nicht, dass dies allzu schwer ist. Zwar möchte ich nicht die Vermuthung wagen, dass die LXX noch wirklich בר־הדד gelesen haben und, ohne Kenntniss von der Existenz eines Gottesnamens בר, in diesen beiden Consonanten das gemeinaramäische בַּר „Sohn" sahen; denn in diesem Falle wäre es nur schwer begreiflich, warum spätere hebräische Abschreiber dieses בַּר in dem Namen von Königen von Aram-Dammesek in das hebräische בֵּן „Sohn" geändert haben würden. Vielmehr möchte ich die folgenden Betrachtungen der Erwägung anheimgeben. Schon „*Paradies*" S. 298 wurde beiläufig bemerkt, dass der Name von Hiobs, aus dem Lande שׁוּח gebürtigem, Freunde בִּלְדַּד an *Bir-dadda* erinnere. Ich möchte jetzt die beiden Namen geradezu einander gleichsetzen. Der Uebergang von *r* in *l* hat ja, noch dazu vor *d*, nichts Befremdliches; sodann aber scheint mir die Fassung des Personennamens *Bildad* als eines ursprünglichen Götternamens (nämlich gepaart aus *Bir*, *Bil* und *Dadda*) monumental bestätigt zu werden durch jene beiden zuerst von Pinches hervorgehobenen Namen aus dem Westland nach Babylon eingewanderter Personen: *Bildad-natan* und *Bildad-amar*. Die babylonischen Schreiber, welche diese Namen in Keilschrift wiederzugeben hatten, sahen ebenfalls in *Bildad* einen Gottesnamen, daher das Gottesdeterminativ vor *Bil-addu*; volle

1) Der kossäische Name des Luftgottes, nämlich *Buriâš*, d. i. „Herr" (*bur*) „der Länder" (*iâš*), ist absichtlich ganz bei Seite gelassen worden; die Gründe siehe in meiner Schrift: *Die Sprache der Kossäer*, S. 40 f. *Buriâš* wechselt mit *Ubriâš*; s. ebendort, S. 25.

Klarheit aber hatten sie nicht mehr über dieses aus *Bir* hervorgegangene *Bil*, und wer möchte es ihnen verargen, dass sie in diesem *Bil* ihr *ablu*, st. cstr. *abil*, abgekürzt *bil*, sahen, und es dementsprechend durch das Ideogramm [Keilschriftzeichen] bezw. [Keilschriftzeichen], wie immer in Eigennamen, wiedergaben? Wie nun in diesem Suchäernamen בִּלְדַּד[1]) das *r* von *Bir* in *l* übergegangen ist, so ist, scheint mir, in *Bir-hidrî* gegenüber *Ben-hadar* (*Ben-hader*, *Ben-heder*) das *r* in *n* übergegangen, wobei theils Dissimilation des zweiten und fünften Consonanten (beide gleicherweise *r*) theils Einfluss von seiten des mittleren Dentals des zweiten Namensbestandtheiles mitgewirkt haben mag. Der Uebergang von *Bir-hidrî* zu *Bin-hidrî* und weiter zu *Ben-hader* (*Ben-heder*) kann um so weniger auffallen, als der Name augenscheinlich, auch was den Namensauslaut betrifft, im Hebräischen als abgeschliffen, mundgerecht gemacht sich giebt. Denn dass *hidrî* das Ursprüngliche ist, lehrt nicht allein die assyrische Wiedergabe des Namens, sondern noch mehr der Name als solcher — *Bir-hidrî* bedeutet klar und deutlich: „*Bir* (d. i. der Luft- und Himmelsgott) ist mein Schmuck, meine Zier". Analoge Fälle solcher Abschleifung fremder Namen anzuführen, ist überflüssig.

Ich befürworte hiernach *Bir-hidri* als Urform des biblischen בֶּן־הֲדַד, בן־הדר, und spreche zudem zuversichtlich die Hoffnung aus, es werde sich die Existenz des Gottesnamens בר, d. i. *Bur* oder *Bir*, auch sonst noch, obenan epigraphisch, für das semitische „Westland" bezeugen und bestätigen lassen.

---

1) Auch *Bil-addu-natan* und sein Schwiegersohn können sehr wohl dem Land שׁוּחַ entstammt sein; siehe über dieses Land oben S. 91 f.

Sprechsaal.

Die Könige und Patisi von Sir-gul-la und ihre Inschriften.

Von *Fritz Hommel.*

Jetzt, da die erste Hälfte des prächtigen Inschriftenwerkes des Herrn de Sarzec[1]) ausgegeben ist, dürfte es in Anbetracht des Interesses, das diese wichtigsten aller bisher gemachten Ausgrabungen erregen, nicht verfrüht sein, eine kurze Uebersicht des vorhandenen Materiales nach der ungefähren Zeitfolge der Inschriften in folgendem hiemit zu geben.

Wohl die ältesten Denkmäler, welche bis jetzt bekannt wurden, gehören einem König von Sir-gùl-la (geschrieben Sir-BUR-la) an, dessen Name [illegible] (d. i. das Zeichen *ab* oder *iš* „Wohnung" mit eingesetztem *ga*, bezw. *ganna* „Fisch") lautet, und welchen ich provisorisch *Ur-gan* (d. i. Diener der Gottheit *Ghan*) lesen möchte.[2]) Von ihm sind die kurzen Inschriften Sarz. pl. 2, No. 1 und 2, welche beide beginnen: *dingir-Ĝan-ur* (zu lesen *Ur-Ĝan*, wie der Name anderwärts sich geschrieben findet) *lugal Sir-gùl-la*

1) *Découvertes en Chaldée par Ernest de Sarzec. Ouvrage accompagné de planches, publié par les soins de Léon Heuzey.* Paris 1884 (Ernest Leroux). Livr. 1, contenant p. 1—24 et pl. 2. 3. 4. 6. 7. 8. 11. 12. 16. 17. 18. 19. 20. 23. 28. 29. 33 (double). 34 (double).

2) Ich denke dabei einerseits an die Thatsache, dass oft das eingesetzte Zeichen (hier *gan*) zugleich den Lautwerth des betreffenden Ideogramms angibt (z. B. im Ideogr. für *anna*, später *amma*, „Mutter"), dann an Ovids Orchamus, und endlich an das Element *Ĝammu* (semitisirt und mit Fem.-Endung versehen: *Kimtu*), in welchem ich den gleichen Gottesnamen erblicke.

12*

dur Ǧal-du, und deren erstere weiter fortfährt: *ì* (Haus) *dingir Nin-su-gir* (sic, und vgl. die ältere Schreibung von *abzu, lugal* etc.) *mu-rù, ì-gal mu-rù, ì dingir Ǧan mu-rù* u. s. w. (noch 4 Columnen, von denen die 4. u. 5. nur sehr schwer noch zu erkennen, bezw. zu lesen sind). Eine vorläufige Uebersetzung der ersteren gab Jul. Oppert in den *Comptes Rendues des séances de l'Acad. des inscr. et bell. l.*, année 1883, 4. série, tome 11, No. V, p. 76 f.; daselbst scheinen mir die Ausdrücke „Maggan" und die „portes en airain" in dem Satz „il a fait les 70 images de serpents de cette maison, en des ouvrages de Maggan, dix (ou un autre chiffre) de vases, et les portes en airain" sehr zweifelhaft, da ich die betreffenden Ideogramme im Text selbst nicht zu erkennen im Stande bin. Die zweite dieser Inschriften wurde vom Steinhauer unvollendet gelassen und lautet: *dingir Ǧan ur, lugal Sir-gùl-la, dur Ǧal-du, iš* (oder *ab*) *gir-su mu-rù; šig* („Baumaterial", „Backstein") . . . . Es war also *Ur-Ǧan* (oder *Ur-Nina*, wie Oppert stets transscribirt) Sohn eines gewissen *Ghal-du*, der vielleicht auch König von Sirgulla war. Zu der nur graphischen Vorausstellung des Gottesnamens in *Ur-Ǧan* sind zahlreiche Analogien in hieroglyphischen Königsnamen vorhanden. Eine kurze Beschreibung beider Monumente findet sich in Heuzey's „*Les rois de Tello*" (Extrait de la *Revue archéol.*, Nov. 1882), p. 6; demselben Aufsatz ist auch die heliographische Abbildung eines weiteren (archäologisch höchst interessanten) Skulpturfragmentes beigegeben, worauf ebenfalls *dingir Ǧan ur, lugal Sir-gùl-la* zu lesen ist (dazu Heuzey's Bemerkungen p. 4 des Textes); wahrscheinlich wird dasselbe auf pl. 1 des de Sarzec'schen Werkes veröffentlicht werden.

Den Namen des Sohnes des genannten *Ur-Ǧan*, nämlich [cuneiform], d. i. *Kaš* (?)-*kur-gal*[1]), lesen wir auf der berühmten sog. Geierstele (de Sarzec, pl. 3 und 4), welche kürzlich Léon Heuzey zum Gegenstand einer eingehenden

1) oder etwa [cuneiform] *A-kur-gal?* Das betreffende Zeichen ist

archäologisch-historischen Specialuntersuchung[1]) gemacht hat. Auf der Vorderseite der drei erhaltenen Fragmente befinden sich ausser den merkwürdigen bildlichen Darstellungen (Geier, welche die Häupter von Geschlagenen verzehren, ausserdem eine Bestattungsscene) noch drei Zeilenreihen, deren archaische Zeichen ganz besonders gut lesbar sind[2]), ca. 30 „cases d'écriture" im ganzen; dieselben stehen auf Fragment A, und scheinen für einen gewissen *I-anna-du* ([cuneiform]), „Priester (?) des Sonnengottes", Gebete zu enthalten, wozu man auch J. Oppert's Uebersetzungsversuch in den *Compt. rend. de l'Acad. des inscr. et bell.-lettres*, 4. série, tome 11 (1883), p. 77 vergleiche. Wichtiger für die chronologische Einreihung ist die leider viel schwerer lesbare Rückseite, deren 13 Reihen (von so vielen sind noch Reste vorhanden) sich auf die drei Fragmente vertheilen; daselbst liest man nämlich auf der ersten Reihe *Ba* (oder *Igi*, falls das Zeichen gleich dem neuassyr. [cuneiform] statt [cuneiform] wäre)-*du lugal* (stets auf diesen alten Inschriften getrennt *gal mulu* geschr.) *Sir-gùl-la*, also „*Ba-du* (bezw. *Igi-du*), König von Sirgulla", und auf der zweiten Reihe [cuneiform] (bezw. [cuneiform])-*kur-gal, gal mulu Sir-gùl-la dur Ur-dingir-Ĝan*, d. i. [cuneiform]-*kur-gal*, König von Sirgulla, Sohn des *Ur-Ĝan*. Verhalte es sich nun mit *Ba*(?)-*du*, wie ihm wolle, jedenfalls ist das interessante Denkmal entweder unter der Regierung des Sohnes des *Ur-Ĝan* oder gar erst nachher entstanden, also jedenfalls um mindestens eine Generation jünger als die Inschriften, die von *Ur-Ĝan* selbst herstammen.

etwas verwittert, so dass zur Noth [cuneiform] dagestanden haben könnte; Heuzey las allerdings [cuneiform].

1) *La stèle des vautours. Étude d'archéologie Chaldéenne d'après les découvertes de M. de Sarzec.* Paris 1884 (30 S. in 4⁰ und 2 Tafeln). Extrait de la *Gazette archéologique* de 1884 (vgl. diese Zeitschrift, I S. 364).

2) Von der vierten sind nur 2—3 „cases d'écriture" noch vorhanden; zwei weitere Reihen (auf der Vorderseite von Fragm. B) kommen, als zu sehr verstümmelt, kaum in Betracht.

Von einer andern Inschrift, fünf Reihen (zusammen ca. 40 „cases d'écriture), deren Anfang nach J. Oppert's provisorischer Uebersetzung im *Journal Officiel*, 1884, Nr. 72 *dingir Nin-gir-su ur-sag àg-ga dingir Ìn-lil-la-ra Uru*[1]*-ka-gi-na lugal* (geschr. *gal mulu*) *Sir-gùl-la-ki ì-ni mu-na-rù* lauten müsste, konnte de Sarzec leider nur einen Abklatsch mitbringen, der hoffentlich auch noch in den „*Découvertes*" veröffentlicht werden wird. Die Schriftzeichen sind ebenso archaisch, wie die der vorher beschriebenen Inschriften; aus dem dem Stadtnamen *Sir-gùl-la* nachgesetzten *ki* „Ort" (welches Determinativ auf den andern durchgängig fehlt) schliesst Hruzky wohl mit Recht[2]), dass dieses Denkmal, und damit der darin genannte König *Uru-ka-gi-na* (vielleicht *Uru-dug-ginna* zu lesen) jünger sei als die Inschriften Ur-Ğan's und die Geierstele. Auf alle Fälle aber, und das ist das wichtigste, sind sowohl den Schriftzeichen als dem ganzen Kunstcharakter nach sämmtliche bisher aufgezählten Monumente älter als die Cylinder Sargon's von Agadi; da letzterer ca. 3800 v. Chr. regierte, so dürfen wir daher getrost den *Ğal-du*, seinen Sohn *Ur-Ğan*, dessen Sohn 𒀀*-kur-gal*, und endlich die Könige *Ba*(?)*-du* und *Uru-ka-gi-na* ca. 4000 v. Chr., bezw. noch gegen Ende des fünften vorchristlichen Jahrtausends, ansetzen. Beachtenswerth ist noch, dass nach Oppert in der Inschrift *Uru-ka-gi-na*'s „le palais des oracles du dieu du *Tin-tir-ki*" als Name eines Tempels vorkommt.

---

1) Das erste Zeichen, *α′*, ist kaum *lug* (bezw. *sukal*), wie Oppert will, sondern wohl nur eine Variante von *α* = 𒌷 *uru* „Stadt"; es wären daher auch die 1. Zeilen des kleinen Sargoncylinders vielmehr *Sar-ga-ni šàr ali šàr A-ga-di* zu transscribiren. Das Zeichen [Keilschriftzeichen] stellt sich in den Gudiatexten als *β* dar (z. B. in *Mi-lug-ga*). [Die hier und im folgenden durch griechische Buchstaben ersetzten archaischen Originalcharaktere werden am Schlusse dieser Abhandlung in einer phototypirten Tabelle zusammengestellt werden].

2) „*Un nouveau roi de Tello*": *Revue arch.*, 3. série, tome III (1884, 1. Hälfte), p. 109—111.

Es kommt nun eine Periode, welche ich am besten mit M. Heuzey's eigenen Worten einführe: „Cette époque „ne se trouve représentée jusqu'ici que par des inscriptions „et non par des sculptures; mais ces inscriptions ont un style „particulier et marquent un progrès de la technique, qui „a dû, parallèlement, se réaliser aussi dans l'art. L'écriture „appartient toujours au système linéaire de l'époque pré„cédente. L'élement cunéiforme, introduit sans doute par „l'habitude d'écrire sur l'argile, ne s'y montre pas encore, „bien que l'on pressente la prochaine apparition: les ca„ractères, larges et profonds, sont gravés avec une sûreté „et une précision antérieurement inconnues. Il faut ajouter „que les matières employées ne sont plus le calcaire tendre, „cher aux graveurs des temps primitifs, mais des roches „plus résistantes. Enfin, dans la rédaction même des textes, „un changement grave s'est produit: les chefs du pays ne „portent plus le titre royal, mais déjà celui de patesi."[1]) Eines dieser Monumente (nach Heuzey „le plus curieux de ces supports, d'albâtre dur") ist jetzt in de Sarzec's *Découvertes*, pl. 6, No. 4 veröffentlicht. Die im Kreis laufende Inschrift lautet:

Dingir Nin-gir-su, ur-sag dingir În-lil-ra, În-an-na-du, pa-ti-si Sir-gùl-la-ki, šà () *pad-da dingir Ĝan, pa-ti-si gal dingir Nin-gir-su-ka, dur În-ti-na, pa-ti-si Sir-gùl-la-ki-ka-gì* (), *dingir Nin-gir-su-ra, ì* () *γ'* (= *bi?)-ka-ni ki-bi mu-na-gi* (), *În-an-na-du mulu ì* () *γ'* (*bi* ist blos *γ* in dieser Inschrift) *dingir Nin-gir-su-ka ki-bi gi-a* () *dingir-ra-ni* . . . .[2]) d. i. „Dem Gott Ningirsu, dem Helden des Gottes Inlil [weiht dies] În-anna-du, patisi von Sirgulla, der herzberufene der Göttin

1) *Les rois de Tello*, Extrait de la *Revue Archéol.* nov. 1882, p. 9.

2) Die letzten 6 Zeichen, *x* *di* (?) *y* *ud* (?) (oder gehören   zusammen?) vermag ich nicht zusammenhängend und sicher zu transscribiren.

Ghan, der grosse patisi des Gottes Ningirsu, der Sohn des Ín-tí-na, des patisi von Sirgulla; dem Gotte Ningirsu hat er das Haus seines ..... an seinen Ort zurückgebracht (d. i. restaurirt); Ín-anna-du, welcher das Haus des .... des Gottes Ningirsu an seinen Ort zurückgebracht hat, sein Gott ist ....[1])".

Auch von *Ín-tí-na*, patisi von Sirgulla, ist eine Inschrift („sur un bloc en form de cuvette") erhalten, die wahrscheinlich auf pl. 5 der „*Découvertes*" veröffentlicht werden wird; das gleiche gilt von der kleinen Inschrift eines weiteren patisi, des *Nam-uru*(?)-*ni*[2]) „sur une pierre de seuil, de diorite noir". Die Uebersetzung LEDRAIN's (*Revue critique* 1883, II, p. 220) lautet: „A Bagas (lies *Ba-ú*), femme ministre, fille d'Ana, dame de la résidence élevée, sa dame, Nam-kin-ni, patesi de Sirpurla, son serviteur puissant, a fait venir pour la porte de pierre de diorite". Den Schriftzeichen nach scheint diese Inschrift kaum jünger als die vorigen;[3]) der Name stellt sich in der uns geläufigeren liegenden Form also dar: ꟾ' ꟾ'' ꟾ'', während bei *Ur-ba-ú* und *Gu-dí-a* das letztere Zeichen schon in ausgeprägterer Keilform wie ꟾ', bei *Ín-an-na-du* aber auch schon wie ꟾ aussieht. Dem entspricht auch, dass die Inschrift allem Anschein nach auf pl. 5 publicirt werden wird, da von pl. 7 an gleich die Statuen und Inschriften des *Ur-ba-ú* und *Gu-dí-a* folgen[4]); DE SARZEC und HEUZEY (letzterer hiemit seine „*Les rois de Tello*", p. 11 ausgesprochene Ansicht etwas modificirend) setzen also, und wie ich glaube, mit Recht, den

1) OPPERT, der an HEUZEY eine vorläufige Uebersetzung mitgetheilt hatte (*Les rois de Tello*, p. 11), überträgt den Schluss: „son dieu entendra sa puissance (ou protège ses jours)".

2) Das mittlere Zeichen ist *ú*'; LEDRAIN las 1882 *Nam-lugh-ni*, 1883 *Nam-kin-ni*. Vgl. aber oben S. 2, Anm. 2.

3) HEUZEY hielt nämlich noch im Jahre 1882 dieselbe für jünger als die des *Ín-an-na-du*.

4) Man erinnere sich, dass pl. 1—4 die ganz archaischen Königsinschriften enthalten, während pl. 6 ausser der Abbildung von drei Statuenköpfen in Nr. 4 die oben mitgetheilte Inschrift des *Ín-an-na-du* gibt.

Nam-uru(?)-*ni* in die Epoche zwischen die Könige einer- und die patisi *In-ti-na* und *In-an-na-du* anderseits. Nur noch im Vorbeigehen sei erwähnt, dass das Zeichen *nam* bei Gudía als *ð*''[1]) erscheint; in der gleich zu nennenden Statueninschrift des Ur-ba-ú von Sirgulla kommt dasselbe leider überhaupt nicht vor, ebensowenig in der des In-an-na-du. Doch könnte es in beiden (vorausgesetzt, dass es in ihnen vorkäme), dem Character aller übrigen Zeichen nach, nicht sehr verschieden von der Form, die es bei Gudía hat, gewesen sein, während die der obigen zu Grunde liegende Form *ð* noch auf eine ältere Entwicklungsstufe hinzuweisen scheint, die der rein linearen in den Inschriften der Könige von Sirgulla schon weit näher steht.

Die Statue des *Ur-Ba-ú* (d. i. Mann der Göttin Ba'u, *ur* „Mann" = türk. *er*) auf pl. 7 der „*Découvertes*" (die Inschrift in vergrössertem Massstab wiederholt auf pl. 8) ist die kleinste der berühmten mit Inschriften versehenen Statuen, welche de Sarzec in Tello gefunden und ins Louvre gebracht hat; es ist zugleich die einzige unter ihnen, welche nicht dem patisi Gudía angehört. Diese Inschrift, welche beginnt *Dingir Nin-gir-su ur-sag àg-ga dingir In-lil-là-ra Ur-Ba-ú pa-ti-si Sir-gùl-la-ki*, hat 6 Reihen zu 17—18 Zeilen (bezw. ca. 12 „cases d'écriture", da hie und da eine solche „case" nicht nur 2 wie oft bei Gudía, sondern sogar 3 Zeilen enthält). Interessant ist die zweimalige Aufzählung von Götternamen. Denn einmal setzt sich Ur-Ba-ú, gleich nach dem oben mitgetheilten Anfang, in Beziehung zu den Gottheiten *Nin-à-gal* (sonst Beinamen Ea's), *Ĝan, Nin-girsu, Ba'u, In-ki* (der gewöhnliche Name Ea's), *Dingir-ri*(?) bezw. ⊢⊣ ζ (und nicht ⊢⊣ η, d. i. dem gewöhnlichen Zeichen für *ri*), *Lugal-α'''-ki* und *Dù-zi-zu'ab*, worauf es Col. 2, Z. 9 ff. heisst: *Ur-(dingir)Ba-ú mi, dingir Nin-gir-su lugal-mu* d. i. „Ur-Ba'u bin ich (beziehungsw. sind wir?), Ningirsu ist mein König". Andrerseits handelt der

1) Vgl. oben S. 150, col. I, 2 sqq. — *Red.*

zweite Theil der Inschrift col. 3, Z 15 ff. von Tempelbauten, welche Urba'u folgenden Gottheiten errichtet zu haben sich rühmt: *Nin-ǵarsag*, der Mutter der Götter; *Ba'u*, der Tochter des Himmels; *Dingir-ri*(?), der glänzenden Herrin der Wasserwohnung (*nin-azag-nun-na-ra*); *În-ki*, dem König von Nun-ki; *Nin-dar-a*, dem König, dem Herrn (*lugal în*); *Nin-à-gal*, seinem Gott; *Nin-Mar-ki*, der Erstgeborenen der Göttin Ǵan; der Gottheit . . . . (Col. 6, 1—3 ist leider zerstört); der Göttin *Ꝺ-an-na*, der Herrin *Ꝺ-a-si-a*; und endlich der Göttin *Dù-zi-zu'ab*, der Herrin von *ki-nu-nir-ki*[1]). Uebersetzt wurde die Inschrift bereits von OPPERT im Jahre 1882 in den *Comptes Rendus de l'Acad. des inscr.* („*Les inscriptions de Gudea*", Sep.-Abdruck, p. 11 f.) Dass *Ur-Ba-ú* von Sirgulla älter ist als Gudía, ist zweifellos; man sieht dies abgesehen von religionsgeschichtlichen und archäologischen Erwägungen schon an einigen Schriftzeichen, wie z. B. dem für *ka*, ferner an der Ziffer für 10, welche hier noch wie in den ältesten Keilschrifturkunden durch einen Kreis ausgedrückt ist, statt des aus dem Halbkreis entstandenen 𒌋, etc. Ob er mit Ur-Ba'u (geschr. [cuneiform]) von Ur identisch (was ziemlich unwahrscheinlich), wie ferner, ob Ur-Ba'u von Ur der Grossvater des Gudía, bezw. ob Dungi von Ur gleich dem Dungi, Vater des Gudía, ist, das sind zwei schwierige Fragen, welche am Schluss dieses Aufsatzes noch erörtert werden sollen.[2]) Wir gehen zunächst zur Aufzählung und Beschreibung der zahlreichen Inschriften des berühmten und mächtigen patisi Gudía über.

(Fortsetzung folgt.)

1) Zu beachten ist, dass hier die bei Gudía so oft genannten Gottheiten *Gà-sig(?)-dug* (OPPERT's *Mazib*), *Dun-šàg-ga* und *Nin-giš-zid-da* noch nicht vorkommen.

2) Dabei wird natürlich auch die schon oft ventilirte Frage, ob die patisi von Sirgulla Vasallenfürsten (etwa der Könige von Ur) sind oder, was wahrscheinlicher, ob etwa *patisi* ein Titel ist wie „Prinz von Wales" (wobei dann König von England etwa auch = König von Ur wäre), oder ob endlich *patisi* nur ein Synonymum von *lugal* (König) ist, zur Sprache kommen.

Firdusi e i monumenti di Babilonia.

Fra gli scrittori orientali che conobbero un poco la civiltà Babilonese va forse annoverato il celebre poeta persiano Firdusi. Intorno a due passi del *Schah-nameh* alludenti probabilmente a cose assiro-caldee ha richiamato la mia attenzione l'egregio Prof. I. Pizzi e mi ha permesso di citare alcuni brani di una sua traduzione inedita del *Libro dei re*. Si tratta della narrazione dei tesori di Gemshid ritrovati da Behrân-gôr (v. ediz. di Calcutta pp. 1507—1510). Andando questo principe a caccia coi suoi, un uomo gli si avvicina, ed avendo mostrato desiderio di parlargli in segreto, gli narra come ei fosse padrone di molte terre e come un giorno si aperse in quelle un pertugio e ne venne un suono misterioso che indicava la via a certi tesori nascosti. Il principe fa accorrere operai per scavare nel luogo indicato, e ai colpi delle loro marre

«. . . apparve un loco, pari
A una montagna, chè una casa eretta
Eravi appunto con mattoni cotti
E con calce lucente, adorna a foggia
Di paradiso . . .».

Questa costruzione in mattoni cotti può già accennare a un monumento Babilonese. Ma la cosa diviene anche più probabile quando leggiamo che, aperta la porta ed entrati il sacerdote del principe ed altri ospiti, si accorgono che

« . . . . . effigiati in piedi
E in fulgid'or due bufali pur anco
Vi si vedean con una greppia d'oro
A lor dinanzi e dentro a quella greppia
Smeraldi eran gettati . . . . .».

I bufali di cui parla il poeta e che più sotto sono chiamati i bufali scolpiti, e dei quali dice ancora che

« . . . . . per età vetusta
Erano attriti i volti lor . .»

potrebbero bene essere una coppia di tori alati il cui carattere di genii protettori nei monumenti assiro-caldei oggi è ammesso da quasi tutti gli interpreti. È vero che alcune circostanze sembrano star contro questa ipotesi; per esempio il fatto che i bufali son d'oro, e il principe Behrân-gôr, come apprendiamo dal poeta, regalò insieme con altri tesori ai poveri i due preziosi monumenti. Ma se perciò è escluso che i tori onde parla Firdusi fossero sculture colossali come quelle del palazzo di Ninive, per noi rimane probabilissimo che si tratti di qualche cosa di simile per il carattere, se non per le dimensioni. Difatti si noti che appena scoperti i tesori, il ministro torna al principe e gliene narra le meraviglie: e allora, avendogli Behrân-gôr fatto osservare che coloro i quali hanno cura e desiderio dei tesori vi lasciano scritti i loro nomi,

«. . . . ne andava
Udito ciò de' sacerdoti il prence
E di Gemshid de' bufali sul corpo
Il suggello vedea. Tutto osservai,
Diceva poscia al principe del mondo
E sta scritto sui bufali lucenti
Nome di re Gemshid".

Nella iscrizione attraverso il corpo dei tori non riscontriamo evidente il carattere Babilonese del monumento? E Behrân-gôr sicuro come è che in quei tesori si debba ritrovare il nome del possessore non sembra conoscere il desiderio dei monarchi assiro-caldei di raccomandarsi alla memoria dei posteri? Come Firdusi precisamente si figurasse i due tori che descrive non saprei; certo è che il toro alato ha servito come particolarità della decorazione in mille modi nei monumenti Babilonesi: (v. tra gli altri Perrot et Chipiez, *Histoire de l'art*, t. II. pagg. 321—322). Anche di piccole dimensioni non potevano i due bufali esser destinati a proteggere la greppia piena di pietre preziose che avevano innanzi? Noi non potremmo escluderlo. È vero che la scena del ritrovamento dei tesori di Gemshid non sappiamo ove sia; ma neppure Babilonia deve essere esclusa, anzi è tutt' altro che improbabile una peregrinazione del principe Behrân-gôr nella Caldea. Firdusi poi menziona certamente le iscrizioni Babilonesi[1]; e perchè non potè aver notizia dei monumenti dell' arte figurativa? Chi meglio è informato della vita del poeta persiano metta d' accordo queste allusioni alle antichità caldee colle circostanze della vita medesima. Certamente anche se scrivendo il poema Firdusi non conosceva *de visu* quei monumenti famosi, essi non potevano essergli ignoti per fama.

Firenze, 28. Marzo 1885. X.

Aus einem Briefe des Herrn Theo. G. Pinches

an *C. Bezold.*

Department of Oriental Antiquities, British Museum, London, W. C. March 23rd — 25th, 1885.

.... S^a R^m, Obv., col. a, l. 3. Traces of the character [cuneiform] are to be seen.

l. 6 One upright wedge is to be seen.

l. 7. [cuneiform] is to be seen at the beginning. [The characters [cuneiform]-[*har*] in W. A. I. V. 38, are to be read *ma-har*, and this gloss is therefore to be restored [cuneiform] [cuneiform]].

l. 14. [cuneiform] of [cuneiform] is to be seen before *gu*.

l. 15. [cuneiform] of [cuneiform] is to be seen in the 1st col.

Col. b, l. 10. [cuneiform] of [cuneiform] is to be seen in the 3rd col.

---

1) Parlando di una bella fanciulla dice (pag. 1431) che le sue due trecce erano „come scrittura Babilonese attorcigliata". Ha voluto alludere alla scrittura cuneiforme in generale? ovvero ai tipi Babilonesi tanto più complicati di quelli di Ninive?

Rev., Col. a. Before *ki-i* there is part of the *si-i* ( ) of the foregoing line.

l. 4. of of *ki-i-tu* is to be seen.

l. 8. The second character is , *ki*, not , *ku*.

Col. b, l. 1. Part of the *du* ( ) in the 3rd col. is to be seen.

l. 6. The *u* of *gu-u* is also to be seen ( ).

l. 10. is to be seen at the beginning.

l. 11. is to be seen at the beginning.

[Dr HAUPT, in one of the Gištubar legends, found the variant *pi-ik* for (I do not know whether he has published this remark anywhere, or not), and therefore thought that had also this value. He is probably quite right; and the first value is, evidently, to be completed as *-ik*, and the second as *-ik*].

ll. 10 & 11. I do not see any difference whatever in the two *šik*s, they are both written .

l. 13. is to be seen in the 1st col. One of the pronunciations of is evidently *šeg*.[1]) See W. A. I. II., pl. 34, l. 65ab = *naṣraptum*, probably meaning „bright hue" (Akk. „luck-making, propitious")[2]) . . . . .

---

1) Cf. also Sb 1, Rev. 22 (DEL. *Lesest.* p. 58).

2) Den Wert *šig* (*šeg*) des Zeichens hat, von ganz anderen Erwägungen als der obigen ausgehend, deren baldige Veröffentlichung sehr erwünscht sein dürfte, auch Dr. P. JENSEN erschlossen und mir davon am 12. März d. J. Mitteilung gemacht. — *Bez.*

Fund auf Cypern.

Von *C. Bezold.*

Die nebenstehende Abbildung eines Stempelcylinders, von welchem mir am 6. Januar l. Js. durch die liebenswürdige Vermittelung des Herrn Prof. Jul. Euting in Strassburg ein Abdruck in schwarzem Wachs aus Nicosia auf Cypern von Herrn Max Ohnefalsch-Richter, *Director of Excavations*, zugesandt wurde, ist nach einem vom Wachs genommenen Gypsabdruck in der photographischen Anstalt des Herrn G. Meisenbach [1]) dahier in natürlicher Grösse hergestellt worden. Nach einer freundlichen Mitteilung des Herrn Ohnefalsch-Richter vom 24. Februar wurde der Cylinder von ihm in dem Grabe „Nr. I" zu ʿAg. Paraskeoi bei Nicosia unter anderen äusserst wichtigen Funden am 18. December 1884 ausgegraben. „Der durchbohrte Cylinder, wohl aus Haemathit, ist schwer in Gold gefasst [Gewicht ca. 4,5 gr]. Die Fassung ist zum Abnehmen und Aufsetzen eingerichtet". [2])

Dass dieser Cylinder babylonisch-assyrisch ist, darüber lässt die zweizeilige Keilinschrift desselben von je vier Zeichen keinen Zweifel. Die Schriftzüge ähneln denen der I R 29 sqq. publicirten Obeliskinschrift Šamšî-rammân's III. (824—811), womit natürlich ein chronologischer Anhaltspunkt oder auch ein Unterscheidungsmerkmal babylonischer oder assyrischer Abstammung nicht

1) Dieser entstammen alle bisher in der *Zeitschrift* veröffentlichten Abbildungen, die nach präparirten Autographien (Bd. I, S. 92 ff.), nach photographischen Negativplatten (II, 147 f.) oder nach MSS. (I, 256; II, 81 ff.; 146. 150 ff.) hergestellt worden sind.

2) Auch die in Schliemann's *Ilios*, p. 514, fig. 707, 708, 705, 706 gegebenen Abbildungen stellen nach Ohnefalsch-Richter's Dafürhalten keine Ohrringe sondern Fassungen von Cylindern vor.

gegeben sein soll. 1 = *nu*; 2 = *du*; 3 = (?) *ub*, *up* (?); 4 = *tum*, *dum*, *ṭum* (Sams. II, 32?; doch vgl. Neb. VI, 16; VIII, 14. 16); 5 = ?; 6 = Determinativ vor Gottesnamen; 7 = *mar*; 8 = *tu*. Damit werden offenbar drei Worte zum Ausdruck gebracht: ein syllabisch geschriebenes, *Nudubtum* (*-dum*, *-ṭum*, *Nuduptum*, *-dum*, *-ṭum*, allenfalls auch *Nuṭub(p)t(d, ṭ)um*), ein ideogrammatisch geschriebenes und der Gottesname *ilu Martu*. Letzterer ist aus K. 4931, rev. 11 und K. 5332, rev. 5 (HAUPT, ASKT 117. 121. 180) bekannt und scheint ein Beiname des Rammân, des Sturm- und Wetter-, Donner- und Blitzgottes zu sein; vgl. HOMMEL, *Semiten* I, 318. 359. 480. 513.[1])

Das Ideogramm der zweiten Zeile ist nicht über allen Zweifel erhaben, entspricht aber doch allerwahrscheinlichst dem neuassyrischen Zeichen *ardu* „Knecht, Diener“, wie dies längst von OPPERT, MENANT u. a. auf ähnlichen Inschriften erkannt worden ist. Darnach möchte ich die Inschrift deuten: „N., Diener des (Gottes) Rammân“.

Andere Inschriften derselben Gattung, aus denen klar hervorgeht, dass das erste Wort ein Eigenname ist (da diesem in denselben noch der Name des Vaters folgt), sind neuerdings mehrfach veröffentlicht worden. (oder) (, , ,) „Diener (oder Dienerinnen) des (Gottes) Rammân“ verewigten sich z. B.: auf einem geaderten Jaspiscylinder im k. Münzkabinet im Haag (MENANT, *catalogue des cylindres orientaux*; La Haye 1878, pl. V, N° 23 und p. 23); auf einem Haemathitcylinder des British-Museum's (MENANT, *les pierres gravées de la Haute-Asie*; Paris 1883, p. 146, fig. 88); auf einem Carneolcylinder aus der Samm-

1) Anders A. WIEDEMANN, *Ueber babylonische „Talismane“*, Stuttgart 1881, S. 15 zu Nr. 14**.

lung M. Barré de Lancy's (Menant, ibid. p. 173, fig. 110) und — nach dem Abdruck des Stempels — auf einer grossen Anzahl der sog. *Case-tablets*, z. B.: B. 39, a, Stempel a und b; B. 40; B. 55; B. 60, Stempel a; B. 65; B. 68; B. 72, St. a; B. 74, St. c.; B. 71, St. b; B. 80, St. a und b; B. 82, St. a, b und d; B. 87, St. a und b; B. 89, St. b; B. 90; B. 91; B. 96; B. 97; B. 43, St. a und B. 46, a (s. Strassmaier, *Text-Beilage* zu den *Verhdll. d. 5. Orientalisten-Congresses, zu Berlin* 1882, S. 23—5. 54. 64 71. 75. 78. 80. 87. 90. 93. 98. 101—3. 108—9. 135; auch S. 40, Nr. 22 und Menant, a. a. O., p. 235, fig. 155). Die zuletzt angeführten Beispiele sind am besten geeignet, uns einigen Aufschluss über die Bestimmung der „Stempel" (Wiedemann) oder „Siegelcylinder" (Strassmaier) der Babylonier-Assyrer zu geben.

Eine gesicherte etymologische Erklärung des Eigennamens von dem Besitzer des Cylinders vermag ich bis jetzt ebensowenig zu geben wie die Deutung der die Inschrift begleitenden bildlichen Darstellung, „wohl einer religiösen Ceremonie oder einer Verehrung des Schutzgottes" (Strassmaier, a. a. O.).

München, am 17. April 1885.

Bibliographie.

The study of **Assyrian**: Hebraica 1884, Oct., p. 130—32.

Babelon, E. — Histoire ancienne de l'Orient jusqu'aux guerres médiques par François Lenormant continuée. 9ième édition, tome 4ième. Les Assyriens et les Chaldéens; contenant 155 gravures, 1 carte dans le texte, 1 carte en couleur tirée à part et 2 planches en noir tirées hors texte. Paris 1885. 4. Bl., 470 S. in gross-8°.

Ball, C. J. — Kritik über C. Rawlinson's „Egypt and Babylon": The Academy 1885, N° 667, p. 111.

Bertin, G. — Notes on the Assyrian and Akkadian pronouns: J. R. A. S. Vol. VII, pt. I (1885), p. 1—24.

O'Conor, J. F. X. — Cuneiform text of a recently discovered Cylinder of Nebuchadnezzar, king of Babylon, from the original in the Metropolitan Museum of Art, New-York, copied, translated and published. Woodstock College 1885. 53 p. in 8°.

La **cronologia** biblico-assira: Civiltà catt., Ser. 12, Vol. 9, Quad. 830, p. 195—213; Quad. 832, p. 430—42.

Delitzsch, Friedr. — Kritik über F. Hommel's „die sumero-akkadische Sprache": Lit. Ctrbl. 1885, Nr. 11, Sp. 353—5.

Halévy, J. — Recherches bibliques. Appendice: Revue des études juives, N° 18, oct.—déc. 1884, p. 183—6.

Jensen, P. — De incantamentorum sumerico-assyriorum seriei quae dicitur *šurbu* tabula sexta commentatio philologica: Revidierter Separatabdruck aus „Zeitschrift für Keilschriftforschung" I, 4 und II, 1. Monachii (ex officina typographica Academica F. Straub) 1885. [41 resp.] 91 S. in 8°.

Keiper, Ph. — Ausführliche Kritik über E. Evers' „das Emporkommen der persischen Macht unter Cyrus": Le Muséon, t. IV, N° 1, jan. 1885, p. 117—21.

Laurie, Thomas — Cuneiform inscriptions and the deluge: The Bibliotheca Sacra, January 1885, p. 165—8.

Meyer, Ed. — Kritik über Friedr. Delitzsch's „die Sprache der Kossäer": Literaturbl. für orient. Philologie, Bd. II, S. 49—51.

Patkanoff, K. — Une inscription trilingue de Hamadan: Le Muséon, t. IV, N° 1, jan. 1885, p. 88—9.

Pinches, Theo. G. — The name of the City and Country over which Tarkû-timme ruled: Proceed Soc. Bibl. Arch. 1885, p. 124—7.

Rawlinson, C. — Egypt and Babylon from Scripture and profane sources [Part. I: Biblical notices of Babylon]. London (Hodder) 1885. 430 p. in 8°.

Reinach, Salomon — Deux moules asiatiques en serpentine: Revue archéolog. IIIme sér., t. V, jan.-févr. 1885, p. 54—61.

Tiele, C. P. — La déesse Ishtar, surtout dans le mythe babylonien: tiré du vol. II des Travaux de la 6me session du Congrès internationale des Orientalistes à Leide. Leide (Brill) 1884.

Toy, C. H. — Semitic notes. I. Assyrian Case-endings: Amer. Journ. of Phil., Vol. V, 4, p. 493—4.

Tyler, Th. — Ausführliche Kritik über Wright's „the empire of the Hittites": The Academy 1884, Dec. 6th, p. 378—9; Dec. 13th, p. 397; Dec. 20th, p. 415—6; Dec. 27th, p. 435—6.

Zimmern, Heinr. — Babylonische Busspsalmen umschrieben, übersetzt und erklärt. Inaug.-Diss. Leipzig 1885. 17 S. 4°.

Abgeschlossen am 24. April 1885.

Akademische Buchdruckerei von F. Straub in München.

Akademische Buchdruckerei von F. Straub in München.

ZEITSCHRIFT

FÜR

KEILSCHRIFTFORSCHUNG

UND VERWANDTE GEBIETE

MITBEGRÜNDET VON F. HOMMEL

UND

UNTER MITWIRKUNG DER HERREN

A. AMIAUD UND E. BABELON IN PARIS, G. LYON IN CAMBRIDGE-MASS. UND THEO. G. PINCHES IN LONDON

HERAUSGEGEBEN VON

CARL BEZOLD.

II. Band. Juli 1885. 3. Heft.

INHALT:

LEIPZIG

OTTO SCHULZE

11 QUER-STRASSE 11.

ZEITSCHRIFT

FÜR

KEILSCHRIFTFORSCHUNG

UND VERWANDTE GEBIETE

MITBEGRÜNDET VON F. HOMMEL

UND

UNTER MITWIRKUNG DER HERREN

A. AMIAUD UND E. BABELON IN PARIS, G. LYON IN CAMBRIDGE-MASS. UND THEO. G. PINCHES IN LONDON

HERAUSGEGEBEN VON

CARL BEZOLD.

Zweck dieses internationalen Unternehmens ist, ein Organ aller Zweige und der Nachbargebiete der babylonisch-assyrischen Sprach- und Altertumskunde ins Leben zu rufen. Die Zeitschrift enthält zunächst:

a) Kleinere Textveröffentlichungen (auch auszugsweise); Collationen bereits veröffentlichter Texte. Mitteilungen neuer Funde.
b) Paläographische, grammatische und lexicalische Aufsätze auf dem Gebiete der nichtsemitischen wie semitischen Keilschriftforschung, nebst einschlägigen sprachvergleichenden Studien.
c) Beiträge zur Geographie und Geschichte (incl. Chronologie), zur Kunst, Kultur und den Religionen der Euphrat- und Tigrisländer und der benachbarten Reiche, soweit die der letzteren aus den Denkmälern Beleuchtung erhalten.
d) Besprechungen der auf dem Gesammtgebiete der Keilschriftforschung erschienenen Literatur, sowie eine regelmässig fortgeführte Bibliographie.

Die Aufsätze sind in deutscher, englischer, französischer, italienischer oder lateinischer Sprache abgefasst, und wird im Interesse der jungen Wissenschaft Sorge dafür getragen, jede persönliche Polemik unbedingt auszuschliessen. Der Herausgeber darf hoffen, durch Correspondenzen, Anfragen, Aeusserungen von Zweifeln, Bitten um Aufschluss und sonstige kleinere Mitteilungen auch seitens der nichtassyriologischen Fachgenossen unterstützt, am Schluss jedes Heftes eine Art Sprechsaal eröffnen zu können, um auch hierdurch das rasche und gedeihliche Aufblühen der Assyriologie zu fördern. Dem Unternehmen haben die hervorragendsten in- und ausländischen Vertreter dieser Wissenschaft ihre Hilfe zugesagt.

Die „Zeitschrift für Keilschriftforschung“ erscheint in Vierteljahresheften zu je 5—6 Bogen 8⁰ zum jährlichen Subscriptionspreis von 16 M. Einzelne Hefte kosten 5 Mark.

Man beliebe alles was die Redaction betrifft an **Dr. C. Bezold,** 34 Brienner-Str. München, alles was die Expedition und den Verlag anbelangt an die Verlagsbuchhandlung von **Otto Schulze** in Leipzig, 11 Quer-Strasse, zu adressiren.

Der assyrische Königsname Salmanassar.

Von *Eb. Schrader.*

Verhältnissmässig früh, unseres Wissens zuerst durch J. Oppert (ZDMG VIII, 1853, S. 597), ist die Identität der Gruppen [cuneiform] bezw. [cuneiform] mit dem Königsnamen Salmanassar, LXX Σαλμαναασσάρ bezw. Σαλαμανασσάρ, Josephus Σαλμανασάρης, Tob. Ἐνεμεσσάρος, welche Aussprachen sämmtlich auf hebr. שלמנאסר, bei den Masorethen שַׁלְמַנְאֶסֶר, zurückgehen, erkannt. Die frühere, lediglich den phonetischen Lautwerthen der assyrischen Zeichen Rechnung tragende Aussprache der hebr. Zeichengruppen: *Divanubar*, auch *Temenbar* (Hincks, H. Rawlinson) war damit beseitigt (vergl. hiezu ABK 137 flg.). Immerhin war die Lesung des Namens darum bei den Fachgenossen keineswegs eine auch im Einzelnen durchaus feststehende und von Schwankungen freie. Zwar bei der Aussprache *Šalmânu*, resp. *Salmânu* des ersten Theiles glaubte man sich beruhigen zu können: die hebräische Wiedergabe des betreffenden Theiles des Namens als (שַׁלְמַנְ)אֶסֶר schien unter Vergleich von שַׁלְמַן (Hos. 10, 14) und dem griechisch-lateinischen *Salmanassar(os)* jeden Zweifel an der nothwendigen Wiedergabe dieses Theiles des Namens auszuschliessen. Anders lag die Sache bei dem zweiten, dem assyrischen ideographischen Zeichen [cuneiform] bezw. [cuneiform] entsprechenden Theile des Namens. Es war begreiflich, dass man von dem bei der Vieldeutigkeit gerade der betr. Ideogramme, und da eine phonetische Lesung dieses zweiten Theiles nicht zu Gebote stand, wie es scheint, festestem Anhaltspunkte, dem hebr. Aequivalent אֶסֶר־ ausging. Nachdem Oppert zuerst als Aequivalent des ein phonetisches *sihr* einer Wurzel סחר vermuthet hatte (*Expéd. en Més.* II, 353 (1859)), sah er später — wohl bereits an einen der Sinnwerthe des Zeichens anknüpfend — in dem hebr. אֶסֶר־ ein hebraisirtes assyrisches אָסִר *âsir*, das er mit einer W. סרר = שׂרה „herrschen" zusammenstellte, so den Namen deutend als: „*Salman règne*" (E. M. I, 366 (1863)), eine Deutung, die der Genannte auch später noch festgehalten zu haben scheint; s. *Theol. Studd. u. Kritt.* 1871, S. 706. Wir unsrerseits glaubten insbesondere auch mit Rücksicht auf das Syll. II R 39 an die W. אשר = hebr. ישר denken und den Namen als „Salman ist gütig" deuten zu sollen (ABK a. a. O.). In Folge der von St. Guyard gegebenen Nachweise betr. das Aequivalent *mašâru* = (J. A. 1880 (VII, 15) p. 69) musste diese Deutung aufgegeben werden KAT² 266; Guyard's von mir nur mit einer geringen Modification adoptirte Deutung hat sich nun aber wiederum auch ihrerseits nicht bewährt. So wenigstens glauben wir nach dem inzwischen gemachten monumentalen Funde urtheilen zu sollen.

In der „babylonischen Chronik", aus welcher Pinches in den *Proceedings of the Soc. B. A.* 1884 p. 198 ss. Auszüge mitgetheilt hat, erscheint als Nachfolger des der König d. i. *Šul-man-a-ša-rid*, dessen Name als der des Nachfolgers des Tiglath-Pileser II selbstverständlich identisch ist mit demjenigen des Herrschers, dessen Namen wir bisher ausschliesslich resp. geschrieben fanden. Als Aequivalent des ideographischen Zeichens bezw. (s. o.) begegnen wir hier also unvermuthet einem assyrischen *ašâridu* „Fürst", so dass als Sinn des Gesammtnamens sich ergeben würde: „Sulman ist Fürst", ein Name wie *Nabû-malik* u. A. Wie der Sinn ein durchaus angemessener, so entspricht das so gewonnene phonetische Aequivalent des zweiten Theiles des Namens auch der variirenden Schreibung dieses Namens; insbesondere erklärt sich nunmehr, wie mit dem ideographischen Zeichen [cuneiform] das andere: [cuneiform] wechseln kann. Wie nämlich [cuneiform] durch die Syllabare u. A. ausdrücklich durch *a-ša-ri-du* erklärt wird (III R 70, 167; F. Del. *Lesest.* 2. A., 68 & S[c] 1, Z. 2), so besagt ja das Ideogramm [cuneiform] selber so viel wie *rîš* „Haupt", und [cuneiform] [cuneiform] ist, wie bereits durch die Backsteinlegenden Nebukadnezar's längst bekannt war, auch seinerseits das Aequivalent von *ašâridu*.

Dürfte so vom rein assyriologischen Standpunkte aus der Aussprache des Namens *Šulman-ašâridu* vor der anderen: *Šalmânu-ašir* oder *Šalmânu-uššir* unbedingt der Vorzug zu geben sein (über die Variante *Šulman* (mit *u*) anstatt *Šalman* s. u. S. 204), so scheint dieses nicht in gleicher Weise der Fall zu sein, halten wir mit dieser neugewonnenen assyrischen die im A. T. und daraus auch bei Anderen uns überkommene Aussprache: שַׁלְמַנְאֶסֶר *Salmanassar* zusammen. Wir haben dabei natürlich nicht die Differenz der vokalischen Aussprache im Auge — die in Wirklichkeit hier ja keine Schwierigkeiten bereiten würde —, wohl aber kommt hier in Betracht das Quadriliterum ־אשרד (assyrisch) gegenüber dem Triliterum ־אסר (= assyr. ־אשר) der alttestamentlichen Ueberlieferung des Namens. Pinches glaubt die Schwierigkeit in der Weise heben zu können, dass er an der bisher verbreitetsten Lesung *Salmânu-êšir* (= *Šalmânu-âšir*) festhaltend, diese für die specifisch assyrische, die Lesung *Šulman-ašârid* dagegen für die specifisch babylonische ansieht (a. a. O. 198). Dieser Ausweg erscheint uns unbetretbar. Abgesehen davon, dass der bei den bisherigen Deutungen des Namens sich ergebende

14*

Sinn an Einfachheit mit dem durch die monumental gesicherte phonetische Schreibung an die Hand gegebenen in keiner Weise sich vergleichen lässt; dass ferner die neugegebene phonetische Lesung nicht bloss (und auch nur nothdürftig) zu der einen, nicht aber zu beiden ideographischen Schreibungen sich fügt, wie dieses bei der letzteren der Fall ist, so wäre es an sich etwas zum Mindesten Auffallendes, dass derselbe Name und zwar derselbe Herrscher- und Königsname von den verschiedenen Unterthanen oder Reichsangehörigen in verschiedener Weise wiedergegeben, näher seinem Sinnwerthe nach ausgedeutet wäre. Handelte es sich etwa um einen beliebigen Namen einer obscuren Persönlichkeit, von deren Existenz der betr. Schriftsteller vielleicht lediglich durch die ideographische Schreibung Kenntniss erhielt, den dann phonetisch aufzulösen bis zu einem gewissen Grade (man denke an die Varianten *bâni, ibnî, ibuš!*) in sein Belieben gestellt war, so wäre derartiges ja am Ende nichts Ueberraschendes und jedenfalls Erklärliches. Aber selbst in diesem Falle wäre die Substitution eines ganz anderen prädicativen Elementes doch auffällig: was man bei etlichen Eigennamen in dieser Beziehung früher wohl anzunehmen geneigt war, hat sich, soviel ich sehe, nicht bewährt, und der betreffende Anstoss hat fast ausnahmslos bereits jetzt in irgend einer anderen Weise seine Hebung und Erledigung gefunden (vgl. hiezu auch KGF 45 ff.). Ich vermag mich unter diesen Umständen nicht dazu zu entschliessen, die Einheit der phonetisch-ideographischen Schreibung der Annahme einer Zweiheit volksthümlicher, inner-assyrischer bezw. assyrisch-babylonischer Tradition zu opfern, und möchte die Lösung auf einem anderen Wege suchen.

Vorauszuschicken ist, dass die Wiedergabe assyrischer resp. babylonischer Eigennamen im Hebräischen, resp. im A. T., im Allgemeinen eine billigen Anforderungen durchaus genügende ist: im Grossen und Ganzen entsprechen die hebräischen Aequivalente den assyrisch-babylonischen Prototypen in einer die Erwartungen zum Theil bis zu einem hohen Grade befriedigenden Weise. Entlasten wir Eigennamen wie תִּגְלַת־פִּלְאֶסֶר[1]), סַרְגוֹן, סַנְחֵרִב, אֵסַרְחַדֹּן, selbst אָסְנַפַּר (= אסרבנפל?) und wiederum solche, wie נְבוּזַרְאֲדָן, בֵּלְטְשַׁאצַּר, בֵּלְשַׁ[ר]אצַּר, נְבוּכַדְרֶאצַּר, נְבוּשַׁזְבָּן, nicht minder כְּדָרְלָעֹמֶר, אַרְיוֹ(ו)ךְ u. A. m. der masorethischen Zuthaten (Punktation, z. Th. auch Plenarschreibung), so springt die verhältnissmässig getreue Wiedergabe der Namen in die Augen; vgl. assyr. *Tuklat-pal(abal)-i̍šar(ra)*, *Šar-ukîn*, *Sin-(a)ḫî-i̍rb(a)*, *Ašur-(a)ḫ-iddin(a)* u. s. w. Die Abweichungen bestehen in Erweichung der Consonanten in Fällen wie סַרְגוֹן anstatt סַרְכֹּן; תִּגְלַת anstatt תִּכְלַת; in Auslassung von Buchstabenzeichen, wie bei בֵּלְשַׁ[ר]אצַּר gegenüber *Bi̍l-šar-uṣur*, eine Auslassung, die dazu schwerlich rein zufällig ist, sondern mit dem Streben, den Namen dem zuerst vorkommenden בֵּלְטְשַׁאצַּר thunlichst anzuähneln, zusammenhängen wird (KAT² 433); auch wohl in einer erheblicheren Verstümmelung, so in אָסְנַפַּר, wenn dieses aus אסרבנפל entstanden (s. darüber KAT² 376). Zu der letzteren Kategorie gehört freilich auch die weitere Corrumpirung des Namens נְבוּכַדְרֶאצַּר in נְבוּכַדְנֶאצַּר (mit נ anstatt ר!) und weiter in נְבוּכַדְנֶצַּר, solche dazu später unter gleichzeitiger Verwandlung der Aussprache mit *ô* der letzten Sylbe in eine solche mit *ă* und obligater Verdoppelung des צ (s. darüber KAT² 361 Anm. und die dort citirte Ausführung). Diese letzteren Umwandlungen der Aussprache eines assyrisch-babylonischen Eigennamens sind für uns noch von besonderem Interesse, da sie uns handgreiflich zeigen, wie innerhalb des Hebraismus selbst, bezw. im hebräischen Bibeltexte ein relativ sehr genau wiedergegebener Fremdname im Laufe der Zeit und doch schon verhältnissmässig früh (LXX: *Ναβουχοδονόσορ*!) erhebliche Umwandlungen hat erfahren können. Auch die Art, wie diese Umwandlung im Laufe der Zeit

1) Die *Linea makkêph* setze ich hier und später von mir aus der Deutlichkeit wegen ein.

vor sich gegangen, ist lehrreich zu betrachten. Das πρῶτον ψεῦδος bei der Verlesung des Namens Nebukadnezar war augenscheinlich die Verlesung, resp. Verschreibung des ר in נ in der Zeichengruppe ־ראצר־, die zu ־נאצר־ ward. Eine weitere Corrumpirung hat indess im Grunde der Name bis zur Codificirung desselben im Texte der Uebersetzung der LXX nicht erfahren, und jedenfalls war zur Zeit der Anfertigung der griechischen Uebersetzung der betr. Bücher des A. T.'s die Aussprache des Namens mit dem ô-Laut in der letzten Sylbe noch in lebendiger Erinnerung, war diese noch die traditionelle. Erst in der Zeit diesseit der Entstehung der LXX fällt das Aufkommen der Aussprache mit ă in der letzten Silbe = ־נֶאצַּר־ bezw. ־נֶצַּר־, die dann schliesslich auf die beibehaltene ursprüngliche Wiedergabe des Namens = נבוכדראצר (mit ר!) bei Jeremia und Ezechiel, fälschlich theilweise mitübertragen ward = נְבוּכַדְרֶאצַּר Jer. 21, 2. 7; 22, 25 u. a. (neben נבוכדְרֶאצּוֹר Jer. 49, 28 (vgl. Ezra 2, 1; hier aber mit נ)).

Wie man schliesslich zu der Aussprache נֶצַּר nĕṣṣar unter vollständiger Preisgebung der Tradition gekommen ist — ob man diesen Theil des Namens mit einer W. נצר zusammengebracht, oder ob man bei dem auslautenden צר an das Wort צר „Feind" gedacht, oder endlich ob man sich bei dieser Punktation (und consonantischen Schreibung) überhaupt etwas gedacht hat[1]) —, wird wohl bis auf Weiteres dahin gestellt bleiben müssen. Was für wunderliche Motive unter Umständen zur Corrumpirung der fremden Namen geführt zu haben scheinen, deuteten wir oben bezüglich des Namens בלשאצר an, der vermuthlich lediglich dem בלטשאצר, das vorher in dem betr. biblischen Buche auftritt, zu Liebe aus sicher ursprünglichem בלשראצר ver-

1) Vgl. nur die Schreibung תִּגְלַת פִּלְאֶסֶר II K. 15, 29 mit der anderen תִּ״ פִּלֶסֶר 16, 7 und wiederum mit der dritten תִּלְּגַת פִּלְנְאֶסֶר 1 Chr. 5, 6; 2 Chr. 28, 20!

ändert ward (über die Aussprache des בל in בלטשאצר als בֵּל־ s. KAT² 433 Anm.). In diesem Falle hat, so meinen wir, das Streben, den einen Namen unbekannten Sinnes einem anderen, im Text vorhergehenden in der Form anzuähneln, zur gewaltsamen Aussonderung eines sonst (anders wie bei א in ־נאצר) sich fest und starr behauptenden Consonanten (ר) geführt: vergl. dagegen שַׂרְאֶצֶר[1]), נֵרְגַל־שַׂרְאֶצֶר!

Hier nun aber glauben wir einsetzen zu sollen, was den uns beschäftigenden Namen Salmanassar betrifft. Einem assyrischen *Šulman-ašârid* = שלמן־אשרד würde im Hebräischen regelrecht ein סלמן־אסרד, das sich gemäss einem bekannten Wohllautgesetze in שלמן־אסרד verwandeln konnte, entsprechen, das wiederum etwa als שְׁלְמַן־אֲסָרֶד masorethisch zu punktiren gewesen wäre. Sei es nun, dass schon früh das auslautende ד nach dem ihm an Gestalt so ähnlichen vorhergehenden ר übersehen ward, sei es dass der in den Königsbüchern vor dem Namen שלמנאסר auftretende andere assyrische Königsname תגלת־פלאסר dem Schreiber im Gedächtniss geblieben war, sei es, dass beide Umstände zusammenwirkten — genug, in Folge eines Versehens irgend welcher Art ward das auslautende ד des Namens unterdrückt und der so zurückbleibende Rest des Namens in seinem zweiten Theile = ־אסר dem Ausgange des Namens Tiglath-Pileser = ־אסר auch in der Aussprache angepasst und wie dieser, so auch jener als ־אֶסֶר punktirt — dieses in analoger Weise, wie der dem babylonischen *Balâṭašu-uṣur* entsprechende Name בלטשאצר, in dessen beiden Anfangsbuchstaben man den Gottesnamen בֵּל vermuthete, als בֵּלְטְשַׁאצַּר punktirt und

1) Ich reproducire auch hier (vgl. diese *Zeitschrift* I, 9 Anm. 1) die gemäss Baer-Strack am besten verbürgte Schreibung des Namens mit שַׂ (anstatt der traditionellen mit שֶׁ); möchte aber dringend davor warnen, darauf irgend welche weitere Schlüsse zu bauen. Es ist selbstverständlich, dass diese masorethische Punktation auf nichts als auf eine etymologische Combination zurückgeht.

wiederum diesem בלטשׁאצּר ein ursprüngliches בֵּלְשׁ[ו]ר[א]צר = babyl. *Bîl-šar-uṣur* unter Eliminirung des mittleren ר in seinem zweiten und dritten Theile thunlichst angeähnelt wurde. Die Wiedergabe des ersten Theiles des Namens als שַׁלְמַן־ anstatt des nunmehr monumental gesicherten שֻׁלְמַן ist wohl auf Rechnung der im weiteren Sinne kanaanäischen Aussprache zu setzen, ist uns doch von den hier unverdächtigen Assyrern selber als Name eines Moabiterkönigs der Name *Salamanu* überliefert (KAT[2] 257, 23; 441, 24) und wird doch auch Hos. 10, 14 שַׁלְמַן punktirt — wer immer hier mit diesem Namen möge bezeichnet sein.

Ausserhalb der Bibel und der Schriften der aus dieser direkt schöpfenden Schriftsteller: des Josephus und des Verfassers des Buches Tobit, sowie der von diesen wieder abhängigen Autoren kommt der Name *Salmanassar* bekanntlich nicht vor (des Berossus Fragmente, betreffend die assyrisch-babylonische Geschichte seit Phul, heben erst mit Sanherib an, und in Menander's von Josephus Archäol. IX, 14. 2 mitgetheiltem Ausschnitte tyrischer Geschichte wird der betreffende assyrische Herrscher, der gemäss ausdrücklicher Angabe kein anderer als Salmanassar war, mit seinem Namen selber nicht genannt). So zwischen die Alternative gestellt, sich entweder für die biblische Tradition bezüglich der Aussprache des in Rede stehenden Königsnamens oder aber für die nunmehr monumental verbürgte assyrische Ueberlieferung zu entscheiden, kann für uns die Wahl nicht schwer sein: wir entscheiden uns für die Aussprache *Šulmânu-ašâridu*, verkürzt *Šulman-ašârid*, als für die gnesio-assyrische und nicht minder für die Wiedergabe des Namens durch *שלמן־אסרד als für diejenige, welche ursprünglich einst auch durch den Bibeltext geboten ward.

An ancient Babylonian Work on Medicine.

By *A. H. Sayce.*

II.[1])

Khisitu may be connected with *khîsu*, explained by *agû* (W. A. I. V. 28. 17.), *qinnu sa itstsuri* (V. 32. 57.), and GI-KA-'SAR "royal reed" (II. 7. 9.) or GI-SU-A "drooping reed" (II. 7. 8.). – *Imtanah* is the Iphtaneal of מחח or מאח. Literally "the gall-bladder (*martu*) is diseased".

[cuneiform] is rendered *scim* "barley" in W. A. I. V. 21. 7. For *din-na* see W. A. I. II. 61. 19, and V. 27. 8. (where it is rendered *sikari* "palm-wine").

[cuneiform] is *dispu* "honey" according to W. A. I. V. 29. 67.

For the tree called *csû* or *usû*, written [cuneiform] in Accadian see W. A. I. V. 26. 19., 28. 7., II. 45. 48.

Eśipati is probably to be identified with *eśipu* and *uśap* borrowed from the Accadian *śup* and *suśup* (W. A. I. II. 14. 9, 24, 26.). *Mun-śup-śup* is translated *yusaklil* W. A. I. IV. 22. 40 and *yunasaqu* IV. 9. 59.; *umeni-śup-śup* by *uttaggil* IV. 19. 17.

KA A-ABBA "the tooth of the sea" is explained by *imbû tamtiv* "fruit of the sea" or "sea-weed" and "medicine of the broad sea" in W. A. I. II. 41. 42, 43.

In lines 7. and 12. read *kaśśim* Pael imperative of *kaśâmu*, like *takâśim* mentioned above. The Accadian equivalent was pronounced *gûr*.

In lines 9. and 10. read *ikassida târi-su.*

---

1) Comp. p. 1 ff.

In line 11. I suppose *pulê* to be the ordinary *pulu* "cattle". There is, however, a wood called *pulû* and written [cuneiform] (pronounced *śun*) in Accadian. See W. A. I. V. 26. 28.

In 79 (87). 6. we find IM-TIK-LAL, also in W. A. I. II. 36 27., where it denotes the inner chamber of the temple of Nebo which was used as a library. In V. 27. 7, 16. IM-TIK is translated *kaduttuv*.

In line 12. I have ventured to correct the *lal* of my copy into *si*, so as to read *talassid* which may possibly be related to the Hebrew לְשַׁד. *Kitnê* is of course from *kâun*.

The prescription in line 15. must be quoted from an Accadian original, as the verb *al-guś-śa* occurs in it.

Lines 16.—18. are obscure; so I pass on to line 19.

19. *ziru* GI *ka-lum-ma* RAT *ina* BI NAK [cuneiform] *nam śun-qa* RAT *ina* BI NAK

20. [cuneiform] *ina* BI NAK

21. [cuneiform] *me-ir-gi-ra-nu* [cuneiform] TSI *ina* BI NAK [cuneiform][1]) [cuneiform] TSI *ina* BI NAK

22. [cuneiform] SIM LI [cuneiform] TSI *ina* BI NAK [cuneiform] *nu-lukh-kha* [cuneiform] TSI *ina* Bi NAK

23. [cuneiform] *bar* IZ *šu-si* [cuneiform] TSI *ina* BI NAK [cuneiform] *al-la-nu* [cuneiform] TSI *ina* BI NAK

24. [cuneiform] *khu-śi sa ip-khu* [cuneiform] TSI *ina* BI NAK [cuneiform] *mis mun* [cuneiform] TSI *ina* BI NAK

25. [cuneiform] TSI *ina* BI NAK [cuneiform] BI NAK [cuneiform] IZ *nam-tar* [cuneiform] TSI RAT *ina* BI NAK

26. [cuneiform] IZ *šu-si* [cuneiform] TSI *ina* NI *n* BI NAK [cuneiform] *tsi-ba-ru* [cuneiform] TSI RAT *ina* A NAK.

1) The original character has [cuneiform] within [cuneiform]; comp. p. 7, rem. 1. — *Ed.*

"The seed of the reed and dates compound together and drink in palm-wine; or compound . . . . and drink it in palm-wine.

One medicine (?), namely bitters, drink in palm-wine.

Mergiranu and bitters drink in palm-wine.

Calves' milk and bitters drink in palm-wine.

Cypress and bitters drink in palm-wine.

Ordure and bitters drink in palm-wine.

Half a portion of *susu* wood and bitters drink in palm-wine.

The leaf of the oak and bitters drink in palm-wine.

The antenna of the *ipkhu* worm and bitters drink in palm-wine.

Papyrus, wine and bitters drink in palm-wine.

Garlic and bitters drink in palm-wine.

Drink palm-wine.

Compound together the root of the tree of human destiny and bitters and drink them in palm-wine.

Drink the root of the *susu* tree and bitters in oil and palm-wine.

Compound together *tsibaru* and bitters and drink them in water".

It will be noticed that the foregoing prescriptions are homœopathic, "the bitter" or "gall-bladder" being cured, it was supposed, by "bitters". Ordure is still used in Chinese medicine.

For 𒄑 "leaf" see W. A. I. IV. 7. 20.

Allanu is, I believe, the Heb. אלון, and is a derivative from *allu* (as in *allukhabbu* "a flail" W. A. I. II. 22. 25.), which is itself borrowed from the Accadian *al.* Bibbu and Sesik were districts famous for *allanu* according to W. A. I. II. 51. 8, 9.

Khuśi, as is well known, was the Accadian word for "rudder" (Ass. *khinnu*); it also signified the "handle" of the plough. Here it must denote the antenna of a cater-

pillar, since *ipkhu* is the rendering of
in W. A. I. V. 27. 24.[1])

piśannu, "the product of the river" (W A. I. II. 48. 37.) is the "papyrus", as I pointed out many years ago, and hence is interchanged with *duppu-sadhru* (II. 2. 370.). However, since *mun* has no determinative before it, it is possible that *mis-mun* ought to be taken together as a compound ideograph.

Tsibaru is probably a loan-word from the Accadian, compounded with *tsi* "bitters". In line 35. we have *tsi-bu-ru*.

The 27th line is mutilated It begins with the words: -*na* NU *lib-su* *pa-ri-its,* which may help to throw light on .

The 2nd column first becomes thoroughly legible in the 54th line, the preceding line having ended with the words "eat (*akul*) bitters".

54. *si* (*sa ik*) *la a-kal-li* . . . . *ina* A *nak-su*

55. . . . *gi ca-lum-ma rat ina* *dhu* [2]) *bi nak-su.*

56. *nap-śun-qa ina dhu* [2]) *u bi nak-su*

57. *ni-sat* *si-si ina bar*[*qa*] [2]) *u bi nak-su*

58. *kir-sin-ni lib-bi ina* *dhu a nak-su*

59. *si sa ik la* *ma-at-tam*(?)*ina* *dhu a nak-su*

60. *si sa ik la* *nam-ti-la ina* *dhu* [2]) *nak-su*

61. *bar* *a-ra-ri-a-nu ina* *dhu a nak-su*

62. *si sa ik la* *si-man ina* *dhu a nak-su*

63. *si la ik la* *me-ir-gi-ra-nu ina* *dhu bi* (*nak-su*)

64. -*na ab-lu-śu* [2]) *ina bi nak ma i* . . .

---

1) *li-khu-śi* or "papyrus" is literally "grass of guiding."

2) Comp. p. 206, rem. 1. — *Ed.*

"Eleven (?) [parts] of the date-stalk compound: in 5 drachms of calves' milk and palm-wine drink it.

Twenty-one . . . . in a drachm of calves' milk and palm-wine drink it.

Ten *nisat* of *sisi* in half (an ephah) of calves' milk and palm-wine drink it.

One and a half *kirsinni* of the heart in 10 drachms of water drink it.

Four parts of . . . in 10 drachms of water drink it.

Four parts of the medicine of life in 10 drachms of calves' milk drink it.

Half a . . . of mandrake (?) in 10 drachms of water drink it.

Four parts of *siman* in 10 drachms of water drink it.

Four parts of *mergiranu* in 10 drachms of palm-wine (drink it)

For begetting sons: calves' milk to be drunk in palm-wine and . . .".

The "date-stalk" was *epitâtu* in Assyrian, W. A. I. II. 41. 52—54.[1])

For *igi simu galla* see W. A. I. II. 14. 30 and 12. 19.

The maneh contained 60 *dhu* or drachms, and each *dhu* 30 *ik*.

Nap-śun-qa is evidently the same as *nam-śun-qa* below (III. 10, 11.).

In line 57. the character following *bar* may be either *qa* or *su*.

Arariann is a derivative from *araru* which is given as the rendering of [cuneiform] "the phallus of the field" in W. A. I. II. 43. 58.

Ablušu is *ablut-su* as in W. A. I. II. 9. 63.

Line 65. shows that the last word of line 64. is *i-âr-rum*, a Pael imperative, perhaps „drench thyself" (like הורה).

Col. III. 1. [cuneiform] *a-kal-li tar rat ina a nak ma*

1) See also II. 41. 5—10 and 58—60.

i-[cuneiform]*-rum* [cuneiform] *a-kal-li tar rat ina a nak* [cuneiform] *ma ul-ku-bat nak ma i-âr-rum*

---

2. [cuneiform] *il khal* [cuneiform] *khar-khar ina ni su*(?)*-ul-lu-u nak ma i-âr-rum*

3. [cuneiform] *nu-lukh-kha* [cuneiform] *a khi na a rat ina bi nak ma i-âr-rum*

---

4. [cuneiform]*-na si si khi me GIG ma GIG zu* [cuneiform] *lib ar tul-du a-lib* . . . .

5. [cuneiform] *u sa u bi* [cuneiform] *tar-ra na-bi lam*(?) *kak-a-bi gig* [cuneiform] *a*(?)*-pal ma-zu-u*

---

6. *na si*(?) *te ne*(?) *khi ma sak-du-śu pa-nu-su ka-lu* [cuneiform] *nu su* [cuneiform] *su za kit* [cuneiform] *su . . ma zu-u*

---

7. [cuneiform]*-na śu-su* [cuneiform] *pa-nu-su* [cuneiform] *si-pa-am nu* [cuneiform](?) *a-khar-ri qa-nu ina* [cuneiform] *ni*

---

8. *sim-li rat ina bi nak sim-se-li rat ina bi nak il sis rat ina bi nak*

9. [cuneiform] *iz nam-tar* [cuneiform] *sa im śi-di sa* [cuneiform] *nu* [cuneiform] *rat ina bi nak* [cuneiform] *khar-ra-a* [cuneiform]

10. [cuneiform] *ka nam rat ina bi nak* [cuneiform] *si-si rat ina bi nak* [cuneiform] *nam-śun-qa rat ina bi nak*

11. [cuneiform] *nam-śun-qa rat ina a nak im* [cuneiform] *kur-ra rat* [cuneiform] *a* [cuneiform] *ru-tu* . . . . *ina bi nak*

12. [[cuneiform] *sim-*] *se-li rat ina ga nak sim-sis rat ina ga nak* [cuneiform] *nam-śun-qa rat ina ga nak.*

"For the same. Compound slices of medicinal food (?), drink them in water, and wash in them (?). For the same. Compound slices of medicinal food (?) and drink in water. In . . . . . drink and wash (?).

For the same. The leaves of the black tree, cut . . . and *khastappânu* drink in . . . oil and wash in it (?).

For the same. Compound ordure, garlic and . . . drink in water and wash in it (?).

For . . . .

(7) For his body when yellow and his face when yellow . . . the back, a reed in . . .

Compound cypress; drink it in palm-wine. Compound the seed of the cypress; drink it in palm-wine. Compound . . .; drink it in palm-wine. Compound the root of the tree of human destiny which has not raised its fruit on the north side; drink it in palm-wine. Eat the *kharrû* of the mountains (?). Compound *kurkanam* (?); drink it in palm-wine. Compound *sisi*; drink it in palm-wine. Compound . . .; drink it in palm-wine. Compound . . .; drink it in water. Compound the surface (?) of the mountain stone; add water to it . . .; drink it in palm-wine. Compound the seed of the cypress; drink it in milk. Compound *kharrû*; drink it in milk. Compound . . .; drink it in milk".

Akalli is the same word as *akal* in W. A. I. II. 28. 5. Since [cuneiform] is rendered by *akâlu* and *akal* in IV. 13. 57., 10. 29., it is possible that *akalli* is from אכל. It is also possible that we ought to read *akal* LI-TAR (? "a medicament of cut grass").

Khul-gil (line 2) is written *khul*-([cuneiform])-*ti-gi-li* in W. A. I. II. 28. 16. and *khul-ti-gil-la* in II. 41. 8, 10. In the latter passage it is rendered "the leaves (*disû* V. 27. 57) of the black tree" or "shadow".

khar-khar is explained by *khaltappânu* or *khastappânu* 41. 59 *sq.*

Lines 4, 5 and 6 seem to describe an attack of jaundice, but I cannot venture to translate the words. Perhaps we should read *ana lib siri,* rather than *ar*, "to the middle of the flesh (it ascends)".

Sipam is perhaps "baldness". In W. A. I. II. 31. 57. *sîpu* is explained as "golden herb".

Sim-se-li is explained *kiskiranni* and *kiskiranni purasu* W. A. I. II. 45. 52, 53.

Kharru is the translation of *sim-sis* in W. A. I. II. 45. 55. We have *sim-sis* below (line 12). It is possible that the Heb. חרי "white bread" is connected, tho' the determinative is against the comparison.

In line 11. *im-šu* may either be the Assyrian word we have in W. A. I. II. 17. 26, or the Accadian compound ideograph found in II. 31. 63. It seems to mean something like „surface".

See, however, *im-lam* below.

The rest of the column is so imperfect that I now pass to another tablet ⊕ 535 of which only a small portion remains. The first 14 lines are a good deal injured; among the medicines mentioned in them is "the nail of a black dog".

15. [ ]-*na ina lu* -*ma sak lib su i*- *ša-šu* *ti-su* *tar-khu* *si-si*

16. *si-man* *khar-khar* -*ni-e zir* IZ *zir* IZ *ma-nu ina bi nak*

---

17. -*na* *gigim lu šu ma us us su* *ti-su* *tar-khu* *si-si*

18. *si-man* *khar-khar* -*nu-u* *gesdin-lul-a*

19. *šu gigim-ma pa-sa-ri ta-pa ina bi nak* *ma ina*

---

20. *tar-khu* *si-si* *si-man* *khar-khar* *zir* IZ *bînu*

21. *zir* IZ *ma-nu* *a-zal-lal* *nu-lukh-kha* *nu-lukh-kha* -*nu-u*

22. *im-lam* [cuneiform] *kur-ra* [cuneiform] *šu gigim-ma ina bi nak* [cuneiform] *ma ina* [cuneiform]

---

23. [cuneiform] *si-si zir* IZ *bînu* [cuneiform] *ga-bi-i* [cuneiform] [[cuneiform] *šu*] *gigim-ma ina bi nak* [cuneiform] *ma* [*ina* [cuneiform]].

The next five lines are imperfect.

"For (the attack of) a demon which after seizing a man cuts the top of his heart, for his preservation the slice of a bird, *sisi*, *siman*, *kharkhar*, *bînu*, the *urnu* snake, the seed of the *bînu* and the seed of the cedar, must be drunk in palm-wine.

For the hand of a demon which has seized a man and overpowered him; for his preservation the slice of a bird, *sisi*, *siman*, *kharkhar*, *kurkur*, the *urnu* snake, and fox's wine, 7 ingredients for the body of the demon, a dish being set, to be drunk in palm-wine and . . .

For the same: The slice of a bird, *sisi*, *siman*, *kharkhar*, *kurkur*, the seed of the *bînu*, the seed of the cedar, *azallu*, ordure, the underpart of ordure, the *urnu* snake, and the surface (?) of the mountain stone, 12 ingredients for the body of the demon, to be drunk in palm-wine and . . .

For the same: *sisi*, the seed of the *bînu* and the *gabû* stone, 3 ingredients for the body of the demon, to be drunk in palm-wine, and . . .".

Ikaššasu from *kašâšu* a synonym of *gatsâtsu* (see W. A. I. II. 45. 5, 7.).

Urnu is explained in W. A. I. II. 24. 11. as "the very great snake". See also W. A. I. II. 46. 20.

The *gesdin lul-a* or *karan selibi* "wine of the fox" is mentioned in W. A. I. II. 45. 61.

In line 19. read *pasari ta-kun* "thou placest a dish".

The 12 *ma-nu* was the cedar, in Assyrian *erinnu*, i. e. *erinu* (W. A. I. II. 22. 37., V. 26. 42.) and *eru* (V. 26. 20.).

For *azallu* see W. A. I. II. 41. 46. sq. In W. A. I.

IV. 19. 3., the Accadian *azalulu* is translated *nammasti*[1]) "reptiles".'

For the *gabû* stone see W. A. I. IV. 28. 46.

I add here a receipt for the sting of a scorpion from a tablet which is concerned with scorpions (R^m 2. III. 149.).

Rev. UD-DA-KHUL GIR-TAB *pa-ra-ši* SE

-ra *-ti* *-su* *-an ma*

ka-du SA-KA-*su* *ur-rad ma* SU *i-dhe-bu*

SI *i-di-bi-su* SA-KA-*su* RU *ma*.

The rest is broken off.

"For the sting of a scorpion prepare 7 grains of silver; the medicament of the mountain of mankind place upon it, and bring the *kadu* of its figure to the river, and let it be dipped seven times. In the presence of seven of the man's *idibi* give its figure to the river".

In an earlier line of the tablet the Assyrian equivalent of UDDA-KHUL ("evil burning") is given, namely *zi-kit*.

I pointed out that signified "a figure" in my Paper on "Babylonian Augury" in the T. S. B. A. IV. 2. (1876) p. 307.

A parallel line to the one there given is to be found in another tablet containing geometrical figures (K. 2088) where we have over a rectangle formed by double lines: [ ] "a figure is drawn; a figure of long lines".

Idhebu is 3rd S. Aor.-Perf. Kal of טבע.

I hope hereafter to try to identify some of the medicines enumerated in W. A. I. II. 41—43. Meanwhile I append the translation of a fragment given in II. 42. 5 Obv. which is really a collection of receipts for a sore mouth or perhaps an aching tooth.

1) We find *nam-mas-se-e* in K. 2836. 12.

1. "The plant of human destiny is the medicine for a sore mouth; to be placed upon the mouth.

2. The root of the plant of human destiny is the medicine for a sore mouth; to be placed upon the mouth.

3. The fruit of the yellow snake's skin is the medicine for a sore mouth; to be placed upon the mouth.

4. *Lulumtu* is the medicine for a sore mouth; to be placed upon the mouth.

5. *Khalulaya* is the medicine for a sore mouth; to be placed upon the mouth.

6. The roots of the medicine of the Sun-god is the medicine for a sore mouth; to be placed upon the mouth.

7. The roots of the thorn which in growing the face of the Sun-god does not see and linament are to be placed upon the mouth.

8. *Kudimeru* and *karute tuarat* (?) in the oil of the tree of Phœnicia, to be placed upon the mouth.

9. Wheat (?) and the great root of the *karute tuarat* (?) in the oil of the tree of Phœnicia to be placed upon the mouth.

10. The roots of the tree of Elam which in growing does not see the face of the Sun-god and *karute tuarat* (?) in the oil of the tree of Phœnicia place upon the mouth".

In line 3. we have *gulgullanu*, also written *kulkullanu*, which is explained as "the fruit (*inbu*) of the *kaši-tsir*" W. A. I. II. 43. 63.; also as the *kišat tsiri* II. 43. 66. *Kišat* is the same as *kišiti* "bark" or "rind" W. A. I. I. 19. 87., of which *appakhum* and *armakhu* are synonymes.

Khalulaya or *khallulaya* is called "the blessing of the ground" (W. A. I. II. 24. 19.) and "the protector of life" (42. 61.). An oil was distilled from it, termed "the black incubus of the honey-god" (W. A. I. II. 5. 29.).

In line 7. the [cuneiform] (*gusgir*) is "the thorn", in Assyrian *asagu* (W. A. I. II. 37. 41.).

P.S. I have found among my copies of cuneiform texts one which throws light on MUN = *dabtu* in the sense of a beverage. The passage is in a bilingual tablet R^{m} 358. 1—9.:

1. . . . . . NU	*nam-khar si-ka-(ri)*
2. . . . . . RU	〃 *śa-bi* . .
3.	〃 *tur-ru-hu*
4. . . . . HU	*nam-zi-tum*
5.	*na-pa*(?)-*di sa siz-bi-*(*i*)
6. . . . . RU	*kar-pat da-ba-a-ti*
7. . . . . TSI-IR-RI	〃
8.	〃
9. . . . . KI	〃

I have also found a copy of another fragment, marked S. 32, belonging to the great medical work. It consists of 7 mutilated lines and contains three receipts. The lines are too much injured to admit of a translation.

Einige Bemerkungen mit Bezug auf den Aufsatz „Sur un vase judéo-babylonien" etc. (II, 2, S. 113 ff.).

Von *M. Grünbaum.*

Was zunächst KOHUT's *Angelo- und Dämonologie* betrifft, auf die sich der Verfasser des Aufsatzes des Oefteren beruft (S. 118, N. und an anderen Stellen), so habe ich mich in einem Aufsatze im XXXI. Band der ZDMG. (S. 183 ff.) gegen die Bemühungen KOHUT's, den Einfluss des Parsismus auf die jüdische Engel- und Dämonenlehre zu beweisen, ablehnend ausgesprochen. In ähnlicher Weise äussert sich übrigens A. GEIGER (*Jüd. Ztschr. f. Wissenschaft und Leben* X, 114 ff.) mit Bezug auf einen Aufsatz KOHUT's im XXV. Bd. der ZDMG. (S. 59—94), und TH. NÖLDEKE stimmt mit GEIGER (in einem Briefe an denselben, ibid. S. 233) überein. Auch im Folgenden wird sich die Gelegenheit darbieten, dieselbe Meinungsäusserung durch neue Beispiele zu stützen.

Zu S. 119, N. 5. In dem Buche BRECHER's *Das Transcendentale, Magie und magische Heilarten im Talmud*[1]) heisst es (p. 53), dass die Schedim auch מזיקים (die Schädlichen) heissen, weil sie wie die Engel des Verderbens (מלאכי חבלה) den Menschen Schaden, Unglück und Krankheiten jeder Art zufügen, wozu BRECHER eine Menge Belege aus dem

1) Dieses Buch BRECHER's wird von M. A. LÉVY in dem von Mr. HYVERNAT (S. 114, N. 2) erwähnten Aufsatze im IX. Bd. der ZDMG. (S. 472 N., 481 ff.) angeführt, einmal auch von KOHUT (S. 43 N.).

Talmud gibt (S. 53—57, 177 ff.; vgl. Kohut S. 51—53, 56—59, 88). Dass die „Schedim [aber] weniger beschädigende Mächte als vielmehr boshafte Poltergeister, die an den Menschen nur bei gewissen Gelegenheiten herantreten“, seien (Kohut, S. 51), lässt sich nur von Einem Dämon sagen, von Aschmedai (אשמדאי), wie ich das in dem oben erwähnten Aufsatze (S. 216 ff.) im Einzelnen nachgewiesen, und wie auch Geiger (*Melo Chofnajim* S. 46, N. 21) von Aschmedai sagt, er sei mehr neckischer als boshafter Art und von der Art der Kobolde. Auch Rapoport (*Erech Millin* s. v. אשמדאי, S. 242) führt eine Talmudstelle an, in der es von Aschmedai heisst, er sei König der Dämonen, er selbst aber schädige Niemanden (*Pesachim* 110[a])[1]).

Das. N. 6. — Dass die Schedim das Zukünftige vorher wissen (Kohut, S. 54), steht nicht im Talmud. Die Stelle *Chagiga* 16[a] (eine *Boraitha*) wird von Rapoport (l. c. p. 242. 243) und von Geiger (*Was hat Mohammed* u. s. w. S. 83) angeführt. Es heisst in derselben von den Schedim, dass sie nur insofern das Zukünftige vorher wissen, als sie lauschend hinter dem Vorhange stehen — ושומעים מאחורי הפרגוד (also durch ihr Horchen das Eine und das Andere erfahren, was im himmlischen Rathe beschlossen wird). Geiger vergleicht damit Sur. 67,5, woselbst es von den Leuchten (مصابيح) des Himmels heisst: وجعلناها رجوما للشياطين, so wie andere Koranstellen (15, 17. 34; 38, 78; 61, 24), in denen das in diesem Sinne erklärte رجيم (cf. Lane s. v. I, 3, p. 1048[c]) vorkommt. Brecher führt (S. 45 ff.) den Commentar des Nachmanides zu Lev. 17, 7 an, in welchem dieselbe Talmudstelle vorkommt. Den betreffenden Passus übersetzt er (S. 46) etwas ungenau: „Sie (die Schedim) haben Flügel, schweben umher und wissen — eigent-

---

1) Mit Bezug auf die von Kohut erwähnten parsischen Benennungen vgl. die vor kurzem, unter Berufung auf J. Darmesteter, von Isr. Lévy geführten Nachweise in der *Revue des études juives*, Jan.—Mars 1884, p. 62.

lich: sie hören — was in der Zukunft geschehen wird, wie die Engel". KOHUT's Uebersetzung aber (S. 54) „. . . sie wissen die Zukunft, das heisst, sie hören von ihr hinter dem Vorhange wie die Engel" ist nicht richtig und macht zudem den Eindruck, als ob auch die Engel gleich neugierigen Dienstboten hinter dem Vorhange lauschten.

Das. N. 7. — Bei BRECHER (S. 57) heisst es (nach *Pesachim* 111ª, 111ᵇ, 112ᵇ): „Dies nefasti waren die Mittwoch- und Sabbathabende, an welchen sogar das Wassertrinken gefährlich ist"; ferner wird aus derselben Talmudstelle angeführt, man solle an Mittwoch- und Sabbathabenden nicht einzeln ausgehen, weil an diesen Abenden Igrath bath Machlath mit 180,000 Engeln des Verderbens umherstreife. Dagegen können wir wiederum KOHUT nicht beistimmen, wenn er (S. 52) sagt: „ihre beschädigende Macht beschränkt sich nur auf gewisse Tage, vorzugsweise auf die Mittwoch- und Sabbathabende" und anderswo (S. 93), dass *Pesachim* 111—112ᵇ eine Menge von Vorsichtsmassregeln vorgeschrieben werde, um die an Mittwochen und Sonnabenden als den Dies nefasti (das wären allerdings D i e s nefasti; im Talmud werden aber nur die Nächte erwähnt) ihr Wesen treibenden Schedim ohnmächtig zu machen; — ebensowenig dem, was in dem folgenden Satze aus *Aboda Zara* 12ª (es ist das die am Rande zu *Pesachim* 112ª beigedruckte Parallelstelle) angeführt wird, man solle an diesen Abenden kein Wasser trinken; w e n n man aber solches getrunken, solle man einen, gleichzeitig mitgetheilten, Spruch hersagen. Es heisst in beiden Talmudstellen, es sei gefährlich, des Nachts (also j e d e Nacht) Wasser aus Flüssen und Teichen zu trinken, und d a gegen wird jener Spruch angeführt. Die Stelle über Igrath bath Machlath findet sich bei KOHUT S. 88 mit der Variante, dass dieselbe „in der Nacht" ihr Wesen treibt und man daher „in der Nacht" nicht allein ausgehen soll; also nichts von „Dies nefasti".

Das. N. 8. — Zur Fortsetzung des oben erwähnten

Satzes (Brecher, S. 43. 55. 59; Kohut, S. 52. 53[1]). 69 ff.) bemerkt Kohut (S. 69): „Vgl. die sinnige Talmudstelle (*Succa* 53[a]): wie der Todesengel die Seele der Geheimschreiber Salomon's in dessen Gegenwart nicht zu nehmen wagte". Der Todesengel hätte sich vor Salomon gewiss nicht genirt, aber er hatte über die Beiden keine Macht, so lange sie nicht in der Stadt Lus waren, wohin sie Salomon schickte, um sie vor dem Todesengel zu schützen — also gerade dahin, wo ihnen zu sterben bestimmt war. Die Erzählung findet sich ausführlich bei Brecher (S. 58), der sie mit Recht eine sinnige nennt. Ich habe (a. a. O. S. 264) diese an mehreren Stellen vorkommende Erzählung flüchtig erwähnt und zugleich bemerkt, dass dieselbe — nur mit anderen Einzelheiten — auch von Baiḍawi zu S. 31, 34 (II, ١١٧) und von Ḳazwini (I, ٥٨, ٥٩) erzählt wird.

Zu S. 120, N. 5. — „In dieser Salomo-Sage . . . sagt Kohut (S. 81) entwarfen die jüdischen Mythophanten über Salomo's Verherrlichung ein farbenstrotzendes Gemälde einer buntgestalteten und zum grossen Theil überschwenglich mystischen Ausschmückung". Dem Talmud und Midrasch ist aber Salomon kein Gegenstand der Verherrlichung; was von seiner Macht über die Dämonen erzählt wird, dient nur dazu, um seinen Sturz um so tiefer, seine Bestrafung — für die Uebertretung der göttlichen Gebote — um so härter erscheinen zu lassen. In dem von Kohut (das.) als Beleg angeführten *Exodus Rabba* C. 30 „Wie viel Geister und Schedim hat nicht Salomo besiegt!" ist das unmittelbar darauffolgende weggelassen. Diese Midraschstelle, die, wie eine andere ganz ähnliche (*Bamidbar Rabba* sect. 11) von Rapoport (l. c. p. 246) angeführt wird, lautet: „Wie viele Geister und Dämonen hatte Salomon bezwungen! Später aber (nachdem er für seine Uebertretung der göttlichen Gebote bestraft worden) hatte er Furcht vor ihnen, während sie früher ihn gefürchtet".

1) Die dort als Belege angeführten Stellen *Jerus. Berach* 5, 6 (wohl V, 6) und *Jalkut Levit.* § 665 sind beide zu berichtigen.

Ganz anders bei den Arabern; ihnen ist Salomon das Ideal eines Chalifen, eines Beherrschers der Gläubigen. Von seiner Uebertretung der Deut. 17, 17 ausgesprochenen Verbote sowie davon, dass er sich von den fremden Frauen zum Abfall vom Jehovadienst verleiten liess, ist nirgends die Rede, und während die arabischen Autoren bei der Darstellung der Einzelheiten seiner Entthronung von einander abweichen, stimmen sie aber darin überein, dass dieselbe nur 40 Tage lang währte, also eine vorübergehende war. Die arabische Sage ist also hier durchaus selbständig und bildet sogar einen Gegensatz zur jüdischen, von der sie nur einiges Wenige entnommen hat.[1])

Zu S. 122, N. 5. — Bei Vullers (II, 436[a]) heisst es: شِفوت daemonis species (غول بيابانى); 2) Ahriman (اهرمن).

N. 6. — Das Wort פתכרא — das sich nirgends im Talmud, sondern nur im Targum findet — kommt auch in der von Lévy erklärten Inschrift vor; Lévy meint (p 467 N.) es müsse im Sinne von „Gespenster“ genommen werden. In Rödiger's syrischer Chrestomathie (2. Aufl., Gloss. s. v. p. 85) sowie bei Vullers s. v. پيكر wird auch ein armenisches *patker* angeführt. In Lorsbach's *Archiv* (II 324, N. 54) heisst es: „Nach Theodoret's Bemerkung hatten auch griechische Uebersetzer von Jes. 8, 21 πάταχρα“ (das Targum z. St. hat פתכרא). Nach der bei Schleussner (IV, 257 s. v. Πάτραρχα) angeführten Bemerkung ist vielleicht πάτραρχον statt πάταρχα zu lesen.

Zu S. 113, N. 8. — Statt אשק, injuste et violenter egit, ist wahrscheinlich עשק zu lesen (Die angeführte Schrift Halévy's ist mir nicht zugänglich).

Das. N. 9. — Dass die Dämonen über alles Eingebundene, Gemessene und Gesiegelte keine Macht haben,

1) Statt der S. 120, Note 2 aus Cassel's *Thron Salomos* angeführten Stellen p. 2, 42, 52 muss es p. 42—52 heissen, wie bei Levy a. a. O. p. 490. Uebrigens ist das, was Cassel über Salomon mittheilt, höchst unbedeutend, da er die arabischen Sagen nur aus Hammer-Purgstall's „Rosenöl“ und ähnlichen secundären Schriften kennt.

wird bei Brecher (S. 59) aus *Chullin* 105[b] angeführt; bei Kohut (S. 53) heisst es „über alles Eingebundene, Gemessene und Gezählte", welches letztere aber unrichtig ist, da es im Texte חתים heisst (also wie in der Inschrift, cf. S. 121, N. 2). Der Umstand aber, dass hier 70 קיטרין, 70 עיסרין, 70 חתמין vorkommen, lässt vermuthen, dass etwas Anderes zu Grunde liege. Ich habe (a. a. O. S. 260. 262. 263) an einzelnen Beispielen — die sich aber noch vermehren liessen — gezeigt, dass Knoten der verschiedensten Art als Abwehrmittel dienen. Unter den dafür gebrauchten Ausdrücken ist auch קשרים (in der Mischnah, *Sabbath* 56[b]), das dem קיטרין entspricht, welche letztere also wohl zu demselben Zwecke dienten.

Das. — Die Zahl 60 kommt in den jüdischen Schriften mehrfach als runde Zahl, zur Bezeichnung einer grossen Menge, vor, so namentlich in Sprichwörtern;[1]) ebenso 300 (5 × 60). So heisst es *Pesachim* 119[a] (wie ähnlich Sur. 28, 76), dass Korach mit den Schlüsseln zu seinen Schatzhäusern 300 Maulthiere belud. Dazu bemerkt der Commentar (R. Sam. b. Meïr), 300 sei sowohl hier wie an anderen Talmudstellen nicht wörtlich zu nehmen. Wie M. Cantor (*Mathematische Beiträge etc.* p. 361, *Vorlesungen über Gesch. d. Mathematik* I, 78 ff.) nachweist, findet sich — zumeist unter babylonischem Einflusse — die Zahl 60 und das Mehrfache derselben als unbestimmte Vielheit auch bei den Persern und anderen Völkern.

---

1) So wird in Dukes, *Rabb. Blumenlese* p. 83 Nr. 62 aus *Sefer Ben Sirah* der Spruch angeführt: שתין מליבין יהון לך ומליבות נפשך לא תשבוק (Halte dir 60 Rathgeber, vernachlässige aber nicht deinen eignen Rath); ferner p. 174, No. 351 aus *Synh.* 7[a]: Als die Liebe zwischen uns noch gross war, lagen wir auf der Schneide eines Schwertes, jetzt wo sie abgenommen, ist ein Bett von 60 Ellen Breite (oder Länge פוריא בת שתין גרמידין) nicht gross genug. Dukes vergleicht damit den Anhang zu „*Ali's hundert Sprüche*" p. 77 N. 151: ضاقت الدنيا على المتباغضين. In derselben Weise kommt 60 vor in den Sprüchen: p. 126, N°. 150, p. 134, N° 177, p. 241, N° 647—649. — Vielleicht dass auch die „60 Schedim" (Brecher, S. 54; Kohut, S. 57) in diesem Sinne zu nehmen sind.

Das. N. 10. — Dass die hier ausgesprochene Vermuthung, bei עיסרין habe eine Verwechslung des א mit ע stattgefunden, richtig sei, lässt sich auch daraus schliessen, dass אסר die beiden ihm hier vindicirten Bedeutungen vereinigt. Im Aramäischen wie im Talmud bedeuted אסור, ܐܣܘܪܐ, איסורא „Vinculum"; in der oben erwähnten Talmudstelle *Pesachim* 111ᵇ kommt nun aber auch (איסרה) איסר in der Bedeutung Engel, Schutzengel vor. So heisst es: Der Engel der Ernährung — איסרה דמזוני — heisst נקיד, der Engel der Armuth — איסרה דעניותא — heisst נבל.

Zu S. 129, N. 16. — Ueber Gabriel und Michael, für deren Charakteristik hier und oben (S. 126, N. 14) Kohut angeführt wird, vgl. auch meinen öfter erwähnten Aufsatz S. 257; namentlich Herzfeld hat (*Gesch. d. Volkes Israel*, II Bd., 1857, p. 292) nachgewiesen, dass diese Engel keine fest ausgeprägten Gestalten sind. Gabriel als Engel des Feuers oder vielmehr als Feuerengel kommt auch in einer von Brecher (S. 23) angeführten Stelle vor: „Das Wesen Michaels ist Schnee, das Gabriels ist Feuer". Der Text dieser — mehrfach mit kleinen Varianten vorkommenden — Stelle wird von Geiger in seiner Preisschrift (p. 202) nach *Midr. Tanchuma* zu Gen. 11, 18 ff. angeführt: „Es heisst (Hiob. 25, 2) המשל ופחד עמו; unter המשל ist Michael gemeint, פחד bezieht sich auf Gabriel; Michael ist aus Wasser, Gabriel aus Feuer erschaffen, dennoch aber schaden sie einander nicht, und darum heisst es (in dem unmittelbar darauffolgenden Satze): „Er (Gott) stiftet Frieden in seinen Höhen". Wenn aberKohut sagt (S. 26, N. 9): „So wird Michael in einer Ausdeutung des Verses in Hiob (25, 2) der *liebevolle* Regent und Gabriel פחד = Schreck genannt", so ist dagegen einzuwenden, dass der Midrasch von einem liebevollen Regenten Nichts sagt, wie denn überhaupt משל keineswegs den Nebenbegriff des Liebevollen hat. Zudem wird an anderen Stellen (*Bereschith R.* s. 12 zu Gen. 2, 4, *Midr. Schir Haschirim* 3, 11) umgekehrt המשל auf Gabriel, פחד auf Michael bezogen.

In der Stelle: „Gott hiess Gabriel Kohlen nehmen" u. s. w. sowie auch in der nach der englischen Uebersetzung mitgetheilten Stelle *Pesachim* 118[a] (BRECHER S. 25. 26; KOHUT S. 31) nennt allerdings Gabriel sich selbst den Engel des Feuers, von einem „Prince du salut" wird aber Nichts erwähnt; יורקמי wird der Engel des Hagels (שר של ברד) genannt, in der englischen Uebersetzung „the prince of hail". Mr. HYVERNAT hat wahrscheinlich dieses Hail = Hagel im Sinne von Hail = Heil genommen.

In der Stelle über die 6 Arten des Feuers (*Joma* 21[b]; BRECHER, S. 33; KOHUT, S. 33) ist der Ausdruck „denn so lehrte Mar" nicht richtig gedeutet; „Mar" ist kein Personenname sondern das aramäische מרא, מר, und דאמר מר bedeutet: „denn der Lehrer — Herr — hat gesagt".

S. 130, N. 17.[1]) — Wie aus den von GESENIUS (*Thes.* p. 31) s. v. אסף und von WINER (I, 101) s. v. Assaph angeführten Stellen ersichtlich ist, wird Assaph ein Seher (חזה) genannt und David selbst an die Seite gestellt, er war also jedenfalls mehr als ein „Musicien". Es ist aber überhaupt höchst unwahrscheinlich, dass in der Inschrift Assaph vorkomme; dagegen spricht schon die Schreibung אספ statt אסף. Dieses אספ bildet wahrscheinlich Ein Wort mit dem folgenden נדסריוא, also אספנדסריוא Es ist das ein Wort ähnlich dem persischen اسپند — das ja auch in *amesha çpeñta* vorkommt — und dem Genius اسپندارمذ bei VULLERS (I, 91); vielleicht ist auch das ähnliche יצפנדרמיר in der von LÉVY (a. a. O. p. 486, k) erklärten Inschrift der Name eines guten Engels, vor dem Lilith entfliehen soll. Das דיוא, welches Wort, wie LÉVY bemerkt (p. 488), in jüdischen Schriften nicht vorkommt, ist in אספנדסריוא vielleicht in der ursprünglichen Bedeutung, also in gutem Sinne zu nehmen, wie ähnlich *Δαίμων* und das persische پری (VULLERS I, 353) entgegengesetzte Bedeutungen in sich vereinigen.

1) Vgl. hierzu die Bemerkungen TH. NÖLDEKE's im „Sprechsaal" dieses Heftes. — *Red.*

Uebrigens ist es eine Eigenthümlichkeit aller Beschwörungsformeln, dass in denselben Benennungen aus fremden Religionskreisen sowie dunkle, schwer zu entziffernde Ausdrücke vorkommen.

S. 131, N. 18. — Unter dem גינא דשלמוה ist schwerlich ein Gärtner sondern wahrscheinlich ein Schutzengel Salomon's zu verstehen. Das Wort steht in Zusammenhang mit dem hebr. גנן beschützen, welche Bedeutung auch im aramäischen und talmudischen גנן, גין, ܓܢ vorkommt.[1]) Unter den verschiedenen Bedeutungen des Wortes جنّ, die Lane (I, 2, 462[c]) anführt, ist auch die von *Genii, angels;* nach der Meinung Einiger bedeutet جنّ *a species of the angels who were guardians of the earth and of the gardens of paradise*, also wahrscheinlich von جنّهٔ, das auch *protected him* bedeutet. Abûlwalîd (s. v. גנן, p. 141, 1) erklärt — unter Vergleichung des arab. جنّة — auch das hebr. גן in diesem Sinne: انها تجنّ ما داخلها من شجر وناس. So ist also wohl auch unter diesem גינא ein solcher جنّى, Genius, Schutzgeist, gemeint.

S. 132. — In der — auch von Lévy p. 489 erwähnten — Stelle des Targum zu Koh. 2, 5 ist das Wort טלנא in dem Satze וכל אילני בוסמין דאייתין לותי טלני ומזיקי מן הנדקא schwerlich mit *lemures* zu übersetzen. Das Wort gehört zu טלל, טללא, טולא Schatten und bezeichnet also die nächtlichen Dämonen, die im Schatten wandeln. Gesenius (Comment. zu Jes. 34, 14 p. 916 N.) führt eine Stelle aus dem Targum zum Hohenlied 4, 9 an, in welcher neben den Dämonen des Mittags und des Morgens die טלני als die Dämonen der Nacht erwähnt werden. Auch bei Payne-

1) Das biblische גנן wird an mehreren Stellen — 2 Kön. 19, 34. 20, 6. Jes. 31, 5. Zach. 9, 15. 12, 8 — in der syrischen Uebersetzung durch die Aphelform von ܓܢ wiedergegeben.

Smith (s. v. ܠܠܐ, I, 1471) wird aus Ephräm Syrus angeführt ܫܐ̈ܕܐ ܘܠܠܝ̈ܬܐ ܕܠܗܘܢ ܣܓܕܝܢܬܘܢ und mit *Daemones et larvae quos adoratis* übersetzt, ob aber die Uebersetzung des ܠܠܝܬܐ mit *larvae* richtig sei, ist die Frage.

S. 133, N. 20. — מרי עלמא als gleichbedeutend mit رَبّ العالمين und dem S. 134 N. 22 erwähnten מלך העולם, König der Welt, auf Gott zu beziehen, liegt allerdings sehr nahe. Auffallend ist es aber, dass der „Herr der Welt" unter den Engeln und ganz am Schlusse erwähnt wird. Vielleicht aber ist unter diesem מרי עלמא der Engel Metatron (מטטרון, מיטטרון) gemeint, der unter den Engeln eine sehr hervorragende Stelle einnimmt und der *Synhedr.* 94[a], *Chullin* 60[a], *Jebam.* 16[b] שר העולם genannt wird. Ich habe (a. a. O. S. 272) erwähnt, dass derselbe als ميططرون bei Masʿudi (Paris. A. II, 391), als مططرون bei den Drusen (Eichhorn, *Repert.* XII, 128. 150. 189) vorkommt; es kann also nicht auffallend sein, wenn er auch hier unter seinem Epitheton erwähnt wird.

Zu S. 135, N. 23. — Was die in der Anmerkung erwähnten Stellen aus Lévy (p. 484, h und Kohut p. 88) betrifft, so führt Lévy irrthümlich — wie übrigens auch Buxtorf s. v. לילית, col. 1141 — aus *Erubin* 100[b] den Satz an המגדלת שער כלילית. Es ist leicht zu ersehen, dass es in der Originalstelle מגדלת heisst und heissen muss und dass es unmöglich המגדלת heissen kann. In jener Stelle werden nämlich die den Frauen — in Folge des über Eva ausgesprochenen Fluches — anhaftenden Eigenschaften aufgezählt, darunter auch ist: מגדלת שער כלילית, was sich auf das Wachsenlassen der Haare oder auch auf das Flechten derselben bezieht.

Mit Bezugnahme auf die — auch von der Redaction S. 135, N. 3 erwähnten — assyrischen *lilû* und *lilîtu* sowie auf einige akkadische Benennungen sagt Lenormant (*Les origines de l'histoire* etc. I, 321): „Chez les rabbins des bas temps du judaïsme, la Lilith est devenue une strige, une sorte de lamie ou d'empouse, qui enlève les petits enfants pour les mettre à mort". In der Note hierzu wird auf Buxtorf, p. 1140, Eisenmenger II, 413 ff., Gesenius, Commentar zu Jes. I, 916—920, und Lévy in ZDMG. IX, 484 ff. verwiesen. Diese *Rabbins des bas temps du judaisme* gehören nun jedenfalls ganz verschiedenen Kategorien an. Im Talmud kommt Lilith nicht als eine Art Lamia oder Strix vor. Erst in dem nachtalmudischen *Sefer Ben-Sirah* — aus welchem Buxtorf l. c. eine längere Stelle mittheilt — kommt sie als ein den Kindern nachstellender weiblicher Dämon vor, und ebenso in den kabbalistischen Schriften. Von Letzteren führt Lenormant (p. 322) die bei Eisenmenger (II, 422. 423. 453)[1]) aus *Zohar* I fol. 170. 387 citirten Stellen an. Ausser dem Sohar führt aber Eisenmenger viele andere kabbalistische Schriften an, die geradezu Ausgeburten des Wahnsinns Einzelner sind, und zwar ist es ein Wahnsinn, auf den sich kaum das Wort des Polonius anwenden lässt: If there be madness, there is still method in it. Lenormant verweist nun sehr häufig auf einzelne Stellen Eisenmenger's, darunter auch auf solche, iu denen' diese wunderbaren Blasen eines durch die Kabbala verstörten Gehirns, diese wirren, wilden und wüsten Phantasiegebilde vorkommen. In Folge davon, dass Lenormant die Originalstellen nicht eingesehen, wird zuweilen eine und dieselbe Sache in verschiedener Weise dargestellt. So wird p. 322 als eine der „Légendes" angeführt, „que l'homme qui couche seul dans une maison tombe au pouvoir de la Lilith"; dazu wird in der Note auf Eisenmenger II, 452 verwiesen. In dieser Stelle führt nun Eisenmenger eine Stelle aus *Sabbath* 151^{b} an: וכל הישן בבית יחידי אחזתו לילית, was allerdings dasselbe besagt. In der vorhergehenden Note bei Lenormant (p. 322) heisst es von der Lilith: „On en fait même . . . le représentant féminin de

1) Eisenmenger gibt beim Sohar und bei andren Schriften auch die von ihm benutzte Ausgabe an, weil es sonst schwer wäre, die betr. Stellen aufzufinden.

tout mal (Schabbath fol. 151)". Dieses findet sich nun bei LÉVY (a. a. O. p. 485): "Auch sie wird als Repräsentantin alles Bösen gedacht (Sabb. 151[b])". Das ist also dieselbe Talmudstelle, die EISENMENGER (II, 452) anführt, in welcher es heisst, dass von der Lilith ergriffen wird, wer in einem Hause allein schläft, was mit „le représentant féminin de tout mal" nicht ganz identisch ist.

An einer andren Stelle bei LENORMANT (p. 201, N. 4) werden mit Bezug auf Lilith folgende Schriften angeführt: La *Paraschah Bereschith* (fol. 15, col. 4), le *Touf haareç* (f. 19, col. 3), le *Yalkout 'hadasch* (f. 108, col. 3) le *Galante* (f. 7, col. 1). Ein Buch *Paraschah Bereschith* existirt nicht; es ist hier aber die Stelle gemeint, die EISENMENGER (II, 416) aus *„des Rabbi Bechai ausslegung über die fünff bücher Mosis fol. 15, col. 4 in der Paraschah Bereschith"* anführt. *Touf* (richtiger *Tubh*) *haareç* ist der Titel eines Buches — טוב הארץ nach Jes. 1, 19 — das eine Beschreibung Palästina's[1]) enthält, und das EISENMENGER (II, 420) mit Bezug auf Lilith als *Tuf haarez* fol. 19, col. 3 anführt. Auf derselben Seite wird von EISENMENGER eine Stelle *„in dem Jalkut chadasch fol. 108, col. 3 auss dem Galante fol. 7, col. 1"* angeführt, die, nur ausführlicher, dasselbe besagt wie das von LENORMANT daraus angeführte. *Jalkut chadasch* ist übrigens ein ganz werthloses Büchlein, das einzelne Excerpte aus kabbalistischen Schriften enthält; *Galante* heisst der Verfasser eines קול בוכים betitelten Buches.

Auch sonst finden sich einzelne ungenaue Citate bei LENORMANT. P. 324 wird die Erklärung angeführt, die Hieronymus von den שְׂעִירִים gibt: „vel incubones vel Satyros vel sylvestres quosdam homines quos nonnulli Fatuos ficarios vocant". Im folgenden Satze heisst es: „Il leur donne essentiellement le caractère d'incubes, comme aussi chez les Juifs Moïse Maimonide (Moré nébouchim, III, 46)". Allerdings heisst es bei GESENIUS (Comm. zu Jes. 34, 14,

1) Palästina heisst im Talmud הארץ, das Land κατ' ἐξοχήν.

II p. 915): „S. auch Maimonid. More Neboch. 3, 46", allein das hat nur Bezug auf die kurz vorher erwähnten bocksgestaltigen Spuckgeister; an einer andren Stelle (zu 13, 21, p. 465) in welcher Gesenius diese Stelle des Hieronymus anführt, wird Maimonides nicht erwähnt, weil bei demselben von Incuben gar keine Rede ist. In der Stelle l. III, c. 46 des Moreh Nebuchim (*Guide des égarés* III, 362, Text f. 101[b]) heisst es: Einzelne Secten der Sabier, welche die Dämonen göttlich verehrten, glaubten, dass diese die Gestalt von Böcken annahmen, und desshalb nannten sie die Dämonen שְׂעִירִים — وكذلك كانت طوائف من الصابة يعبدون الجنّ ويعتقدون انه يتشكل فى صورة العنوز ولذلك كانوا يسمّون الجنّ שעירים.

In Note 1 zu p. 322 sagt Lenormant: „Parmi les fils de la Lilith on nomme Hormiz et Hormin, c'est-à-dire l'Ormuzd (Ahouramazda) et l'Ahriman (Angrômainyous) des Parses: A. Lévy, *Zeitschr. d. deutsch. Morgenl. Gesellsch.* t. IX, p. 485; Rapoport, *Erech Millin*, p. 247; Grünbaum, *Zeitschr. d. deutsch. Morgenl. Gesellsch.*, t. XVI, p. 398". L'Ormuzd *et* l'Ahriman ist nun jedenfalls unrichtig; es ist entweder der Eine oder der Andre. In der von Lenormant angeführten Stelle ZDMG. XVI, 398, N. habe ich auf Lorsbach's *Archiv* (II, 258, 282) verwiesen, woselbst Reland's *Dissertt. misc.* II, 131 angeführt wird. In letzterer Stelle heisst es, dass im Talmud הורמין, d. h. Ahriman vorkomme, wofür aber an einigen Stellen wahrscheinlich הורמיז, nämlich هرمز zu lesen sei. Das von mir angeführte הורמיז בר לילית findet sich *Baba Bathra* 73[a]; die gewöhnlichen Talmudausgaben haben hier הורמין, im Commentar zur Stelle wird auch die Lesart הורמיז angeführt, welches letztere auch Aruch s. v. hat. Unter der Voraussetzung, dass הורמיז die richtige Lesart sei — nach Rabbinovicz, *Dikduke Soferim* z. St. findet sich הורמיז auch in der Münchener Talmudhandschrift sowie in andren Schriften —

habe ich jene Stelle als Beispiel dafür angeführt, dass der Name einer fremden Gottheit als Benennung eines Dämons gebraucht werde, indem ich gleichzeitig bemerkte, dass Mussafia's Erklärung dieses הורמיז mit Hermes unrichtig sei. Auf jenes בר לילית ist aber kein grosses Gewicht zu legen; in der Talmudstelle ist nämlich die Rede von einem Jongleur und Akrobaten, der ganz erstaunliche Kunststücke ausführte; dieser wurde nun הורמיז (הורמין) בר לילית genannt, wahrscheinlich um ihn als Tausendsasa und Teufelskerl zu bezeichnen, also im Sinne von *δαιμόνιος* und wie ähnlich das persische دیو auch für *vir fortis et strenuus, athleta* gebraucht wird, und wie دیو دست *manu celer in opere, qui celeriter rem conficit* bedeutet. In diesem Sinne erklärt auch RAPOPORT, der übrigens הורמין liest, in *Erech Millin* s. v. אשמדאי[1]) (p. 247) diese Benennung, wie denn LÉVY, der ebenfalls die Lesart הורמיז unberücksichtigt lässt, diese Stelle des *Erech Millin* (a. a. O. p. 481) anführt, während er p. 485 das הורמין בר לילית wörtlich nimmt; möglich wäre es allerdings, dass man diese bereits vorhandene Benennung auf jenen Akrobaten übertrug.

Jedenfalls ist LENORMANT, dessen „*Magie- und Wahrsagekunst*" Mr. HYVERNAT (p. 113, N. 2) anführt, auf dem Gebiete der rabbinischen Dämonologie kein durchaus zuverlässiger Führer.

---

1) Wenn LENORMANT (p. 327) von Aschmedai sagt, . . . que son nom a été suivant la judicieuse remarque de M. MAURY — *La Magie et l'astrologie* etc. 3. ed. p. 290 (1. ed. p. 288, N.) — orthographié de manière a pouvoir présenter la signification de êsch-Madaï „le feu de la Médie", so ist diese Erklärung von אשמדי zwar sehr ingeniös aber entschieden unrichtig.

Der Nabonidcylinder V Rawl. 64 umschrieben, übersetzt und erklärt.

Von *Johannes Latrille.*

Einleitung.

Die bisher durch das grosse Londoner Inschriftenwerk zugänglich gewordenen Inschriften der neubabylonischen Könige, welche vom Sturze des lange Zeit schier unbesieglichen Bruderreiches Assur an bis zum Untergange des semitischen Weltreiches auf Babels stolzem Throne sassen, gehörten zum grössten Teile Nebukadnezar, dem mächtigsten dieser Könige, an, — in verschiedenen Ruinen gefunden und von allerlei Werken des Weltherrschers erzählend. Dazu gesellten sich eine Inschrift Neriglissars und zwei Texte des letzten Königs in der kurzen Reihe, des Nabonid, von denen einer — leider der wertvollere — in sehr verstümmeltem Zustande auf uns gekommen ist. Diese Quellen der neubabylonischen Geschichte haben durch die kürzlich herausgegebene zweite Hälfte des fünften englischen Inschriften-Bandes einen stattlichen Zuwachs erhalten in drei ziemlich umfangreichen und ausgezeichnet erhaltenen Schriftstücken, welche Nabonid hat anfertigen lassen. Diese Texte sind um so wichtiger als sie etliche Angaben des berühmten Cyruscylinders erst ganz verstehen lehren. Sie stammen alle drei aus dem Tempel des Sonnengottes in Sippar, einem Bau, dessen Fundamente aus uralter Vorzeit zu erzählen wissen, und welcher daher eine gewisse Ehrfurcht für sich in Anspruch zu nehmen wohl berechtigt ist.

Alle diese Dokumente aus der neubabylonischen Zeit im engsten Sinne sind in ihrem Inhalte einander sehr ähnlich und unterscheiden sich in der ganzen Anlage von den Königsinschriften des Nordreiches in durchgreifender und auffälliger Weise. Die assyrischen Grosskönige sind vor allem darauf bedacht, den Ruhm ihrer Kriegsthaten auf die Nachwelt fortzupflanzen, und widmen daher der Aufzählung und Darstellung derselben den vornehmsten Platz in ihren Schriftstücken und Denkmälern; von den Werken des Friedens pflegen sie erst in zweiter, dritter Linie kurz zu handeln. Ganz anders die neubabylonischen Könige — leider ganz anders! Ihre Inschriften, so weit wir sie wenigstens bisher kennen gelernt haben, enthalten von Nachrichten über Kriegsereignisse kaum eine flüchtige Spur. Den Inhalt machen eigentlich ausschliesslich Berichte über grossartige Neubauten und Restaurationen verfallener Bauwerke aus. Denn die wenigen Worte, mit denen Nebukadnezar im Anfang der zweiten Columne seiner grossen Steinplatteninschrift der Kriege gedenkt, welche er unter Mühsal und Gefahren aller Art im mächtigen Schutze der grossen Götter siegreich und ruhmvoll durchgeführt hat, können nicht ein „Bericht" über Kriegsthaten genannt werden.

Das mit ganz geringen Abweichungen eingehaltene Schema der neubabylonischen Inschriften ist folgendes: Den Anfang macht eine mehr oder minder ausführliche Titulatur des Königs, manchmal mit etlichen Gebetsworten an den oder jenen Gott des Pantheons geschlossen; dann folgt der Bericht über einen Bau oder mehrere Bauten, als Tempelbauten, Palastbauten, Befestigungswerke, Anlage von Kanälen; geschlossen wird die Inschrift mit allerhand Gelöbnissen und Gebeten zu den Göttern für den König und seine Familie sowie um Erhaltung der königlichen Werke, besonders des Bauwerkes und der in demselben niedergelegten Inschriften. Diese Gebete sind tief empfunden und schön geformt. Manchmal gewinnt Einleitung und Schluss eine grosse Ausdehnung, so besonders in der V R 65 veröffentlichten, sehr interessanten und recht schwierigen Nabonidinschrift, in welcher von 92 Schriftzeilen 17 die Titel des Königs, des Gottes Samas und seines Tempels *Ebabbara* einnehmen und volle 37 Zeilen auf das Schlussgebet kommen, so dass Einleitung und Schluss, freilich beide äusserst interessant und namentlich sprachlich sehr wertvoll, den grösseren Teil der Inschrift ausmachen. Der (V R 66 veröffentlichte) Text des Antiochus, des Sohnes des Seleukus, in welchem die Gemahlin dieses Antiochus, die *As-ta-ar-ta-ni-ik-ku*, genannt wird, besteht fast ganz aus einem Gebete: Auf 5 Zeilen Einleitung folgt in 10 Zeilen die Nachricht, dass Antiochus für den Bau der Tempel *Esagila* und *Ezida* im Lande Chatti mit seinen reinen Händen Ziegel gestrichen habe und am 20. Addar des 43. Jahres das Fundament für *Ezida* habe legen lassen. Der ganze übrige Text (45 Zeilen) ist ein etwas langatmiges Gebet. — Der Text, welcher der folgenden Arbeit zu Grunde liegt, zerfällt, abgesehen von kurzer Einleitung und kurzem Schluss, in drei Teile, von denen jeder einzelne mit einem ziemlich ausführlichen Gebete schliesst.

Wie erklärt sich diese auffällige Erscheinung? Hatten diese babylonischen Könige keine Kriege zu erzählen? Von Nebukadnezar wissen wir, wie schwere Kämpfe er zu bestehen gehabt hat (woran uns schon die Namen Karkemisch, Jerusalem, Tyrus erinnern), und es ist ganz undenkbar, dass die Nachfolger desselben eine vollständig ruhige Regierung gehabt haben sollten. Denn in einem Reiche, dessen Teile von so grundverschiedenen Elementen gebildet werden, wie die des neubabylonischen Weltreiches, und welches so vielfach von räuberischen und mächtigen Nachbarn umlagert ist, kann es ohne Kriege nach aussen, ohne Aufstände im Innern nicht abgehen. Die Inschriften deuten, wenigstens indirekt, auch an, dass es in jenen Zeiten Feinde ringsum gab: die Gebete um Sieg über die

Feinde, um göttliche Hilfe gegen dieselben kleiden sich in mannigfache Formen — Beweis genug, dass solche Bitten damals nicht eben überflüssig waren. Auch im Innern des Reiches, ja in der Hauptstadt selbst ist es ohne manchen Strauss nicht abgegangen. Die verschiedenen Parteien der Priester, welche auch in Babylon auf einander eifersüchtig gewesen sein mochten, dazu die Zerklüftungen, welche die Unterschiede in der Nationalität der Bewohner Babels, der Weltstadt im eigentlichen Sinne, mit sich brachten, machten es unmöglich, dass der zweimalige Dynastienwechsel beim Regierungsantritt Neriglissars und Nabonids ohne ernste Unruhen hätte vorübergehen können. Neriglissar wie Nabonid werden den Thron nur unter schwerem Ringen haben behaupten können. Politisch wichtige Ereignisse gab es also wohl genug zu erzählen, und doch ist in all den Inschriften kein Bericht über solche auf uns gekommen.

Wollte man diesen Unterschied zwischen der Abfassungsart der assyrischen und neubabylonischen Inschriften dadurch erklären, dass alle bisher ausgegrabenen Denkmäler der neubabylonischen Herrscher eben nur Tempelinschriften enthalten, so würden dagegen aufs entschiedenste die beiden letzten Blätter des fünften Londoner Inschriftenbandes sprechen, welche den Text von einer alabasternen Votivtafel Asurnazirpals und zwar eine assyrische Tempelinschrift enthalten. Obgleich hier der assyrische König hauptsächlich von einem Tempelbau Bericht erstatten will, findet er doch Musse, in der ersten Hälfte der Inschrift in etlichen Skizzenstrichen ein Bild von seinen Kriegsthaten zu entwerfen. Erst dann wendet er sich zum eigentlichen Gegenstande seiner Darstellung.

Zum Teil erklärt sich diese Erscheinung wohl daraus, dass die Babylonier überhaupt kein so kriegerisches und kriegliebendes Volk waren wie die Assyrer, sie waren vielmehr ein vorwiegend Handel treibendes Volk, auf Erwerb bedacht, Reichtum und Pracht liebend. Diese Eigenart ihres

Volkes berücksichtigten die Könige ihres Teils, indem sie in ihren Inschriften dem Volke nicht von Kampf und Sieg, sondern von allerhand nutzbringenden und dabei glänzenden und bewundernswerten Friedenswerken erzählten.

Mochten sie auch noch so viel mit Kriegen zu thun gehabt haben, ihre Hauptaufgabe blieb doch immer die Befestigung ihres Landes und seiner von Natur ganz offen und ungeschützt sich hinbreitenden Hauptstadt, dazu die Herrichtung neuer, der Weltstellung des Reiches angemessener Tempel und Paläste und die glänzende Restauration der Staatsbauten in allen grossen Städten.

Als Nebukadnezar das kaum aufgerichtete Reich als Erbe seines Vaters empfing, war es in sehr verwahrlostem Zustande. Nabopolassar hat guten Grund gehabt, seinen Sohn „Nebo, schirme mein Gebiet!" zu nennen. Er hat in diesem Namen sein tägliches Gebet, sein tägliches Sorgen ausgedrückt. Sobald Nineve gefallen und Babyloniens Selbstständigkeit errungen war, ging er an die Restauration seines Reiches, vor allem — wie uns sein grosser Sohn erzählt — an die Ummauerung Babels selbst. Und das war nötig! In den letzten Zeiten, besonders unter Sanherib und Asurbanipal hatten die stets unruhigen und gegen das Joch Assurs sich auflehnenden Babylonier Tage schweren nationalen Unglücks gesehen. Immer wieder mussten die Grosskönige aus dem Norden hinabziehen in die paradiesischen Fluren des hartnäckigen, widerspenstigen Vasallenreiches; Städte wurden auf diesen Heereszügen belagert, erstürmt und zerstört, und Babel selbst mehrfach gezwungen, dem Sieger seine Thore zu öffnen. Schwer geschädigt, ja manchmal ganz verfallen lag es da, wenn Assurs Heer seine Stätte verliess. Zwar liessen es sich die assyrischen Herrscher angelegen sein, solche Zerstörungen wieder gut zu machen, wenn sie die stolze und schöne Feindin gedemütigt hatten; Asurbanipal nennt seinen Vater Asarhaddon geradezu den Fürsten, der Babylon wieder bewohnbar machte (*mušêšib Bâbîli*, V R 62,

N° 1, 5). Aber von langer Dauer waren solche Friedenszeiten nicht. Was Asarhaddon nach der furchtbaren Niederlage, welche Babel unter Sanherib erlitten hatte, dort und in anderen Städten wiederhergestellt, musste Asurbanipal niederreissen; denn sein wohlthätiges Walten für Babylonien in den ersten Jahren seiner Regierung wurde gehemmt durch die Ränke des treulosen leiblichen Bruders Samassumukin, welcher durch seine hochfahrenden Pläne dem Lande neues Unglück bereitete.

Man kann ahnen, welch nachteiligen Einfluss so lange Kriegszeiten auf das bedeutendste Centrum des Handels ausgeübt haben müssen, und versteht es, dass, sobald die Selbstständigkeit in langem, heissem Kampfe errungen war, sofort die Arbeit des Friedens begann. Nebukadnezars Aufgabe war es, diese Arbeiten auf mancherlei Gebieten zu Ende zu führen. Die vielen Tausende von Arbeitern zu diesen Zwecken lieferten ihm die unterworfenen Völker, welche er nach assyrischem Muster nach Babylonien schleppte. So wuchsen denn die Mauern Babylons, seine Tempel, seine Paläste in kurzer Zeit aus der Erde, umfangreiche Kanalbauten sicherten der Hauptstadt Wasser in Meeresfülle — kurz das Centrum der Regierung dieses gewaltigen Regenten sind die Werke des Friedens, die Riesenarbeiten zur Sicherung des Hauptlandes seines Weltreiches. Daher verschmäht er selbst in einer so ausgedehnten Inschrift, wie die grosse Steinplatteninschrift, die glorreichen Triumphe seines Feldherrntalentes auch nur aufzuzählen. Ebenso seine Nachfolger: sie folgten seinem Regierungsprogramm und nahmen auch seine Inschriften zum Vorbild für die ihrigen. Nur über die politischen Ereignisse der letzten Tage Babylons haben wir keilschriftliche Nachricht in den TSBA, Bd. VII veröffentlichten Annalen. Vielleicht haben die neubabylonischen Könige von Anfang an eine Reichsannalistik gehabt und nach dem Datum in kurzer Form die wichtigen Ereignisse ihrer Regierung registrieren lassen.

Dass in den neubabylonischen Texten den Gebeten so viel Raum gewidmet wird, erklärt sich leicht. Babylonien ist das Heimatland der Priesterweisheit, der Busspsalmen, der Beschwörungsformeln — der ganzen babylonisch-assyrischen Religionsvorstellungen. Die Priester aber, die Hüter und Fortbildner dieser uralten Traditionen, sind zugleich die Tafelschreiber, die Verfasser der Inschriften. Ist in Assyrien, dem grossen Militärstaate, das Königtum die alles beherrschende Macht, der auch das Priestertum untergeordnet ist, so besteht in Babylonien das Priestertum neben der königlichen Gewalt als eine einflussreiche Macht, sich nicht immer dem Könige fügend, zuletzt sogar an dem Sturze des Reiches arbeitend. Dieser Machtstellung der babylonischen Priester entspricht es, dass sie in den Inschriften für religiöse Dinge so viel Raum beanspruchen, ja stellenweise wertvolle mythologische Notizen einflechten.

Der Wert der neubabylonischen Sprachdenkmäler besteht zunächst also nur zum geringsten Teil in der Bereicherung politisch-historischen Wissens, in erster Linie vielmehr in der aus ihnen zu gewinnenden grammatikalischen und lexikographischen Ausbeute. Was überdies die Texte Nebukadnezars durch ihre ziemlich genauen Angaben über die gewaltigen Befestigungen Babylons und seine Kanäle für die Förderung unserer topographischen Kenntnis der Hauptstadt leisten, zeigt zur Genüge der schöne Aufsatz von Friedrich Delitzsch „Ein Gang durch das alte Babylon".[1]) Noch bedeutungsvoller sind die Inschriften Nabonids durch die hochwichtigen Angaben aus alten, uralten Tafeln seiner Vorgänger, für welche dieser letzte König ein rastlos forschendes Interesse hatte. Davon werde ich im Laufe dieser Arbeit ausführlicher zu handeln Gelegenheit haben.

Die Sprache der neubabylonischen Inschriften ist

1) „*Daheim*" 1884, Nr. 49 f.

im Grossen und Ganzen mit der assyrischen identisch. Ganz besondere Aehnlichkeit hat das sprachliche Kolorit der neubabylonischen Texte mit dem der Inschriften Asurbanipals: dieselbe Freiheit und Biegsamkeit der Konstruktionen tritt uns in beiden entgegen. Nebukadnezars und Nabonids Tafelschreiber behandeln die Endungen *u*, *i*, *a* ebenso willkürlich, wie die Tafelschreiber des letzten grossen Assyrerkönigs. Auch die sehr beachtenswerte Erscheinung, dass der vokalische Auslaut der Nomina häufig abgeworfen wird, findet sich gleicher Weise in den genannten Schriftstücken. Dieser Abfall des Endvokals lässt sich auch schon aus früheren assyrischen Texten hinreichend belegen und in den Vokabularien ziemlich oft nachweisen, in den letzten Zeiten aber tritt er in ungleich zahlreicheren Beispielen auf. FLEMMING in seiner Arbeit über „*die grosse Steinplatteninschrift Nebukadnezars II*" nennt (S. 32) diese Erscheinung: Gebrauch „der Status-konstruktus-Form für den Status absolutus". In den meisten Fällen sind auch diese Wörter mit abgeworfenem Endvokal formell mit der Statuskonstruktus-Form identisch — aber doch nicht in allen. Die Form *ûm* z. B., welche sich etliche Male für den Plural *ûmê* findet, ist nicht der Stat. konstr. des Plural von *ûmu*. Mit dem von FLEMMING angeführten *nisiḳ* und *šar* für *nisḳu* und *šarru* hat es nach meiner Ansicht eine eigene Bewandtnis (vgl. den *Kommentar* zu II, 1 und II, 49). Wenn freilich bei einer Segolatform wie *nisḳu* der Endvokal abfiel, so musste sie zu *nisiḳ* werden. Diese Abschleifung des Endvokals ist im Assyrisch-Babylonischen ziemlich häufig, gehört jedoch dort zu den Ausnahmen, während umgekehrt im Hebräischen die Formen mit Endvokal seltene Ausnahmen sind.

Die Zischlaute *s* = ס und *š* = שׁ, im Assyrischen mit etlichen wenigen Ausnahmen streng geschieden, wechseln im Neubabylonischen, besonders in den Nebukadnezarinschriften häufig mit einander. Dieser Wechsel — wie der von *b* und *p*, von *z* und *ṣ*, von *g* und *ḳ* zunächst in das

Gebiet der Schrift gehörig — beweist für die Sprache wenigstens so viel, dass die beiden Laute sehr ähnlich gesprochen wurden.

Die wichtigste Eigentümlichkeit zeigen die neubabylonischen Texte in Bezug auf den Konsonanten *m*. Dass die Babylonier das *m* wie *w* aussprachen, ja es wie einen Halbvokal behandeln konnten, lässt sich durch die Beispiele belegen, welche der V R 65 veröffentlichte Nabonidcylinder in seinen zwei Exemplaren bietet. Dort ist nämlich in dem einen Exemplare nach gewöhnlicher Weise ein *m* geschrieben, in dem anderen fällt es graphisch fort. So bietet zu *ê-im-ga* „weise" Zeile 3[a] die Glosse *ê-ga*; zu *ú-šat-iḫ* Zeile 5[b] die Glosse *ú-sat-mi-iḫ* „ich liess halten"; Zeile 4[b] ist für die sonst *šurmêni* geschriebene Holzart *šur-i-ni* geschrieben. Das *m* ist an allen diesen Stellen verflüchtigt und wird wie ein Hauchlaut behandelt.

Noch bedeutsamer sind die beiden für eine und dieselbe Form gebrauchten Schreibungen *ú-ka-ma-an-ni* V R 65, 27 a und *ú-ga-a-an-ni* V R 63, 28 a. Diese Form giebt um so mehr zu denken, als in dem Nebukadnezartext V R 34 das col. I, 34 *ú-šá-al-ma-am* geschriebene Schaphel von *lamû* I, 26 als *ú-šá-al-am* erscheint, worauf Friedrich Delitzsch im Sommer 1884 hingewiesen hat. *uḳânni* heisst „er wartete" und gehört zu dem Stamme קוה, für dessen richtige Bestimmung Delitzsch (bei Lotz, *die Inschriften Tiglat-Pilesers I*, S. 113) die Form *ú-ḳa-'-u* (Asurb. 134, 52) angeführt hat. Die Form *uḳâmânni* (für *uḳammânni**), ebenso die Form *ušalâm* neben *ušalmâm* lässt an der Richtigkeit der von Paul Haupt (*Beiträge zur assyrischen Lautlehre*, S. 87) ausgesprochenen Behauptung, dass das Assyrisch-Babylonische ein konsonantisches ו garnicht kenne, sehr begründete Zweifel aufkommen. Diese Formen weisen doch allzu deutlich auf das hebräische קָוָה „harren, warten" und לָוָה „umgeben, umschliessen" hin und fordern, dass man *ušalwâm* und *uḳâwânni* lese. Die Babylonier besitzen am

Ende doch eigentliche Verba ע״י; jedoch sind — wie DELITZSCH sagt — bei den Babyloniern die Zeichen *ma*, *mi* u. s. w. bereits für das griechische Digamma in Gebrauch (für letzteres vgl. auch *ḫâ'iru* „Gatte" und *ḫâmiru*, besser *ḫâwiru*).[1])

Die Schrift der neubabylonischen Inschriften ist aus der altbabylonischen entstanden. Ihr Gebrauch beschränkt sich nicht auf die Inschriften der Könige von Nebukadnezar bis Nabonid, sondern ist lange vorher und auch noch nachher erwiesen. Schon *Nabû-bal-iddina*, welcher zur Zeit Asurnazirpals (884—860) in Babylonien regierte, schreibt mit neubabylonischen Zeichen (V R 60 f.), welche sich von denen unseres Nabonidcylinders kaum unterscheiden. Der Antiochuscylinder (V R 66) ist gleichfalls mit neubabylonischen, freilich sehr gekünstelten Zeichen geschrieben. In diesen Zeiten, schon von Samassumukin ab, macht sich ein Streben geltend, die ursprünglichen Formen, welche langer Gebrauch zu einfacheren, praktischeren abgeschliffen hatte, durch alle möglichen Zusätze und Schnörkel an Umfang noch zu überbieten. Am meisten hält sich an die alten Formen Nebukadnezars grosse Inschrift, freier ist der Nabonidcylinder V R 63, noch künstlicher der Antiochuscylinder geschrieben; am meisten verschnörkelt sind die Schriftzeichen bei Samassumukin (V R 62 N° 2). Man vergleiche nur die Zeichen für *mu* Zeile 31, für *li*[2]) Zeile 33, für *it* Zeile 36!

In etlichen Fällen leistet diese Schrift der Erklärung wichtiger Ideogramme willkommene Dienste. So findet sich das Ideogramm [cuneiform sign] in neubabylonischen Texten

1) Vgl. jetzt auch die Ausführung von Dr. H. ZIMMERN in „*Babylonische Busspsalmen*" (Lpzg., Breitkopf und Härtel 1885), S. 16, 17, der sich dort in ganz gleichem Sinne wie wir ausspricht und auf seine Beobachtungen eine ansprechende Etymologie des Wortes *amêlu* gründet. — Ueber etliche vereinzelte Eigentümlichkeiten der neubabyl. Sprache, wie den Plural auf *î* in Verbalformen (häufig V R 65) siehe den *Kommentar*.

2) Vgl. oben, S. 66, Anm. 2. — *Red.*

häufig geschrieben, lässt also die Zusammensetzung deutlich erkennen, giebt so die Wortbedeutung an die Hand und macht früheren falschen Erklärungen ein Ende (s. das Nähere zu II, 45). Ebenso ist es mit dem Ideogramm , bisher *nin* gelesen. Das Neubabylonische schreibt oft , z. B. V R 61, col. VI, 42, und dieses ist, da auch den Lautwert *mim* hat, *mimma* zu lesen, und *nin* aus der Reihe der assyrisch-babylonischen Pronomina zu tilgen.

Misslich für das Lesen neubabylonischer Texte ist, dass für etliche im Altbabylonischen und im Assyrischen verschiedene Zeichen ganz dieselbe Form geprägt ist. So ist Zeichen für *bîtu* „Haus", assyrisch , und für *kit*, *sik*, *lil*, assyrisch [1]). Im Assyrischen ist *mal* zu lesen; *mal* schreibt das Neubabylonische [2]), welches Zeichen jedoch auch die im Assyrischen gebräuchlichen Lautwerte *dir*, *ṭir* hat (vgl. zu II, 23). Das Zeichen = assyrischem hat neben dem Lautwert *sik* auch den Lautwert *šim* (*šêm*), z. B. V R 65, 5a.

Die Zeichen *zi* und *zu* werden auch für *ṣi* und *ṣu* gebraucht, die Zeichen *bi*, *bê*, *ba* für *pi*, *pê*, *pa* und umgekehrt, die Zeichen *ga*, *gi*, *gu* für *ḳa*, *ḳi*, *ḳu*. Diese Lautwerte finden sich zum Teil auch in assyrischen Inschriften, Vokabularien und Syllabaren (vgl. z. B S^c 199: *ga-aḳ-ḳu* für *ḳa-aḳ-ḳu*), aber bei weitem nicht so zahlreich. Dagegen hat auch im Assyrischen das Zeichen die Werte *bu* und *pu*, die Werte *za* und *ṣa* (vgl. auch für *ku* und *ḳu*, für *ki* und *ḳi*); s. Paul Haupt, ASKT 168 ff.

Abgesehen von solchen einzelnen Abweichungen deckt sich der Bestand der Zeichen und Lautwerte in der assyrischen und neubabylonischen Schrift.

1) Cf. Lenormant, *Études accadiennes* I, 1, 53, n.

2) Dieser Lautwert *mal* hat seinen Entstehungsgrund wohl darin, dass laut V R 39, N° 4, 60 f. Ideogramm für *ma-lu-u* ist.

Transcription.

Col. I. 1. A-na-ku ilu Na-bi-um-na-'-id šarru ra-bu-ú šarru dan-nu
šar kiš-ša-ti šar Bâbîli šar kib-ra-a-ti ir-bit-ti
za-ni-in Ê-sag-ila ŭ Ê-zi-da
šá ilu Sin ŭ ilu Nin-gal i-na libbi um-m[i-šú]
5. a-na ši-ma-at šarru-ú-tu i-ši-mu ši[-ma-at-su]
mâr m ilu Nabû-balâṭ-su-iḳ-bi rubû ê-im-ḳu pa-li-iḫ [ilâni rabûti]
7. ——— a-na-ku.

8. Ê-ḫul-ḫul bît ilu Sin šá ki-rib âlu Ḫar-ra-nu
šá ul-tu ù-mu ṣa-a-ti ilu Sin bêlu ra-bu-ú
10. šú-ba-at ṭu-ub libbi-[šú ra-]mu-ú ki-ri-ib-šu
ê-li âli ŭ bîti ša-a-šú lib-bu-uš i-zu-uz-ma
amêlu Ummân-Man-da ú-šat-ba-am-ma bîta šú-a-tim ub-bi-it-ma
ú-šá-lik-šú kar-mu-tu. I-na pa-li-ê-a ki-i-nim
ilu Bêl bêlu rabû[1]) i-na na-ra-am šarru-ú-ti-ia
15. a-na âli ŭ bîti ša-a-šú is-li-mu ir-šú-ú ta-â-ri.
I-na ri-êš šarru-ú-ti-ia dârî-ti ú-šab-ru-'-in-ni
17. šú-ut-ti

1) Hier liegt ein Versehen des Tafelschreibers vor. Die Verba *islimu* und *iršû* verlangen zwei Götter als Subjekt. Sin, dem dieser Tempel gehört, muss vor allem genannt sein. Es werden Marduk und Sin einzusetzen sein gemäss Zeile 18, 34 u. s. f. So meine Uebersetzung.

2) Der Cylinder hat die Gestalt eines schlanken Fässchens, ist also in der Mitte etwas breiter als an den Enden; daher die grössere Zahl der

Uebersetzung.[2])

Col. I. 1. Ich, Nabonid, der grosse König, der mächtige König,

der König der Gesamtheit, der König von Babylon, der König der vier Weltgegenden,

der verschwenderisch schmückt Esagila und Ezida,

dessen Loos Sin und Ningal im Mutterleibe

5. zu königlichem Loose bestimmten,

der Sohn des Nabubalatsuikbi, des weisen Fürsten, des Verehrers der grossen Götter,

7. bin ich.

---

8. Echulchul, den Tempel des Sin in Charran,

in welchem seit ewigen Tagen Sin, der grosse Herr,

10. einen Sitz der Freude seines Herzens bewohnt hatte,

über diese Stadt und Tempel ergrimmte sein Herz, und

Ummanmanda liess er kommen, jenes Haus richtete er zu Grunde und

liess es dem Erdboden gleich werden. Unter meiner beständigen Regierung

wurden Sin und Marduk aus Liebe zu meiner Majestät

15. gegen diese Stadt und Haus freundlich, sie willigten in Vergebung.

Im Anfang meiner andauernden Königsherrschaft liessen sie mich schauen

17. einen Traum:

Zeilen in Col. II. — Inhalt: Eingang: Name und Titel des Königs; Col. I, 1—7. Teil I: Bau des Mondtempels in Charran; I, 8—II, 46. T. II: Bau des Sonnentempels in Sippar des Samas; II, 47—III, 21. T. III: Bau des Anunittempels in Sippar der Anunit; III, 22—42. Schluss: Segen für den treuen Nachfolger; III, 43—51.

Col. I. 18. ilu Marduk bêlu rabû ŭ ilu Sin na-an-na-ri šamê ŭ irṣitim
iz-zi-zu ki-lal-la-an ilu Marduk i-ta-ma-a it-ti-ia
20. ilu Nabû-nâ'id šar Bâbîli i-na sisê ru-ku-bi-kâ
i-ši libnâti Ê-ḫul-ḫul ê-pu-uš-ma ilu Sin bêlu rabû
i-na ki-ir-bi-šú šú-ur-ma-a šú-ba-at-su.
Pa-al-ḫi-iš a-ta-ma-a a-na ilu Bêl ilâni ilu Marduk
bîta šú-a-tim šá taḳ-bu-ú ê-pi-šú
25. amêlu Ummân-Man-da sa-ḫi-ir-šum-ma pu-ug-gu-lu ê-mu-ga-a-šú
ilu Marduk-ma i-ta-ma-a it-ti-ia amêlu Ummân-Man-da ša taḳ-bu-ú
šá-a-šú mâta-šú ŭ šarrâni a-lik i-di-šú ul i-ba-aš-ši.
I-na šá-lu-ul-ti šatti i-na ka-ša-du
ú-šat-bu-niš-šum-ma m Ku-ra-aš šar mâtu An-za-an arad-su[3]) ṣa-aḫ-ri
30. i-na um-ma-ni-šú i-ṣu-tu amêlu Ummân-Man-da rap-ša-a-ti
31. ú-sap-pi-iḫ
m Iš-tu-mê(wê)-gu šar amêlu Ummân-Man-da iṣ-bat-ma ka-mu-ut-su a-na mâti-šú
33. il-ki.
A-mat ilu bêlu rabû ilu Marduk ŭ ilu Sin na-an-na-ri šamê ŭ irṣitim
35. ša ki-bi-it-su-nu la in-nin-nu-ú a-na ki-bi-ti-šu-nu ṣir-ti
ap-la-aḫ ak-ku[4])-ud na-ḳut-ti ar-šê-ê-ma dul-lu-ḫu
37. pa-nu-ú-a
38. la ê-gi la a-šê-it a-ḫi la[5]) ad-da ú-šat-ba-am-ma
um-ma-ni-ia rap-ša-a-ti ul-tu mâtu Ḫa-az-za-ti

3) Ebenso die Kollation von FRIEDRICH DELITZSCH; es fehlt also im Original ein *nu*; *aradsunu* muss es heissen.

Col. I. 18. Marduk, der grosse Herr, und Sin, das Licht Himmels und der Erde,
traten zu beiden Seiten, während Marduk zu mir sprach:
20. „Nabonid, du König von Babylon, mit dem Pferd deines Wagens
hole Backsteine, Echulchul baue und Sin, den grossen Herrn,
lass drinnen seinen Wohnsitz aufschlagen".
Ehrfurchtsvoll spreche ich zu dem Herrn der Götter, Marduk:
„Jenes Haus, das du befohlen hast zu bauen,
25. der Ummanmanda hält es besetzt, und gross ist seine Macht".

Marduk hingegen spricht zu mir: „Der Ummanmanda, von dem du gesprochen,
er, sein Land und die Könige, seine Helfershelfer, ist (sind) nicht mehr".
Im dritten Jahre, als es herannahte,
liessen sie ihn kommen, den Cyrus, König von Anzan, ihren geringen Knecht,
30. mit seinen wenigen Truppen vernichtete er die weit sich
31. ausdehnenden Ummanmanda.
Den Astyages, den König der Ummanmanda, fing er und

33. schleppte ihn gebunden in sein Land.
Den Befehl des grossen Herren Marduk und Sins, des Lichtes Himmels und der Erde,
35. deren Geheiss nicht gebeugt wird, vor ihrem erhabenen Geheiss
fürchtete ich mich, ich erschrack (?), ergab mich in Bestürzung, und verstört ward
37. mein Antlitz.
38. Nicht ward ich matt (?), nicht wich ich ab, meine Seite legte ich nicht nieder, sondern ich liess kommen
meine weithin wohnenden Mannen von Gaza,

---

4) *ku* möchte ich statt *šú* des Textes V R lesen im Anschluss an die Parallelstelle II, 52.

5) Statt *ad ad-da* ist zu lesen *la ad-da*; siehe dazu den *Kommentar.*

Col. I. 40. pa-at mâtu Mi-ṣir
tam-tim ê-li-ti a-bar-ti nâru Purâti a-di tam-tim
42. šap-li-ti
šarrâni rubê šakkanakkê ŭ um-ma-ni-ia rap-ša-a-ti
šá ilu Sin ilu Šamaš ŭ ilu Iš-tar bêlê-a ͡ ia-ti
45. i-ki-pu-nu
a-na ê-pi-šú Ê-ḫul-ḫul bît ilu Sin bêli-ia a-lik i-di-ia

šá ki-rib âlu Ḫar-ra-nu ša m Ašûr-ba-an-pal šar mâtu Aššûr
mâr m ilu Ašûr-âḫ-iddina šar mâtu Aššûr rubû a-lik maḫ-ri-ia
49. i-pú-šú.
50. I-na araḫ ša-al-mu i-na ù-mi nâdi ša i-na bi-ri
51. ú-ad-du-ni ilu Šamaš ŭ ilu Râmân
i-na ni-mê-ku ilu Ê-a ŭ ilu Marduk i-na *ka azaga gal* ú-tu
i-na ši-ip-ri ilu [illegible] bêl uš-šú ŭ libnâti

Col. II. 1. i-na kaspi ḫurâṣi abnê ni-sik-ti šú-ku-ru-tu ḫi[-biš-ti iṣu kišti]
rikkê iṣu êrini ina ḫi-da-a-ti ŭ ri[-ša-a-ti]
[ê-li] tê-mê-ên-na šá m ilu Ašûr-ba-an-pal šar mâtu Aššûr
[šá] tê-mê-ên-na m Šul-maṇ-ašarêd mâr m ilu Ašûr-na-ṣir-pal i-mu[-ru]
5. uš-šú-šú ad-di-ma ú-kin lib-na-at-su. I-na šikâri ka-râni šamni dišpi
6. šal-la-ar-šú am-ḫa-aṣ-ma ab-lu-ul ta-ra-aḫ-ḫu[-uš].

Ê-li ša šarrâni ab-bi-ê-a ib-šê-ti-sú ú-dan[-nin-ma]

ú-nak-ki-lu ši-bi-ir-šu. Êš[irta šú-a-tim ul-tu tê-mê-ên-šu]
a-di taḫ-lu-bi-šu [ê-êš-ši-iš ab-ni-ma ú-ša-ak-li-il ši-bi-ir-šu].
10. iṣu Gušûrê iṣu [êrini ṣi-ru-tú ta-ar-bi-it šadû Ḫa-ma-tú]

Col. I. 40. der Grenze Egyptens,
vom oberen Meere, dem Lande jenseits des Euphrat, bis zum
42. unteren Meere:
Könige, Fürsten, Machthaber und meine zahlreichen Leute,
welche Sin, Samas und Istar, meine Herren, mir
45. anvertraut hatten,
zu bauen Echulchul, das Haus Sins, meines Herren, der mir hilft,
in Charran, welches Asurbanipal, der König von Assur,

der Sohn des Asarhaddon, Königs von Assur, der Fürst, mein Vorgänger,
49. gebaut hatte.
50. Im Monat des Heils an einem hohen Tage, welchen im
51. Traumgesicht fest bestimmt hatten Samas und Raman,
in der tiefen Weisheit Ea's und Marduk's, in Erleuchtung,
mit dem Werk des Backsteingottes (?), des Herrn des Fundaments und der Backsteine,

Col. II. 1. mit Silber, Gold, kostbaren Edelsteinen, dem Erzeugniss (?) des Waldes,
wohlriechenden Hölzern, Zedern unter Freude und Jubel
gründete ich über dem Grundstein Asurbanipals, des Königs von Assur,
welcher den Grundstein Salmanassars, des Sohnes Asurnazirpals, gefunden,
5. sein Fundament und legte seine Backsteine. Von Meth, Wein, Oel, Honig
6. machte ich triefen seine Wand, übergoss seine Umfassungsmauer.
Mehr als die Könige, meine Väter, machte ich stark seine Werke,
bereitete kunstvoll seinen Bau. Selbigen Tempel von seinem Grundstein
bis zu seiner Decke baute ich neu und vollendete seinen Bau.

10. Hohe Zedernbalken, das Gewächs des Chamatugebirges,

Col. II. ú-šá[-at-ri-iṣ ṣi-ru-uš-šú. isu Dalâti isu êrini]
[šá i-ri-is-si-na ṭa-a-bi ú-]ra-at-ta-a i-na bâbâni-šu
[kaspa ḫurâṣa] bît libnâti-šú ú-šal-biš-ma ú-ša-an-bi-iṭ ša-aš-ša-ni-iš
[ri]-i-[mu ṣa]-ḫa-li-ê ib-bi mu-nag-gip ga-ri-ia
ka-ad-ri-iš uš-zi-iz i-na ad-ma-ni-šú.
Šinâ ilu Laḫ-mu eš-ma-ru-ú sa-pi-in â-bi-ia
i-na bâb ṣi-it ilu Šamši imnu ŭ šumêlu ú-šar-ši-id.
Ga-tim ilu Sin ilu Nin-gal ilu Nuzku ŭ ilu Sa-dar-[6]nun-na
bêlê-a ul-tu Bâbîli âl šarru-ú-ti-ia
aṣ-ba-at-ma i-na ḫi-da-a-ti ŭ ri-ša-a-ti
šú-ba-at ṭu-ub líb-bi ki-ir-ba-šú ú-šê-ši-ib.
immêru nikâni taš-ri-iḫ-ti ib-bi ma-ḫar-šu-nu ak-ki-ma
ú-šam-ḫi-ir kad-ra-â. Ê-ḫul-ḫul ri-êš-tum ú-mal-li-ma
âlu Ḫar-ra-an a-na pa-at gi-im-ri-šú
ki-ma ṣi-it arḫi ú-nam-mi-ir šá-ru-ru-šú.
ilu Sin šar ilâni ša šamê ŭ irṣitim ša ul-la-nu-uš-šú
âlu ŭ mâtu la in-nam-du-ú la i-tur-ru aš-ru-uš-šú
a[-na Ê-]ḫul-ḫul bît šú-bat la-li-ê-ka i-na ê-ri-bi-ka
damik-tim âli ŭ bîti ša-a-šú liš-ša-ki-in šap-tu-uk[7]-ka.
Ilâni a-ši-bu-tu šá šamê ŭ irṣitim
li-ik-ta-ra-bu bît ilu Sin a-bi ba-ni-šú-un.
Ja-ti ilu Nabû-nâ'id šar Bâbîli mu-šak-lil bîti šú-a-tim

---

6) *Sa-dar-nun-na* bietet V R 64 und DELITZSCH's Kopie; für die neubabylonische Gestalt des Zeichens *dar*, welches im Assyrischen [Keilschriftzeichen] geschrieben wird (beachte V R 52, col I, 17 *Sa-dar-nun-na*), siehe jetzt auch DELITZSCH, AL³, Schrifttafel Nr. 70. Gegen die etwaige Lesung

Col. II. breitete ich oben darüber. Thürflügel von Zedernholz,
dessen Geruch gut ist, richtete ich auf in seinen Thoren;
13. mit Silber (und) Gold bekleidete ich seinen Backsteinbau und machte (ihn) glänzen sonnengleich;
Wildochsen von weissem Zachalu, welche niederstossen meine Feinde,
15. stellte ich als Geschenk auf in seinem Gebäude.
Zwei Lachmugötter aus Eschmaru, welche niederstrecken meine Feinde,
stellte ich fest auf an dem Ostthore zur Rechten und Linken.
Die Hand des Sin, der Ningal, des Nuzku und des Sadarnuna,
meiner Herren, aus Babylon, meiner Residenz, fort
20. ergriff ich, und in Freude und Jubel
liess ich (sie) darinnen einen Sitz der Herzensfreude bewohnen.
Reine, kräftige Opfertiere brachte ich dar vor ihnen,
liess sie empfangen Geschenke. Echulchul, das uralte, füllte ich, und
den Glanz der Stadt Charran machte ich nach ihrer ganzen Ausdehnung
25. gleich dem Neumonde glänzen.
Sin, du König der Götter Himmels und der Erde, der seit ewig (??)
in Stadt und Land sich nicht niedergelassen, noch sich gewendet an seinen Ort,
wenn du in Echulchul, das Haus, da deine Pracht wohnt, einziehst,
möge Gnade für diese Stadt und Haus auf deiner Lippe erfunden werden!
30. Die Götter, die Bewohner Himmels und der Erde,
mögen segnen das Haus Sins, des Vaters, ihres Erzeugers!
Mich, Nabonid, den König von Babylon, den Vollender dieses Hauses,

---

Sa-ka-mu-nun-na spricht, dass dieser Göttername sonst stets mit *k* (*g*) geschrieben wird. Auch Dr. ZIMMERN, *Babyl. Busspsalmen*, S. 25 (unter *kâta ṣabâtu*) liest an unserer Stelle richtig *Sa-dar-nun-na*.

7) V R hat hier *az* statt *uk*.

Col. II. ilu Sin šar ilâni ša šamê ŭ irṣitim i-na ni-iš i-ni-šu damḳûtim
ḫa-di-iš lip-pal-sa-an-ni-ma ar-ḫi-šam-ma i-na ni-ip-ḫi ŭ ri-ba
li-dam-mi-iḳ it-ta-tu-ú-a ûmê-ia li-ša-ri-ik
šanâti-ia li-ša-an-di-il lu-ki-in pa-lu-ú-a
amêlu na-ak-ru-ti-ia lik-šú-ud amêlu za-ma-ni-ia li-ša-am-ḳit
li-is-pu-un ga-ri-ia. ilu Nin-gal ummi ilâni rabûti
i-na ma-ḫar ilu Sin na-ra-mi-šu li-iḳ-ba-a ba-ni-ti.
ilu Šamaš ŭ ilu Iš-tar ṣi-it libbi-šu na-am-ra
a-na ilu Sin a-bi ba-ni-šú-nu li-iḳ-bu-ú damiḳ-tim
ilu Nuzku sukkallu ṣi-i-ri su-pi-ê-a li-iš-mê-ê-ma
li-iṣ-ba-at a-bu-tu. Mu-sa-ru-ú ši-ṭi-ir šú-um
ša m ilu Ašûr-ba-an-pal šar mâtu Aššûr a-mu-ur-ma
la ú-nak-ki-ir šamni ap-šú-uš immêru niḳâni ak-ki
it-ti mu-sa-ri-ê-a aš-kun-ma ú-tê-ir aš-ru-uš-šú.

---

47. A-na ilu Šamaš da-â-nu šá šamê ŭ irṣitim
Ê-babbar-ra bît-su ša ki-rib Sippar
ša m Nabû-kudûṛi-uṣur šar maḫ-ri i-pu-šú-ma
tê-mê-ên-šú la-bi-ri ú-ba-ʾ-ú la i-mu-ru
bîta šú-a-tim i-pu-uš-ma. I-na XLV šanâti
šá bîtu šú-a-tim i-ḳu-pu i-ga-ru-šú ak-ku-ut aš-ḫu-ut(uṭ)
na-kut-ti ar-šê-ê-ma dul-lu-ḫu pa-nu-ú-a.
A-di ilu Šamaš ul-tu ki-ir-bi-šú ú-šê-ṣu-ú
ú-šê-ši-bu i-na bîti ša-nim-ma bîta šú-a-tim ad-ki-ê-ma
tê-mê-ên-šú la-bi-ri ú-ba-ʾi-ma XVIII ammat ga-ga-ri
ú-šap-pi-il-ma tê-mê-ên-na m Na-ram-iluSin mâr m Šar-ru-kênu

Col. II. möge Sin, der König der Götter Himmels und der Erde, in seiner huldreichen Liebe
freundlich anblicken und monatlich bei Aufgang und Untergang
meine . . . günstig machen, meine Tage möge er verlängern,
meine Jahre ausdehnen, fest gründen meine Regierung;
meine Feinde möge er besiegen, meine Gegner zu Fall bringen,
niederstrecken meine Widersacher! Ningal, die Mutter der grossen Götter,
möge vor Sin, den sie liebt, zum Besten reden!
Samas und Istar, seine glänzenden Sprösslinge,
mögen bei Sin, dem Vater, ihrem Erzeuger, Gnade aussprechen!
Nuzku, der erhabene Götterbote, möge hören mein Flehen und
annehmen . . . .! Die Inschrift, die Namensschrift
des Asurbanipal, des Königs von Assur, fand ich und
änderte (sie) nicht, salbte (sie) mit Oel, Opfer brachte ich dar,
zu meiner Inschrift legte ich sie und brachte (sie) zurück an ihren Ort.

Für Samas, den Richter Himmels und der Erde,
Ebabbara, sein Haus in Sippar,
welches Nebukadnezar, ein früherer König, gebaut hatte und
dessen alten Grundstein er gesucht, aber nicht gefunden hatte,
selbiges Haus baute ich. Innerhalb von 45 Jahren
waren jenes Hauses Wände eingefallen; ich erschrack (?), sank nieder,
in Bestürzung ergab ich mich, und verstört ward mein Antlitz.
Während ich Samas aus seinem Innern entfernte,
(ihn) wohnen liess in einem anderen Hause, riss ich jenes Haus ein,
seinen alten Grundstein suchte ich, und 18 Ellen Boden
liess ich austiefen, und den Grundstein des Naramsin, Sohnes des Sargon,

Col. II. šá III M II C šanâti ma-na-ma šarru a-lik maḫ-ri-ia la i-mu-ru
^{ilu} Šamaš bêlu rabû Ê-babbar-ra bît šú-bat ṭu-ub libbi-šu
ú-kal-lim-an-ni ia-a-ši. I-na ^{arḫu} Dûzu[8]) i-na arḫi šal-mu i-na ûmu mâgiri
šá i-na bi-ri ú-ad-du-ni ^{ilu} Šamaš ŭ ^{ilu} Râmân
i-na kaspi ḫurâṣi abnê ni-siḳ-ti šú-ḳu-ru-tu ḫi-biš-ti ^{isu} kišti
riḳḳê ^{isu} êrini i-na ḫi-da-a-ti ŭ ri-ša-a-ti
ê-li tê-mê-ên-na ^{m} Na-ra-am-^{ilu}Sin mâr ^{m} Šarru-kênu
ubâni la a-ṣi-ê ubâni la ê-ri-bi ú-kin lib-na[at-su].

Col. III. [VM] ^{isu} êrini dan-nu-tu a-na ṣu-lu-li-šu ú-šat-ri-iṣ
[^{isu} dalâti] ^{isu} êrini ṣi-ra-a-ti as-kup-pu ŭ nu-ku-šê-ê
[i-na] bâbâni-šú ú-ra-at-ti.
[Ê-babbar]-ra a-di Ê-i-lu-an-azag-ga zig-gur-ra-ti-šu
[ê-êš-ši-iš] ê-pu-uš-ma ú-šak-lil ši-bi-ir-šú.
[Ga-tim ^{ilu}] Šamaš bêli-ia aṣ-bat-ma i-na ḫi-da-a-ti ŭ ri-ša-a-ti
[šú-ba-at] ṭu-ub libbi ki-ir-ba-šú ú-šê-ši-ib.

[Ši-ṭi-ir šú-]um ša ^{m} Na-ra-am-^{ilu} Sin[9]) mâr ^{m} Šar-ru-kênu a-mu-ur-ma
[la ú-nak-ki-ir šamni]ap-šú-uš ^{immêru} niḳâni ak-ki
it-[ti mu-sar-]ri-ê-a aš-ku-un-ma ú-tê-ir aš-ru-uš-šú.

^{ilu} Šamaš [bêlu rabû] ša šamê ŭ irṣitim nu-úr ilâni ab-bi-ê-šú
ṣi-it líb-bi šá ^{ilu} Sin ŭ ^{ilu} Nin-gal

8) Es ist *šú* = *Dûzu* zu lesen (nicht *ku*), wie auch DELITZSCH's Kopie bietet; ebenso auch V R 61, col. VI, 1.

9) DELITZSCH's Kopie bietet richtig . [So liest auch

Col. II. welchen 3200 Jahre lang kein König, der mir voranging, gefunden hatte,

liess **mich** Samas, der grosse Herr von Ebabbara, dem Hause, da seines Herzens Freude wohnt,

sehen. Im Tammuz, im Monat des Heils, an einem günstigen Tage,

welchen im Traumgesicht festsetzten Samas und Raman,

mit Silber, Gold, kostbaren Edelsteinen, dem Erzeugniss (?) des Waldes,

wohlriechenden Hölzern, Zedern unter Freude und Jubel

legte ich über dem Grundstein des Naramsin, des Sohnes Sargons,

in ganz ebener Fläche seine Backsteine.

Col. III. 1. 5000 starke Zedernstämme breitete ich hin zu seiner Bedachung;

hohe Thürflügel aus Zedernholz, Schwellen und Angeln fügte ich ein in seinen Thoren.

Ebabbara samt E-ilu-an-azaga, seinem Tempelturme,

baute ich neu und vollendete sein Werk.

Die Hand des Samas, meines Herrn, ergriff ich, und in Freude und Jubel

liess ich (ihn) einen Wohnsitz der Herzensfreude darin bewohnen.

Die Inschrift (Namensschrift) des Naramsin, des Sohnes des Sargon, fand ich

und änderte (sie) nicht, mit Oel salbte ich (sie), Opfer brachte ich dar,

zu meiner Inschrift legte ich (sie) und brachte sie zurück an ihren Ort.

Samas, grosser Herr Himmels und der Erde, Licht der Götter, seiner Väter,

Spross des Herzens des Sin und der Ningal,

M. Pinches in einer mir vorliegenden Correctur des betreffenden *sheet* von V R. — *Bezold*].

Col III. a-na Ê-babbar-ra bît na-ra-mi-ka i-na ê-ri-bi-ka
parakka-ka da-ru-ú i-na ra-mi-ê-ka
ia-ti ilu Nabû-nâ'id šar Bâbîli rubû za-ni-in-ka
mu-ṭi-ib líb-bi-ka ê-bi-iš ku-um-mi-ka ṣi-i-ri
íb-šê-tu-ú-a damkâtim ḫa-di-iš na-ap-li-is[10])-ma
ù-mi-šam-ma i-na ni-ip-ḫi ŭ ri-ba i-na ša-ma-mi ŭ ga-ga-ri
du-um-mi-iḳ it-ta-tu-ú-a un-nin-ni-ia li-ki-ê-ma
mu-gu-ur ta-aṣ-li-ti. iṣu Ḫaṭṭa ŭ šî-bir-ri ki-i-nim
ša tu-šat-mi-ḫu ḳa-tu-ú-a lu-bi-êl a-na du-ú-ri da-a-ri.

———

A-na ilu A-nu-ni-tum bêlit taḫâzi na-ša-ta iṣu ḳašti ŭ iš-pa-ti
mu-šal-li-ma-at ki-bi-it ilu Bêl a-bi-šú
sa-pi-na-at amêlu na-ak-ru mu-ḫal-li-ḳa-at ra-ag-gu
a-li-ka-at maḫ-ri šá ilâni
šá i-na ṣît Šamši ŭ êrêb Šamši ú-dam-ma-ḳu [it-ta] tu-ú-a
Ê-ul-bar bît-su ša i-na Sippar ilu A-nu-ni-tum ša [VIIIC šanâti]
ul-tu pa-ni m Šá-ga-šal-ti-bur-ia-aš[11]) šar Bâbîli
mâr m Kudûri-iluBêl šarru ma-na-ma la i-pu-šú
tê-mê-ên-šú la-bi-ri aḫ-ṭu-uṭ-ma a-ḫi-iṭ ab-ri-ê-ma
ê-li tê-mê-ên-na m Šá-ga-šal-ti-bur-ia-aš mâr m Kudû-ri-ilu Bêl
uš-šú-šú ad-di-ma ú-ki-in lib-na-at-su.
Bîta ša-a-šú êš-šiš é-pu-uš ú-šak-lil ši-bi-ir-šu.
ilu A-nu-ni-tum bêlit taḫâzi mu-šal-li-mat ki-bit ilu Bêl a-bi-šú
sa-pi-na-at amêlu na-ak-ru mu-ḫal-li-ḳa-at rag-gu
a-li-ka-at maḫ-ri ša ilâni ú-šar-ma-a šú-ba-at-su

10) V R. liest *na-ap-li-ma-ma*; nach DELITZSCH's Kopie bietet das Original *na-ap-li-is-ma*. [Eine mir vorliegende Correctur von Mr. PINCHES hat *na-ap-li-si-ma*. — *Bezold*].

Col. III. wenn du in Ebabbara, dein geliebtes Haus, einziehst,
in deinem ewigen Heiligtum Wohnung nimmst,
15. mich, Nabonid, den König von Babylon, den Fürsten, der dich voll befriedigt,
16. der fröhlich macht dein Herz, der baut deine erhabene Wohnung —
meine freundlichen Werke siehe freudig an und
täglich bei Aufgang und Untergang im Himmel und auf Erden
mache günstig meine . . . .; meine Seufzer nimm an und
20. erhöre mein Flehen! Den festen Stab und Stecken,
welche du hast fassen lassen meine Hände, möge ich tragen auf ewige Dauer!

Für Anunit, die Herrin der Schlacht, welche trägt Bogen und Köcher,
welche vollendet den Befehl Bels, ihres Vaters,
welche niederstreckt den Feind, vernichtet den Bösen,
25. welche vorangeht den Göttern,
welche bei Sonnenaufgang und Sonnenuntergang günstig macht meine . . . .,
Eulbar, ihr Haus in Sippar der Anunit, welches 800 Jahre lang

seit Sagasaltiburjas, dem König von Babel,
dem Sohne Kudurbels, kein König gebaut hatte, —
30. seinen alten Grundstein suchte ich und sah und schaute ich.
Ueber dem Grundstein des Sagasaltiburjas, des Sohnes Kudurbels,
gründete ich sein Fundament und legte seine Backsteine.
Selbiges Haus erbaute ich neu (und) vollendete seinen Bau.
Anunit, die Herrin der Schlacht, welche vollendet den Befehl Bels, ihres Vaters,
35. welche niederstreckt den Feind, vernichtet den Bösen,
welche vorangeht den Göttern, liess ich bewohnen ihren Sitz.

---

11) Im Original steht *Šagašalti-bur-ia*-𒐈.

Col. III. sat-tuk-ku ŭ nin-da-bi-ê ê-li ša maḫ-ri ú-ša-tê-ir-ma
ú-kin ma-ḫar-šu. At-ta ^{ilu} A-nu-ni-tum bêlti rabîti
a-na bîti šú-a-tim ḫa-di-iš i-na ê-ri-bi-ka
íb-šê-tu-ú-a damḳâtim ḫa-di-iš na-ap-li-si-ma
ar-ḫi-šam-ma i-na ṣît Šamši ŭ êrêb Šamši
a-na ^{ilu} Sin a-bi a-li-di-ka šú-uḳ-ri-ba damiḳ-tim.

Man-nu at-ta ša ^{ilu} Sin ŭ ^{ilu} Šamaš a-na šarru-ú-tu i-nam-bu-šú-ma
i-na pa-li-ê-šu bîtu šú-a-tim in-na-ḫu-ma êš-šiš ip-pu-šú
mu-sa-ru-ú ši-ṭir šú-mi-ia li-mur-ma la ú-nak-ka-ar

šamni lip-šú-uš ^{immêru} niḳâni li-ik-ki
it-ti mu-sa-ru-ú ši-ṭir šú-mi-šu liš-kun-ma lu-tir aš-ru-uš-šú
^{ilu} Šamaš ŭ ^{ilu} A-nu-ni-tum su-pu-ú-šú li-iš-mu-ú
li-im-gu-ra ki-bit-su i-da-a-šu lil-li-ku
li-ša-am-ki-ta ga[12])-ri-šu ù-mi-šam-ma a-na ^{ilu} Sin
a-bi ba-ni-šú-un da-mi-iḳ-ta-šu li-iḳ-bu-ú.

12) *ga* bietet DELITZSCH's Kopie.

Col. III. Opferabgaben und Opfergaben machte ich riesiger als früher, und
38. legte ich vor sie. Du, Anunit, grosse Herrin,
wenn du in dieses Haus freudig einziehst,
40. so sieh meine freundlichen Werke freudig an;
monatlich bei Aufgang und Untergang der Sonne
bringe vor Sin, den Vater, deinen Erzeuger, Gnade!

Wer du auch seist, den Sin und Samas zur Königsherrschaft berufen und
unter dessen Regierung dieses Haus zerfallen und der es neu bauen wird —
45. die Inschrift, meine Namensschrift, möge er finden und nicht ändern!
Mit Oel möge er (sie) salben, Opfer darbringen,
zu der Inschrift, seiner Namensschrift, (sie) legen und zurückbringen an ihren Ort!
Samas und Anunit mögen sein Flehen hören,
erhören sein Gebet, ihm zur Seite gehen,
50. seine Feinde zu Fall bringen, täglich bei Sin,
dem Vater, ihrem Erzeuger, Gnade für ihn aussprechen!

Kommentar.

Col. I. 1—7 (Name und Titel des Königs).

Col. I, 1. *Nabium-na'id*: Der Name Nabonids findet sich in folgenden Schreibweisen: ilu *Na-bi-um-na-'-id* (das auslautende *d* ist gesichert durch den Status abs. *nâ'i*-[cuneiform]) wie hier; [cuneiform] I, 18 und öfter; [cuneiform]-*na-'-id* I R 68, N° II, 1; [cuneiform] Annalen II, 15; I R 68, N° 5, 1; [cuneiform] Annalen II, 10 (cf. SCHRADER, ABK 136). Ein Gambuläer Nabonid wird Asurb. III, 62 genannt. Ausserdem findet sich der Name in dem Eigennamenverzeichnis II R 64, 52 c. Die Schreibung ilu *Na-bi-um* des Gottes Nebo, welche in den neubabylonischen Texten am häufigsten angewendet ist, findet sich in dem Vokabular II R 7 in der linken Spalte (41^{gh}; vgl. das neubabyl. Duplikat V R 39, 46^{gh}), als ob dies eine ideographische Schreibweise des Namens *Na-bu-u* sei, wie z. B. [cuneiform] (Zeile 40). Solcher Fälle, dass in übrigens zweisprachigen Vokabularien eine semitische Schreibweise eines Wortes durch eine andere erklärt wird, giebt es mehrere; vgl. z. B. auch V R 39, 32 e. f., wo *šim-tum* unter ideographischen Schreibweisen für *ši-im-tum* steht. Dies ist ein Fingerzeig, dass wir eine solche Liste nicht sowohl als ein Verzeichnis nichtsemitisch-semitischer Wörter anzusehen haben, als vielmehr als eine Sammlung von verschiedenen Schreibweisen, wie sie die assyrischen Gelehrten in den Texten zu gebrauchen pflegten; vgl. auch den ähnlichen Fall V R 27,

60^{gh}, wo als Ideogr. für *di-šu* „Kraut“ [cuneiform] *di-šum* angegeben wird; ebenso II R 38, N° 1 (dort ist $21-26^{cd}$ [cuneiform] [cuneiform] [1]) als ideogr. Schreibung für *ḫar-ra-nu, ur-ḫu, da-ra-gu, mê-tê-ḳu* aufgeführt) und II R 39 N° 5 (dort ist 47^{gh} [cuneiform] [cuneiform] d. i. *ra-kab* Ideogr. für *mâr šipri*).

3. *zânin Êsagila u Êzida*: *zanânu* heisst nicht "wiederherstellen“, sondern „anfüllen, versorgen, reich ausstatten“; *zinnâti* sind deshalb „reiche Schätze“ z. B. Neb. II, 40—42: *ina Êsagila êkal bêlûtišu aštakan zinnâti* „in Esagila, seinem Herrscherpalast, legte ich nieder reiche Schätze“. *zâninûtu*, vom Particip gebildetes Abstrakt wie *mâlikûtu* (v R 35, 12); z. B. Neb. Bors. I, 12; Pl. *zâninâtu* (V R 63, 3^{a}) oder vom Inf. gebildetes Abstrakt *zanânûtu* V R 63, 18^{a} „die Anfüllung, reiche Ausstattung.“ Es kann die Restauration (*têdištu*) mitbezeichnen, aber das ist nicht der Grund- und Hauptbegriff (vgl. z. B. V R 62 N° 1, 12. 13: „die unvollendete Arbeit an Esagila vollendete ich“; *ina kaspi, ḫurâṣi, nisiḳti abnê Êsagila aznun* „mit Silber, Gold, Edelgestein stattete ich es verschwenderisch aus“). *zânin Êsagila u Êzida* heisst desshalb nicht „Wiederhersteller von Esagila und Ezida“, wie FLEMMING (S. 26) erklärt — das hätte freilich nur bei Nebukadnezar Sinn, sondern „der reich ausstattet Esagila etc.“. Das passt als Titel sämtlicher neubabylonischer Könige. Mit *za-ni-nim* (od. *num*), wie Neb. IX, 62 richtig im Texte steht[2]), wechselt auch *zâninânu* z. B. Neb. Bors. II, 30, ein vom Part. gebildetes Substantiv auf *ânu* wie *ṣâbitânu, bârânu*. — Für die beiden Tempel Êsagila und Êzida siehe FRD. DELITZSCH, *Paradies*, S. 216 f. und FLEMMING S. 25; auch HOMMEL, *Vorsemitische Kulturen*, S. 240 f.

1) Vgl. II R 20, 38ab nach der Ergänzung dieser Tafel; K. 257, obv. 47/48; IV R 20, N° 1, obv. 12/13. — *Red.*

2) Gegen FLEMMING (S. 59), welcher meint, es stünde *za-ni-tê* dort; Zu letzterem Zeichen fehlt doch der zwischen den 2 × 2 schrägen Keilen notwendige senkrechte Keil; s. z. B. IX, 16.

Aus den Inschriften sind uns bisher drei Tempel des Gottes Nebo mit dem Namen Êzida bekannt. Ausser dem berühmten Êzida in Borsippa gab es ein solches in Kelach nach I R 35 N° 2, 7; dort heisst Nebo *âsib Êzida ša kirib Kalḫi.* Von diesem Êzida erfahren wir durch I R 8 N° 3, dass *Aššur-êtêl-ilâni-(ukînni)*, Asurbanipals Sohn, Ziegel gebrannt und sie zum Bau von Êzida in Kelach, damit seine Seele lebe, geschenkt habe.[1]) Das dritte Êzida ist ein Nebotempel in Nineve, dessen Existenz wir aus einer Tafelunterschrift ersehen. II R 36, N° I, rev. 27 e heisst es, dass Asurbanipal Tafeln geschrieben und niedergelegt habe im Hause des Nebo, seines Herrn, in Nineve und V R 52, col IV — ein Text, der sich zu teilweiser Ausfüllung der Lücke in der Unterschrift II R 36 verwerten lässt — schaltet Zeile 32 den Namen dieses Tempels ein: *Êzida bît Nabû ša ḳirib Ninâ bêliia.*

5. *išîmu šîmâtsu*: V R 62 N° 1, 21 fleht Asurbanipal zu Samas, er möge langes Leben etc. festsetzen als sein Loos: *lišîm šîmâti.* Die gleiche Konstruktion des attributiven Akkusativs findet sich auch I R 67, col. I, 6—8: *ša Marduk ašarîdu ilâni mušîm šîmâti ana kiššûti matâtê êbêšu šîmu šîmatsu:* „welchem Marduk, der Oberste der Götter, der Bestimmer der Geschicke, die Herrschaft über die Lande auszuüben als Geschick bestimmte". An dieser Stelle ist übrigens die Präposition und der von ihr regierte Inf. durch das Objekt des letzteren getrennt. Zeile 4 steht, wie gewöhnlich, *ana êpêšu šarrûtišu dârîti,* ebenso Zeile 12 *ana êṭêri nišêm gamâlu mâti.* Vielleicht ist an obiger Stelle wie Zeile 9 (*ana rê'ûti ṣalmât gâgadam êbêšu*) eine Vermengung zweier Ausdrucksweisen anzunehmen (entweder *ana rê'ûti ṣalmât gâgadam* oder *rê'ûti ṣalmât gâgadam êbêšu*). Aber auch sonst wird *ana* von seinem Inf. durch das Objekt getrennt. Vgl. dazu FLEMMING, S. 52.[2])

1) , Ideogr. für *ḳâšu* „schenken", vgl. V R 11, 3d. e. f., und zu der Phrase *ina* od. *ana balaṭ napišti* od. *napšatêia aḳîš* vgl. I R 69, col. I, 14. 15.

2) Zu dem dort citierten und zu Neb. II, 9 (S. 32) näher besprochenen

6. *mâr Nabium-balâṭsu-iḳbî*: so nennt sich Nabonid auch I R 68 N° IV, 3; V R 63, 16a. Er gibt seinem Vater den Titel *rubû êmḳa* (V R 63) und *šakkanakku ḳitrudu* (V R 65, 9a). — Das andere Wort für Sohn neben *mâru* ist *aplu*, dessen Schreibung (mit *b* oder *p*?) noch immer nicht feststeht. Phonetisch geschrieben findet sich der Stat. konstr. in neubabylonischen Inschriften: *abil* od. *abêl*; vgl. Neb. I, 33; VII, 27; V R 34, 41a. Ebenso in dem Hymnus an den Gott Nebo IV R 20, Nr. 3. Dort heisst Nebo Zeile 3 *a-bil Êsagila*. Darnach erscheint es angezeigt, den Stat. konstr. wenigstens in babylonischen Inschriften *abil* zu lesen. Dass in Babylonien *ablu* mit *b* gesprochen worden, bestätigen Namensformen wie das hebr. מְרֹאדַךְ־בַּלְאֲדָן. Gegen die Lesung *abil* des Stat. konstr. freilich machen die hebräischen und klassischen Formen assyrischer Eigennamen mit *aplu* Front. Hier erscheint bei assyrischen Namen ein *pal*, bei babylonischen ein *bal*, ausser in dem griechischen *Ναβοπαλάσαρος*. Die Frage

šadâdu sirdê möchte ich Folgendes bemerken: *sirdu* wird von Fl. mit „Gebot" übersetzt, weil der Zusammenhang diese Bedeutung fordere. Nicht berücksichtigt hat Fl. die Stelle II R 24, 55 ab (= II R 33, 35 ab), wo freilich im Inschriftenwerk ein Fehler vorliegt, indem nach einer Mitteilung Lyon's an Fr. Delitzsch dort nicht zu lesen ist, sondern . Dort wird durch *sa-ra-du ša imêri* erklärt. ist das gewöhnliche Ideogramm für *rakâsu*, *ṣimdu*; *sarâdu ša imêri* ist daher zu übersetzen „anschirren vom Esel gesagt". *sirdu* heisst also als Synonym von *ṣimdu* „das Geschirr, das Joch". Auf diese Bedeutung führt ebenso der parallele Gebrauch von *šâṭu apšâni* und *šâṭu sirdê* z. B. Neb. Grot. I, 11, 12: *ana Marduk ilu bânîa palḫiš lûtakkû ana ša-a-ṭam si-ir-di-ê-šu lûkanniš kišâdam* „Marduk, meinem göttlichen Erzeuger (Schöpfer), will ich gehorsam sein, zu ziehen in seinem Joche will ich beugen den Nacken", und ebenso V R 63, 14a: *ana ša-a-ṭi si-ir-di-ê-šu-nu kunnušu kišâdsu*. *Ana šadâda sirdêšu* ist aber nicht zu übersetzen „zu lieben seine Gebote" (Flemming), sondern gleichfalls „zu ziehen sein Joch"; denn das Assyrische hat nicht nur ein Verbum *šadâdu* „lieben", sondern auch ein *šadâdu* „ziehen", z. B. *lišdud* V R 56, 59; *ildudûnima* Sanh. Konst. 28; *ušaldidûni* Asarh. V, 26; I R 7 F, 8.

nach der richtigen Aussprache harrt also noch der Entscheidung.

pâliḫ ilâni rabûti: Die Participien in dieser Inschrift wie überhaupt im Babylonisch-Assyrischen regieren weit häufiger als Nomina den Genitiv als in Verbalkraft den Casus verbi.

Additions and Corrections to the Fifth Volume of the Cuneiform Inscriptions of Western Asia.

By *Theo. G. Pinches.*

IV[1]).

Plates 14 and 15.

The important tablet, S. 13, published on these two plates, was found by Mr. GEO. SMITH at Kouyunjik during his second expedition to the East in 1873—74, and the three pieces of which it then consisted were joined together by him. Another fragment, R^m 606, in two pieces, was found by Mr. H. RASSAM in 1879, and was joined by me to the principal pieces (top right-hand of obverse, and bottom right-hand of reverse). The tablet is very much mutilated, large gaps occurring here and there, and no column being complete. Besides the gaps caused by breakage, the top right-hand corner is severely damaged by fire, and lower down fragments have been chipped out, apparently by a pick or other tool used in digging. The colour is reddish yellow-ochre, except at the right-hand edge, where it has been changed by the action of fire to a greenish grey. The total length is 8 in. and $^1/_4$ (= 21 centimeters), and the total width 5 in. and $^1/_2$ (= 14 centimeters). Like many other tablets of large size, it is pierced with holes in most of the blank spaces, for the purpose, it is supposed, of allowing the steam to escape in baking. As, however, this precaution was often neg-

1) Comp. vol. I., p. 342 ff.; vol. II., p. 72 ff. and 157 ff.

lected, many large tablets, unprovided with these "safety-valves", having passed through the fire without mishap. I conjecture that these holes were really for the purpose of inserting small pegs, which would enable the tablet to be laid down on its side, whilst yet unbaked, without damaging the writing.

Obverse, plate 14.

Column I.

l. 21. The non-Semitic part should be .

l. 22. The traces remaining of the first character visible show the upper part of .

l. 23. The traces remaining of the first character show the lower part of .

l. 24. Doubtful traces of the first character of the Assyrian part are to be seen.

Column II.

l. 8. A fragment of a Babylonian duplicate gives (*tahâtum*) as the first character of the Assyrian part. It inserts also between this line and the next.[1]).

l. 9. The Babylonian duplicate gives as the first two characters, and has the variants for and for (*šipat immir šinbu*).

l. 10. The Babylonian duplicate gives — a very interesting variant, showing an interchange between *s* and *t* similar to that quoted in the last paper of corrections.[2]) *Nabatu* or *nabasu*

---

1) The Babylonian duplicate gives only the Assyrian part of the second column.

2) *Kirissu* from the Akkadian *kirit*, quoted on p. 159, note 1. For this change from *t* to *s*, the various modern pronunciations of *t* in the ending *-tion*, &c., from the Latin *-tionem*, may be compared.

is probably derived from an Accadian word *nabat*. Compare, for the meaning, LYON'S *Keilschrifttexte Sargon's*, p. 63, note to l. 25 of the Cylinder-Inscription.

The Babylonian duplicate inserts the word [cuneiform] [cuneiform] [cuneiform] between lines 10 and 11, and [cuneiform] [cuneiform] [cuneiform] between lines 11 and 12.

l. 14. For [cuneiform], read [cuneiform], and for [cuneiform], read [cuneiform]. Instead of *Mairatum*, the Babylonian duplicate gives [cuneiform] [cuneiform] [cuneiform] [cuneiform], meaning, probably, that either *Mairatum* or *Mairaku* may be used.

ll. 15—19. The Babylonian duplicate completes [cuneiform] [cuneiform] in every case.

l. 20. The Babyl. duplicate completes [cuneiform] [cuneiform] [cuneiform] [cuneiform].

l. 21. The Babyl. duplicate completes [cuneiform] [cuneiform] [cuneiform] [cuneiform].

l. 44. The character [cuneiform] is doubtful — it may be simply [cuneiform].

l. 50. The first character of the Assyrian part is probably [cuneiform] (*ṣidinnu, ṣitinnu*).

The additional traces of characters in the remainder of this column are not worth noting.

Column III.

l. 3. The character copied as [cuneiform], may be [cuneiform] (compare l. 43).

l. 5. The [cuneiform] of the gloss is more doubtful than the [cuneiform]. It looks, in fact, more like [cuneiform] than [cuneiform].

l. 8. The gloss given as *tu-tur* is probably really [cuneiform] [cuneiform].

l. 15. There is a circular hole to the left of [cuneiform] in this line, implying that no characters are lost in the Akkadian part.

ll. 16—18. For [cuneiform], read [cuneiform] in each of these lines.

l. 19. For [cuneiform], read [cuneiform].

l. 45. After [cuneiform], supply [cuneiform]. This is the last character of the Akkadian part.

l. 56. For [cuneiform], read [cuneiform]. [cuneiform] [cuneiform] are two characters.

l. 62. Though [cuneiform] and [cuneiform] touch in the original, they are evidently to be divided.

Reverse, Plate 15.

Column IV (right-hand column).

l. 9. The character given as [cuneiform] seems really to be [cuneiform].

l. 19. The character printed [cuneiform] may be simply [cuneiform].

ll. 24 and 25. Only one character (probably [cuneiform]), is wanting at the end of each of these lines (*šuttutum* and *tutbutum*).

Column V (middle column).

l. 12. The last character of the Akkadian column wants two more wedges ([cuneiform]).

l. 23. For [cuneiform], read [cuneiform].

l. 38. The character [cuneiform] is very doubtful — it may be [cuneiform], as in the two following lines.

ll. 39 and 40. For [cuneiform], read [cuneiform].

l. 41. The second character of the Assyrian column is, perhaps, [cuneiform] (*ubabu*).

l. 44. The fourth character seems rather to be [cuneiform] than [cuneiform].

l. 45. Instead of [cuneiform], read [cuneiform] [cuneiform] [cuneiform] — the last of the three characters ([cuneiform]) is slightly doubtful.

l. 46. The remains of the last character seem rather to be those of [cuneiform] than [cuneiform].

About the sixth column no remark need be made.

Einige Verbesserungen und Nachträge zu meinen Akkadischen und Sumerischen Keilschrifttexten.

Von *Paul Haupt.*

A. H. SAYCE, der Begründer der akkadischen Sprachforschung, hat im Jahre 1877 die Vermuthung ausgesprochen, dass der Dialekt in der ersten Spalte des dreispaltigen Vocabulars II R. 40, Nr. 5 das nichtsemitische Idiom von Nordbabylonien gewesen sei.[1] Diese Ansicht hat gegenwärtig mehrere Anhänger gefunden; auch DELITZSCH, JENSEN und ZIMMERN bekennen sich zu ihr.

DELITZSCH bedient sich allerdings mit Vorliebe des bequemen Ausdrucks *nichtsemitisch*, allein Nr. 12 der *Schrifttafel* in der neuen dritten Ausgabe seiner *Assyrischen Lesestücke* sagt er ausdrücklich, dass „Gott" im Sumerischen *dinger* heisse, im Akkadischen dagegen *dimmer*; ebenso gibt er Nr. 53 als „nichtsemitische" Äquivalente des assyrischen *bašû* „sein": sumer. *gal*, akkad. *mal.*[2]

Dr. JENSEN sagt auf der zweiten Seite seiner Inaugural-Dissertation: „Eam linguam, in qua vox *gar* respondebat assyriae voci *šakânu* linguam appello sumericam, in qua vox *mar*, accadicam".

---

1) Vgl. A. H. SAYCE, *Accadian Phonology*, London 1877, p. 13; citirt bei HAUPT, *Akkadische Sprache*, Berlin 1883, p. XXXIX; letztere Stelle citirt von BEZOLD, *Literarisches Centralblatt* vom 28. April 1883, Spalte 618. Vgl. dazu meine Bemerkungen im fünften Bande von B. L. GILDERSLEEVE's *American Journal of Philology*, p. 70, n. 2 (Baltimore, Apr. 84).

2) Vgl. auch Nr. 147 assyr. *rapšu*, sumer. *dagal*, akkad. *damal*; Nr. 192 *ezzu* „mächtig", sumer. *ger*, akkad *mer*; Nr. 217 *libbu* „Herz", sumer. *šag*, akkad. *šab*; Nr. 258 *înu* „Auge", sumer. *ige*, akkad. *ide* etc. etc.

Desgleichen erklärt Dr. ZIMMERN auf der siebenten Seite seiner Promotionsschrift, er schliesse sich in der Dialektfrage der SAYCE[1]'schen Ansicht an, dass der *m(v)*-Dialekt gegenüber dem *g*-Dialekt der jüngere, nordbabylonische (akkadische) sei.

Warum ich bei der von mir eingeführten Terminologie bleibe und, abweichend von DELITZSCH, JENSEN und ZIMMERN *dinger, gal* etc. als *akkadische* Formen bezeichne, *dimmer, mal* etc. dagegen als *sumerische*, habe ich in meiner im Sommer 1882 geschriebenen und im fünften Bande des *American Journal of Philology* gedruckten Abhandlung *The Babylonian Woman's Language* auseinandergesetzt. Es scheint mir, dass Dr. JENSEN sowohl wie Dr. ZIMMERN[2] sich nicht hätten mit kurzen Beitrittserklärungen begnügen sollen. Eine vorurtheilsfreie Prüfung meiner Ausführungen wäre für die verwickelte Frage, die nur durch gemeinsame Arbeit gelöst werden kann, doch vielleicht nicht ohne Nutzen gewesen. Ich meine nicht zu viel zu sagen, wenn ich behaupte, dass meine Bezeichnung der beiden Dialekte bis jetzt keineswegs als irrig erwiesen ist und bitte deshalb um die Erlaubniss, im Folgenden meine Terminologie einstweilen beibehalten zu dürfen. Soviel mir bekannt, hält auch Mr. PINCHES in dieser Frage noch immer an meiner Ansicht fest und diese schätzbare Bundesgenossenschaft genügt mir bis auf weiteres durchaus, um so mehr als mein verehrter Londoner Fachgenosse sicher nicht lediglich aus persönlicher Sympathie auf meiner Seite steht. Übrigens habe ich warten gelernt.

Ich möchte mir nur noch die Bemerkung gestatten, dass DELITZSCH Nr. 19 seiner neuen *Schrifttafel* das Ideogramm [Keilschriftzeichen] wieder durch *Frauen-* oder *Dienersprache*

---

1) Dr. ZIMMERN nennt an Stelle von SAYCE zwei andere Namen.

2) Es wäre sehr erfreulich, wenn Herr Dr. ZIMMERN wenigstens in der *Vorrede* zu seinem demnächst erscheinenden vortrefflichen Buche *Babylonische Busspsalmen* das Versäumte nachholte.

wiedergibt, obwohl er mir am 16. October 1882 selbst seine erheblichen Zweifel an dem vermeintlichen *naqbu* „weiblich" ausgedrückt.[1] Dass [cuneiform] wirklich *Frauensprache* bedeute, ist gegenwärtig ebenso wenig zu beweisen wie die Richtigkeit der Wiedergabe von [cuneiform] als *Herrensprache*. [cuneiform] wird ja allerdings V R. 13, 44 a durch *rubû* erklärt, aber dies bedeutet doch *hehr* und nicht *Herr*. Selbst die scharfsinnige, bereits im Jahre 1868 aufgestellte OPPERT'sche Übersetzung von [cuneiform] als *Pays de la langue des esclaves* kann ich nicht für zutreffend erachten; denn [cuneiform] heisst nicht *Sklave*, sondern *Bote*. Peinlichste Genauigkeit und erneute Prüfung ist bei diesen schwierigen Fragen unbedingt nothwendig; sonst werden wir hier schwerlich vorwärts kommen.

Ich wende mich nun zu einigen Einzelheiten in meinen Texten:

ASKT. **45, 2.** [cuneiform] = *ittu* (vgl. IV R. 3, 29 a) findet sich auch K. 4874, Vorderseite.

50, 9. *Ušâqir* ist ein Synonym von *udannin*[2] und bedeutet „er befestigte, blockirte, schnitt ab", eigentlich, wie schon DELITZSCH in seinen Beigaben zu SMITH's *Chaldäischer Genesis* (S. 298) sehr richtig übersetzt hat: „er machte theuer", ein denominatives Šaphel von *aqru* (= **waqru*). fem. *aqartu* (hebr. יָקָר יְקָרָה) entsprechend dem hebr. Hiphil הוֹקִיר Is. 13, 12; Prov. 25, 17. *Ušâqir* ist gebildet wie *ušâlid* „ich liess gebären" von ولد, *ušâtir* „ich gab im Überfluss" von יתר, *ušâšib* (neben *ušešib*) „ich setzte" von ישב etc.; vgl. LOTZ, TP. 172, 35. Wir finden dieses *ušâqir* zum Beispiel in Sardanapal's Bericht über den arabischen Feldzug

---

1) HAUPT, *Akkadische Sprache*, p. XXIX.

2) Nach II R. 9, 50 könnte man in der akkadischen Spalte [cuneiform] [cuneiform] ergänzen.

V R 9, 34: *maštîtu ušâqir ana pîšun, ina ṣûmi lablabti*[1] *iškunû napišti*; vgl. auch Sanh. V, 68 und das Participium *mušâqir* Assurb. Sm. 121, 34, sowie *teqir* V R. 4, 57.

50, 16. In *unammer* beachte das *e* statt *i* vor *r*, ebenso *pašer* 93, 18 etc. etc. Ich habe darüber in meiner Abhandlung *Wâteh-ben-Hazael* in der letzten Nummer von HARPER'S *Hebraica* (Apr., 85, Chicago) ausführlicher gehandelt.

50, 18. Der Stamm von *ûtû* scheint *watáwa* zu sein, mit و als ersten und dritten Stammconsonanten wie äthiop. *waráwa* „werfen". Das erste *û* entspricht dem *û* in *ûšib, ûrid* etc., das zweite dem *û* in *idálû* „er schöpft", *iḫádû* „er freut sich" etc. *U-ut-tu-u, uttû* Z. 27 ist = *utta'û, uttawû*. Von *ašâbu* würde die entsprechende Form *uššabû* lauten; vgl. 45, 9; IV R. 14, 31 a. Der Infinitiv zu *ûtû* lautet *atû* = **watâwu*, vgl. V R. 21, 16 d. *Atû-šu* in *ina bûrti atûšu* II R. 9, 32 ist Imperativ, ebenso wie *ekim-šu* in Zeile 35.

50, 24 ist statt *u-ut-* wohl besser mit II R. und STRASSMAIER, AV. 149 *u-ut-* zu lesen. Ich konnte nur den oberen Theil der drei senkrechten Keile, sehn.

51, 45. Die SFG. 63 (vgl. BEZOLD, S. 66 dies. Bandes) vorgeschlagene Lesung *ipšar* oder *ipšur* für habe ich natürlich längst aufgegeben; es ist sicherlich *ipḫî* zu lesen. Wenn *in-lal* „er füllte" (assyr. *umallî*) und zugleich „er goss aus" (assyr. *išpuk*, synon. *isruq*) bedeutet, warum soll da *in-gab* nicht auch zugleich „er befreite" und „er schloss ein" heissen?

---

1) Ich lese wie DELITZSCH, *Paradies* 299 *lablabti*; *ašar lablabti* entspricht dem hebr. אֶרֶץ תַּלְאוּבֹת Hos. 13, 5. Der Vorschlag Dr. ZIMMERN's auf S. 15 seiner Dissertation, *-tu* wie *-tu* und *-tu qalqaltu* zu lesen und durch *Hunger* zu übersetzen, scheint mir verfeh t. Wie sollen denn die Araber inmitten ihrer Heerden vor *Hunger* sterben? *-tu* muss ein Synonym von *ṣûmu* „Durst" sein [vgl. H. LHOTZKY, *Die Annalen Asurnazirpals*, München 1885, S. 23. — *Red.*].

52, 2, Col. IV ist wie die Rassam'sche Königsliste zeigt in der rechten Columne zu ergänzen. Siehe V R. 44, 50, wo durch assyr. *il Šamaš upaḫḫar* erklärt wird. = *upaḫḫar* ist offenbar auch 80, 11 in dem Adarhymnus einzusetzen. Die von mir am Rande gegebenen Spuren passen dazu vortrefflich.

52, 40. Statt *e-du-ur* ist in der rechten Columne natürlich *e-di-ir* i. e. *eṭir* zu schreiben.

53, 65 ist die rechte Columne zu lesen: *u-á-at-tar*, *u'attar*, präs. Piel von *atâru* (= **watâru*), also für **yuwattar* stehend. Über den Stamm *atâru* siehe Lotz, TP. 156, 35.

53, 67 ist die rechte Columne *u-ma-aṭ-ṭi*, *umaṭṭî* zu lesen, denominatives Piel. zu *maṭû* 59, 21; synon. *enšu* etc. Die folgende Zeile *ge-diri(g)-ga nam-ba-lal-e* = assyr. *lit̂ir â imṭî* bedeutet „möge er vermehren, nicht vermindern".

55, 38 ist das in beiden Spalten wie *ein* Zeichen eng zusammengeschrieben und die drei wagerechten Keile gehn durch den senkrechten bis zur rechten Curve von . Darauf hat mich, wenn ich nicht irre, Bezold bei seiner Collation der Tafel aufmerksam gemacht.[1]

58, 55. wird wohl zu *um-dal-lu-u* von מלא zu ergänzen sein.

60, 3. Dass (cf. 86, 62)-*mi-ni-in*- nicht „er scheert ihn", sondern „er verschneidet ihn, entmannt ihn" bedeutet, wird auch mir immer wahrscheinlicher. *Dubbin* scheint unter anderm das *männliche Glied* zu be-

1) Für Assyriologen, die noch nie im Britischen Museum eine Keilschrifttafel selbst copirt oder collationirt haben, möchte ich mir die Bemerkung erlauben, dass es ganz von dem Lichte, das man zufällig hat, abhängt, ob man solche Kleinigkeiten sieht oder nicht. Es ist ein gewaltiger Unterschied, ob man eine Tafel am 1. August nahe dem Fenster copirt oder ob man gezwungen ist, sich am 1. November auf dem hintersten Platze die Augen zu verderben.

zeichnen, ebenso ist (cf. AL[3] 66, A. 7) *kiši* in der dritten Zeile des zweiten Familiengesetzes sicher nicht das *Haar*. Wenn ich nicht irre, wollte PINCHES das Ideogramm durch *testicles* wiedergeben.[1]

61, 2. *Uš-zi-iz* kann unmöglich aus *ušeziz* verkürzt sein. Ich lese *ušzîz* mit langem *î*, ein Causativstamm wie *ušṭib, ušnîl, ušmît* etc. und nehme Analogiebildung nach den Verben mediae ي wie *zâzu* „vertheilen" etc. an.

61, 30. *ittadalu* ist *ittaṭalu* (= ينتطل) zu lesen, Form افتعل von *naṭâlu* „schauen", eigentlich *aufheben* nämlich *die Augen*, vgl. Dan. 4, 31 עַיְנַי לִשְׁמַיָּא נִטְלֵת.

62, Nr. 3 ist jetzt zum Überfluss noch V R 40, Nr. 4 veröffentlicht. Ich mache darauf aufmerksam, dass Zeile 6 meine Copie *an-na-gin-na*, PINCHES dagegen [2] *gi-na*, *dingir Babbar gi-na* bietet.

64, 10 möchte ich bemerken, dass die hebräische Wiedergabe des zehnten babylonischen Monatsnamens *Ṭi-bi-i-tu* als טֵבֵת denn doch einigermassen dafür zu sprechen scheint, dass eben *e* und nicht *i* gesprochen wurde; *Ṭibîtu* wäre im Hebräischen zu טְבִית geworden, nimmermehr zu טֵבֵת.[3]

65, 27 ist *ni-ag-ga* zu transcribiren, entsprechend sumerischem *ni-am-ma*.

---

1) Bei dieser Gelegenheit möchte ich bemerken, dass ich den Anfang des letzten Familiengesetzes jetzt „Wenn ein Herr einen Sklaven vermiethet" übersetze. *I-gu-ur* steht offenbar für *egur*, impf. Qal von אגר, arab. أجر. *Arda egur* ist = arab. أجر المملوك *ájar(a) el-mamlûk(a)*.

2) und sind auf den Thontafeln leicht zu verwechseln. Vgl. auch 123, 11, wo ich statt irrthümlich geschrieben habe.

3) Auch hier bei dem *E*-vocal ist es leider Mode geworden, sich mit Edicten und Zustimmungsadressen zu begnügen, anstatt die Frage von Neuem Punkt für Punkt zu prüfen.

S[b] 204 ist vielleicht nur ein Versehn für [cuneiform] oder [cuneiform]. Allerdings bietet auch S[a] IV, 15 [cuneiform]

69, 10 b sind die drei Keile vor *ḫa-ti* offenbar der Rest des Zeichens [cuneiform], also *kasap tirḫati*. Vgl. 108, 7.

74, 3. Vgl. jetzt V R. 40, Nr. 4, Rev. 51.

75, 1. [cuneiform] ist der Rest von [cuneiform].

78, 29 ist statt [cuneiform]-*um-mat-su* mit IV R. 14, 28 b [cuneiform]-*um-mat-su* (Stamm דא$_2$ם) zu lesen; vgl. IV R. 16, 28 b. Auch IV R. 5, 30 und 34 a ist *da-um-ma-ta* herzustellen.

79, 25. Das schwierige [cuneiform] „Glieder" ist, wie schon das *â* der Verbalform zeigt, ein femininer Plural auf *eti* und zwar, wie ich glaube zu *mesiru* „Band" von *asâru* (impf. *esir*) „binden".[1] Zusammenhang mit [Syriac] scheint mir unwahrscheinlich.

79, Nr. 10 ist zwischen der zweiten und dritten Zeile der Theilstrich nachzutragen.

80, 11. Dass am Ende dieser Zeile an Stelle der beiden verwischten Zeichen das Ideogramm [cuneiform] einzusetzen ist, haben wir schon unter 52, 2 (S. 271) bemerkt.

80, 16 ist statt *pa*-[cuneiform]-*ma-ḫi* offenbar *pa*-[cuneiform]-*ma-ḫi* zu lesen. Die Spuren passen auch zu [cuneiform] sehr wohl. Vgl. auch Lyon, *Sargonstexte* 71, 49, und Sanh. Sm. 119.

80, 17 & 18. Bei diesen Zeilen ist mir das schlimmste Versehn, das sich in meinen Texten findet, passirt. Die Hiobsbotschaft davon ist mir zuerst von meinem verehrten Freunde Strassmaier überbracht worden. Das Original bietet nämlich:

---

1) Ich möchte bei dieser Gelegenheit bemerken, dass *mesiru* nicht „Überzug" bedeutet. Wenn die assyrischen Könige sagen, dass sie Thürflügel von Cypressenholz *mesir erî namri urakkisû*, so bedeutet das nicht, sie hätten die ganzen Thürflügel mit einem vollständigen Überzug von Bronze überzogen. *Mesiru* ist lediglich das über die Thür der Breite nach hinlaufende metallene *Band*. Man denke an die Bronzethore von Balawat!

sar (?) *ga*(*r*)-*ra-na* *gu*(*l*)-*la-na*

ina i-sin-ni šak-nu-uš ḫa-dîš

dagala-a-bi *dura-a-na*

rap-šiš ina a-ša-bi-šu

Von ist fast nichts, von nur sehr wenig zu sehen. Auch das hinter ist nicht ganz sicher, doch ist das Zeichen keinesfalls .[1]

81, 10 steht hier als Sylbenzeichen für *dar*, kann also in DELITZSCH's *Schrifttafel*, AL.[3] 11, Nr. 70, Col. III nachgetragen werden. Nach V R. 47, 7 b ist *darru* = *dannu*.

81, 22. *ina* -*rišunu* „in ihrer Mitte" ist, wie Neb. 8, 52 *i-na bi-e-ri-šu-nu* zeigt, *ina berišunu* zu lesen. Wenn das Wort nicht *beru*, sondern *bîru* lautete, würde auch der Status constructus des Femininums vor dem ת ein *a* und nicht ein *i* haben. Von *šîmtu* „Geschick" lautet der Constructus bekanntlich *šîmat*, von *ḫîrtu* „Gemahlin" *ḫîrat*, dagegen von *beltu* „Herrin" *belit*, ebenso haben wir auch d. i. *berit* von *bertu*, fem. zu *beru*[2] „Mitte". Die

1) Wer sich meine Ausgabe genauer ansieht, wird jetzt herausfinden, dass die Spuren des assyrischen Adverbiums bei mir in der akkadischen Zeile erscheinen, vor den Spuren des von . Ich hatte nämlich anfangs die ausserordentlich verwischte Stelle im Text schraffirt und dann später bei einer wiederholten genauen Untersuchung die erhaltenen Spuren am Rande meiner Copie nachgezeichnet. Beim Autographiren geriethen sie dann in die falsche Zeile. Ein Urtheil über derartige Versehn sollte sich aber nur Jemand erlauben, der selbst Keilschrifttexte nach den Originalen copirt und publicirt hat. Besonderes Unheil ist der Keilschriftforschung aus dem Fehlen des *dagala-a-bi* = *rap-šiš* in dieser Zeile bisher wohl auch nicht erwachsen.

2) Dass das unglückliche, in seiner Existenz bedrohte assyrische *e*

Lesung *birit* (als wäre das ת Stammconsonant!) oder *birît* ist unrichtig.

82, Nr. 11. Die folgenden Beschwörungsformeln hat Mr. George Evans bei meiner zweiten Anwesenheit in London auf meine Anregung collationirt. Bei jeder Stelle, wo er von mir abweichen zu müssen glaubte, haben Mr. Pinches und ich die Zeichen sorgfältig geprüft. Wir hatten dabei den Vortheil einer bedeutend günstigeren Beleuchtung als bei meiner ersten Copie der theilweise sehr schwer zu entziffernden Tafel im October 1880.

82, 14 ist statt *urugal-* wohl sicher *urugal-* zu lesen.

82, 20 habe ich zu dem viertletzten Zeichen am Rande bemerkt: „Sollte das sein?". Ebenso habe ich das vorletzte Zeichen mit zwei Fragezeichen zu vervollständigt.[1]

82, 26 habe ich in meiner Copie zu dem vorletzten Zeichen hinzugefügt: „ganz klar".

83, 4. Bei *alû* möchte ich darauf aufmerksam machen, dass Nimr. 45, 94 *a-la-a* dem Ideogramm *gud-a(n)-na, gud-ana* entspricht. Vgl. auch Nimr. 49, 186, A. 5.

86, 61. Zu habe ich am Rande bemerkt: „K. 3172, Rev. Z. 3 entspricht dem akkad. im Assyrischen *na-ruq-qu ra-kis-ti*".

auch die neueste Sturm- und Drangperiode überstehn wird, ist meine feste Überzeugung.

1) Vgl. dazu das Vocabular II R. 28, Nr. 1, Col. b, auf das schon Lenormant S. 6 seiner *Magie* aufmerksam gemacht. Ich habe diese Seite des Lenormant'schen Buches, wie ich mir damals ausdrücklich notirt habe, zum ersten Male am 26. August 1882 gelesen. Man wird mir hoffentlich gütigst verzeihn, wenn ich in solchen Sachen jetzt vielleicht etwas zu pedantisch bin.

86, 10. Statt ist zu lesen, ebenso

86, 13 statt mit II R. besser .

88, 27 ist statt wahrscheinlich zu lesen: *ba-an-gu(l)-lu-da, ban-gulu-da.*

89, 25. Zu *erišu lâ iṣînu* vgl. AL³ 95, 9 (*niṣînu šâršu ṭâbu*); 105, 151 (*iṣinû iriša duga*, var. *šâriša ṭâba*[1]). PRAETORIUS stellt dieses *iṣînu* „er roch" richtig mit dem äthiopischen ጼነወ፡ *oluit, odorem exhalavit,* አጼነወ፡ *olfecit, odoratus est,* ጼና፡ *odor* zusammen.

89, 30 habe ich in meiner Copie richtig *ar-da-at Li-li-i*, das eine ist erst beim Autographiren aus Versehn ausgelassen worden. Ebenso bietet in Zeile

89, 46 am Ende meine Copie richtig [2], und nicht , wie ich dann autographirt habe; so auch 91, 50. Vgl. auch IV R 26, 48 b. Die zwischen *qât* und *ellitim* stehenden Zeichen könnte man versucht sein, zu *ak-lu*, entsprechend dem in der akkadischen Columne, zu ergänzen; es ist aber nicht Raum genug für diese beiden Zeichen.

89, 49 ist statt (vergl. IV R. 26, 39 b) besser zu lesen.

92, 21 habe ich nach IV.R. 62, 19 a ergänzt. Es ist wohl aber besser mit dem Duplicate Rᴍ 612 *nam-mu-un-da-tu-tu-ne* zu lesen Ich habe das ja auch bei der Ergänzung der assyrischen Columne unberücksichtigt gelassen.

93, 14 ist natürlich *a-me-lu šu-a-tu ku-šur*

---

1) Das in DELITZSCH's Copie beruht auf einer Verwechslung mit . Spuren von sind noch zu sehn.

2) Die Form ist *ib-bab-la* zu lesen, präs. Niphal von *babâlu*, synkopirt aus *ibbabala*=**yanbabala*.

zu lesen. Vgl. IV R. 16, 27 a[1]; 27, 61 b; 62, 18 a (*te-ṣir!*); 63, 27 b etc. Das dem assyrischen *eṣêru* entsprechende akkad. steht im Original auf dem senkrechten Theilstrich. Die Linie geht zwischen und durch. [Vgl. auch Sm. 331: *šamenigar* = *eṣirma*].

93, 30 bietet das Original statt vielmehr .

94, 66 ist statt ? besser zu lesen. Das Fragezeichen hinter kann gestrichen werden.

96, 3 ist statt natürlich zu lesen; die Keile ausser scheinen beim Umdruck nicht zum Vorschein gekommen zu sein.

98, 47. Das vor [2] ist wohl nur ein Versehn des Tafelschreibers; vgl. Assurb. Sm. 140; II R. 31, 39 c; IV R. 2, 23 b; 15, 47 c. An letzterer Stelle (vgl. ASKT. 176) bietet das Original:

[etc.

| *ra-bu-u* etc.

99, 58 ist zu Anfang der Zeile natürlich , nicht zu ergänzen. So auch Delitzsch, AL³ 133, 58. Vgl. dazu IV R. 3, 26 b[3] und 22, 30 b. Zu bemerkt Delitzsch ebendaselbst: „ besser als (II R)." *Za-a* ist sicherlich besser als *za-za*, nur bietet

1) Der rechte senkrechte Keil von ist auf dem Original noch vor zu sehn. Statt habe ich in Z. 28 sowohl wie in Z. 30 mit gelesen.

2) statt im *Assyrischen* bietet das Duplicat zu IV R. 2, 24 b: D.T. 7 + K. 2528; vgl. ASKT. 175, letzte Zeile von Nr. 7.

3) Das *du-um-mu-qu-um-ma* ist wohl nur ein Versehn Smith's (in Folge von *Retranscription*) für *du-um-mu-ku ku-um-mu*.

auch meine Copie *za-za*. Ich habe deshalb einen Fehler des Tafelschreibers angenommen.[1]

100 ff. Das einsprachige Duplicat der Beschwörungsformeln hat ebenfalls Mr. Evans auf meine Anregung collationirt und dabei zwei Versehn in meiner Ausgabe entdeckt, nämlich

103, 11 steht kein [Keilschrift] vor [Keilschrift] auf dem Original. Das erste [Keilschrift] zu Anfang der zweiten Halbzeile ist also zu streichen. Sodann ist

103, 30 zu Anfang der Zeile vor [Keilschrift] das Determinativ [Keilschrift] nachzutragen. Beide Fehler sind erst beim Autographiren entstanden; meine Copie hat an beiden Stellen das Richtige.[2]

Ebenso fehlerlos ist meine Copie der folgenden Nr. 12 meiner Texte. Diese einsprachige Beschwörungsformel ist von Messrs. Pinches und Evans und mir selbst collationirt worden, ohne dass uns ein Versehn aufgestossen wäre. Ich will jedoch noch der Genauigkeit halber bemerken, dass

104, 3 das Zeichen [Keilschrift] auf dem Original etwa die Form [Keilschrift] hat; sodann dass

---

1) Zu der bei dieser Gelegenheit von mir citirten Stelle IV R. 29, 25 a möge man noch II R. 42, 12 f. (*me-a-ta za-a-ge* = *ânukka* „wo bist du?“) sowie IV R. 3, 25 b und 22, 29 b vergleichen, endlich auch IV R. 29, 2 a, wo das Original = [Keilschrift] bietet. [Keilschrift] in *za-a-*[Keilschrift] ist gemäss S^b 234 *ge* zu lesen. Zu *zâge* = *zâĝe* vgl. die Bemerkungen in meiner *Akkadischen Sprache*, S. 29 unten.

2) Es ist keine Kleinigkeit, dieses Fragment $R^{\underline{M}}$ 612 ohne Fehler zu copiren. Die Keilschriftzeichen sind so winzig klein und die Zeilen so eng zusammengerückt, wie ich es auf keiner andern Thontafel gesehn habe. Man wird sich einen ungefähren Begriff davon machen können, wenn ich bemerke, dass die vierte nahezu vierzig Zeilen lange Columne auf dem Original kaum länger ist als der Rand der ersten dreizehn Zeilen der dritten Columne auf S. 102 meiner Ausgabe. Die Breite der Columnen ist nur wenig grösser als zum Beispiel bei meiner Ausgabe des dreisprachigen Vocabulars, Seite 107. Und auf diesen schmalen Raum sind dann z. B. Zeilen zusammengedrängt wie 103, 22.

104, 11 das Zeichen , zu dem ich am Rande „Lies !" bemerkt habe, natürlich wirklich auf dem Original steht. Ferner sind

104, 17 die Ideogramme für *Utuk* und *Gikim* auf dem Original etwas abweichend gestaltet; dies lässt sich mit Typen indess nicht gut zur Darstellung bringen.

104, 18 stehen die Zeichen *a-ba-da-an-ur-ri-eš* in gleichmässiger Vertheilung auf dem Original, vor allem ist kein Zwischenraum zwischen *da* und *an*. Meine Copie ist genau.[1]

105, 35 hat das Original , wie ich auch in den Text gesetzt habe.

105, 40 ist das dritte Zeichen wirklich *ka*.

106, 29 ist nicht *ša-me-ni-*, sondern *ša-me-ni-* zu lesen.

110. Zu dem letzten Stück der dritten Columne haben wir ein kleines Duplicat R^{M} 2. II. 415, das AL[3] 130 nicht berücksichtigt ist. Dasselbe enthält nach meiner 1882 flüchtig angefertigten Copie folgende Zeichen:

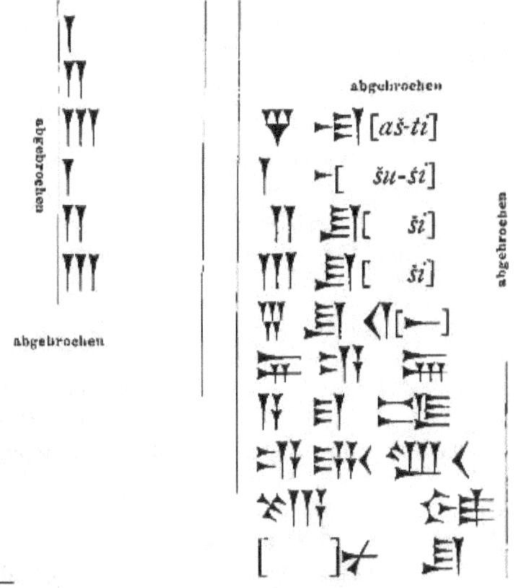

1) Derartige kleine Ungenauigkeiten kommen beim Autographiren sehr

19*

113, 32 scheint statt als letztes Zeichen der Zeile in der That mit V R. und AL[3] 127, 34 zu lesen zu sein. Ich habe beim Autographiren übersehn, dass ich das durchgestrichen und am Rande durch ein vorn schraffirtes ersetzt habe.

108, 15, Spalte 2 haben V R. und AL[3] 128, 63 statt , wie meine Copie bietet; sehr möglich, dass ich im Irrthum bin.

113, 38 ist das erste Zeichen statt wohl besser zu lesen. und können an solcher Stelle sehr leicht miteinander verwechselt werden. Delitzsch, AL[3] 127, A. 4 scheint übersehn zu haben, dass 111, 38 auch bei mir [. . . . .] steht. Ob K. 5431 + K. 4410 oder bietet, wird zu untersuchen sein. In meiner Copie fehlt das zwischen und . Zu dem sumerischen vgl. 120, 23.

115, 3 u. 4 habe ich schon CV. 25 = assyr. ergänzt, ebenso

115, 15 u. 16 nach 122, Nr. 19, Z. 18:

leicht vor, und wenn man sie auch meistens sofort bemerkt, so ist man doch meist nicht geneigt, deswegen das mühselig gezeichnete Manuscript wegzuwerfen und die ganze Seite noch einmal zu schreiben. Sehr häufig entsteht auch ein solcher unmotivirter Zwischenraum in Folge der Correctur eines Schreibfehlers. Wenn ich zum Beispiel aus Versehn *a-ba-da-ur-ri* geschrieben hätte und ehe ich das Schlusszeichen hingesetzt, merkte, dass ich ausgelassen, so würde ich hinter *a-ba-da-ur-ri* noch *an-ur-ri-eš* schreiben und das erste *ur-ri* dann mit rother Dinte bemalen, damit es beim Umdruck nicht zum Vorschein kommt. In diesem Falle würde dann eben in der autographirten Ausgabe ein Zwischenraum von zwei Zeichen entstehen.

116, oberste Zeile wird *uš-ta* . . . . . allerdings besser zu *uš-ta*-[cuneiform] [cuneiform] zu ergänzen sein, wie Dr. Zimmern S. 10 seiner Inauguraldissertation thut.

Ebenda bietet auch in der vierten Zeile von unten das Original das Zeichen [cuneiform][1]; nicht die *dialektische* Form, wie ich ausdrücklich am Rande bemerkt habe.

118, 10 scheint das letzte Zeichen [cuneiform] zu sein.

118, Rückseite 9 ist, wie ich bereits ASKT. 183 bemerkt habe, *Li-bi*-[cuneiform]-*ra* zu lesen.

122, 12 am Ende ist von [cuneiform] nicht bloss [cuneiform] sondern [cuneiform] zu sehen;

122, 13 hinter [cuneiform] [cuneiform] [cuneiform] [cuneiform] nicht bloss [cuneiform] sondern [cuneiform] das ist [cuneiform];

122, 16 hinter [cuneiform] [cuneiform] [cuneiform] noch [cuneiform] das ist [cuneiform].

123, 11 ist [cuneiform] [cuneiform] [cuneiform] natürlich in [cuneiform] [cuneiform] [cuneiform] zu verbessern.

123, 22 ist hinter dem zweiten *kinâbiše gavagigi* ein Theilstrich nachzutragen.

Nachtrag zu S. 270. *Teqir* V R. 4, 57 ist 3. fem. impf. Qal; *ša mitûtu*[2] *iplaḫû, napšatsun pânúšun*[3] *teqirû-ma itti*

---

1) [So auch nach meiner Collation dieser Tafel vom 20. April 1882, bei welcher ich zu Z. 17 der Rückseite bemerkte, es solle [cuneiform] gerade unter [cuneiform] von Z. 16 stehn. — *Bezold*].

2) Cf. Beh. 17: V R. 3, 6 etc. *Mitûtu* (= **mitwûtu*) ist nomen actionis der Form اِفْتِعَال, wie *mitḫuṣu* „kämpfen", *qitrubu* „angreifen" etc. Warum das *u* in diesen Formen lang sein soll (AL³ 142 s. v. מחץ: *mitḫûṣu*), vermag ich nicht einzusehn. Die Schreibung *mit-ḫu-us-zu* beweist das noch lange nicht. Das impf. zu *mitûtu*, *imtûtu* ist = *imtaûtu* mit Synkope des Vocals zwischen dem zweiten und dritten Stammconsonanten wie in *iptálḫû* „sie fürchteten sich", *iptáḫrû* „sie schaarten sich" Sintfl. 107 & 152.

3) Die Casusvocale haben im Assyrischen vor Suffixen bekanntlich den Ton, z. B. *qa-tuš-šu*, *qâtúšu* „seine Hand", *ṣirúšu* „gegen ihn", *ânúšu*

Šamaš-ukîn[1] *enšunu lâ imqutû ina išâti* heisst: „die sich zu sterben fürchteten, da ihr Leben in ihren Augen[2] theuer war[3], und sich deshalb mit Saos[d]uchin, ihrem Herrn, nicht ins Feuer gestürzt hatten."[4] *Teqir* ist ge-

---

„wo ist er", *ânûka* (geschr. *ia-nu-uk-ka* II R. 42, 12 g) „wo bist du", vgl hebr. אֵיכָה Gen. 3, 9. Der Ansicht STADE's (§ 355, 3) kann ich nicht vollständig beipflichten.

1) So ist der Name nach Dr. C. F. LEHMANN zu lesen. Die assyrische Aussprache wird *Savasukhîn* (סַבַּסְאֻכִּין) gewesen sein. — Dass בגדכפת zwischen Vocalen auch im Assyrischen als Spiranten gesprochen wurden, scheint mir sehr wahrscheinlich. Vielleicht sind Formen wie *šunûši* neben *šunûti, kâši* neben *kâti, âši* neben *âti* nur der unvollkommene graphische Ausdruck für *snnûti, kâti, âti*, also س als Wiedergabe des ث; *š* wurde bekanntlich im Assyrischen *s* gesprochen.

2) *Pânûšun* heisst eigentlich „ihr Angesicht" oder, als adverbialer Accusativ gefasst: „angesichts ihrer". Dass das Wort für „Antlitz" im Assyrischen *pânû* und nicht *pănû* (DELITZSCH, ZIMMERN) zu schreiben ist, hat schon BEZOLD S. 29 seiner Inauguraldissertation hervorgehoben; vgl. auch ASKT. 195, Nr. 191. Nach HINCKS ist *pânu* (= *pâni*, cf. *ṣalmânu* für *ṣalmâni* „Bilder", Beh. 106) der masculine Plural zu *pû* „Mund" und *pâtu* „Vorderseite" die entsprechende feminine Bildung. [cuneiform] „Eingang" hat damit nichts zu thun; dies ist überhaupt nicht *pûtu* (AL[3] 144), sondern *bûtu* (= *bû'tu*, eine Form wie *nûbtu* „Biene") zu lesen und von בוא abzuleiten.

3) Vgl. Sanh. V, 77 *aqrâti napšâtišunu* sowie 1 Sam. 26, 21: אֲשֶׁר יָקְרָה נַפְשִׁי בְּעֵינֶיךָ.

4) Die Sage von der Selbstverbrennung Sardanapal's scheint mir auf einer Verwechselung mit seinem Stiefbruder Saos[d]uchin's zu beruhn. V R. 4, 51 ist das Subject zu *iddû* allerdings nicht *Šamaš-ukîn*, sondern vielmehr die Z. 46—48 namhaft gemachten Götter, Assur, Sin, Samas, Rammân, Bel, Nebo, Istar von Nineve, Istar von Arbela, Adar, Nergal, Nusku „die vor mir hergezogen und meine Feinde unterjocht". Von ihnen heisst es Z. 50—52 *Šamaš-ukîn aḫa nakri ša igîranni ina miqid išâti arîri iddûšu-ma uḫalliqû napšatsu* „den Saos[d]uchin, meinen Stiefbruder, der sich gegen mich empört, in einen angezündeten Scheiterhaufen warfen sie ihn und vernichteten so sein Leben". Zu *igîru* vgl. meine Bemerkungen in HARPER's *Hebraica* vom Januar 1885, p. 179, n. 4. *Miqid* entspricht dem Hebräischen מוֹקְדָה, מוֹקֵד, arab. موقد *mauqid*, pl. مواقد „Feuerstelle". *Miqid išâti*

bildet[1] wie *tebir* von עבר, wovon der Imp. *ebir* lautet. Ebenso finden wir Nimr. 69, 41 als Imper. zu *ûrid* „er stieg hinab“ von ירד (ibid. Z. 45) die Form *erid*. Z. 42 dagegen haben wir als Imp. zu *ûbil* „er brachte“ von יבל (in Z. 46) die Form *bil*, gebildet wie *ṣî* (= *ṣi'*) „gehe heraus“ von יצא, geschrieben 𒄿𒁍 𒂊[𒂊][2] II R. 26, 7 h. Dieselbe Form finden wir auch IV R. 51, 23 & 30 b in der fünften Columne der Sintfluthtafel (AL[3] 107, 229 & 108, 236). Dass das *i* dieser Formen lang sei, kann aus *bi-i-li* ASKT. 76, 8 nicht ohne weiteres gefolgert werden; *bîlî* könnte Analogiebildung nach den Stämmen ע"י sein.[3] *Ublî* dagegen in *ublî pânî'a* ASKT. 117, 8 scheint Imperativ des Piel zu sein, synkopirt aus *ubbilî*, was möglicherweise auf einen ganz andern Stamm אבל (oder אפל, עפל) mit der Bedeutung „erheben“ zurückgeht. Ob *ibbalu* ASKT. 122, Nr. 19, 5 auch damit zusammenhängt, lässt sich nicht entscheiden. Danach sind die Ausführungen Dr. ZIMMERN's auf S. 47 seiner Arbeit zu berichtigen. Anders liegt die Sache mit dem Stamme *edelu* „verriegeln“, von dem POGNON, *Bavian* 121, nicht bloss *medilu* „Riegel“ sondern auch *daltu* „battant de porte“ et par suite „porte“ qui a passé en hébreu (דַּל, דָּלָה, דֶּלֶת) ab-

---

heisst eigentlich „Anzündungsort des Feuers“. Neben *mîqid* haben wir bekanntlich auch *maqaddu* (von einem Stamme קדד = יקד), dessen akkadisches Äquivalent gemäss ASKT. 39, 158 *giš kibir*, d. i. eigentlich „Holz der Verbrennung“, assyr. *iṣ qilûti*. Die Bemerkung über die *Feuerbestattung* (Chald. Genesis 314, 2) wird DELITZSCH wohl nicht mehr aufrecht erhalten. *Arîru* bezieht sich natürlich auf *mîqid*, nicht auf *išâti*; es ist das passive Participium von ארר „erleuchten, anzünden“, wovon auch *urru* „Tageslicht, Tag“ (نهار). Auch im Arabischen hat ja *arra* die Bedeutung von اوقد.

1) Hebr. יֵיקַר Ps. 72, 14 und יֵקַר Ps. 49, 9.

2) Auf dem Original ist nur 𒂊 zu sehn.

3) Dass der an Nusku gerichtete Imperativ *bi-i-li* eine Femininform sein muss, habe ich schon in meiner ausführlichen Besprechung von DELITZSCH's *Kossäer* in der *Andover Review* vom Juli 1884, p. 93, 6 hervorgehoben.

leiten will. Hier finden wir sowohl *edil* (2. fem. *tedilî* Nimr. 65, 21, Form ايتدل *etedil* ibid. Z. 15 & 16) als auch *ûdil* (z. B. Sanh. V, 7). Letzteres ist aber Piel (= *yu'ăddil*) und heisst mit gesteigerter Bedeutung „fest verschliessen, verrammeln, verbarrikadiren". Ich komme auf diese Fragen an einem andern Orte ausführlicher zurück.

Göttingen, den 18. Juli. PAUL HAUPT.

Assyriologische Notizen zum Alten Testament.

Von *Friedrich Delitzsch*.

III.[1])

Die drei Nachtwachen.

Während das Neue Testament vier Nachtwachen unterscheidet (vgl. Matth. 14, 25. Marc. 6, 48: τετάρτη φυλακὴ τῆς νυκτός), welche durch ὀψέ, μεσονύκτιον, ἀλεκτροφωνία und πρωΐ (Marc. 13, 35) bezeichnet werden, ein Gebrauch, welchen die Juden erst von den Römern angenommen haben, unterscheidet das A. T. nur drei. Die Nachtwache selbst heisst אַשְׁמוּרָה oder אַשְׁמֹרֶת, stat. cstr. אַשְׁמֹרֶת, pl. אַשְׁמֻרוֹת; die Namen der einzelnen Nachtwachen oder *vigiliae* sind: רֹאשׁ אַשְׁמֻרוֹת Thren. 2, 19 die erste Nachtwache, הָאַשְׁמֹרֶת הַתִּיכוֹנָה Jud. 7, 19 die mittlere Nachtwache, אַשְׁמֹרֶת הַבֹּקֶר Ex. 14, 24. 1 Sa. 11, 11 die dritte Nachtwache oder die Morgenwache.

Auch die Babylonier-Assyrer unterschieden drei Nachtwachen[2]) (siehe z. B. III R 52, 57 b. IV R 56, 30 a), und zwar schrieben sie dieselben ideographisch: [illegible] d. i. hohe (d. h. wohl: oberste, erste) Wache[3]),

1) Vgl. S. 87 ff.; 161 ff.

2) Vgl. A. H. SAYCE, *Babylonische Literatur*, Leipzig 1878, S. 41.

3) III R 52, 57 b u. ö. Mit obigem Ideogramm sicher gleichbedeutend (siehe III R 55, 18 a. 56 Nr. 3, 29) ist [illegible] (III R 55, 36. 37 a. 51 Nr. VII, 37. 60, 24. 33 u. ö.; II R 39, 58 h), auch

[cuneiform] (var. [cuneiform]) [cuneiform] d. i. mittlere Wache[1], [cuneiform] oder [cuneiform] d. i. Morgenwache.[2]) Die babylonisch-assyrischen Namen aber der drei Nachtwachen lehrt, ebendiese Ideogramme erklärend, das Vokabular II R 39, 11—13 e. f. Ihm zufolge hiess die erste Nachtwache *ba-ra-ri-tum*, die mittlere *ḳab-li-tum*, die dritte oder die Morgenwache [cuneiform].[3])

Die Deutung der beiden ersten Namen ist nicht schwer. Wie *ḳablîtum* das Fem. des Adjectivs *ḳablû* (= **ḳablâi-u*, Bildung auf *âia*, *â'a*, *âi* von *ḳablu*, dem gewöhnlichen assyr. Wort für „Mitte", eig. Zusammentreffen), so ist *bararitum*

[cuneiform] (III R 59, 2 b). Beide Ideogramme, [cuneiform] und [cuneiform], werden bekanntlich S[b] 368. 371 (siehe *Assyrische Lesestücke*, 3. Aufl., S. 63) durch *ši-mê-tan* erklärt, ein Wort, welches mit *šamû* „Himmel" etymologisch wohl gewiss verwandt ist (Stamm *šamû* „hoch sein"), über dessen genaue Bedeutung aber ich Bestimmtes noch nicht auszusagen vermag. In der Beschwörungsformel IV R 14 Nr. 2 Obv. 26 (HAUPT, ASKT 78, Z. 27) scheint es lokale Bed. zu haben (*šimêtan êlâti* „die hohen Himmelshöhen", opp. das Land, die Erde?), ähnlich auch IV R 22, 19 b, dagegen temporale in dem Istar-Psalm S. 954 (siehe *Assyrische Lesestücke*, 3. Aufl., S. 134 ff.) Obv. 38, wo die Göttin Istar sich rühmt, die Göttin der *ši-mê-tan* und die Göttin der *šêrêti* d. i. der Morgen, des Morgens zu sein. Ob in zeitlicher Hinsicht *šimêtan* etwa die Zeit des Anbruches und der ersten Stunden der Nacht bedeutet? Die ideographische Bezeichnung der ersten Nachtwache als *maṣartu šimêtan* legt diese Deutung nahe genug, nicht minder der Doppelcharakter der Göttin Istar als Göttin des Abend- und des Morgensternes.

1) III R 52, 57 b. 55, 1. 19. 39 a. 56 Nr. 3, 31. 60, 24 u. ö.

2) III R 52, 57 b. 55, 2. 20. 40 a. 60, 33. 75 u. ö. Die Schreibung [cuneiform] bietet II R 39, 13 e. Einfach [cuneiform] findet sich III R 56 Nr. 3, 32. Für [cuneiform] = *namâru* „hell sein oder werden" sieht II R 47, 58 e. f, für [cuneiform] — *šêru*, pl. *šêrêti* „Morgen" S. 954 Obv. 39/40, = *na-mi-ra-tum* „Helligkeit" K. 40 Col. IV, 7 (*Assyr. Lesest.*, 3 A., S. 82). Beachte auch *maṣartu ša šé-é-ri* PINCHES, *Texts* p. 2 Nr. 4 Z. 6.

3) So bietet das Original.

oder besser *barâritum* ebensolches Beziehungsadjectiv generis feminini (zu ergänzen ist ja *maṣartu* „Wache") von *barâru*. Der St. בָּרַר bed. im Hebr. absondern, aussondern; auswählen, auserlesen; reinigen. Im Assyr. bed. *barâru* hell sein, glänzen. Es ergiebt sich dies zunächst aus V R 16, 27 a. b, wo dem Ideogramm 𒌓, sonst = *damâḳu* und *namâru* „hell, rein, glänzend sein", *ba-ra-*[*ri*][1]) entspricht; es folgen — als seine Gegensätze — *êklitum* und *êṭûtum* „Finsterniss". Sodann aber erklärt das Vokabular K. 2061 (vgl. HAUPT, ASKT 202 f.) auf Z. 3 und 4 der II. Col. 𒀭 𒌓 𒌓𒀭 durch *ša-ru-*[*ru*][2]) und *ba-ri-*[*ru*]. Da nun *šarûru*, wie das Synonymenverzeichniss II R 35, 4 e. f ff. lehrt, der terminus technicus für den Glanz der aufgehenden Gestirne ist, so erhalten wir für *barîru* ebendiese Bedeutung[3]) — die erste Nachtwache wird also *barâritum* genannt worden sein als die Wache zur Zeit des glänzenden Aufgangs der Gestirne, die Wache zur Zeit der צֵאת הַכּוֹכָבִים Neh. 4, 15.

Der einzige auf den ersten Blick schwierigere Name ist der Name der Morgenwache 𒀭 𒌓 𒁹. Dieser könnte an sich ja, wegen der Polyphonie des ersten Zeichens, auf mannigfache Weise gelesen werden und ist in der That assyriologischerseits sehr verschieden gelesen worden: GEORGE SMITH z. B. las ihn *lat-tur-ru* (z. B. Asurb. Sm. 118, 6), STRASSMAIER[4]) dagegen liest ihn *mat-tur-ru*, gleichzeitig *maṭ-ṭur-ru* zur Wahl stellend.[5]) Keine der beiden Lesungen aber hat

---

1) Die Ergänzung *ri* ist dem Fragment Rm 2. III. Col. I 11 entnommen.

2) Zur Ergänzung siehe IV R 17, 47/48 a. 27, 21/22 a.

3) Für das von ebenderselben Wurzel *bar* durch Reduplication gebildete und wie *šarûru* den glänzenden Aufgang der Gestirne bezeichnende *birbirru* (II R 35, 6 e) siehe jetzt LHOTZKY, *Die Annalen Asurnazirpals* (Leipziger Doctor-Dissertation 1885), S. 21.

4) *Alphabetisches Verzeichniss der assyrischen und akkadischen Wörter* etc., 4. Lieferung, Nr. 5245.

5) Vgl. auch NORRIS, *Dictionary* p. 907.

sich bewährt. Vielmehr lehren die Vokabulare K. 4142 und R. 345 Obv. 24, wo auf *ba-ra-ri-tum* und *ḳab-li-tum* die Morgenwache in der Schreibung *ša-ad-ur-ri* folgt, dass wir *š a d-dur-rum* lesen müssen — eine Lesung übrigens, welche schon aus der Schreibung [cuneiform] d. i. *ša-dur-ri* III R 55, 54 a erkannt werden konnte. Zweifelhaft bleibt nur noch der Dental: haben wir *šad(d)urru* oder *šaṭ(ṭ)urru* oder *šat(t)urru* zu lesen? Da es sich um den Namen der Morgenwache, der *maṣartu ša šêri* handelt, könnte man sich versucht fühlen, Zusammenhang mit *šêru* d. i. שַׁחַר „Morgen" anzunehmen und in *šaturru, šat'urru* eine Bildung mit *t* nach dem ersten Radikal zu erkennen. Allein eine solche Annahme würde sofort wieder aufzugeben sein, weil diese assyrischen Nominalstammbildungen stets den *i*-Vokal in der ersten Sylbe aufweisen, niemals den *a*-Vokal. Ich werde im Folgenden beweisen, dass *šad-dur-rum* zu lesen ist, dieses selbst aber die weniger gute, weil die Etymologie des Wortes verdunkelnde, Schreibung dartellt statt jenes von den Fragmenten K. 4142 und R. 345 dargebotenen *šad-urri*.

Schon oft habe ich darüber nachgedacht, wie es wohl komme, dass im Assyrischen der B e r g (das Gebirg) und der Sonnenaufgang, der O s t e n gleicherweise *šadû* genannt werden, wesshalb denn auch zu ihrer ideographischen Wiedergabe einunddasselbe Zeichen [cuneiform] *(kur, kura)* dient. Man könnte meinen, der Osten sei als Gebirgsgegend *šadû* genannt worden; allein vom babylonischen Standpunkt aus war die Ostgegend doch gerade keine Gebirgsgegend, mit letzterem Namen hätte weit eher der Norden benannt sein müssen[1]); und sodann ist und bleibt es doch das weitaus Natürlichste und Wahrscheinlichste, dass die Ostgegend auch bei den Babyloniern vom Aufgang der Sonne benannt wurde (vgl. מִזְרָח; מוֹצָא Ps. 75, 7). Ja die Baby-

1) Ueber den wichtigen, von PINCHES in PSBA, 1883, p. 74 mitgetheilten Keilschrifttext, die vier Himmelsgegenden bei den Babyloniern betreffend, spreche ich in einer demnächstigen „Notiz" eingehend.

lonier-Assyrer hatten selbst noch ein klares Bewusstsein davon, dass sie mit *šadû* den Osten als Sonnenaufgang benannten, denn wie für „Osten“, so verwendeten sie das Ideogramm 𒌓 auch für „Aufgang“, nämlich der Sonne. Beachte für 𒌓 als Ideogramm für *napâḫu* „aufgehen (von der Sonne)“ Tig. jun. Obv. 3 (𒌓 *Šamši*); I R 35 Nr. 3 (𒌓-*ḫa* d. i. *napâ-ḫa*, var. *na-paḫ Šamši*); III R 59 Nr. 14, 1 (*Šamaš* 𒌓, var. *ippuḫa*). Ich habe desshalb im kleinen Wörterbuch zu meinen *Assyrischen Lesestücken*, 3. Aufl., S. 146, fragend die Vermuthung aufgestellt, ob nicht *šadû* „Berg“ und *šadû* „Osten“ auf einen gemeinsamen Stamm *šadû* „hoch sein, sich erheben“ zurückgehen möchten, sodass der Berg als „Höhe“ bezw. als „hoher, sich erhebender“, der Osten aber als „Aufsteigen, Aufgang“ der Sonne benannt seien.

Was ich damals vorsichtig nur erst als Vermuthung ausgesprochen, kann ich jetzt ausreichend begründen — das assyr. *šadû* bedeutet in der That „hoch sein, aufsteigen, emporsteigen“ und giebt sich in seinen mancherlei Anwendungen und Ableitungen als Synonym von *êlû*, hebr. עָלָה. Auf das Vokabular V R 28, 82. 83 h, welches *ša-du-ú* als Syn. von *šaḳû* „hoch sein“ ausdrücklich bezeugt, habe ich bereits in meiner Schrift *The Hebrew Language*, p. 48, hingewiesen; dass der Berg den Namen *šadû* bez. *šaddû*[1]) als „Höhe, Erhebung“ bez. als „hoher“ führte, ist schon hierdurch über allen Zweifel erhoben. Von ebendiesem Stamme *šadû* „hoch sein“ leitet sich weiter wohl sicher jenes nur in Verbindung mit dem Pron. suff. *šu* bis jetzt

1) Aus Schreibungen wie *šad-di-i* „die Berge“, z. B. Sanh. IV 73. 78, könnte man schliessen (wie ich auch bislang gethan), dass *šadû* „Berg“ als *šâdû* anzusetzen sei; indess ist es aus grammatischen Gründen besser, *šadû* und *šaddû* als zwei neben einander bestehende Formen zu betrachten: *šadû* „Erhebung, Höhe“, *šaddû* (Form فَعُّلْ oder فَعَّال, vgl. קַנָּא und קַנּוֹא) „der hohe“.

belegte *šêdu (šêsu = šêd-šu)* her, welches an sich ja freilich auch als *šêtu (šêsu = šêt-šu)* angesetzt werden könnte[1], als Name der „Bergeshöhe" aber am natürlichsten von dem nämlichen *šadû* „hoch sein" herzuleiten ist, wovon der „Berg" eben *šadû* benannt ist. Die Stellen Asurn. I 49. II 41 sind zu lesen und zu übersetzen: *šadû kîma zikip paṭar parzilli šêsu (= šêd-šu) nâdi* „des Berges Höhe (Gipfel) ragte gleich der Spitze eines eisernen Dolches". Dass nun aber der St. *šadû*[2]) auch vom Aufsteigen, Aufgehen z. B. der Sonne, Heraufziehen, Anbruch z. B. des Morgens gebraucht wurde, was ich schon im Hinblick auf *šadû* „Osten" (= Aufgang der Sonne) vermuthet, findet eine weitere Stütze an der Stelle Asurb. Sm. 123, 49, wo der assyrische König erzählt, dass *ina* [cuneiform] (var. [cuneiform], siehe *ibid.* p. 331) *mûši šû'atu* d. h. selbiger Nacht, da er die Göttin Istar anflehte, ein Magier sich schlafen gelegt und ein Traumgesicht gehabt habe. Die Var. lehrt, dass wir [cuneiform] phonetisch und zwar *ša-ad* oder *ša-at* zu lesen haben. Man könnte nun allerdings sich versucht fühlen, *ša-at* zu lesen und arab. ساعة „Stunde" zur Vergleichung beizuziehen.

---

1) Angesichts der vielen und mannigfachen Verstösse gegen die assyrische Formenlehre, welche sich in HALÉVY's Besprechung meiner *Hebrew Language* (*Revue des Études Juives* 1885, p. 297 ff.) eingeschlichen haben (vgl. *ma-a-a-lu*, *ma-a-a-al-tum* „Bett" von עלה „hoch sein", p. 301; *mušâlum*, *muššulum* von עלם (!), p. 302) scheint es nicht überflüssig darauf hinzuweisen, dass, auch wenn man obiges *šêsu* = *šêtsu* fassen wollte, dieses *šêtu* doch nimmer dem hebr. שְׂאֵת gleichgesetzt werden dürfte.

2) Auch das bekannte [cuneiform] (vgl. LYON, *Keilschrifttexte Sargon's*, S. 80), welches V R 7, 16. 25 unzweifelhaft „betreffs" (syn. *êli*) bedeutet, und auch in der Wortverbindung *ilâni* [cuneiform] *šamê irṣitim* sehr gut die Bed. *êli* haben kann (die Götter über Himmel und Erde), ist vielleicht einfach *šud* (st. cstr. von *šudû* „Erhebung") zu lesen, wie sich denn schon bei SMITH, *History of Assurbanipal* p. 329, die Bemerkung findet: [cuneiform] *means „top or over"*. Der bekannte Offizierstitel [cuneiform] würde hienach natürlich ebenfalls *šudšâḳû* d. h. „Oberoffizier" zu lesen sein.

Aber, ganz abgesehen davon, dass „in einer Stunde selbiger Nacht legte sich schlafen ein Magier" einen wenig passenden Sinn giebt, hat bekanntlich das Assyrische kein solches Wort für „Stunde", ja konnte es gar nicht haben.[1]) So bietet sich denn der Stamm *šadû* abermals von selbst dar: *ina šad mûši šû'atu* heisst: bei Anbruch selbiger Nacht[2]) (legte ein Magier sich nieder). Genau nun aber, wie hier *šadû* vom Heraufziehen d. i. Anbrechen der Nacht gebraucht ist, wird *šadû*, in noch unmittelbarerer Berührung mit *šadû* Osten, Sonnenaufgang, vom Heraufziehen des Morgens, vom Anbruch des Tages gebraucht in dem Namen der Morgenwache: *ša-ad ur-ri* d. i. Anbruch des Tages, Morgen. Für *urru (ûru)* „Licht, Morgenlicht, Tageslicht" = hebr. אוּר bedarf es keiner Belege; im Uebrigen vgl. עָלָה vom „Anbrechen" des Morgens, הַשַּׁחַר, Gen. 19, 15. 32, 25. 27. Jos. 6, 15. Neh. 4, 15. Meine ganze bisherige Auseinandersetzung wird aber endlich von alttestamentlicher Seite in überraschender Weise bestätigt durch den israelitischen männlichen Personennamen שְׁדֵיאוּר Nu. 1, 5. 2, 10. 7, 30. 35. 10, 18 — ein Name, der sich mit *šad ûri* oder *šadê ûri* „Anbruch des Tageslichtes" vollkommen deckt und an Namen wie שַׁחֲרַיִם 1 Chr. 8, 8 und אֲחִישָׁחַר 1 Chr. 7, 10 „Bruder des Morgens", assyr. *Aḫšêri*,[3]) Analogieen

1) Siehe meine Schrift: *Prolegomena zu einem neuen hebräischen und aramäischen Wörterbuch Alten Testamentes*, § 11.

2) Ideographisch entspricht dem *šad mûši* IV R 26, 19/20a [illegible], dessen Verhältniss zu dem gleichlautenden Ideogramm II R 17, 56 a (ASKT 84, Z. 56) mir noch wenig klar ist.

3) Es heisst so der König vom Lande Mannai d. i. מִנִּי oder Van, welchen Asurbanipal auf seinem 4. Feldzuge bekriegte. Siehe für *Aḫ-šê-ê-ri* (v. *ra*) V R 2, 126. 133. 3, 4. 6. Für die Gleichheit dieses Namens mit dem biblischen אֲחִישָׁחַר siehe schon PAUL HAUPT in *Johns Hopkins University Circulars, June 1884*. Für den Sinn des Namens „Bruder des Morgens" vgl. שַׁחֲרוּת d. i. „im Lebensmorgen stehen" Qoh. 11, 10.

genug hat. Es ist hiermit zunächst dem Hin- und Herrathen über die Bedeutung jenes hebräischen Eigennamens ein Ende gemacht. Zwar die Erklärung in Gesenius' Handwörterbuch (8., 9. Aufl.), wonach der Name *jaculans ignem* bedeutet habe (von aram. שְׁדָא „werfen"), dürfte aus grammatischen wie sachlichen Gründen nur wenige befriedigt haben; aber auch Nöldeke's Behauptung in ZDMG XV, 809, Anm. 1: „Auch der Name, den die Masora שְׁדֵיאוּר liest, gehört gewiss zu den mit שַׁדַּי zusammengesetzten (vgl. עַמִּישַׁדַּי, צוּרִישַׁדַּי)" hat das Eine schwere Bedenken gegen sich, dass man sich füglich fragt, warum die Punktatoren, trotzdem sie den an allen obigen Stellen des B. Numeri fast unmittelbar folgenden Eigennamen צורישדי richtig צוּרִישַׁדַּי (Nu. 1, 6. 2, 12. 7, 36. 41. 10, 19) vokalisirt haben, der wahrlich nahe genug liegenden Vokalisation שַׁדַּיאוּר trotzdem aus dem Wege gegangen sind. Gerade darin, dass die Punktatoren trotz des sich aufdrängenden שַׁדַּי dennoch שְׁדֵיאוּר vokalisirt haben, liegt, wie in vielen andern ähnlichen Fällen, eine Warnung vor allzuschneller Emendation. Das assyrische *šad* oder *šadê ûru* dient der Vokalisation שְׁדֵיאוּר zu glänzender Rechtfertigung. Aber noch in anderer Hinsicht ist die von mir aufgezeigte Gleichung *šad ûru*, שְׁדֵיאוּר von hohem Werthe, dadurch, dass sie meine in *Hebrew Language* p. 48 für den Gottesnamen שַׁדַּי vorgeschlagene neue Erklärung besiegelt.

Dass mit dem hebr. Stamm שָׁדַד und dessen Bedeutungen für שַׁדַּי keine befriedigende Deutung zu erzielen ist, steht fest. In der dem Hebräischen nächstverwandten babylonisch-assyrischen Sprache bed. *šadû* „hoch sein", dem hebr. עָלָה völlig synonym. Der Personenname שְׁדֵיאוּר lehrt, dass auch die Hebräer diesen Wortstamm besassen und zwar in ganz den nämlichen Anwendungen wie assyr. *šadû*. Bietet sich da nicht für אֵל שַׁדַּי die grammatisch wie lexikalisch wie sachlich gleich unanfechtbare Erklärung als „Gott der Allerhöchste“ (אֵל עֶלְיוֹן) ganz von selbst dar? In Hunderten von Fällen ist ein in den andern semitischen Sprachen vielfach zu belegender Wortstamm innerhalb der wenig umfangreichen alttestamentlichen Literatur nur an einer einzigen Stelle oder in einem einzigen Namen erhalten — in diesem Falle bezeugen שַׁדַּי und שְׁדֵיאוּר gemeinsam den hebr. Stamm שָׁדָה „hoch sein“.[1])

Ein Wort schliesslich noch über den Namen der Nachtwache als solcher. Im Hebräischen heisst die Nachtwache, wie schon bemerkt, אַשְׁמֻרָה, dagegen die Wache, das Wachehalten (auch der Wachtposten) überhaupt מִשְׁמָר z. B. Neh. 4, 16, und מִשְׁמֶרֶת, z. B. שָׁמַר מִשְׁמֶרֶת בֵּית הַמֶּלֶךְ Palastwache halten, den Palast bewachen 2 Rg. 11, 5; שָׁמַר אֶת־מִשְׁמֶרֶת בֵּית־יְהוָה Tempelwache halten, das Haus Jahwes bewachen 2 Rg. 11, 7. Das Assyrische benennt die Nachtwache mit dem allgemeinen Namen für Wache, nämlich *maṣartu*, Pl. *maṣarâtu*, z. B. III R 66 Rev. 35 d, und *maṣrâti* IV R 15, 8a (siehe *Assyrische Lesestücke*, *Wörterbuch* s. v. מצר). Der letztere Plural führt mit Sicherheit auf den

1) Halévy wendet sich in seiner Besprechung meiner *Hebrew Language* (*Revue des Études Juives* 1885, p. 301) auch gegen meine Combination von שַׁדַּי mit assyr. *šadû* „hoch sein“, und zwar bemerkt er: „*Le nom assyrien s h a d u* (sic!) *signifie bien „montagne“, mais je connais aucun passage où le verbe s h a d u signifierait „être haut, élevé“*. Vielleicht lehren meine obigen Auseinandersetzungen, lehren die obigen Stellen und Ableitungen, welche sammt und sonders assyr. *šadû* = *êlû*, עָלָה, bezeugen (*šadû* = *šakû*; *šadû* „Berg“ und „Osten“; *šêdu* „Höhe“ — auch der Name der שֵׁדִים wird hierher gehören —; *šad mûši*, *šad ûru* u. s. w.) meinen hochgeschätzten Mitforscher auf assyrisch-hebräischem Gebiete, dass meine Aufstellungen nicht so schlecht begründet sind, als er selbst anzunehmen scheint; wie שַׁדַּי von שָׁדָה, *šadû* „hoch sein“ denke ich die meisten meiner in *Hebrew Language* aufgestellten Etymologien in meinen *Prolegomena* gegen alle Angriffe erfolgreich vertheidigen und vor allem Halévy's Einwendungen gegenüber mit Leichtigkeit aufrecht erhalten zu können.

Stamm מצר, nicht נצר, auf ebenjenen St. מצר, von welchem allein auch *ma-aṣ-ṣa-ru* „Wächter", *maṣṣaru bâbi* „Thorwächter" V R 32 Nr. 3, 29. 30 kommen kann.[1]) Auch die beständige Schreibung *maṣartu* mit Einem צ (z. B. *maṣartu nil(ṭ)aṣar* „wir hielten Wache" III R 51 Nr. 3, 9. Nr. 4, 12. Nr. 5, 28. Nr. 6, 33. Nr. 9, 9; ferner V R 13, 14 b. II R 8, 61—67 d. 9, 1—4 d), ferner *maṣarûtu* (oder besser wohl *maṣârûtu*) „Bewachung" II R 8, 68 f. c. d. (*man-mu-šu a-na ma-ṣa*(sic!)-*ru-ti id-din* „was immer er besass, gab er in Bewachung"), endlich auch die Schreibung *ma-ṣar* d. i. *maṣâr* „Wache", *maṣâr mûši, êkallim* „Nacht, — Palastwache" u. s. f. (V R 13, 15—26 b) führen[2]) für *maṣartu* „Wache" auf den — natürlich von נצר, نظر secundär hergeleiteten — Stamm מצר. Dagegen dürfte für assyr. *maṣṣartu* in der Bed. „Bewahrung, Verwahrung, Befestigung" (z. B. Neb. VI 53: *ma-aṣ-ṣar-ti nakliš udannin* „die Befestigung machte ich kunstvoll stark"); Neb. Grot. II 1: *aššum ma-aṣ-ṣa-ar-ti Êsagila dunnunim* „um Esagila's Befestigung recht stark zu machen") bei נצר stehen zu bleiben sein, nicht allein wegen der Schreibung *maṣṣartu* mit zwei צ, sondern auch wegen des Wechsels von *maṣṣartu* mit *niṣirtu*; vgl. Neb. Bab. II 22: „Babylon *ana ni-ṣi-ir-tim aškun* setzte ich in wohlverwahrten, befestigten Zustand"; II 12: *ni-ṣi-ir-tim Êsagila u Bâbîli aštê'êma* „die Befestigung Esagila's und Babylons liess ich mir angelegen sein." Ob ein solcher Secundärstamm מצר *maṣâru* „achthaben, bewachen" und dann auch „bewahren, behüten, befestigen" nicht vielleicht auch für das Hebräische anzunehmen ist? Dass מָצוֹר in den Bedd. „Bedrängniss" Dt. 28, 53 ff., „Belagerung" Ez. 4, 7, „Belagerungswall" Dt. 20, 20 sich von צור „drängen, belagern" herleitet, steht natürlich fest; aber wenn es Hab. 2, 1

1) Für die Gleichsetzung des Amtsnamens מֶלְצַר Dan. 1, 11. 16 mit ebendiesem *maṣṣaru* siehe meine Bemerkungen zu S. BAER's *Libri Danielis, Ezrae et Nehemiae, Lipsiae* 1882, p. XI.

2) Trotz des syr. ܡܛܪܬܐ „Nachtwache", von ܢܛܪ.

heisst: „Auf meine Wacht (מִשְׁמַרְתִּי) will ich treten und mich stellen auf מָצוֹר und spähen (וַאֲצַפֶּה[1])" u. s. w., so scheint mir nichts natürlicher als מָצוֹר mit „Wacht" zu übersetzen, ja es scheint mir dies sogar die einzig mögliche Erklärung zu sein. Denn wenn Gesenius' Handwörterbuch, 9. Aufl., מָצוֹר mit „Festungswerk, Veste" übersetzt, so ist dagegen zu bemerken, dass מָצוֹר, von צור abgeleitet, schlechterdings nichts anderes als Belagerungswall, Mittel und Werkzeug zum Belagern, nimmermehr Befestigungswall bedeuten kann: belagern und befestigen sind grundverschiedene Begriffe. Ebenso kann es 2 Chr. 11, 5 unmöglich heissen: „Rehabeam baute Städte in Juda לְמָצוֹר zur Belagerung, sondern entweder zur Wacht d. h. als Wacht- und Beobachtungsplätze, oder zur Bewahrung, Befestigung, Landesvertheidigung. Auch עִיר מָצוֹר Ps. 31, 22. 2 Chr. 8, 5 bed. wohl die Veste als Stadt der „Bewachung" oder der „Befestigung", עָרֵי מְצוּרָה 2 Chr. 14, 5, עָרֵי מְצוּרוֹת 2 Chr. 11, 10. 21, 3, und einfach מְצוּרוֹת (2 Chr. 11, 11) die Vesten, Festungen als bewachte oder wohlverwahrte, befestigte Städte, von מְצוּרָה „Wacht" (s. Nah. 2, 2? und vgl. Jes. 29, 3 מְצֻרֹת „Wachtposten"?) oder „Bewahrung, Befestigung".

---

1) Für assyr. *ṣipîtu* „Wacht" = *maṣartu* siehe z. B. II R 9, 9 ff. c. d.

Sprechsaal.

Aus einem Briefe des Herrn Prof. Th. Nöldeke

an *C. Bezold.*

Strassburg i. E., am 7. Mai 1885.

. . . . . Ich gebe Ihnen hier einige Bemerkungen über die von Herrn Hyvernat veröffentlichte Zauberschale, wie sie mir bei der Lectüre gekommen sind, ohne System und ohne weitere Untersuchung des sonstigen Materials.

Diese Schalen sind meines Erachtens ziemlich jung; namentlich gilt das von der zuletzt publicirten. Orthographie und Sprache weisen darauf hin, und kein einziger Grund spricht dagegen. עיסרא, עיסרין für אִסְּרָא, איסרא u. s. w. und, wenn das wirklich da steht, חיכליה für חיכליח sind noch deutlichere Zeichen später Zeit als die vielen Plenarschreibungen; das Alles sind direkte Uebergänge zu der im Mandäischen durchgeführten Orthographie. Das männliche עקין für עָקָן wäre in alter Zeit auch kaum möglich. Ebenso ist es mit der Wiedergabe des hebräischen Qameṣ nach der Aussprache *å* oder *ô* durch ו in בורוך (בָּרוּךְ) und הועלום (הָעֹלָם). Wenn דאויד schon sehr befremdet, so weist in מאלך הועלום das erste Wort in Form und Orthographie schon auf arabisches مالك (cfr. Sure 1, 3) hin. Denn hebräisch müsste es מולך heissen; aramäisches מָלֵךְ wäre vor dem hebräischen העולם nicht denkbar; auch passte das Participium hier nicht für den aramäischen Sprachgebrauch. So wird denn auch in ותירפעין (l. ותירפעון)

20*

das arabische زِن stecken: „hebt euch“. Und wenn *Zâdhân-Ferruch* anno 630 ein hocharistokratischer Name war (ob der Mann dieses Namens in meiner Ṭabarî-Uebersetzung S. 356 mit dem ib. 389 identisch ist, weiss ich nicht), so ist es kaum glaublich, dass sich schon damals oder noch weit früher ein Jude so genannt habe. Später kommt dieser Name mehr vor. Uebrigens wäre in den ersten Jahrhunderten n. Chr. nach der Lautentwicklung des Persischen noch *Zâtân* zu erwarten. Ebenso trägt auch die Frau, für welche die von Levy besprochene Schale (ZDMG 9, 468 ff.) gemacht ist, einen persischen Namen *Bahrân duch*, Tochter der *Nêwân duch*, worin *duch* eine Vulgärform für *ducht* „Tochter“ ist, die allerdings auch schon ziemlich alt sein könnte. Aber wie dem auch sei, mir scheint kein Grund vorzuliegen, unsre Schale für älter zu halten als 700 n. Chr.

Leider ist die Photographie undeutlich, wie das bei der Inschrift im Innern einer Schale auch kaum anders sein kann. Da kann leider nur eine geschickte Handzeichnung helfen. Ich muss mich daher bei der Transscription Herrn Hyvernat's beruhigen, was im Allgemeinen auch kein Bedenken hat. Ob aber z. B. י und ו immer im Sinne des Schreibers gelesen sind, ist mir doch etwas zweifelhaft. Dieser wollte doch wohl schon das erste Mal das allein zulässige מישתרי und מיתבר (מִשְׁתְּרֵי und מִיתְּבַר) setzen, nicht מושתרי und מותבר. Sollte in l. 3 der Transscription nicht שירין ושיבנין gelesen werden können? ܫܒܢܐ ist ein Dämon, der einen Menschen „bewohnt“, ihn „besessen“ macht; s. Ephr. I, 200 D; Jacob Sar. in ZDMG 29, 111 v. 87; Euseb., Theoph. II, 12, 3; Barh. zu Acta 17, 23. Dies שיבנא kommt auch bei den Mandäern vor, war also in Babylonien üblich. — מעבדי[ן] ist syrisch *ma'bâdhîn* „Verzauberungen“ Martyr. I, 54 paen; Geop. 101, 30, s. Hoffmann's BA 6310 f.; nach dieser Stelle soll es auch „Zauberer“ heissen, was ich dahingestellt sein lasse. —

עיסרא heisst hier überall „Fessel, Fesselung"; Gabriel ist eine „Feuer-Fessel", Michael eine „Thora-Fessel". Im Namen des „Gärtners" (?) steckt gewiss nicht *Asaph*, sondern persisches *[I]spend* oder zur Noth *Aspân*; den Schluss des Namens bildet am Ende auch זיוא wie in ערבדזיוא Z. 7 oder ist da einfach zu lesen ער בר זיוא „Êr, Sohn des Zîwâ, Sohnes des Rabbî"? Und vielleicht auch אספנד בר זיוא oder ähnlich? זיוא „Glanz" bezeichnet bekanntlich im Mandäischen eine gewisse Classe von Lichtwesen und hängt sich an die Namen solcher, z B. חיביל זיוא u. s. w.

Im Privatbesitz dürften noch mehrere solche Schalen sein. So besitzt Prof. WRIGHT in Cambridge einige, darunter eine ziemlich deutlich geschriebene, aber zum Theil recht schwierig zu erklärende mandäische. Auch das Vorhandensein solcher mandäischer Schalen führt auf jüngere Zeit. Die Verbindung mit altbabylonischem Aberglauben dürfte also ziemlich lose sein. Eine umfassende Untersuchung dieser Denkmäler hätte wohl auch persische Nêrang's heranzuziehen . . . . . .

Deux tablettes bilingues inédites.

Par *Jules Oppert*.

Lorsque dans l'été de 1855, je fus envoyé par le Gouvernement français à Londres, pour étudier au Musée britannique les inscriptions cunéiformes, la bienveillance des administrateurs de ce grand établissement me permit de fouiller dans les caisses, de nettoyer les textes illisibles et de rapiécer les fragments épars des documents. Une grande partie du tome II de la Collection des Documents de l'Asie Occidentale fut copiée alors, et me servit grandement dans l'interprétation des textes incompris jusqu'à cette époque. Je réunis les débris du texte bilingue (R II, 12, 42) qui porte d'un côté les suffixes sumériens et de l'autre ceux de la langue sémitique, et par ce travail de reconstitution j'acquis la certitude que le système graphique de l'idéographisme n'était pas un jeu du caprice ou du hazard, mais qu'il tirait son origine de la langue même des inventeurs de l'écriture: c'est de cette découverte que datent les premiers essais sur le sumérien, signalé dès 1854.

Plusieurs des tablettes copiées alors par moi n'ont été publiées que dans ces derniers temps: le journal même dans lequel j'ai l'honneur d'écrire, a reproduit naguères la copie d'une tablette relevant les formes des caractères archaïques, et dont j'ai pu me servir également en 1855, pour reconnaître, par la forme du *ḫa* qu'elle donne et qui ressemble à un poisson, l'origine hiéroglyphique de l'écriture cunéiforme. Tout dernièrement, il a été publié le texte *kur* = *šanaqu* que je possède dans mes papiers depuis trente ans, d'autres documents sont devenus frustes et ont été altérés. Ma copie porte ainsi pour R II, 5, l. 43 encore , ver, que certes je n'ai pu inventer, ne connaissant pas, à l'époque où la copie était faite, le sens du document dont la reproduction dans l'ouvrage anglais ne porte que

Parmi les textes qui, à ce que je sache du moins, n'ont pas été reproduits, se trouve aussi le fragment bilingue, qui va suivre. Il avait pour moi la portée considérable de me faire pénétrer du coup dans le sens du caillou de Michaux qui jusqu'à la traduction donnée par le *Bulletin archéologique de l'Athénéum français* était resté une énigme impénétrable. L'explication du groupe par *kallātu*, fiancée, me mit sur la voie de l'interprétation. L'équivalence a été retrouvée depuis dans le texte bilingue du roi Saosduchin (R V, 62, 61).

C'est à ce titre de reconnaissance que je publie le fragment. Sir H. Rawlinson le connaissait en 1855, G. Smith m'a dit en 1871 qu'il ne l'avait j'amais vu[1]).

1) Huit lignes du fragment ont été publiées par P. Haupt dans ses ASKT, p. 213 suiv. — *Réd.*

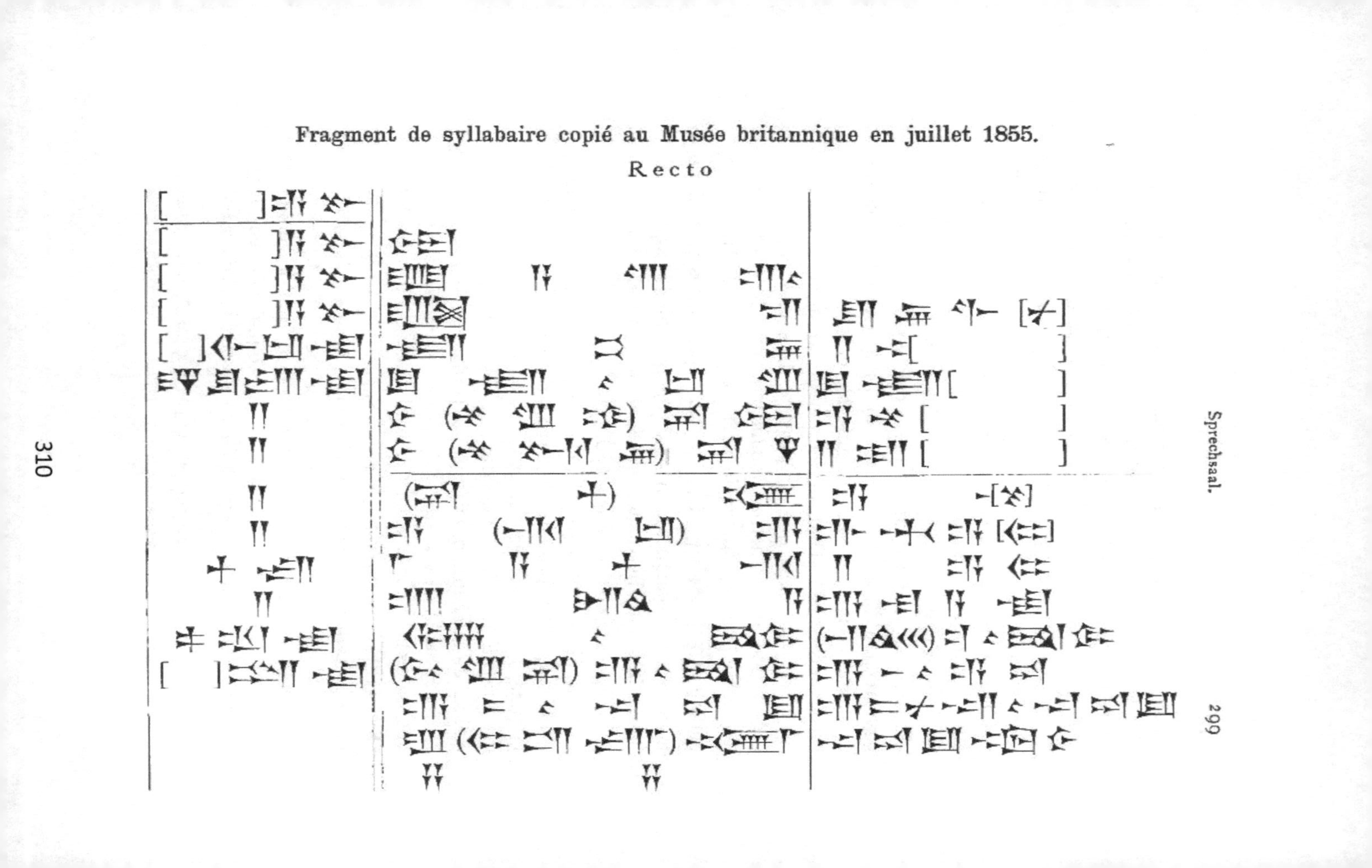

Fragment de syllabaire copié au Musée britannique en juillet 1855.

Recto

Verso

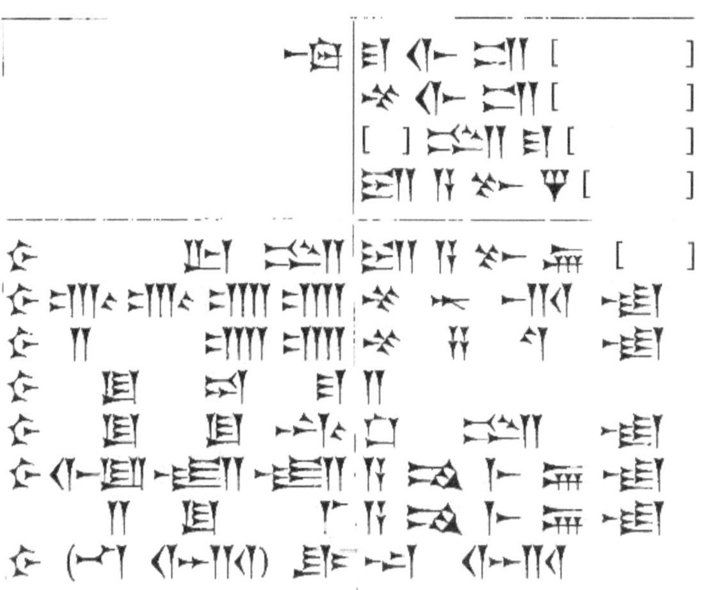

J'ajoute un autre fragment, où j'ai trouvé le mot de *turgumannu.* J'ai lu, trente après, que M. Pinches lisait dans un texte qui ne semble pas être le même, *tur targumannu:* je crois avoir bien copié ce texte, qui fournit la lecture de *sagganakku.* Malheureusement le fragment est très-mutilé, et provenant probablement d'un texte bien plus développé.

Le mot *śuśabinu* semble fournir la restitution *śuśapinu* de la première tablette: il est très-probable que le texte portait [cunéiforme], et que *śuśapinu* était le nom emprunté au sumérien du fonctionnaire cité dans les listes éponymiques (v. R II, 52, l. 20. 33). Le commencement des lignes à droite est fruste. — J'ai émis l'idée, dans mon *Commentaire à l'Inscription de Khorsabad* que *sutamsak* est à lire *sapiṭu*, mot très-intéressant. *Aklu* pourrait être un „jurisconsulte"; mais *sapiru* est sûrement „astrologue": la racine שפר a la signification de „prédire“ dans les rapports astrologiques et même dans le texte du déluge, comme je l'ai expliqué déjà en 1878. Le terme *agil* ? *limi* est aussi très-intéressant: il doit donner le nom de l'éponyme, celui qui dénomme le *limu* ou l'année de l'archonte. Car *limu* doit être un laps de temps, et ne peut pas désigner le fonctionnaire lui-même. Dans ce cas, le mot *limu* devrait suivre le nom, et non pas le précéder.

Liste de fonctionnaires copiée en août 1855.

Recto

Verso

Varia.

II[1])

4. Altra volta contro il sig. POGNON (v. *Zeitschrift*, II, 108) ho detto che il nome reale mi sembra piutosto da dividersi in + che non in + . Mi pare di trovare un altra conferma della mia opinione nel nome di un re di Arvad che suona: (Asb. Sm. 62, 118:

1) Cf. p. 106 segg.

V R II, 83) dove la seconda parte del nome [cuneiform] secondo ogni probabilità non è che פּעל (cf. SCHRADER KAT² 105 e 173). Talchè il nome *Pudibal* forse non significherebbe se non: »*Baal* è il mio . . .« e *pudî* sarebbe un sost. singol. con suffisso della 1ª persona singol., come *tukultî*, *kudurrî* ecc. Il sig. POGNON dice »il me parait singulier que le mot generique *i-lu* entre dans la composition d'un nom propre au lieu du nom d'une divinité particulière«. Dimostrato ora che le due parti del nome sono [cuneiform] + [cuneiform] al sig. POGNON non farà difficoltà il nome generico [cuneiform] in composizione. Del resto non ne mancano altri esempii come *Ilu-itti-ja* etc. (KAT² 470 e segg.).

5. L'egregio Dr. LYON (*Keilschrifttexte Sargon's* p. 79) ha proposto dubitativamente dietro l'analogia di passi paralleli la lettura *šaknu* per l'ideogramma [cuneiform] pel quale la più nota lettura è *piḫâtu* (Sᶜ 59). Mi pare che per la lettura *šaknu* sia anche più concludente un passo di Asurbanipal (ed. SMITH 35, 13) dove [cuneiform]-*ú-ti* ha per variante [cuneiform] che lo SMITH leggeva *sa-nu-u-ti*, ma deve pronunziarsi senza dubbio *šak-nu-ú-ti*.

6. Gli ideogrammi [cuneiform], ([cuneiform]), [cuneiform], ricorrono frequentemente nei testi storici, e se ne intende il senso generale, ma una trascrizione determinata non lo danno ancora gli assiriologi. Lo SCHRADER che trascrive rispettivamente GAR . ŠU, GAR . GA (v. KAT² 544), intende GAR . ŠU come "Sache der Hand" ed ugualmente interpreta l'HALÉVY (*Documents religieux* etc. pag. 49) "ce qui est de main": cf. l. c. pag. 39. Ma in primo luogo questa interpretazione dell' ideogramma non mi pare ammissibile poichè [cuneiform] varia nei testi con [cuneiform] (v. I R 18, 48; STRASSMAIER, *Verzeichniss* nº 1441), e se [cuneiform] = *ḳâtu*, non credo che la stessa significazione si possa attribuire a [cuneiform], nè mi par probabile ammettere che abbia a considerarsi come s c r i t t u r a f o n e t i c a equivalente alla ideografica .

Per la trascrizione dei due gruppi non possiamo dire molto di positivo. I R 18, 48 dà per variante a la voce (intorno a cui v. STRASSMAIER l c.); ma può tale variante giustificare una lettura *bušû*? Generalmente parlando, l'uso che si fa delle varianti dei testi storici per la lessicografia assira è scorretto, perchè non si considera che allo stesso luogo di un medesimo testo scritto da due mani diverse si possono trovare due voci diverse. Quindi mentre mi sembra probabile per un significato affine a quello di "possessione, avere" non oserei tale trascrizione per il detto ideogramma, e neppure mi par provata da esempii una eguaglianza ( ) = *unûtu*. V. gli esempii in STRASSMAIER n° 2601, NORRIS p. 291. 292. La presenza poi delle parole GAR.ŠU; GAR.GA; *unûtu, bušû* ecc., le une accanto alle altre in modi diversi in uno stesso testo dimostra la loro diversità di significato, e dimostra che lo SCHRADER a torto, fondandosi sopra un solo parallelismo, dice essere GAR.ŠU e GAR.GA 'der Bedeutung nach identisch' (KAT[2] 295). Se v'ha una trascrizione un poco giustificata per ci sembra quella di *ma-ak-ku-ru* (v. V R 11. 38, 39 a. b. c., dove il luogo è corretto egregiamente da STRASSMAIER n° 4995: e cf. anche SAYCE, *Elem. Grammar*, Syllab. 227: = *macaru sa macuri*).

Ma anche questa trascrizione l'adopereremino con qualche dubbio, prima pel fatto che in alcuni luoghi ricorre l'ideogramma insieme con voci derivate da una rad. מכר, e poi perchè la natura del sillabario V R 11 non ci è chiara del tutto.

7. L'HALÉVY ha recentemente richiamato l'attenzione sopra passi che dimostrano avere il così detto i e r a t i c o

(o sumero-accadese) posseduto una particella *ta*, non come posposizione soltanto, ma proprio nel significato di ⊢ assiro-caldeo (v. RC, 1884. T. II. p. 46). Ora nella tavola IV R 11, 6a mi sembra che ⊢ in un testo che non ha certo l'apparenza di esser semitico sia adoperato appunto come *ina*. Sarebbe un altro esempio della struttura somigliantissima dell' assiro-caldeo e del *ieratico*. Del resto rimane anche qui insoluto il problema che ha bene accennato il sig. ZIMMERN ultimamente (*Babylonische Busspsalmen* p. 4) se il testo sia da leggere in semitico o in nonsemitico.

8. I più autorevoli studiosi della Grammatica sumero-accadese ammettono un pronome infisso *nan* da inserirsi tra la preformativa e la radice verbale. Invece il PINCHES ultimamente ha affermato che "the accusative is expressed by *inna* (a lengthened form of *in*) with *an* (for *in*), so that *innan-lal*, for instance, means 'it he weighed'" (1). Mi pare possa recar qualche luce un passo citato dall' HOMMEL (*Zeitschrift* I, 204) dove in un documento bensì assai mutilo *na-an-na-ta* sembra corrispondere ad *e-la ša-a-šu*. Se questa uguaglianza proposta dall' HOMMEL è vera (come non mi pare da dubitare: di fatti la posposizione *ta* a che cosa potrebbe aderire se non a un nome o a un pronome?) ciò indica che *nan* (forma allungata *nanna*) si adoperava anche come assoluto e non soltanto come infisso. Allora *nanna* corrisponderebbe alla forma assoluta assira *šâšu*: e la antica divisione *in-nan-lal* = *iškulšu* (DELITZSCH, HAUPT, HOMMEL) resterebbe la vera.

Firenze, Giugno 1885. X.

(1) *Journal of the Royal Asiatic Society*, April 1884.

Nachträge zur Erklärung der Tafel *šurbu* VI.

Von *P. Jensen.*

I.

Zu *Zeitschrift* I, 280. — Dass vielleicht jedes sum. (bis jetzt sogenannte) *g*, welches akkad. *m* entspricht und in diesem Falle durch , nicht durch wiedergegeben wird (von den ältesten Zeiten an!), in Wirklichkeit nicht den Laut *g*, sondern den Laut *ṅg* bezw. *ṅ* darstellt, werde ich später zu erweisen suchen. Dass speciell = *ṅgar* ist, wird

1) wahrscheinlich gemacht durch folgende Erwägung: Der Gruppe   (= *lânu*) entspricht 5, 11, 50 *i'a-mar*[1]), 5, 42, 47 *in-gar.* Mag nun *ingar* zusammengesetzt sein aus *i* + *ṅgar* (*i* + *gar* = „Haus-machend") oder nicht,

1) wird gemeiniglich *a* gelesen, eine Lesung, die für die spätere Zeit, für die Zeit der künstlichen Pflege des Sumerischen unanfechtbar ist (cf. 2, 24, 50[c]). Die ursprüngliche Lesung ist *a* nicht. Aus dem Umstande nämlich, dass („fünf") *i'a* und [= , welches offenbar zum Zwecke der Unterscheidung dieses Zeichens von den Namen *i-gittû* (*igittû*) d. i. das „hingestreckte" I-Zeichen (cf. = *gid* = *arâku*) bekommen hat] *i* (cf. HALÉVY'S *Aperçu* p. 31) gelesen wird, wie namentlich daraus, dass 5, 37, 15[b] den Namen *gigurû-i'âku* trägt, — ergibt sich, dass „fünf" im Sumerischen ursprünglich *i'a* wie „sechs" ursprünglich *i'aš* (?) (cf. = *aš*) = *i'a* + *aš* (?; HOMMEL, ZK I, 212) hiess. Erst die Assyrobabylonier mögen aus *i'a* und *i'aš* bezw. *ja, jaš,* da sie in späterer Zeit als Wortanfang die Gruppe *i'a* nicht gerne, die Gruppe *ja* durchaus nicht duldeten, *a* und *aš* gemacht haben. Da nun aber das Obwalten einer Beziehung zwischen = „Hand" und dem Ausdrucke für die Zahl „fünf" allgemein zugestanden wird, ferner 5, 38, 53[ab] für   (d. i. entweder *a'i* oder *i'a*) die Aussprache gefordert wird, so kann nicht geleugnet werden, dass ursprünglich „Hand" im Sumerischen *i'a* hiess und demgemäss die sumerische, bezw. akkadische Lesung des Zeichens *i'a* ist.

jedenfalls erhellt aus diesem Beispiele, dass sich *ingar* zu *i'amar* wie *dingir* zu *dimir* verhält.

2) bewiesen durch folgende Beobachtung: Wir finden, dass 2, 40, 53 *piḫâtu* sumerischem *ki-bi-*Ψ*-ra*, 2, 28, 41 aber sum. *ki-bi-in-gar-ra* entspricht (vgl. 2, 15, 41: *ki-bi-gar-ra-bi-ku* = *ana puḫîšu* = „dafür"). Da nun die Etymologie von *ki-bi-*Ψ*-ra* offenbar ist („Stelle — seine — machend" =) „seine Stelle vertretend" von *ki-bi-*IN-*gar-ra* aber unter der Voraussetzung, dass IN ein Ideogramm ist, eine Erklärung, die in irgend einer Weise zwischen diesem und der Bedeutung von *piḫâtu* eine Verbindung herstellen würde, nicht gefunden werden kann (IN, bez. *in* = „Stroh"; cfr. 2, 34, 39), so erhellt, dass *ki-bi-in-*Ψ*-ra* ebenso zu lesen ist wie *ki-bi-*Ψ*-ra* und dass „Stellvertretung" im Sumerischen *kibingara* hiess. Daraus ergiebt sich, dass „machen" im Sumerischen *ṅgar* hiess. Die Verschiedenheit der Schreibung erklärt sich durch die Annahme, dass *ki-bi-in-*Ψ*-ra* geschrieben wurde zu einer Zeit, als die Babylonier noch wussten, dass *piḫâtu kibingara*, aber nicht mehr wussten, dass Ψ, „machen" nicht *gar*, sondern *ṅgar* zu lesen sei. Mit der eben erörterten Tatsache hängt natürlich zusammen, dass 4, 6, 35[c] für zu erwartendes *ša-mi-ni-*Ψ *ša-mi-ni-in-*Ψ erscheint.

Zu S. 281. — Es könnte (worauf ich von anderer Seite gleichfalls aufmerksam gemacht ward) *arrat limuttim* auch „Fluch der Bosheit" bedeuten; dieser Annahme ist jedoch 2, 17, 32[ab]: *imi ḫul-gal* = *lišân limuttu* wenig günstig.

Zu S. 287. — Genauer wird *illaku* wohl zu übersetzen sein: „wird (nicht im Stande sein) nicht geeignet sein"; cf. *šûluku*.

Zu S. 294. „Beide, ein Paar von, die zwei" hiess im Assyrischen *kilallân, kilallê*, bez. *killân, killî*; fem. *kilattân*, *kilâtân*. Dies hätte man aus Neb. I, col. I, 29 (*šarrâni* [cuneiform], „die beiden Könige“, nämlich von Babylon und Elam), 3, 68, 68[ab] (*dingir maš-tab-ba*[1]) = *ilu ki-*[cuneiform]*-la-an*) und 4, 22, 10—11[b] (*ina pî nârâti* [cuneiform] „an der Mündung der zwei Ströme“) trotz des störenden, dem Worte *kilallî* entsprechenden [cuneiform]*-na*[2]) entnehmen können. Jetzt enthält 5, 37, 35[def] (*min* = [cuneiform]) den Beweis für die Richtigkeit der Uebersetzung. Dass das Fem. von *ki-*[cuneiform]*-lân* *kilatân* (*kilattân*) ist, zeigt 1, 47, col. V, 53—4: *ša aḫinnâ pâna u arka inadalû kilatân kiribša u[kîn]* („stellte ich paarweise darin auf“) und 1, 62, col. V, 59. So gerne man *ki-*[cuneiform]*-lân* (und *kilatân*) in Beziehung setzen möchte zu hebr. כלאים und seinen südsemitischen Verwandten,, so scheint dies doch sehr erschwert zu werden durch die absonderliche Form des assyrischen Wortes, w e n n n i c h t d e r i m S u m e r i s c h e n d e m Z e i c h e n [cuneiform] z u k o m m e n d e L a u t w e r t *l* (ZK I, 296—7) a u c h i m A s s y r i s c h e n d e m s e l b e n e i g n e t u n d *ki-*[cuneiform]*-la-an*, *ki-*[cuneiform]*-li-i* z u l e s e n i s t *ki(l)lân*, *ki(l)lî*[3]). Dann würde auch die Femininform *kilatân* erklärlicher sein. *ki-*[cuneiform]*-lân* und *kilatân* sind selbstverständlich alte Dualformen. Man beachte noch den Umstand, dass ein sonst zu erwartendes *i* fehlt, welches nach *tân*[4]) häufig, aber selten nach einfachem *ân* ausfällt

---

1) Vgl. S^c 1, 12: [cuneiform] = *mâšu* mit S^c 1, 15: [cuneiform] = *tuâmu* und 4, 21, 16—18: *maš-tab-ba* = *mâšu*.

2) Meine Vermutung hat sich bestätigt: ein Riss, der durch die Tafel geht, hat die falsche Lesung [cuneiform]*-na* verursacht; es steht klar und deutlich auf der Tafel [cuneiform]*-na* d. i *min-na*. Auch 4, 15, 66[b] ist zu lesen [cuneiform] = *min-na*, wie eine Besichtigung des Originals ergab.

3) Beachtenswert ist, dass dem [cuneiform] ein *i* vorhergeht; sollte [cuneiform] *il* zu lesen sein (vgl. [cuneiform] = *našû*, *il* = *našû*)?

4) Der häufige Abfall der Endung nach der Sylbe *-tân* ist eine Erscheinung, die noch der Erklärung harrt; cf. z. B. *šimitân*: 4, 14, 26[b]; 4, 22, 19[b];

Zu S. 295. — Für *bârî* („visa‘, sc. „lecta‘) und seine Ideogramme findet sich öfters geschrieben [cuneiform] [cuneiform]. Dass [cuneiform] *rim* zu lesen sei, war unzweifelhaft; es fragte sich nur, mit welchem Rechte [cuneiform] *ba* gelesen werden könne. 5, 37, 43de: [cuneiform] = *ba* zeigt, dass wirklich *ba-rim* zu lesen ist.

Ibid. zu *Ašur-ban-apal*. — Die ältere Form des Wortes *apal* ist natürlich *apil*; das *a* ist unter dem Einflusse des *l* entstanden. *apil* für ein sumerisches Lehnwort zu erklären, was an und für sich lächerlich erscheinen kann, trage ich deshalb kein Bedenken, weil *apil* nicht den „Sohn“ schlechtweg, sondern den „Erbsohn“ bezeichnet, also einen juristischen Begriff ausdrückt. Ein Synonymon von *aplu* ist *šumu* (5, 23, 29)[1]), welches gemäss seiner Etymologie den „Sohn“ bezeichnet als den שם (in seiner vollen Bedeutung), sc. des Vaters. Ob der bekannte Bruder des Ham gleichen Namens, der der älteste der drei Brüder war, seinen Namen diesem Umstande zu verdanken hat, ob also zwischen assyr. *šumu* = *aplu* und hebr. שם (dem Sohne Noahs) irgend eine Beziehung besteht, ist eine Frage, die sich von selbst aufdrängt, ohne dass ich sie zu beantworten wagte.

Zu S. 297. — Ob sich der Lautwert *la* des Zeichens [cuneiform] aus diesem *l* entwickelt hat oder aus dem L. *lal* entstanden ist, muss untersucht werden. Beachtenswert ist, dass auf Seite 4, 37 *munba-al* (Nr. 46) mit *munba-al-l* (47, 49), *munba-l* (48, 52) und *munba-al-la* (51) wechselt.

Zu S. 306. — Durch ein unveröffentlichtes Syllabar, das mir die Freundlichkeit Herrn PINCHES' zu copieren ge-

mâtitân: 1, 63, 26[b]; 5, 63, 48[b]; *appatân*: 5, 26, 22[b]; *ṣirritân*: 5, 26, 23[b]; *ṣimmitân*: 5, 26, 24[b]; ZK II, 4—5, wo *balû* (bez. [cuneiform]) *patân* = „ohne zu kosten“. Zusammenhängen mag hiemit die Schreibung *lišân limuttu*: 2, 17, 32[ab].

1) Wenn nicht unter Vergleichung von 5, 44, 20[cd] ([cuneiform] = ass. *dumu*) ŠU.MU vielmehr *dumu* zu lesen ist. Cf. 2, 40, 4[cd] und (worauf mich Herr PINCHES aufmerksam machte) 2, 37, 54[ef]. Durch 2, 40, 4[cd] erklärt sich endlich das *a* in חמון, worüber später mehr.

stattete, wird als Name der Gruppe *in-mi*-[cuneiform] (sic!) *in-mi-i-in-na-an-na-ku* bezeugt. Also wurde [cuneiform] jedenfalls auch[1]) *nana* gesprochen, welches Wort natürlich in einer Beziehung zu *nanâ* steht.

Ibid. — Da dem Worte *ṣipratum* auf Seite II, 20 sowohl *sukuš* KA. KA (l. 19) als auch *sukuš* TUR. DI. TUR. DI (l. 21) entspricht, andererseits 4, 1, 15 col. I *iṣapuru* (= KA. BAL. BAL) im Parallelismus mit *išagumu* (= KA. DÍ. DÍ) steht, so ist erstens ersichtlich, dass *ṣapâru* irgend eine Lautäusserung bezeichnet, und zweitens, dass das Wort einen leisen, zarten Laut ausdrückt (TUR. DI). Aus 1, 21, 75 (*madatu ša (kur) si*-[cuneiform]-*mi-na, ša kima* [cuneiform] *ṣap-ru-ni*[2])) geht hervor, dass *ṣapâru* bedeutet: „mit Fistelstimme, im Diskant reden". Darum bedeutet *sukuš-dug-dug* (= *sukuš* KA. KA) eigentlich: „weibisch (weiblich) — reden — reden" Selbstverständlich ist *ṣapâru* mit צִפּוֹר und seinen Verwandten zu vergleichen.

Ibid. — Auch die erweiterte Form *ištaritu* ist uns in aramäischem Gewande überliefert. Denn dass die in den bekannten aramäischen Zauberformeln (vgl. oben, S. 113 ff.) so oft vorkommende איסתרתא (איסרתא, אסדרתא), welche נוקבתא ist, mit der assyr.-bab. *ištaritu* identisch ist, braucht wohl nicht erst näher begründet zu werden. Ob aber mit איסתרתא *Ištar* (= *ištaritu*) oder eine *ištaritu* = *ḳâdištu* gemeint ist, muss erst untersucht werden[3]) Von Bedeutung für diese Frage ist, dass auch in den assyr.-babyl Zauberformeln (wie in den aram.) die *ištaritu* beschworen wird, und zwar hier in der Bedeutung von *ḳâdištu* (cf. 2, 17, 12[b]). Diese Wiedergabe des babyl. *ištaritu* durch איסתרתא wie des babyl. *ištar* durch אסתרא ist um so auffallender, als

1) Oder: *nur*, d. h. im Originalsumerischen. Sollte *nin* ein Assyrismus für *nan* sein, dadurch hervorgerufen, dass der Name *Biltu* (= *nin*) der assyr.-babyl. *Ištar* zukam?

2) Ob mit dieser Stelle der t. t. *imi-sal* zu vergl. ist?

3) Vgl. HALÉVY, *Rev. d. ét. juives* 1884 No 18, p. 183. — *Red.*

dadurch gezeigt wird, dass die von EB. SCHRADER wiederholentlich nachgewiesene Regel, dass babyl. 𒊭 = *ša* u. s. w., nicht ohne Ausnahme ist.

Nachträge zur Herstellung des Textes.

Zu Col. III, 1. Das Fragment K. 2953 bietet: — *un-ta-ma*-[illegible] = *šiptu*: *zi͗r upuntama at-[ta-di?]*.

Zu Col. III, 8. Es ist deutlich *ki-ma* zu lesen; der Irrtum *ki-ku* ist durch einen Riss verursacht worden.

Zu Col. IV, 21. Nach *ki* sind drei kleine schräge Keile zu sehen, d. i. der Rest von *ṣir*.

Zu Col. IV, 25. Die Spuren eines Zeichens hinter der Lücke deuten kaum auf [illegible], durchaus nicht auf [illegible], eher auf *sa*. Also zu lesen *[pu-ru-us-s]a-a*?

Der Name Bin-Dara-gala und sein Verhältniss zu dem Namen Bin-Addu oder Ben-Hadad.

Von *Theo. G. Pinches.*

Es ist vielleicht nicht wertlos, hier aufs neue die Frage des Namens Ben-Hadad zu berühren, damit die Fachgenossen in Stand gesetzt werden, für sich selbst zu beurteilen, ob die Erklärung dieses Namens, die ich in den *Proceedings* der *Society of Biblical Archaeology* gegeben habe, die richtige ist oder nicht.

Kaum nötig ist es, meine Erklärung des Namens Ben-Hadad hier zu wiederholen, da Prof. FRIEDR. DELITZSCH dieselbe in seinem diesbezüglichen Aufsatz wiedergegeben hat (siehe diese *Zeitschrift*, Ss. 167—171).[1]) Ich versuche

1) Ich möchte hier bemerken, dass, wie ich glaube, Herr Prof. Friedr. DELITZSCH (*Zeitschrift*, S. 169, Anm. 1) mich gänzlich missverstanden hat. Ich bin niemals der Meinung gewesen, dass der Name *Bin-Addu-natān* „vorn babylonisch und hinten samaritanisch" sei. Wie man leicht ersehen kann (PSBA 1883, S. 72), wollte ich nur beweisen, dass die Babylonier die Ideogramme [illegible] und [illegible] zum Ausdruck des Wortes *bin* ohne

jetzt nur, einen anderen ganz analogen Namen zu bestätigen.

Im März oder April des Jahres 1883 hatte Herr Prof. D. G. Lyon in Cambridge, Mass., die Güte, mich auf die Tatsache aufmerksam zu machen, dass das Wort *bin* „Sohn" im Assyrischen, und zwar in einem Gottesnamen, wirklich vorkommt. Die Textstelle lautet wie folgt:

I-na *ârah* *ṣi-i-tan* *ârah* *bi-in*
„Im Neumond des Monats des Sohnes

(ilu) *Dara-gala*
Eas."[1])

Dass das Gottes-Präfix vor Dara-gala und nach, anstatt vor dem Worte *bin* steht, macht gar nichts aus. *Bin-Dara-gala* ist der Name eines Gottes und bedeutet „Sohn Dara-galas" oder „Sohn Eas" — das heisst „Sohn des Wassergottes" — warum sollte es nicht auch einen „Sohn des Luftgottes" geben?

Nun sagt aber Prof. Delitzsch (a. a. O. S. 170): „So wenig ein solcher babylonisirter „Samaritaner" es wagen konnte, in einem babylonischen Document sein נתן „geben" ideographisch, also [Keilschriftzeichen], zu schreiben, weil jeder babylonische Leser dieses ohne Weiteres *nadânu* gelesen haben würde, so wenig konnte er sein *bin* „Sohn" ideographisch schreiben — es blieb ihm nichts anderes übrig als die rein phonetische Schreibung." Dies wäre ja möglich, wenn es ganz sicher wäre, dass [Keilschriftzeichen] oder [Keilschriftzeichen] zum Ausdruck von *bin* nicht gebraucht werden konnte.

Schwierigkeit anwenden konnten. Ich sage: „both *Bin-Addu-natân* and *Bin-Addu-amara* are foreign names" — das heisst ganz, nicht teilweise fremde Namen.

1) Siehe Lyon's *Keilschrifttexte Sargons*, Ss. 9 und 37.

In der mythologischen Königsliste, W. A. I. V, pl. 44, Z. 11[ab], kommt der folgende akkadische Name vor: —

A - a - × - kalam - ma

Dieser Name ist mit einer assyrischen Uebersetzung versehen, die folgendermassen lautet:

Mâr - (ilu) Ê - a - šar - mâtâti

„Der Sohn Eas (ist) König der Welt".

Das keine Täfelchen mit den zwei Dynastienverzeichnissen babylonischer Könige von ca. 2232 vor Chr. bis ca. 1579 vor Chr. hat den Namen: —

A - Dara - kalam - ma,

und der babylonische Kanon hat die Variante: —

A - a - Dara

(ohne den letzten Bestandteil *kalama*!).

Aus diesen beiden Formen ersieht man leicht, dass das erste der obigen Beispiele zu , *A-a-Dara-kalam-ma* vervollständigt werden muss, und dass die Form (). *A-Dara* (*-kalam-ma*) = *A - a - Dara (-kalam - ma)* gleichfalls gebraucht werden konnte 1). und sind bekannte Ideogramme für

1) Dass (babylon.) und (assyr.) identisch sind, lehrt z. B. das kleine Täfelchen mit den Listen der zwei Dynastien PSBA 1880, S. 22), wo wir auch (Z. 7) den Namen des Vaters des *Â-Dara-kalama* lesen, welcher , *Kir(biš)-gal-dara-maš(bar)* hiess. (assyrisch) ist das bekannte Ideogramm für *aalu* „Hirsch". Siehe LOTZ, *Tiglathpileser*, S. 204 unter *ailu*. Vgl auch m e i n e „*Texts*", Seite 5 der „Signlist" („Less-used characters").

„Sohn" im Assyrischen. Was *dara*, im Assyrischen *tarāḫu* „Antilope", betrifft, so wird dieses Zeichen, mit dem Gottes-Präfix [1]) verbunden, um einen Namen des Gottes Ea auszudrücken, und hat zuweilen andere Zeichen nach sich (siehe W. A. I. II, pl. 55^{cd}: *Dara-abzu*, *Dara-dim*, *Dara-nuna* und *Dara-banda*, Beinamen 11 bis 14 des Gottes Ea). ist natürlich mit zu vergleichen, weil und beinahe dieselbe Bedeutung haben. Es giebt also zwei Götter, nämlich Bin-Dara-gala „Sohn des grossen Dara", das heisst „Sohn Eas" und Bin-Addu „Sohn des Luftgottes", und ein Babylonier konnte natürlich die Ideogramme und auch noch anders als *Abal* oder *Abil* (nämlich *Bin*) lesen [2]).

Ich sehe kein „schier unglaubliches Zusammentreffen" darin, dass der Name Ben-Hadad-'idri mit Weglassung ganzer Namensbestandteile von den Hebräern in Ben-Hadad und, unabhängig davon, von den Assyrern in Addu (= Hadad)-'idri verkürzt worden ist. Auch der babylonische König *Nabû-nadin-ziri* heisst ja auch einfach *Nadinu* (mit Weglassung des ersten und des letzten Bestandteiles), woher der griechische Name *Νάδιος* stammt. Man vergleiche auch den oben erwähnten *Â-Dara*, verkürzt aus *Â-Dara-kalama*; u. a. m.

Zum Schluss möchte ich noch bemerken, dass der Name Bin-Addu nach den Lautgesetzen der assyrischen Sprache ganz genau dem Hebräischen בֶּן־הֲדַד entspricht; ich glaube, dass diese meine Erklärung des Namens — an

---

1) Siehe WAI. IV, pl. 25, Z. 40—41.

2) Es ist jedoch nicht unwahrscheinlich, dass die Form *Bin-Addu* etwas veraltet war.

sich äusserst einfach und deshalb wohl „bestechend" —, welche der hebräischen Namensform gar keine Gewalt antut, die allein richtige sein wird.

Berichtigung. Bd. II dieser *Zeitschrift*, S. 153, Z. 9 v. u. lese man an Stelle von *turāhu*: *ditanu*. — *Pinches*.

Hebr. תֵּבֵל = assyr. *nabâlu*.

Von *Paul Haupt*.

Der bekannte hebräische poëtische Ausdruck für „Erde, Land" (ἡ οἰκουμένη) תֵּבֵל, der als ܬܐܒܝܠ (תֵּאבֵיל) auch in das Assyrische übergegangen ist, wird gewöhnlich von dem Stamme יבל abgeleitet; תֵּבֵל soll für *tiwbîl* stehen (so Mühlau & Volck in Gesen.[9] s. v.) oder nach Stade (*Hebr. Gramm.*, p. 166 unten) für *ta-ybil*. Ich vermuthe, dass תֵּבֵל mit dem bekannten assyrischen Worte *nabâlu* „Land" zusammenhängt, ebenso wie תְּהוֹם dem assyr. *ti'âmtu* oder *tâmtu* (plur. *tâmâti*) „Meer" entspricht. *Ina tâmti u nabâli* i. e. arab. بَحْرًا وبَرًّا ist eine der häufigsten Redensarten in den assyr. historischen Texten. Der Stamm von *nabâlu* ist nicht נבל, wie Delitzsch in dem Glossar zu AL[3] anzunehmen scheint, sondern *bâlu*; das נ ist Nominalbildungspräfix wie in *narâmu* „Liebling" von *râmu* (رحم) „lieben". Siehe über diese Bildungen GGN. 1883, S. 96, 3. Das ת in תֵּבֵל scheint Femininzeichen zu sein.

Nachtrag.

Zu der Bemerkung Mr. Pinches' über die Variante *pi-ik* für 𒄑 auf Seite 190 dieses Bandes möchte ich auf IV R. 49, 22 b; Haupt, *Nimrodepos* 35, 22 und 49, Anm. 13; Delitzsch, AL[3] 37, Anm. 4 verweisen.

Göttingen, 4/VII. 85. Haupt.

Eine eigentümliche Statusconstructus-Erscheinung.

Von *C. Bezold.*

Die Assyriologen haben schon seit längerer Zeit Status-constructus-Verbindungen bemerkt wie *arrat limutti(m)*, *ḫarrân iširtu* (*išertu?*; = صراط مستقيم ? AL[3] 121, 120 var. etc.), *lišân limuttu* (K. 246, I, 32), *ṣubat i(l)lîtum* oder *ṣubat i(l)lûti* (II R 30, 21 [gh] f.), *rihiṣ limu(t)ti* (IV R 45, 38—9), *šîmat damiqtim* (Asurb. R[m] III, 88), *šipir limuttim* (V R 61, VI, 42), *timîn lâbiri* (V R 65, I, 19. 34. 36. 38. 40); *kibrât irbîti(m)*, *ûm dârûtim* etc. (z. B. Neb. II, 63[1])), *imûqân ṣirâ[ti]* (III R 27, 11[a] = Asurb. Sm. 11, 11), *rîmân* (?) *naṭrûti* (Asurb. R[m] VI, 60 = Sm. 230, 96 = III R 22[b]). Hier tritt an Stelle der gewöhnlichen semitischen Apposition wie in رَجُلٌ كَرِيمٌ resp. الرَّجُلُ الكَرِيمُ eine Verbindung: رَجُلُ الكَرِيمِ.

Eine Erklärung dieser Erscheinung haben FLEMMING (*Steinpl. Neb.* 32 f.), JENSEN (ZK I, 297; vgl. II, 307; 308, Anm. 4) und LATRILLE (ZK II, 238) zu geben versucht; sie befürworten, ohne näheren Nachweis, die Auffassung, man habe es hier lediglich mit Worten „mit abgeworfenem Endvocal"[2]) zu tun. So sehr man nun auch geneigt sein könnte, dem beizupflichten (eine Anzahl der von FLEMMING angeführten Beispiele aus neubabylonischen Texten legt dies nahe), so möchte ich bis auf weiteres für die oben aufgezählten Fälle und ähnliche doch lieber an äth. ሥርው ፡ ሕሩም ፡, ሀገረ ፡ ነኪር ፡ u. s. f. (DILLMANN, *Gramm.* § 184) erinnern, wobei die Frage, ob wir es hier mit einer altertümlichen Ausdrucksweise zu tun haben, offen bleibt.

1) So auch ([*a*-]*na û-um da-ru-û-tim*) auf einem unveröffentlichten, unnummerirten, neubabylonischen, von mir am 5. Juli 1882 eingesehenen Cylinder der neuen Rassam-Sammlung.

2) Vgl. dagegen M. HALÉVY's jüngst geäusserte Ansicht (*Rev. crit.* 1885, N° 30, p. 61).

Bibliographie.

Bezold, C. — Kritik über Frdr. Delitzsch's „assyrische Lesestücke", dritte Auflage: Lit. Ctrlbl. 1885, Nr. 29, Sp. 974—6.
— Recent Work in Assyriology: The Academy 1885, N° 691, p. 75—6.
Brown, Francis — Assyriology; its use and abuse in Old Testament Study. New-York (Scribner's) 1885. 96 p. in 8°.
— Assyriological Notes: Hebraica 1885, Jan., p. 182—3.
— Kritik über Wright's „the Empire of the Hittites": Amer. Journal of Archaeology, Vol. I, 1 (Baltimore 1885), p. 57—60.
La **cronologia** biblico-assira: Civiltà catt., Ser. 12, Vol. 10, Quad. 836 p. 150—63; Quad. 838, p. 419—36; Quad. 840, p. 664; Vol. 11, Quad. 842, p. 162—79.
Delitzsch, Frdr. — Assyrische Lesestücke nach den Originalen theils revidirt theils zum ersten Male herausgegeben nebst Paradigmen, Schrifttafel, Textanalyse und kleinem Wörterbuch zum Selbstunterricht wie zum akademischen Gebrauch. Dritte, durchaus neu bearbeitete Auflage. Leipzig (Hinrichs) 1885. XVI, 148 S. in kl.-Fol.
de Dillon, E. J. — Kritik über Sayce's „fresh light" etc.: Le Muséon, t. IV, N° 3, juin 1885, p. 398—9.
Engel, Moritz — Die Lösung der Paradiesfrage. Leipzig (O. Schulze) 1885. XII, 195 S. in 8°.
Geikie, C. — Hours with the Bible; or, The Scriptures in the Light of Modern Discovery and Knowledge, 6 vols., London 1880—84; New-York 1881—84
de Goeje, M. J. — Zur historischen Geographie Babyloniens: Zeitschrift d. d. morgenl. Ges. XXXIX, S. 1—16.
Halévy, J. — Recherches bibliques. III. L'origine du כ dans les noms propres composés: Revue des études juives, janvier-juin 1885, p. 27—35.
— Ausführliche Kritik über Frdr. Delitzsch's „the Hebrew language": ebend. p. 48—56.
— Ausführliche Kritik über Hommel's „die sumerisch-akkadische Sprache" etc., Jensen's „de incantamentorum tabula" etc. und Zimmern's „babylonische Busspsalmen": Revue critique 1885, N° 29, p. 45—9; N° 30, p. 61—70.

*

Haupt, Paul — Assyrian phonology, with special reference to Hebrew: Hebraica 1885, Jan., p. 175—81.

Hommel, Fr. — Geschichte Babyloniens und Assyriens. Mit Abbildungen und Karten: W. Oncken's Allgemeine Geschichte in Einzeldarstellungen. Erste Hauptabtheilung. Zweiter Theil. Berlin (G. Grote) 1885. 160 S. in gr.-8°.

Horn, P. — Die Nominalflexion im Avesta und den altpersischen Keilinschriften. 1. T. Die Stämme auf Spiranten. (Inaug.-Diss.) Halle 1885. 65 S. in 8°.

Kosters, W. H. — Die Bijbelsche zontvloedvertalen met de Babylonische vergeleken. I.: Theol. Tijdschr. 1885, Maart, Bladz. 161—79.

Lhotzky, Heinr. — Die Annalen Asurnazirpals (884—860 v. Chr.) nach der Ausgabe des Londoner Inschriftenwerkes umschrieben, übersetzt u. erklärt. Leipziger Inaug.-Diss. München (F. Straub) 1885. 33 S. in 8°.

Lyon, D. G. — Assyrian Study; its bearing on the Old Testament: The Christian Register 1885, numb. 15 & 16, p. 228—9; 244—5.

Menant, J. — Catalogue méthodique et raisonné de la collection de M. de Clercq. Premier fascicule: Les cylindres assyriens. Paris (Leroux) 1885.

Oppert, J. — Le poème chaldéen du déluge. Paris 1885. 13 p. in 8°.

— Die astronomischen Angaben der assyrischen Keilinschriften: Sitzber. der kais. Akad. der Wissensch. zu Wien. Bd. XCI, 1885, S. 894—906.

Peters, Dr. J. — Miscellaneous Notes: Hebraica 1885, Jan., p. 184—6.

Pinches, Theo. G. — An Antiquity discovered at Hamadan: Proceed. Soc. Bibl. Arch. 1885, p. 132—3.

— Darius's Barge: ebend. p. 148—52.

Rawlinson, G. — Biblical topography. I. The site of Paradise: The Monthly Interpreter 1885, Apr., p. 401—10.

The **Religion** of the Kassites (aus FRIEDR. DELITZSCH's „die Sprache der Kossäer", S. 51 ff.): Hebraica 1885, Jan., p. 189—91.

Rylands, W. H. — An inscribed Stone Bowl: Proceed. Soc. Bibl. Arch. 1885, p. 154—5.

Sayce, A. H. — An Inscription of Assur-bani-pal from Tartûs: ebend. p. 141—3.

— The Inscription of Tarkondêmos: ebend. p. 143—7.

Schultze, M. — Ist Esra 4, 13 אפתם oder אפתם zu lesen: Zeitschr. d. d. morg. Ges. XXXIX, S. 47—51.

Soerensen, Asm. — Juda und die assyrische Weltmacht. Eine Quellenuntersuchung. Progr. der techn. Staatslehranst. zu Chemnitz. Ostern 1885. 25 S. in 4°.

Abgeschlossen am 31. Juli 1885.

Akademische Buchdruckerei von F. Straub in München.

Akademische Buchdruckerei von F. Straub in München.

ZEITSCHRIFT
FÜR
KEILSCHRIFTFORSCHUNG
UND VERWANDTE GEBIETE

MITBEGRÜNDET VON F. HOMMEL

UND

UNTER MITWIRKUNG DER HERREN

A. AMIAUD UND E. BABELON IN PARIS, G. LYON IN CAMBRIDGE-MASS. UND THEO. G. PINCHES IN LONDON

HERAUSGEGEBEN VON

CARL BEZOLD.

II. Band. November 1885. 4. Heft.

INHALT:

LEIPZIG
OTTO SCHULZE
21 QUER-STRASSE 21.

II Rawl. 51, b, 1—31.

Von *P. A. Jensen.*

Die Wichtigkeit, von der II R 51, b, 1—31[1]) für die Erklärung der sechsten *Šurbu*tafel ist, bewog mich zu einer mehrmaligen Prüfung des Originals bei Gelegenheit meines Aufenthalts in London. Herr Pinches hat mir dabei wiederholentlich in liebenswürdigster Weise hilfreiche Hand geleistet. Zu gleicher Zeit hat Herr Rev. Strassmaier mir die Resultate seiner Collation freundlichst mitgeteilt.

Manche Zeichen liessen sich nicht mit Sicherheit bestimmen. Ich habe solche in meiner umstehend folgenden Copie unterstrichen. In den allermeisten Fällen bürgt der Zusammenhang für die Richtigkeit der Lesungen. Dem Texte Transscription und Uebersetzung hinzufügen hiesse Zeit und Papier vergeuden. Ich begnüge mich daher mit einigen nachfolgenden Bemerkungen.

1) D. i. K. 4415, rev.; vgl. Delitzsch, *Paradies* 101 ff., 188. — *Red.*

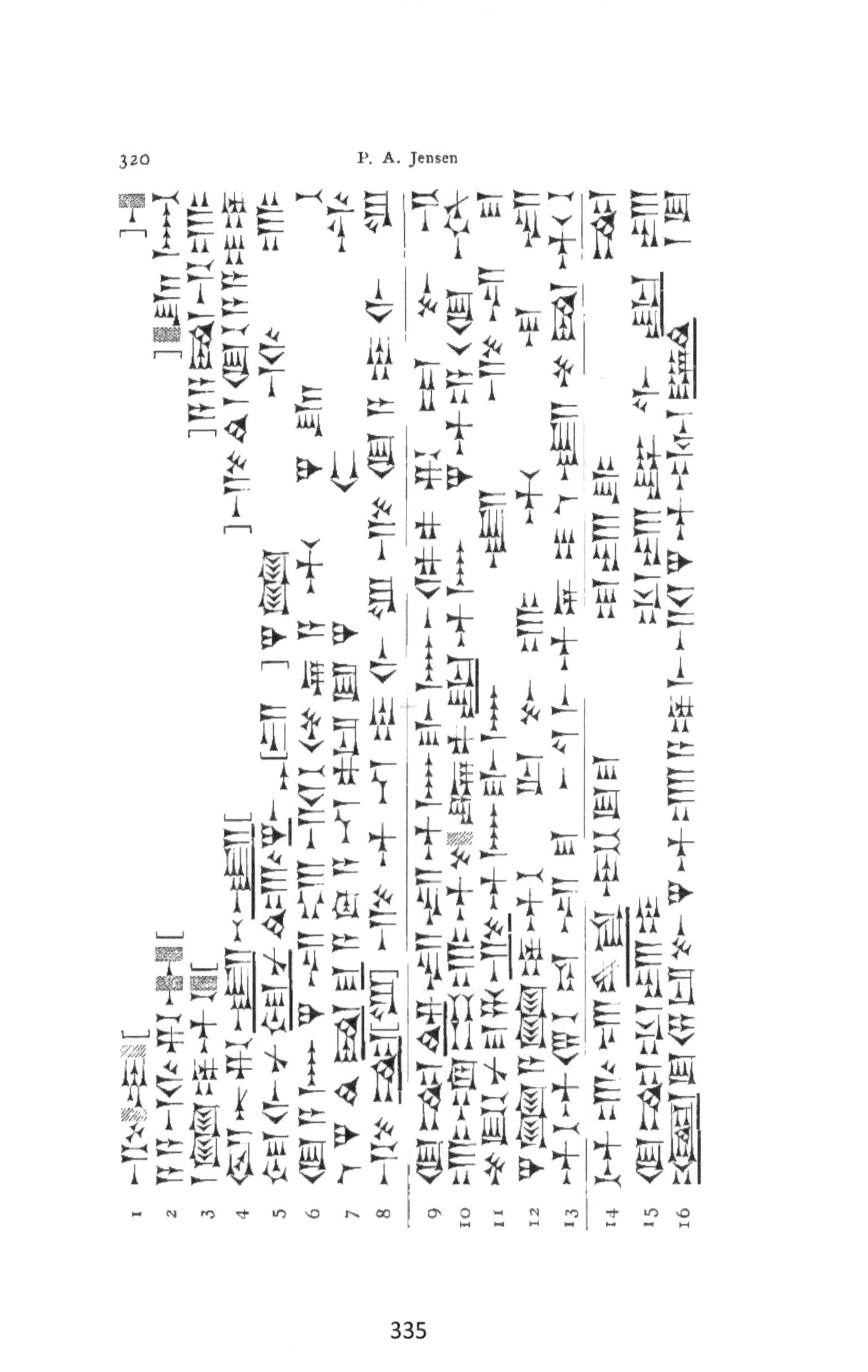

17

18 [1—2 Zz.]

19

20

21

22

23

24

25

26 [2—3 (?) Zeichen]

27

29

31

22*

Bemerkungen zum Texte.

Zu Zeile. 5. Nach [cuneiform] [[cuneiform]] Raum für nur 2 Zeichen (?), weshalb kaum *z[u-um-ri]* zu ergänzen. PINCHES liest statt [cuneiform] [cuneiform].

Zu Z. 9. [cuneiform] oder [cuneiform]? PINCHES zieht Ersteres vor. Meine Kopie bietet: „kaum [cuneiform]."

Zu Z. 11. Für [cuneiform] hinter [cuneiform] [cuneiform] ist vielleicht [cuneiform] zu lesen. Das Zeichen sieht im Originale so aus wie das [cuneiform] in Z. 18.

Zu Z. 14. Hinter [cuneiform] kein [cuneiform].

Zu Z. 17. Das erste Zeichen wohl [cuneiform].

Zu Z. 21. Im Originale von [cuneiform] [cuneiform] zu lesen. — Das d. Z. [cuneiform] entsprechende Zeichen hat, wie es scheint, vorne drei Keile (deshalb [cuneiform] oder [cuneiform] zu lesen?), aber hinten zwei über einander gestellte senkrechte. In der Lücke scheint [cuneiform], kaum [cuneiform] zu stehen. Doch ist wohl noch eher eine Rasur anzunehmen.

Zu Z. 23. Hinter dem senkrechten Keile von [cuneiform] scheinen drei schräge Keilchen zu stehen.

Bemerkungen zur Transscription und Uebersetzung.

Zu Z. 4. Zu lesen: *kîma ḳuṭri li-til-li* = „steige empor wie Rauch".

Zu Z. 6. *Musâti* wird wohl mit *misû* zusammenhängen und „Waschwasser, Schmutzwasser" bedeuten.

Zu Z. 7. *Ana šapluša litbal* = „möge zu seiner Tiefe, seinem Boden entführen."

Zu Z. 9. In [cuneiform] könnte man das Ideogramm für *dîdu* sehen, in einem möglicher Weise zu lesenden [cuneiform] einen Verwandten des hebr. אח. — Zu *diparu* (= „Fackel") vgl. ZK. II, 53. — Dass *napâḫu* nicht „anfachen" sondern „anzünden" heisst, steht mir jetzt fest.

Zu Z. 12. zu lesen: *balaṭsu.*

Zu Z. 13. z. l.: *lizizu* (cf. Z. 11). — *lišlimu* = „mögen gesunden, genesen.“

Zu Z. 14. als (Variante von (?) und als) Ideogramm für *našû* ist mehrfach bezeugt (cf. STRASSMAIER, AV 212). 2, 26, 44 cd = *ga-a* = *našû*) zeigt, dass es im Sumerischen *ga* gelesen ward.

Zu Z. 15. Zu lesen: *al-ta-rap* = **aštarap.*

Zu Z. 17. Z. l.: *alsû* = *aššû* (*mala alsû* = „so viele ich anrufe“). — *pi'ntu* dürfte mit פחם zusammenhängen (= *pi'mtu*).

Zu Z. 26. *tum* = *tapširtum* = „(Er-)Lösung“; cf. 5 R. 32, 40 l.

Zu Z. 29. = *bârîm*; cf. ZK I, 295; II, 309.

Two Texts from Sippara of the Sungod.

By *Theo. G. Pinches.*

I.

Tablet referring to blacksmith's-work, apparently presented to one of the great temples at Sippara of the Sungod by the workmen named.

1\.
Šelalti ma-na parzillu gur-ru

2\.
napalsuḫu šiššu paṭ - ra - tum

3\.
šanî-ta un - ḳa - tum ša dalāti

4\.
šanî-ta ig - gal - la - tum

5\.
D. P. Su - ḳa - a - a

6\.
u D. P. Ri - mut D. P. nappaḫē

7\.
it - tan - nu. Ârah Du'uzu

8\.
ûmu (tišû), šattu (šališšerit)

9. Nabû-na'id, šar Tin - tir D. S.

Translation.

"3 mana of wrought (?) iron,
the weight of 6 swords,
2 door-handles
(and) 2 bolts
Suḳâa
and Rêmut, the blacksmiths,
have given. Month Tammuz,
day 9th, year 13th,
Nabonidus, king of Babylon."

Remarks upon the words.

gurru (for the form, compare *bukru*), probably a different root from *garāru*, "to rush", connected with Heb. גרר, with the meaning of "to drag" (cf. the Arab. جَرَّ), "to saw". Here, perhaps (by extension), "to rasp", "to file".

ûnḳātum, perhaps better "rings", plural of *ûnḳu*, among the synonyms of which (W.A.I. V., pl. 28, ll. 67—85) occur the words *êdilutum*, "bolt", *kamitum*, "enclosure", *âpāpu*, "to surround", *šênu* "shoe", &c. &c. *ûnḳa* is the usual word for a seal with an oblong surface, and probably indicated originally the finger-ring, afterwards applied, by extension, to the stone with which it was set, and then to the stone seals in the shape of cones, which were much used in Babylonia in late times. The *ûnḳu* was probably therefore a ring, used as a handle to pull the door to, and fastened to a part of the bolt or latch.

îggallātum (*îkkallātum*). This reading is preferable to *šagallātum*, as the word seems to be of Akkadian origin, formed of *îg (êg)* = *mimma*, "anything", and *gal* = *pētû* "to open", with the Babylonian feminine plural termination. The meaning of *îggallâtum* would therefore be "things for opening", that is, in this case, "bolts" (see the "additional note" in the *Sprechsaal* of this part).[1])

ittannu. The spelling *ittan*, which is sometimes found, implies the root *natānu* (נָתַן) rather than *nadānu* (aor. *iddin*). The Babylonians seem never to represent *natānu* by the ideogram.

2.

Tablet referring to a gift of purple cloth and a certain kind of stone, given to the temple of the goddess Aa at Sippara.

Obv. 1. Bar ma-na ṣubatum ta - kil - tum

2. a - na a - di - la - nu ša

3. ku - si - tum ša (ilu) A-a

4. a - na Nabû - na - ṣir - abli

5. u Ba - ku - u - a (amelu) gal - li - šu

6. iddi-na

1) For the formation, compare the Assyrian *îkkib (êkkib)* "evil thing", from the Sumerian *âg-gib* "what is evil", composed of *âg*, Akk. *nig* or *ig* (*neg* or *êg*), "that which, what", and *gib*, Akk. *gig* "evil".

Rev. 7.
Šuššanu šiḳli âbnu ga - bu - u

8.
ša mi - ṣir a - na

9.
Ba - ku - u - a iddi-na

10.
Âraḫ Nisanni, ûmu ḫamšu, šattu (arba'-ešrit)

11.
(ilu) Nabû-na'id, šar Bâbîli

Translation.

"Half-a-mana [1]) of purple cloth
for the tunic (?) of
the dress of Aa,
to Nabû-naṣir-abli
and Bakûa his servant
he has given.
Two-thirds of a shekel of *gabû*-stone,
from Egypt, to
Bakûa he has given.
Month Nisan, 5th day, 14th year,
Nabonidus, king of Babylon".

Remarks upon the words.

tug = *ṣubatu*. Cf. W. A. I. V., pl. 14, l. 33 cd. Probably a homophone used as a determinative prefix.

, *âdilanu*. Compare the Ethiopic አእጻል ፡ (አዕጻል ፡) The word may, however, mean "border".

---

1) Apparently equivalent to "Half-a-mana's-worth".

kusîtum = Akkadian , W. A. I. V., 14, l. 37 cd. Compare the Hebrew כְּסוּת, Deut. XXII., 12.

(*amelu*) *galli*. This was probably the chief servant (foreman or overseer) of an establishment.[1])

âbnu gabû. Probably a precious stone of large size.

Miṣir. Evidently the name of the country of Egypt, written once in the inscription of Nebuchadnezzar II. (T. S. B. A. Vol. VII., p. 220, Rev. l. 1), as here, without the determinative prefix .

I have preferred in every case to transcribe the numerals according to analogy, instead of writing the conventional "XIII. KAM", &c. The restored forms may be incorrect, but the *probably incorrect* is undoubtedly better than the *certainly wrong*.

The foregoing texts will give some idea of the contents of a large class of the tablets obtained by Mr. Hormuzd Rassam from Sippara of the Sungod, and now in the British Museum.

Additions and Corrections to the Fifth Volume of the Cuneiform Inscriptions of Western Asia.

By *Theo. G. Pinches.*

V [2]).

Plate 28, No. 1.

This important Semitic list, numbered K. 169, is also published on plate 25 of the 2nd Vol. of the W. A. I., and is given again in the 5th volume partly on account of the important additional fragments, and partly to enable other

1) See the "additional note" in *Sprechsaal*.

2) Compare vol. I, p. 342 ff.; vol. II, pp. 72 ff., 157 ff. and 263 ff.

fragments, wholly or partly duplicates, to appear on the same plate, thus to facilitate comparison. All the additional fragments not published in W. A. I. II. were joined to the original by Mr. Geo. Smith, except the two now forming the beginning of the second, and the end of the third column, which were joined by me to the principal pieces in 1878. The total length is 10 inches and a half (= 266 millimeters), and the width 5 inches and 3/8ths (= 136 millimeters). The general colour of the tablet is black, reddish at the upper part, with patches of slate-colour along the lower edge.[1])

Obverse, Column I.

L. 67. The character [cuneiform] is written, as here, with a small upright wedge crossing the second lower one. It is probably an unintentional mark made by the scribe's writing-stick.

l. 71. The first character is intended for [cuneiform]. (Example of the working-up of an erased wedge[2]).

l. 75. The character [cuneiform] is doubtful (compare W. A. I. II., pl. 25, l. 47c).

l. 76. For [cuneiform], read [cuneiform] (as in W. A. I. II., pl. 25, l. 48c).

l. 84. The second character is, perhaps, [cuneiform] (see W. A. I. II., pl. 25, l. 56e).

l. 92. For [cuneiform], read [cuneiform] (as in W. A. I. II., pl. 25, l. 64c).

Obverse, Column II.

ll. 2—5. The original has here space for six lines, but it was found needful to reduce it to bring the column within limits.

1) These descriptions of the colour of the tablets refer to the obverse, with which the reverse generally agrees. For the reverse, it is needful to interchange the words "upper" and "lower".

2) See Vol. I, p. 344.

L. 17. The character printed as a doubtful [cuneiform] may be simply [cuneiform].

l. 24. An upright wedge, perhaps part of [cuneiform], is to be seen here. The words apparently are *lamma-ḫuššû* (cf. l. 4[ab]).

l. 54. The remains of a character here must be part of [cuneiform] (cf. l. 5[a]).

l. 57. For [cuneiform], read [cuneiform].

ll. 61 and 62. The remains of characters in these lines are apparently parts of [cuneiform]

l. 64. The first character has traces of other wedges in the original, and is therefore probably [cuneiform].

l. 82. The second character should be [cuneiform] (as in W. A. I. II., pl. 25, 54[g 1]).

ll. 90 and 91. The character [cuneiform] in these lines is written as if the scribe had tried to correct it into [cuneiform], but without any great success.[2])

Reverse, Column III. (right-hand column).

L. 1. The word, to be restored here is, apparently, [cuneiform] (see the last line of col. II.).

l. 49. The character [cuneiform] should be smaller. The Babylonian original was, seemingly, mutilated here, and the scribe could not be sure, whether he was to read *tašabšu* or *itšabšu*. In either case, however, it seems to have been a word with which he was not well acquainted, and whose form was strange to him.

---

1) Compare also page 332, additional fragment, l. 2.

2) Compare page 333. The Babylonian original from which the Assyrian scribe made this copy must have been very defective from line 83 to line 91, as well as at the beginning of the next column, judging from the additional fragment.

l. 59. Read ***Balātu.***

ll. 63 and 64. These lines also show that the scribe was in doubt about the reading.

l. 78. For [cuneiform], read [cuneiform] (*ûbanu*).

l. 80. The first character should be [cuneiform].

Reverse, Column IV.

l. 10. [cuneiform] is doubtful.

l. 12. For [cuneiform], read [cuneiform].

l. 25. For [cuneiform], read [cuneiform].

l. 33—36. The end of an additional horizontal wedge, part of the second character, is to be seen in each of these lines. The character before [cuneiform] in l. 36 is therefore probably [cuneiform].

Plate 28, No. 2.

The fragment here published is part of a tablet, duplicate, to a great extent, of N° 1. It was found by Mr. George Smith during his excavations at Nineveh in 1873—4, and is numbered D. T. 58. This fragment is the lower part of a large tablet, and gives the columns I. and II., and the beginning of columns III. and IV.; but on account of want of space, the fragment of the second and third columns could not be given. The total width of the fragment is 3 inches and 7/8ths (= 98 millimeters), and the height 2 inches and 7/8ths (= 73 millimeters). The colour is bright yellow-ochre. The blank spaces are filled with holes, probably for the insertion of small pegs, and there is a row of holes, about half an inch apart, along each edge, also, most likely, for pegs to enable the tablet to be fixed in a frame whilst being inscribed.

Obverse.

L. 1. The two characters before the division-line are probably [cuneiform] [cuneiform] (cf. ll. 36 and 63cd). The traces after the division-line are to be completed (compare l. 21[d]).

L. 4. The first character here is probably , as in the two foregoing lines.

l. 14. The scribe seems not to have been able to tell here, whether the character in his copy were *in* or *lub*, characters which, when defaced, are hard to distinguish in Babylonian.

Reverse.

l. 30. As the blank space here has three peg-holes, leaving hardly any room for a character at the beginning, is probably the only character in the first division of the line.

The additional fragment.

Column II., end.

Column III., beginning.

Remarks.

Col. II., l. 3. Compare l. 83^{cd} of the plate, where the scribe seems to have copied *uk* instead of *ḫuš* on account of the likeness between these two characters in the Babylonian style.

l. 4. Line 84^{cd} gives *al-iš-pu-tum*. One can easily understand how *al* and *il*, and *pu* and *pi* could be confused in the Babylonian style, but it is difficult to see how *iš* and *te* could be confounded. The word is probably *altepitu*^{m} or *iltepitu*^{m}.

ll. 5 and 6. Here the scribe of the large tablet seems to have confused two lines, writing *nalapu* and *nasiḫtu*^{m} instead of *naḫlapu* and *nasištu*^{m}. D. T. 58 is probably the more correct.

l. 11. Here the large tablet, line 88^{cd}, is probably more correct in giving *êdutu*^{m} instead of *êduk*.

Col. III., ll. 2 and 3. In these lines the large tablet gives a badly-written instead of (compare p. 330).

After l. 8, judging from the traces of wedges which remain of l. 9, the text again differed from that of the large tablet.

Plate 28, Nos. 3 and 4.

It was not until quite recently that I found that these two fragments belong to the same tablet, so that no. 3 is the obverse of no. 4, and gives the first four lines of the tablet, being duplicate of no. 1 from the division-line (l. 59^{gh}). Both these fragments are unnumbered, the number K. 5422 belonging to a very mutilated duplicate-fragment, from which ll. 79—83^{ef} and the variants have been taken. This duplicate-fragment gives also the remains of four lines preceeding 79^{cf}, but as they do not contain any complete words, they are hardly worth reproducing. The total length of the fragments is 3 inches and $^{5}/_{16}$ths (= 84 millimeters), and the width 2 inches and $^{3}/_{16}$ths (= 55 millimeters). The colour is reddish black. The duplicate-fragment is 3 inches by 2 inches and $^{7}/_{8}$ths. Colour the same. The end of the reverse, gotten by joining the fragments 3 and 4, shows that there was no proper colophon to this copy, so that we have no clear indication as to the series to which these texts belong. There are, however, the remains of the usual two lines, cut in after the tablet was baked:

> "Country [of Aššur-banî-apli],
> king of the universe, king [of Assyria]."

Reverse (= No. 4).

L. 80. For [cuneiform], read [cuneiform].

l. 83. The second character is, perhaps, [cuneiform], and not [cuneiform].

Der Nabonidcylinder V Rawl. 64, umschrieben, übersetzt und erklärt.

Von *Johannes Latrille.*

II.[1])

Fortsetzung des Kommentars.

Col. I, 8—II, 46 (Bau des Mondtempels Êchulchul in Charran).

Seit langer Zeit hatte der Mondgott Sin, dazu seine Gemalin Ningal und sein Götterbote Nuzku, in Charran den Tempel Echulchul, das „Haus der Freuden", bewohnt, als er Nabonid berief, sein zerstörtes Haus neu zu erbauen. Noch Asurbanipal hatte an dem Tempel bauen lassen und bei dieser Gelegenheit die Tafel Salmanassar's, des Sohnes Asurnazirpal's, gefunden. Aber schon bald darnach waren Kriegsstürme über Charran hingebraust, und als das assyrische Reich selbst zusammengebrochen war, hatten die Meder (die Ummân-Manda Nabonid's, siehe zu I, 12) von dieser wichtigen Stadt Besitz ergriffen und dabei den Tempel des Mondgottes von Grund aus zerstört.

Im ersten Jahre der Regierung Nabonid's war Charran so fest im Besitz Mediens, dass der babylonische König sich scheute, gegen dasselbe vorzugehen. Im dritten Jahre der Regierung Nabonid's — ein für die Geschichtsforschung hochbedeutsames Datum — unterwarf Cyrus, damals noch

1) Vgl. S. 231 ff.

ein geringer Knecht Merodach's und Sin's und über wenig Truppen gebietend, das Mederreich und führte den Astyages gebunden nach Persien weg. Die Lage der Dinge benutzend, bemächtigte sich nun Nabonid der grossen Handelsstadt Charran und restaurirte dort zum Denkmal seiner Herrschaft und aus Dankbarkeit gegen Sin den Mondtempel aufs Prächtigste.

Col. I, 8. *Ê-ḫul-ḫul* bed. „Haus der Freuden", ass. *bît ḫidâti*; *ḫul* = *ḫidûtu* S^b 47.

10. *šubat ṭûb libbi*: Neb. Grot. II, 25 ist seltsamer Weise *šubat tu*(mit ת)-*ub libbi* geschrieben; analog sind die Schreibungen *aš-tu-ur*, *aš-tu-ru* für *aš-ṭu-ur*, *aš-ṭu-ru* V R 34, 47. 50b; *na-tu-ma* Nimr. 69, 35, wofür sonst *na-ṭu-ma* ibid. 67, 18. 19; vgl. sonst noch *i-ti-nam* anstatt *i-di-nam* Neb. Grot. I, 10; *âbam a-li-tu* statt *âbam âlidu* V R 34, 26. 37a, während umgekehrt V R 65, 12 b *tanâdâtu* (Pl.) „Hoheit" in einem Exemplar des Textes *da-na-a-da-tu* geschrieben.

11. *êzuz*, von *êzêzu* (עזז) „stark, heftig sein", dann „zürnen", bekannt als Syn. von *agâgu* (vgl. *êzêzu* in Parallelismus mit *agâgu* IV R 38, 10/12. 16b.; *êzziš* Adv. wechselnd mit *aggiš* Tig. VIII 75 und V R 62 Nr. 1, 29; oft nebeneinander *aggiš êzziš*, z. B. V R 51, 70a; *uzzatu* „Zorn" V R 56, 51, ebenso wie *uggatu*, u. s. f.).

Nicht zu verwechseln mit *êzuz* (Form wie *êpuš*, *êrub*, *êzib*) sind *izûz* von *zâzu*, dessen ganz genaue Bedeutung („verteilen?") trotz den mancherlei Stellen wie Assurb. I, 126. IX, 42. IV R 5, 62 a, noch nicht ausgemacht ist, und *izziz* (bez. *îziz*) „er stellte sich" von *nazâzu*, z. B. Asurb. X, 1—3: *Âmu itti Abiiâtê aḫêšu îzizu* „Amu, welcher sich auf Seiten des Abijate, seines Bruders, gestellt hatte". Eigentümlich, aber durch den assyrischen Gebrauch des Suff. für Acc. und Dat. gerechtfertigt, ist die Wortverbindung Sanh. VI, 72: *Ašûr nakriš li-zi-is-su* „Asur möge ihm als Feind hintreten, feindlich wider ihn auftreten". Dass so zu übersetzen ist und nicht: „er möge ihm feindlich zürnen", was an sich möglich wäre, da von *êzêzu* neben *êzuz* auch *êziz* gebildet wird (beachte *têzizi* IV R 66, 40 a), lehrt IV R 5, 51 a: *lim-niš iz-za-zu-ma* (Praes. von *nazâzu*).

12. *amêlu* [cuneiform sign]*-man-da* (ebenso, nur ohne Determ., III R 61 Nr. 2, 216, sowie Asarh. II, 7, wo eine Var. — *man-du* bietet) ist gemäss V R 35, 13 *Um-man-man-da* zu lesen. Wer sind diese Ummân-Manda? Da nach unserer Inschrift ihr König *Iš-tu-mê-(wê-)gu* heisst, dies aber sicher Astyages ist, dessen Besiegung durch Cyrus auch in den Annalen erzählt wird, so sind hier zweifellos die Meder gemeint oder doch mitgemeint. Asarh. II, 7 hat *Têušpâ mâtu Gi-mir-ra-â* den Zusatz *Ummân-man-da*: Die Gimiräer gehören also auch zu den Ummân-Manda. Gimir ist aber Kappadocien oder ein Teil davon [1]; wenn letzteres, der Südostteil —; ausserdem ist ebendort zu Ummân-Manda noch *ša ašaršu rûḳu* „dessen Ort fern ist" gefügt, eine Bezeichnung, die sonst mit Vorliebe dem Lande Medien gegeben wird (s. FRDR. DELITZSCH, *Paradies*, S. 247). V R 35, 13 erzählt Cyrus von sich selbst: *mâtu Ḳu-ti-i gi-mir Um-man-man-da ukannîša ana šêpišu.* Im Hinblick auf die eben angeführte Asarhaddonstelle kann man zweifeln, ob *gimir* hier als „Gesammtheit" oder aber als Nom. propr. zu fassen ist. Jedenfalls lässt schon die Zusammennennung von Ummân-Manda und dem Volke Ḳutû [2]) ersteres als einen Gesamtnamen für die Völker Mediens und angrenzende Stämme erscheinen. An unserer Stelle bezeichnet der Name das grosse Mederreich, welches Astyages beherrschte, und welches sich nach unserer Inschrift auch über Charran erstreckte.

13. *ušâlikšu karmûtu:* ebenso mit doppeltem Acc. Salm. Mo. Obv. 38 f. Rev. 52: *âlânišu namûta ušâlik* „seine Städte gab ich dem Verfall anheim"; Sanh. Bell. 29 u. ö.

15. *islimû iršû târi*: Zu *salâmu* siehe jetzt HEINRICH

---

1) Siehe die Kommentare zu Genesis, dessgleichen FRIEDR. DELITZSCH, *Paradies*, S. 245 f.

2) Für das Land *Ḳutû* s. *Paradies*, S. 234.

Zimmern, *Babylonische Busspsalmen*, S. 57. — *târu*; es giebt zwei Wörter dieser Schreibung *ta-a-a-aru* (*ta'âru*, *târu*); das eine ist Adjektiv und bedeutet „vergebungsreich, barmherzig“, z. B. IV R 66, 42 a: *ênî ta-â-ru rêmênû* „o mein Herr! Barmherziger, Gnädiger!“, auch *ta-ịa-a-ru* geschrieben, I R 35, Nr. 2, 7; das andere ist Substantiv und bedeutet „Vergebung“; s. z. B. V R 35, 11: *irtašî ta-â-ra* „er fasste Erbarmen“, so auch an unserer Stelle. Ersteres ist die Form *fă‘‘âlu*[1]), letzteres die Form *fă‘âlu* (substantivierter Infinitiv).

16. *ušabrû'inni šutti*: „sie liessen mich schauen einen Traum“, nicht „sie liessen mir entstehen einen Traum“ (Haupt bei Schrader, KAT^2 78); denn I R 69, col. II, 48 lesen wir in der Form I 1 *bîrê abrê-ma* „ich sah Gesichter“. Ob *tabrît mûši* „Nachtgesicht“ (von *barû* „sehen)“ oder „Nachtgebilde“ (von *barû* „schaffen, bilden“, so Haupt a.a.O.) heisst, ist nicht ganz auszumachen. Doch ist im Hinblick auf *bîru* und *šabrû*, die sich von *barû* „sehen“ herleiten, ersteres wahrscheinlich.[2])

šuttu (= *šuntu*) bed. „Traum“; *šunâta* Haupt, *Nimr.* S. 31 ist nicht Sing. (Haupt, *Beiträge zur assyrischen Lautlehre*, S. 102), sondern Pl. (wie *šanâtê* von *šattu*), wozu das pluralische חֶלְמֵי des B. Daniel zu vergleichen ist.

---

1) Vgl. Heinrich Lhotzky, *Die Annalen Asurnazirpals*, München 1885, S. 25.

1) *tabrîtu* vereinigt die Bed. „Gesicht“ (= das Geschene) und „Sehen, Staunen“, letzteres im Pl. *tabrâti*. Diesen Pl. lesen wir auch V R 65, 9 b *a-na tab-rat-a-ti nišêm lalâ ušmallâ* (Variante bietet die apokopierte Form *uš-mal!*). *Tab-rat* ist als Ideogr. betrachtet und *a-ti* dazu phonetisches Komplement. Solche graphische Künsteleien finden sich mehrfach, z. B. Asurn. II, 43 [Keilschriftzeichen] für *batûlê* „Jünglinge“; Sanh. VI, 65 *ri-ê-um-ut mâti u nišê* für *rê'ût mâti u nišê* (ebenso Sanh. Lay. 63), u. a. m. — II R 24, 53 ab scheint *ba-ru-ú* „sich sättigen“ zu bedeuten; wenigstens ist es äusserst verlockend, die drei Verba, welche dort das Ideogramm [Keilschriftzeichen] erklären, *li-ê-mu* (= לְחם) „essen“, *ba-ru-ú* „satt werden“, *šê-bu-ú* „satt werden“ zu lesen und zu deuten.

21. *išî libnâtê*: in dieser Verbindung findet sich auch *zabâlu*, das Synonym von *našû*, s. Asurb. X, 88: *nišê mâtiia ina libbi i-zab-bi-lu libnâtê* „die Leute meines Landes bringen darauf (nämlich auf elamitischen Karren) die Backsteine". — *êpuš* Imp. I 1 von *êpêšu*.

23. *Bêl ilâni Marduk:* Es ist beachtenswert, dass dem Namen Marduk die Titel häufig voranstehen; z. B. *bêlu rabû Marduk* V R 60, col. III, 7; *ašarêd ilâni Marduk* I R 52 Nr. 6, 6; eine besonders lange Titulatur s. Neb. II, 2. 3. Sonst ist die Voranstellung des Titels bei Götternamen in der Prosa verhältnismässig selten (vgl. bei dem Namen Êa Sanh. Konst. 77: *bêl nimêki Êa*; bei Ašûr Asurb. III, 32; bei Šamaš Asurb. III, 113), dagegen häufig in der Poesie (z. B. Sm. 954, 26. 28 Obv. 12. 14 Rev.). Ganz selten steht der Königstitel dem Namen voran, so bei dem Namen Agum's V R 33, col. VI, 42, bei dem Nebobaladan's V R 61, col. VI, 35. 36.

25. *puggulu*: die Bedeutung des Stammes, nämlich „mächtig, stark sein" erhellt schon aus II R 31, Nr. 3, 67 (Delitzsch bei Lotz, *Tigl.* 89, 29), wo *paglu* als Synonym von *êšku* aufgeführt ist, dessgleichen aus dem Zusammenhang einer Reihe von Stellen. Der Stamm selbst ist aber nicht als פגל anzusehen, sondern, wie mir Herr Prof. Friedr. Delitzsch mitteilt, als פקל, da das unveröffentlichte Synonymenverzeichnis S. 2052 die Schreibung *pu-uk-ku-lum*, Syn. *du-un-nu-nu* „festigen, stärken", darbietet.

27. *šarrâni âlik idišu* oder *âlik idâšu*, wörtlich: „an seiner Seite gehend" zwecks Unterstützung, also „seine Helfer". Andere Beispiele für die Eigentümlichkeit des Assyrischen, Pluralen Appositionen im Singular anzufügen, sind aus unsrer Inschrift: II, 16: *šinâ Laḫmu êšmarû sâpin âbiia*; II, 40: *Šamaš u Ištar ṣêt libbišu namra*. Vgl. sonst noch V R 33, col. VII, 39—41: *Êa u Damkina âšib apsê rabê*; V R 35, 32: *ilâni âšib libbišunu*, u. a. St. m.

28. *šalulti*: gewöhnlich *šalalti*, z. B. V R 37, 51 f. Die Kardinalzahl steht hier in der Zeitangabe für die Ordinalzahl.

29. *Kûraš*: Cyrus, meist wie hier *Ku-ra-aš* geschrieben (SCHRADER, KAT² 615) dagegen V R 39, 55 *Kur-aš*, heisst *šar* *mâtu* *Anzan*. Im Cyruscylinder nennt er sich und seine Väter durchweg *šar* *âlu* *An-ša-an* (V R 35, 12. 21 f.). Zu Anšan s. DELITZSCH, *Paradies* S. 321 und KEIPER's Programm „*Die neuentdeckten Inschriften des Cyrus*"; zu Anzan *Paradies* S. 326.

30. *îṣûtu*: Pl. von *îṣu* „klein, gering, wenig", s zur Bed.[1]) V R 11, 49. 50 abc (AL³ 127, 48), zur Etymologie die Bemerkungen FRDR. DELITZSCH's in S. BAER's *Liber Ezechielis*, p. XI f. In gleicher Verbindung Beh. 38: *ṣâbê îṣûtu*.

35. *innênû*, Impf. IV 1 von *ênû* „sich beugen". Anderwärts steht statt des Nifal das Qal *ênû*, z. B. Asurn. I 4. 7; beide Formen wechseln mit einander V R 65, 30 a, falls in dem einen Exemplar das *nên* nicht bloss durch ein Versehen ausgelassen ist. Gleichbedeutend mit *ḳibîtu ša lâ innênû* sind die Redeweisen *ša lâ uttakari*, (II 2 von *nakâru*) „der nicht geändert wird, unabänderlich ist"; *ša lâ uštêpilu* „der nicht erniedrigt wird" (vgl. für beides V R 65, 30 b, für ersteres noch IV R 20, Nr. 3, 18: *ḳibîtka kîma šamê ul uttakkar*) oder auch *ša lâ uštamsaku* (III 2 von *masâku*[2]) „der nicht abgeschafft wird" V R 66, 11 b; das letztere Beispiel lehrt, dass auch die Form III 2 passivisch gebraucht werden kann.

36. *palâḫu*, mit Acc. (z. B. Neb. II 11: *pitluḫâk bêlûtsu*), oder *ana* wie hier, oder *lapân* (Asurb. X 77: *lapân êšrêti ilâni rabûti bêlêia aplu̯ḫ*) konstruirt.

nâḳuttu: vgl. für dieses Wort sonst noch V R 7, 30 f.: *alâk allakûa išmêma ik-ku-ut libbašu iršâ na-ḳut-tu*, parallel Asurb. Sm. 283 a e: *m Nadnu iplaḫma iršâ na-ḳut-tu*; weiter II 52. 53 unserer Inschrift sowie V R 65, 23 a: *ma'diš aplaḫ-*

1) Bekanntlich der Schlüssel zur richtigen Deutung des pers. ; s. SPIEGEL, *Keilinschrr.*² 88. — *Red.*

2) Für das Schafel von *masâku* s. Tig. II 92. I R 27 Nr. 2, 58. IV R 45, 16.

ma ni-kit-ti arsê. Der Stamm ist *makâtu* „stürzen, fallen". Die Formen *ikkut, akkut* sind aus *imkut, amkut* entstanden durch Uebergang des *m* in *n* (vgl. *ênku* = *êmku*), welches sich dann dem *k* assimilierte. *Nâkuttu* und *nîkittu* stehen für *nakkutu, nikkittu.* Die Bed. ist „Hinstürzen", übertragen: „Bestürzung". Anderer Ansicht ist Prof. FRIEDR. DELITZSCH; s. dessen *Zusatzbemerkungen* am Schlusse des Kommentars.

dulluhû pânûa: der St. *dalâhu* „verstören, beunruhigen", wovon *dilhu* „Störung, Beunruhigung" (II R 48, 46 d), *dulhânu* „Verstörtheit, Betrübtheit" (II R 47, 12 d), ist allbekannt und bedarf keiner Erklärung.

Pânû ist wie פָּנִים meist Plural, z. B. V R 61 col. IV, 9: *pânûšu irtêšu* „sein Antlitz frohlockte".

38. *lâ êgî lâ ašêt ahî lâ addâ.* Zu *êgî* ist vielleicht Sanh. I 5: *âlik tappût a-ki-i* zu vergleichen; *êgî* wäre dann babylonische Schreibung für *êkî* „ich wurde schwach", während *âkû* „schwach" bedeuten würde Oder ist an jenes ganz neuerdings von ZIMMERN[1]) eingehender besprochene *êgû*, genauer *êkû* „Sünde" zu erinnern, welches auf die GB. „drehen, wenden" zurückgeht? An unserer Stelle würde für *lâ êkî* eine Bed. „ich wandte mich nicht ab" sehr gut passen. — Zu *ašêt* vgl. das häufige *išêtûni* „sie entwichen" (St. שחת) z. B. Asurb. IV 60 — *ahî lâ addâ*, auch Tigl. VIII, 20.

41. *abartu* heisst „das Land jenseits", präpositionell „jenseits"; z. B. *abarti Purâti* „jenseits des Euphrat" Neb. V, 8 (FLEMMING: „längs des Euphrat"). Gleichbedeutend sind *nibirtu*, z. B. Asurb. II, 95: *nagû ša nibirti tâmtim* „ein Bezirk jenseits des Meeres", und *êbirtu* V R 60 col. III, 22: *ina êbirti Purâti* „im Gebiet jenseits des Euphrat". Stammwort ist *êbêru* „überschreiten".[2])

---

1) *Babylonische Busspsalmen*, S. 45.

2) Von diesem Verbum findet sich HAUPT, *Nimr.* S. 71, 27 eine doppelte t-Form (I 4) *itêtêbira.* Auch II 4 ist belegt durch *uk-ta-ta-sar*, von *kasâru* „fest zusammenfügen", Asurb. V, 76; ebenso III 4 durch *uš-tê-tê-šir* Nerigl. I, 19. II, 5.

43. *rubê*: So lese ich den Pl. von *rubû* gemäss V R 35, 18: *ru-bi-ê ŭ šak-kan-nak-ka* „Fürsten und Machthaber“.

47. *Ašur-ba-an-pal*; die gleiche phonetische Schreibung des mittleren Namensbestandteils (*ba-an*) bietet die Unterschrift der Tafel Sm. 954 (AL[3] 136).

50. *ina ûmi nâdi* ist unserer Stelle ganz eigentümlich, sonst pflegt *ûmu mâgiru* oder *mitgaru* „günstiger Tag“ gesetzt zu sein, so auch II, 61. Vielleicht ist mit *ûmu nâdu* „erhabener, hoher Tag“ ein „Festtag“ gemeint.

51. *u'addûni*, Plur. des Sing. *u'addî*, welcher auf dem Fragment K. 3567 des Schöpfungsberichtes zweimal (Z. 3 und 13) in der durchaus gesicherten Bed. „er setzte fest, er bestellte“ vorkommt, einer Bedeutung, welche auch an unserer Stelle sowie II, 61 besser passt als „er lässt erkennen“. Schrader (KAT[2] 15) leitet jenes *u'addî* ab von ועד, aber so gut die Bed. passt, so unmöglich ist die Etymologie in grammatischer Hinsicht. Die Form *u'addî* kann nur von einem Verbum tertiae infirmae herkommen: entweder von ודע, ודה (wie *mu'allidat* von ולד) oder von ארע, ארה wie *mu'abbit* von אבת). Ich selbst verzichte auf Festsetzung des Stammes und bemerke nur, dass ein St. ארה „festsetzen“ das passendste Stammwort zu dem bekannten *adê* „die Satzungen“ abgeben würde. Scharf zu trennen von diesem *u'addî* ist *uddû* „bekannt, erkannt, erkennbar“ (Nimr. 66, 39: *ša mûti ul uddû ûmêšu* „des Todes Tage sind unbekannt“; Neb.-Senk. I 16: *lâ uddâ uṣûrâti* „nicht waren erkennbar die Wände“, welches natürlich von ידע „kennen, erkennen“ herkommt (vgl. die Form II 2 IV R 15, 8. 32. 44 a. V R 35, 16).

52. *ka-azaga-gal* ist, wie ich nachträglich aus V R 51, 45 b ersehe, Ideogramm für *âšipu* „Beschwörer“; es ist hiernach *ina âšipûtu* „unter Priesterbeistand“ zu lesen und zu übersetzen.

53. Für den Backsteingott, dessen Lesung noch nicht bekannt ist, vgl. Lyon, *Sargontexte*, S. 73.

Col. II, 1. *aban* (sic!) *nisiḳti šûḳurûtu*: dass *aban* nicht blosses Determinativ sein kann (Haupt, *Beiträge* S. 105; Flemming S. 32 f.) bezeugen schon Schreibungen wie *abnê* (Plur.!); *nisiḳtim* Neb. Grot. II, 21. Die Konstruktionen *aban ni-siḳti sûḳurûtu, nisiḳ abnê šûḳurûti, nisiḳtim abnê šûḳurûtim* (Neb. Bab. I, 24) erklären sich leicht aus dem collektivischen Begriff von *aban nisiḳtim* als „Edelgestein" und beweisen gleichzeitig von neuem, dass *aban* nicht blosses Determinativ sein kann. Aber auch die Bed. „Perle" (Haupt, Flemming) ist unzutreffend. Die von Haupt geltend gemachte Stelle Tigl. jun. Obv. 28 besagt nur, dass die von Merodachbaladan als Tribut dargebrachten Edelsteine (*nisiḳti abnê*) ein Erzeugniss des Meeres (*birût tâmtim*), also Perlen waren. Es bleibt für *nasâḳu* bei der schon von Friedrich Delitzsch (s. *Hebrew Language*, p. 56) erkannten und hervorgehobenen Bed. „edel sein"; *nasâḳu* ist ein Synonym von *aḳâru* „edel, kostbar, wertvoll sein". Vgl. hierfür V R 33 col. II 42. 55, 2 und 22 (wo sich Nebukadnezar I *nasḳu* d. i. „edel" nennt); ferner aus dem neuveröffentlichten Inschriftenmaterial V R 62 Nr. 2, 51. 52: *parṣêšunu šukurûtu, billudûšunu nussuḳûtu* „ihre kostbaren Gebote, ihre wertvollen Satzungen." *Aban nisiḳti* bedeutet also wörtlich: „Stein der Pracht", *nisiḳti abnê* ‚Pracht oder Edles an Steinen" = Edelgestein. Das Subst. *nisḳu* (beachte V R 55, 20: *nisḳu ša rabûti sîsê* „die Pracht der grossen Rosse") ist auch enthalten in dem Namen des Pferdes *mûrnisḳu*, „das junge, prächtige, edle Tier". In der speciellen Bedeutung „Edelstein, Edelgestein" liegt *nisiḳtu* vielleicht vor Sanh. III, 34.

2. *ina ḫidâti u rêšâti: rêšâti* „Jauchzen, Jubel", von *rêšu* = רָעַשׁ (V R 65, 17 b: *lirêšûku* (od. *ka*) „sie mögen dir zujauchzen"; V R 61 col. IV, 9. 10: *pânûšu irtêšu itêliṣ kabtassu* „sein Antlitz frohlockte, es jauchzte sein Gemüt"). Asurbanipal schreibt in der Regel ohne Kopula *ina ḫidâti rêšâti*, z. B Asurb. X, 55. 96. 107, wofür V R 35, 23 *ina ulṣi u rêšâti*.

4. *Šul-man*-[illegible]: Zu dieser Schreibung des

Namens Salmanassar's, sowie zu der nächstverwandten *Šul-ma-nu-*[cuneiform] (Asurn. Stand. 15. I R 27 Nr. 2, 1) siehe SCHRADER, *Der assyrische Königsname Salmanassar*, in ZK. II 197 ff. Vgl. auch DELITZSCH, AL³ *Schrifttafel* Nr. 47. 260.

5. ***ad-di***; so ist natürlich statt ***ad-ki*** V R 64 zu lesen; FRIEDRICH DELITZSCH's Kopie bietet in der That ***ad-di***. Das Verbum *adkê* (? *atkê*), z. B. V R 63, 29a. Nerigl. II, 23, wäre hier nicht am Platz.

6. *šallaru* ist in der Bed. „Wand" gesichert. Der Plural mit Suff. der 3. Pers. findet sich in der Schreibung *šallarêš* Neb. Bors. I, 18: *Êkua papâḫa bêlûtišu ḫurâṣi namri šallarêš aštâkan* „Ekua, das Heiligtum seiner Herrschaft — seine Wände stellte ich her aus glänzendem Gold", ebenso Neb. Grot. I, 29 f.; vgl. ausserdem V R 32, 21 ab und 42, 27 gh.

Mit *taraḫḫu* wechselt Asurb. X 83 f. *kalakku*. Die Stelle lautet: *ina šikâri* (nach V R 32, 25 bc) *u karâni kalak-ka-šu ab-lu-lul*[1]) *am-ḫa-ṣa šallaršu*. II R 46, 54 ab entspricht diesem *kalakku* das Ideogramm [cuneiform] d. i. viell. „Umschliessung des Thrones, Lehne" (?). Asurb. X muss es etwa „Umfassungsmauer" heissen. Vgl. sonst noch V R 36, 30 f. — *balâlu* und *maḫâṣu* sind nach den angeführten Stellen Synonyma. *balâlu* heisst „übergiessen"; siehe die schöne Stelle V R 33 col. VII 14 f.: *palûša ina dumḳi lû bullul* „seine Regierung sei überschüttet mit Gnade!".[2]) Das Assyrische hat zwei Stämme *maḫâṣu*:

---

1) Mehrdeutigen Zeichen wird ein phonetisches Komplement meist nachgestellt, z. B. *ak-*[cuneiform]*-ud* Sanh. I, 36; *ki-*[cuneiform]*-êš* V R 70, 16; vergl. auch *ša-nin-in* V R 69, 6 (noch mehr Beispiele s. bei ZIMMERN, *Babylonische Busspsalmen*, S. 68); seltener vorausgestellt, wie an unserer Stelle; vgl. noch V R 65, 4 a *mu-šak-li-lil*. Vielleicht liegen in den letzteren Fällen wie auch sonst bisweilen nur Versehen des Schreibers vor.

2) Für die aus *lû* und Permansiv gebildeten Prekativformen, auf welche meines Wissens zuerst ZIMMERN gebührend aufmerksam gemacht hat, siehe dessen *Babylonische Busspsalmen*, S. 98.

der eine bedeutet „zerschlagen“, der andere, als Syn. von *balâlu*, „übergiessen, triefen machen“. Beide haben im Impf. *a*. Beide מחץ finden sich auch im Hebräischen, letzteres allerdings nur an der einzigen Psalmstelle Ps. 68, 24. Mühlau-Volk registrieren einfach eine Bedeutung „herumschütteln“ in die übrigen Bedeutungen von מָחַץ „zerschlagen“ ein. Frz. Delitzsch (*Psalmen*[4], S. 490. 91) ist unsicher, ob er תמחץ „du zerschlägst“ übersetzen und רגלך בדם als Nominalsatz fassen, oder ob er eine Bed. „heftig bewegen, rühren“ dem Arabischen entlehnen soll. Ersteres ist etwas hart, letzteres ein Notbehelf, der keinen recht passenden Sinn giebt. Andere ändern deshalb den Text in תֶּחְמַץ „du rötest“. Das Assyrische wehrt dieser Textkorrektur: es bietet eine dem Zusammenhang sich aufs Beste einfügende Bed. dar durch sein *maḫâṣu* „übergiessen, triefen machen“.

8. *unakkilu*: Endung *u* beim Sing. ausserhalb des Relativsatzes findet sich auch sonst, z. B. Neb. Senk. I, 19 (*irtašû*). Neb. I, 38 (*arâmu*), viele Male hintereinander V R 33 col. II und III (II, 31 *addinu*, 35 *ulabbišu*, 45 *addinu*, 49 *uzaʾinu* III, 3 *aškunu* etc.). Auch im Prekativ I R 67 col. II, 34: *bîta êpušu lalâšu lušbû* „das Haus, welches ich gebaut, mit seiner Pracht möge ich mich sättigen“. — *nakâlu* hat doppelten Sinn: „klug sein“, II 1 „sinnvoll, kunstvoll bereiten“ (so hier), davon *naklu* „kunstreich“, z. B. *êpšêtûa naklâti* Neb. I, 31; und „listig, verschlagen sein“, so dass *ina šipir nikilti ipâšiṭu* V R 62 Nr. 1, 26 geradezu mit *ina mimma šipir limuttim uḫalliḳu* V R 61 col. VI, 42 wechseln kann.

êširtu schlägt Delitzsch (AL[3] 21, Nr. 174) als Lesung des Ideogramm *ê-kur* „Haus des Berges“ vor, welches mit *ê-šarra* „Haus der Versammlung“ wechselt (vgl. die Schreibungen des Namens Tiglatpilesar's I). *êširtu* von אשר$_3$ „sammeln“ würde ebenfalls „versammelndes (Haus)“ bedeuten. *bîtu* zu lesen ist unstatthaft; denn *bîtu* ist gen. masc., ein fem. aber wird z. B. V R 70, 12. 13 (*êkur šî*) verlangt.

9. *taḫlubišu*: Man kann zweifelhaft sein, ob der dritte Radikal ein *b* oder *p* ist (HAUPT, *Beiträge*, S. 103); doch scheint für *b* die überwiegende Zahl der Stellen zu sprechen; vgl. auch LYON, *Sargontexte*, S. 60.

ušaklil: šuklulu wie שַׁכְלֵל im Buch Esra bedeutet „vollenden“, *kalû* dagegen heisst im Assyr. nur „zu Ende sein, aufhören“, während כלה im Hebr. die Bedd. „zu Ende sein“ und „vollendet sein“ — כלל ist selten — vereinigt.

10. *gušûrê*: anderwärts auch *ga-šu-ri* Salm. Mo. Rev. 9. 25.

12. *ša êrêsina ṭâbi*: Dass *êrêšu* „Duft, Geruch“ bedeutet, wie zuerst GUYARD gezeigt hat und nach ihm HAUPT und ZIMMERN angenommen haben, steht auch mir fest; vor allem nach des Letztgenannten Auseinandersetzung [1]) scheint mir weitere Discussion unnötig. Nur zwei Stellen aus dem Nabonid-Cylinder V R 65 mögen hier Platz finden: col. II, 13 f.: *sippu šigârê mêdilu u dalâtê šamna gul(l)â udaḫḫid-*[2])*ma ana nêribi ilûtišunu ṣirti si-kur (? si-mat?) bîti umallâ i-ri-šu ṭâbi*[3]) „Schwelle, Schlösser, Riegel und Thürflügel übergoss ich mit massenhaftem Oel, zum Einzug ihrer erhabenen Gottheit füllte ich des Tempels Verschluss (oder des Tempels Glorie?) mit süssem Dufte“; und ibid. Z. 5: *kîma kîšti ḫašûr(u) i-ri-is-su* (Var. *šu*) *uštîbšu* „gleich einem Chaschur-Walde machte ich wohlriechend seinen Duft“. Als Parallelstellen zu der unseren sind zu vergleichen Asarh. V, 38; Asurb. X, 99; I R 69, col. II, 14 (*ša i-ri-is-*(sic!)*-si-na ṭa-a*(sic!)*-bi*). Gemäss II R 17, 25 c, dessen Text durch ASKT 88, 25 bestätigt wird, entspricht dem *êrêšu* im Nichtsemitischen [illegible], es wird daher V R 51, 14 b nicht [illegible], sondern [illegible] zu lesen sein (semit.: *i-ri-iš êrini*).[4])

1) H. ZIMMERN, *Babylonische Busspsalmen*, S. 98.

2) Beachte die ganz ähnliche Stelle IV R 61, 44 f. a: *šamna šigârêka kîma mê lišarmêk, šamnu zâzâku lidaḫḫida sippêka.*

3) Ob wohl die V R 65 zu den beiden letzten Wörtern angegebene Variante verlässig ist?

4) Ebenso urteilt ZIMMERN, a. a. O.

13. *šaššâniš:* s. Flemming, S. 35 und Delitzsch, AL³ XVI.

14. *munaggip*: vgl. Asurb. IX, 78: „Beltis *u-na-gip nakrêia ina karnâtêša gašrâtê* stiess nieder meine Feinde mit ihren gewaltigen Hörnern".

15. *ušziz*: III 1 von *nazâzu*. Dieselbe Elision, welche sich sprachlich allerdings sehr schwer begreift, da sie gerade die Tonsylbe betrifft, liegt viell. vor in *utnên* „ich flehte", II 2 von *ênênu*, wie Flemming annimmt. Eine andere Ansicht über die letztere Form s. bei Zimmern, u. a. O. S. 77[1]).

16. *Laḫmu*: Der Gottheiten *Laḫmu* und *Laḫamu* geschieht bekanntlich auch in dem Schöpfungsbericht (I, 10) Erwähnung. — Zu *êšmarû* vgl. Asurb. VI, 11; Neb. III, 56, sowie Frd. Delitzsch in Baer-Delitzsch's *Liber Ezechielis*, p. XII.

17. *imnu u šumêlu*; ebenso Asarh. V, 46; ohne Kopula III R 35, 59 (wo statt *ên* natürlich *kab* zu lesen ist). Noch vgl. V R 65, 31 a *imnu u šumêlu, pâni u arku* „rechts und links, vorn und hinten".

22. *tašriḫtu*; wie hier auch Asurb. X, 106: *nikê tašriḫti akka*. Ein Wort *ta-aš-ri-iḫ-tum* „riesige Menge" lesen wir Neb. VIII, 16; der Stamm ist *šarâḫu* „gewaltig, riesig sein". *nikê tašriḫti* sind „Opferlämmer grosser Kraft" = „kräftige Opferlämmer"[2]), vielleicht noch besser „Opferlämmer in riesiger Menge". Vgl. IV R 20, 27: *zi-i-bu šur-ru-ḫu*. Das Vokabular II R 48, 46 ef möchte ich nicht so unbedingt beiziehen wie Flemming thut; denn *taš-ri-iḫ-tum* (Z. 46) könnte auch *ur-ri-iḫ-tum* (von *arâḫu*) gelesen werden, und *muš-tar-ri-ḫu* (Z. 47) könnte ebensogut III 2 von *arâḫu* als II 2 von *šarâḫu* sein.

23. *rêštûm:* nach Schrader (KAT² S. 584. 607) heisst *rêštû* nicht „erster", sondern „erlaucht, erhaben". Er folgert dies aus dem Wechsel von *rêštû* und *ašarêdu* in gleich-

1) Vgl. auch P. Haupt S. 272 dieses Bandes. — *Red.*

2) Das „Opfertiere" (S. 19) ist in Opferlämmer zu corrigieren.

bedeutenden Phrasen; ferner sei die zeitliche Bed. „erster" im Schöpfungsbericht nicht passend (*apsûma rêštû zârûšun*); endlich fordere *rêštû*, weil in Parallelismus mit *rabû* stehend, die Bed. „erhaben". Allein die zeitliche und die räumliche Bed. schliessen sich in *rêštû* keineswegs aus. Wenn *rêšu*, wie auch KAT[2] 584 zugiebt, die zeitliche Bed. „Anfang" mit der räumlichen „Haupt, Spitze" vereinigt, warum soll dann *rêštû* nicht ebenso gut bald das zeitlich, bald das räumlich Erste bezeichnen? Im Einzelnen aber ist gegen SCHRADER das Folgende einzuwenden. Auch abgesehen von III R 35 Nr. 4 Obv. 5, wo der Nisan *arḫu rêštû* „der Anfangsmonat" genannt wird — eine Stelle, welche obenan zu berücksichtigen ist — wird die zeitliche Bed. an vielen Stellen gefordert, z. B. I R 67 col. I, 20: *parṣû ri-êš-tu-tu* „die uranfänglichen, von Anbeginn an geltenden Gesetze"; 32: *kîma simâtišu ri-êš-ta-a-ti* „gemäss seinen ersten, früheren Ausschmückungen". Besonders lehrreich ist Neb. Grot. II, 50. 51: *sê-ma-a-ti ri-êš-ta-a-ti bil-lu-di-ê* [1]) *ku-ud-mu-u-tim* „die von Anfang an üblichen Ausschmückungen, die früheren (oder uralten) Satzungen". Auch an den von SCHRADER geltend gemachten Stellen passt die zeitliche Bedeutung besser als die räumliche. *Apšûma rêštû zârûšun* lässt sich sehr gut übersetzen: „der Ocean, der (ur)anfängliche, war ihr Erzeuger", oder, wenn man *rêštû* besser zum Prädikat zieht [2]): „der Ocean war ihr uranfänglicher Erzeuger". Dem *rêstû zârûšun* wird damit selbstverständlich kein *šânû, sâlšu* entgegengesetzt, schon desshalb nicht, weil der Babylonier in diesem Falle *maḫrû*, nicht *rêštû*, gesagt haben würde. *Aplu rêštû* aber heisst trotz SCHRADER, dem auch HOMMEL [3]) zustimmt, „der erstgeborene Sohn",

1) Zu *billudû* „Gebot, Satzung" s. S[b] 214. 15. V R 60 col. III 3 f. 62, 51 — an allen diesen Stellen steht das Wort in Verbindung mit *parṣu* „Gebot".

2) Die Vorausstellung des Adjektivs, welche SCHRADER gegen die Verbindung von *rêštû* mit *zârûšun* geltend macht, ist im Assyrischen, wie bekannt, ausserordentlich häufig.

1) *Vorsemitische Kulturen* 457, Note 99.

nicht der „erlauchte Sohn“; der Ausdruck *aplu ašarêdu*, welcher an manchen Stellen damit wechselt, z. B. V R 66, col. I, 4, kann sehr wohl gleichfalls den Erstgeborenen bezeichnen — er bezeichnet diesen eben als den dem Range nach ersten Sohn. Die Könige wollen mit dieser Bezeichnung sagen, dass sie die berechtigten Nachfolger ihrer Väter sind, also deren Erstgeborene. Die Verbindung *mâru (aplu) rêštû ašarêdu*, welche sich z. B. Asurb. IV, 111 findet, beweist, dass *aplu rêštû* und *aplu ašarêdu* zwar synonyme, aber doch nicht völlig gleichbedeutende Ausdrücke sind: *aplu rêštû ašarêdu* ist der Sohn, welcher der Zeit nach der erstgeborene *(rêštû)* und damit dem Range nach der oberste *(ašarêdu)* ist. Endlich an den Stellen I R 48 Nr. 5, 8. III R 16 Nr. 2, 40 und I R 68 col. II, 25. 26 steht *rabû* garnicht in Parallelismus mit *rêštû*: an den beiden ersten Stellen heisst Asurbanipal (wie oft in seinen Inschriften) *mâršarru*[2]) *rabû ša bît-rêdûti* „der grosse Prinz von Bît-rêdûti“ (d. i. des Harems), worauf dann erst die Nennung des Vaters folgt; I R 68 aber nennt Nabonid seinen Sohn Belsazar *mâru rêštû, ṣît libbiịa*. Trotzdem möchte ich nicht ohne Weiteres läugnen, dass es auch Stellen gibt, welche die Bed. „erster“ = „oberster“ oder „bester“ für *rêštû* fordern; so z. B. V R 66, 5 b, wo Nebo *bukur Marduk rêštû* „Erstgeborener Marduk's, Erlauchter“ angeredet wird, obwohl schliesslich auch an dieser Stelle „Ewiger“ übersetzt werden könnte.

u-[cuneiform]*-li-ma*: für den Sylbenwert *mal* des Zeichens [cuneiform] s. vor allem V R 60 col. III, 10: *u-*[cuneiform]*-lu-u*, d. i. *umallû ḳa-tuš-šu*. Daneben hat es die im Assyrischen gebräuchlichen Lautwerte *dir, ṭir*, z. B. in unserer Inschrift III, 45; ferner V R 65, 22 b u. o.

25. *kîma ṣît arḫi unammir šarûrušu* „gleich dem Aufgang, Anfang des Monats“; *ṣît (ṣêt) arḫu*, bekannt aus

2) *mâršarru*; so als Ein Wort ist zu lesen gemäss Asurb. I 26: *mâršarrûtu* „Prinzenschaft“ ([cuneiform] (sic!) [cuneiform]).

S^b 87, deckt sich hier der Bed. nach völlig mit unserm „Neumond“ (חֹדֶשׁ).

Neben *unammir* findet sich das Schaphel vom Pa‘‘al *ušnammir* I R 7 D, 6, eine Form wie *ušparrir* V R 50, 43 b. *unammir šarûrušu* „ich machte glänzen seinen Glanz“ ist die im Assyr. sehr beliebte Konstruktion mit attributivem Akkusativ; vgl. unter anderm *ušâpâ šarûrăšu* Neb. Bab. 1, 29; *dabâb šurrâtê ittiia idbub* Asurb. VIII, 68; *pitiktu aptuk* Asurb. X, 77[1]).

27. *innamdû*: hier wie in *inambû* III, 43 dient *m* nicht zur Kompensierung eigentlicher Verdopplung, sondern zur Kompensierung der Schärfung. In Formen dagegen wie *nambaʾê* „Quellen“, *imbî* „er that kund“ kann *m* entweder als Ersatz der durch Assimilation entstandenen Verdopplung (*nanbaʾê, nabbaʾê, nambaʾê. inbî, ibbî, imbî*) gefasst werden, oder noch besser als schriftliche Wiedergabe des vor *b* in der Aussprache wie *m* lautenden radikalen *n*.

28. *lalû*: Zu *lalû* oder *lulû* „strotzende Fülle“ siehe Flemming, S. 44. Wie *kuzbu* Euphemismus ist für die Blösse des Mannes und des Weibes (vgl. für letzteres z. B. Haupt, *Nimr.* 10, 42), so auch *lalû*, z. B. Nimr. 11, 22. — *lalê balâṭi lišbî* „mit Lebensfülle sättige er sich“ ist eine häufige Wortverbindung in den neubabylonischen Gebeten, z. B. I R 68, col. II, 31[2]). — Noch eine kurze Bemerkung zu

1) I R 68 col. I, 27 *ba-ta-ak-šu as-bat-ma* übersetzt Hommel, *Vorsem. Kulturen*, S. 457, Note 99: „seinen Schaden (Riss) schlug ich zu“ (!); aber *batâkšu* ist doch nur babylonische Schreibung für *patâkšu* und *patâkšu aṣbat* heisst „herzustellen unternahm ich“, vgl. Neb. III, 5: *iptiku bi-ti-ik-šu* ähnlich VIII, 53.

2) Hommel bemerkt *Vorsem. Kult.* 457, Note 99: „lies jedoch statt *kur* vielmehr *tin*“, aber *tin* steht ja richtig im Texte. — Ueber die Fehler der Schrader'schen Uebersetzung dieser Stelle (KAT^2 434) s. schon Meinhold, *Komposition des Buches Daniel*, Greifswald 1884, S. 15, wo jedoch das Zeichen (*gam*, neubab. *liš*) falsch wiedergegeben ist. Beiläufig bemerkt, verrät die Schreibung von *lišbî* mit der neubabyl. Form III R 16 Nr. 5, 50, dass dieser Text die Kopie eines babyl. ist (s. auch zu III, 37).

zwei Synonymen von *lalû* aus der grossen Nebukadnezarinschrift, zu *ḫiṣbu* Neb. II, 35 und *iptu* Neb. II, 36, möge hier Platz finden. FLEMMING las noch *ḫisbi* auf Grund von *ḫi-sab* Grot. III, 22; dass aber der 2. Radikal *ṣ* ist, beweist jetzt V R 63, 47b *ḫi-ṣi-ib*. Was aber *îbtu* betrifft, das FLEMMING „Gabe" übersetzt (St. רחב), so ist beides, Lesung wie Uebersetzung, zum mindesten sehr zweifelhaft; denn V R 63, 46b bietet die Schreibung *i-pa-at*, und die Bed. dieses Worts scheint hier „Fülle, Reichtum" zu sein: *ipat kibrât irbittim nuḫuš tâmâtê ḫiṣib šâdê u mâtitân* „Ueberfluss (St. יפע?) der vier Weltgegenden, Fülle der Meere, Reichtum der Berge und Länder"[1]).

29. *damiḳtim âli u bîti šâšû liššakin šaptûka*: zur Konstruktion s. V R 66 col. II, 29 f: *damiḳtišunu liššakin ina pîka* „Gnade für sie möge liegen in Deinem Munde"[2]). *damiḳtim* ist Subjekt und *šaptûka* Acc. loci[3]). Schwierig ist I R 68 Nr. 1 col. II, 9—12: *damḳâti Êsagila . . . liššakin šaptûka*; ebenso I R 69 col. I, 20. HOMMEL, *Vorsem. Kult.*, S. 208 nimmt hier *šaptûka* als Subj.: „so möge zu Segnungen über *bît-Sagil*[4]) . . . . sich öffnen (wörtlich sich machen) deine Lippe". Aber das ist nicht richtig. Obgleich *damḳâti* Plur. und *liššakin* Sing., ist dennoch *damḳâti* Subj. und *šaptûka* auch hier Acc. loci. Den Parallel-

1) Zu dem Gebrauch des adverbialen *mâtitân* als abhängigen Genetivs vgl. V R 65, 41 b: *lillât nâkirêia lu-ku*(so, nicht *šu*, ist zu lesen)-*ul*, *bušê-ê ma*(so, nicht *šú* ist zu lesen)-*ti-tan lûšêribi ana ķirib mâtiia* „die Nachkommenschaft meiner Feinde will ich vertilgen (wörtlich: fressen), den Besitz der Länder ringsum will ich hineinbringen in mein Land".

2) Vgl. auch Neb. Senk. II, 18—21 *balâṭ ûmê rûḳûti, kunnu kussê labâr palê'a liššakin šaptûka* „Leben ferner Tage, Festigkeit des Thrones, Altern meiner Regierung möge liegen auf deiner Lippe"; V R 34, 45 c: *liššakin i-na* (fehlt im Text) *pîki*.

3) MEINHOLD, a. a. O. S. 15, übers. *liššakin šaptûka* falsch: „dein Wort möge gelegt werden".

4) Dass nicht *bît-*, sondern *Ê-sag-ila* zu lesen ist, dafür macht FLEMMING mit Recht die phonetische Schreibung Neb. Bors. I, 23 geltend; das Gleiche lehrt auch Neb. III, 8: *bît(u) Êsagila.*

stellen nach hat hier eine Enallage numeri statt: Neb. Bab. II, 26 lautet: *damgâtûa li-iš-ša-ak-na šaptûka*; hier ist, wie *liššaknâ* zeigt, *damkâtûa* Subj., ebenso V R 66, 16b: *ina pîka êlli liššakanû dunkêia* „in deinem reinen Munde mögen liegen (erfunden werden) Gnadenerweise für mich".

34. *lîppalsanni*: *naplusu* bed. „sehen"; s. ZIMMERN, *Babyl. Busspss.*, S. 17. In prägnanter Bed., ähnlich wie hebr. רָאָה, findet sich das Verbum gebraucht z. B. V R 62 Nr. 2, 41: *ana puḫḫur nišê saphâti ša Akkadî ilâni rabûti ḫadiš ippalsûinni* „zu sammeln (festigen) die aufgelösten Bewohner von Akkad ersahen mich mit Freuden die grossen Götter"; vgl. auch Sanh. Konst. 4.

rêba: hier und III, 18 ist unserer Inschrift eigentümlich. Sonst heisst der Sonnenuntergang stets *êrêb šamši*. Der Wegfall des ersten Radikals eines Verbums primae ע ist auffallend. Vielleicht ist die Verkürzung der Form unter dem Einfluss des oft mit *êrêb* verbundenen *ṣît* (von יצא)[1]) entstanden und gehört mehr der Umgangssprache an.

35. *ittâtûa*: über das von mir unübersetzt gelassene Wort *ittâtu* „die Zeichen, Vorzeichen" s. FRIEDRICH DELITZSCH's „Zusatzbemerkungen".

36. *lišandil*: FLEMMING (S. 27) leitet *šundulam* (Neb. VIII, 35) von מטל ab — aber aus welchem Grunde? Das Assyr. besitzt einen Stamm *šadâlu* „weit sein", vgl. Sanh. II, 56: *šidê šad-lu-ti* „weitgedehnte Gebiete"; andere Stellen führt FLEMMING selbst an (S. 53). Es scheint mir, dass bei diesem Stamm an unserer wie an ähnlichen Stellen stehen zu bleiben ist: *šum-du-la* Sanh. Konst. 58, *šundula*, z. B. Neb. Bab. I, 26, ist Permansiv II 1 bez. pi'elartiges Adjektiv mit aufgelöster Verdopplung, und ebenso ist *lišandil* = *lišaddil*. Vgl. noch I R 52 Nr. 4, 11b (*ušandil tâlakti*), Sanh. Lay. 56 (*ušandila ši-kit-taš*), Sanh. Lay. 62 (*rêbâtišu ušandil*). Uebrigens zeigt *šadâlu* dieselbe Be-

1) Vgl. oben, S. 69, Anm. 3. — *Bezold.*

deutungsentwicklung wie hebr. אדר „weit sein" in אַדִּיר „herrlich"; s. hiefür die schon citierte Stelle Neb. Bab. I, 26: *mimma šumšu šûkuru šundulam* „mit allem möglichen Kostbaren, Prächtigen" (füllte ich Esagila).

39. *bânîti* „Glänzendes", von *banû* „hell sein"; s. für diesen Stamm jetzt auch Zimmern, a. a. O., S. 37, Anm. 2 und vgl. noch V R 34, 2b: *kîma šiṭirti šamâmi ubannim*. Dieses *banû* liegt auch vor an den von Flemming missverstandenen Stellen Neb. VI, 39 und IX, 38. Die erste lautet: *aššûm âbê lâ bânê pânêm itê Bâbîli lâ sanâḳa* „damit der Feind, welcher nicht freundlich blickt (= der grimmig blickende Feind), die Umfassung Babels nicht bedränge"; Flemming: „um niederzuwerfen (*labâni*) das Antlitz des Feindes, dass er die Umfassung Babels nicht bedränge". Noch unmöglicher aber, sprachlich wie logisch, ist Flemming's Fassung von IX, 38: *ša limnu labâni pânêm itâti dûr Bâbîli ḳan taḫâzišu ušassî* „um niederzuwerfen das Antlitz des Feindes, schob ich weit hinaus die Umwallungen der Mauer von Babel und (somit) einen Angriff gegen sie". Man lese *lâ bânê* und übersetze: „des grimmig blickenden Feindes Schlachtrohr (gemeint ist der Speer, Wurfspiess) liess ich fernhalten die Ringmauer Babels".

43. Zu *liṣbat abbuttu* s. Zimmern, a. a. O. S. 59 f. Darnach ist meine Uebersetzung zu korrigieren in „er möge mich vertreten".

mûsarû, Asarh. VI, 64 *mûšarû*, bed. „Namens-Schrift" und giebt sich als Lehnwort; wie oft, folgt ihm sogleich die assyr. Uebersetzung *šiṭir šumi* Der *mûsarû* eines Königs ist die Inschrift oder der Text, welcher mit seinem Namen beginnt, die Tafel oder das Thonprisma, welches mit einer solchen Inschrift versehen ist. Die eigentümliche Verbindung *šiṭir šum ša Asûrbânpal* sei mir der Anlass zu einigen Bemerkungen über den sprachlichen Ausdruck des Genetivverhältnisses im Assyrischen. Es wird dieses im Assyr.-Babyl. teils durch stat. constr.-Verbindung, teils durch Umschreibung mittels des Relativpronomens

24*

ša ausgedrückt. Im ersteren Falle hat die Sprache für das regierende Nomen eine besondere Verbindungsform geprägt; doch wird diese bei weitem nicht in allen Fällen angewendet, vielmehr hat das Nomen regens in unzähligen Fällen eine der drei Endungen *u, i, a,* vgl. z. B. *admânu bêlûti* Neb. VIII, 23; *ḳirbi mâtitân* Neb. VIII, 26; *kâla maḫâzêka* Neb. IX, 65. Auch Mimation findet sich beim Nomen regens, z. B. *ḳâtim Sin* in unserem Texte II, 18; *Nimîttim-Bêl* Neb. Bab. II, 3; *zunnim nuḫši* Neb. IV, 58. Das regirte Nomen hat häufig die Genetivendung *i,* besonders regelmässig bei Tiglathpileser I, doch finden sich auch *u* und *a* nicht selten, z. B. *titûr palga* I R 52 Nr. 4, 9b. Die gleichen Regeln gelten für die Verbindung des Nomens mit Suffixen. Auch hier steht das Nomen bald in der Verbindungsform (z. B. *zâninka* III, 15, *talîmia* V R 62 Nr. 1, 26), oder aber, was das Gewöhnlichere, es hat die Endung *i,* seltener *u* und *a.* Und auch vor Suffixen kann Mimation eintreten, z. B. *napištim-šu* III R 17, 56a. — Findet die Umschreibung mit *ša* statt, so bleibt das Nomen regens unverändert. Nur ganz selten steht die Verbindungsform, z. B. *ṭêm ša Aribi* IV R 54, 10a, und an unserer Stelle: *šiṭir šum ša Ašûr-bân-pal.* Erstere Stelle lehrt beiläufig, dass *ša* auch den objectiven Genetiv umschreibt („Nachricht über die Araber"). — Wie im Hebr.[1]) können im Assyr. mehrere Genetive von einem Nom. reg. abhängen, z B. *šar šamê u irṣitim* Neb. Bors. II, 26; *damiḳtim âli u bîti šâšû* II, 29; *ḳâtim Sin, Nîrgal, Nuzku u darnuna* III, 17. Während aber im Hebr. Nom. reg. und Nom. rect. nicht getrennt werden dürfen, kommt es im Assyrischen vor, dass ein Adjektiv zwischen beiden steht; z. B. *dânu rabû ilâni* V R 62 Nr. 1, 19. *bêlu rabû Êbabbara*

1) GESENIUS-KAUTZSCH (§ 114, 1) behauptet, die hebr. Sprache vermeide es gern, einem Nom reg. mehrere durch „und" verbundene Genetive folgen zu lassen, aber solche Fälle sind sehr zahlreich; s. nur Jes. 1, 28. Jer. 2, 6. 16. Esra 2, 25. 26. 28. 34; für den analogen Fall, dass zwei Substantive von Einer Präposition abhängen, vgl. Jes. 1, 1. 2, 1.

in unserem Texte II, 58.[1]) Sonst steht das Adjektiv entweder nach dem Gen. oder auch vor dem Nom. reg., letzteres z. B. Asarh. II, 21: *kabtu nîr bêlûtiia*; V R 69, 20: *rapšâtê mâtâtê Nairi*. — Bei Umschreibung des Genetivs durch *ša* kann letzterer übrigens auch voranstehen, wofür unser Text Beispiele genug bietet. Gewöhnlich, aber nicht immer wird er dann durch ein Suffix wieder aufgenommen.

44. *âmur*: *amâru* „sehen" hat oft geradezu die Bed. „finden", so z. B. auch Sanh. Konst 74: „weisse Quadersteine, welche in der Stadt Baladai *in-nam-ru* gefunden wurden".

45. *šamni*: wie hier, sind die Zeichen 𒉌 𒄑 auch II, 5 getrennt geschrieben, wo (zwischen *karânu* und *dišpu*) *šamnu* „Oel" erwartet wird. Die getrennte Schreibweise findet sich auch noch — und zwar ebenfalls in Verbindung mit *pašâšu* „einreiben, salben" — in dem neubabyl. Text V R 62 Nr. 1, 25[2]); dagegen schreibt man im Neuassyrischen[3]) mit Einem Zeichen 𒉎, so Asarh. VI, 68; III R 16 col. VI, 20; Asurb. X, 112. Solche Zusammenschmelzung zweier Zeichen (hier von 𒉌 „Fett" und 𒄑 „Baum") finden sich auch sonst; vgl. statt [illegible] [illegible], d. i. *aplu* „Sohn" die Ligatur V R 39 Nr. 3, 68 c. d, und beachte das Zeichen für *ina* IV R 45, 2. Zu dieser Auffassung stimmt es, dass wir Tigl. VIII, 48 u. 57 𒉌 [illegible] lesen; denn *šamnu* „Oel" kann ebenso durch einfaches

1) Aehnlich sind wohl im Aethiopischen Fälle wie በቋዒ፡ ጸጋዌ፡ መንፈስ፡ ቅዱስ፡ DILLMANN, *chrest.* p. 47, l. 5 (so auch Cod. Monac. Aeth. 6, fol. 5r [በቋኤ፡], Brit. Mus. Orient. 573, Orient. 578 und Add. 16225) zu beurteilen, wofür jedoch in einer Handschrift (Brit. Mus. Orient. 80) በቋዓ፡ etc. steht. — *Bezold.*

2) Vgl. oben, S. 71. — *Red.*

3) Sanh. Lay. 64 bietet das Original nicht 𒉌 𒄑, sondern 𒉎; ebenso ist II R 48, 42b 𒉌 mit 𒄑 wenn auch ganz schwach, so doch noch sichtbar verbunden (Mitteilung FRIEDRICH DELITZSCH's). — Vgl. auch Lay. 40, 18 = III R 13, IV, 20 (BEZOLD).

als durch „Fett des Baumes" ideographisch wiedergegeben werden. Lotz (zu Tigl. VIII, 48) fasst gemäss II R 48, 42 a. b als Ideogr. für *rukkû* „Platte"; aber an dieser letzteren Stelle ist nicht *rukkû ša kisalli* zu lesen, sondern *rukkû ša šamni*; *rukkû* heisst dort nicht „Platte", sondern ist Inf. II 1 von dem dem Hebr. geläufigen St. רָקַח „würzen, salben"; *rukkû ša šamni* heisst „Salben, vom Oel gebraucht".

Col. II, 47—III, 21 (Bau des Sonnentempels Êbabbara in Sippar des Samas).

Nebukadnezar rühmt von sich, dass Babylon seine Lieblingsstadt und seine einzige Residenz sei, und bekennt sich zu Merodach und Nebo als den Gottheiten, denen er sein Leben, sein Reich und alle Güter verdanke, denen er dafür auch alle Verehrung, Liebe und Gehorsam als Dankeszoll darzubringen tagtäglich bemüht sei.

Anders Nabonid. Seine Lieblingsstadt ist nicht Babylon, sondern Sippar. In Babel fand er nur wenig zu thun, um so mehr in Sippar, der uralten Doppelstadt. Hier bot sich seinem Interesse für die Vorzeit reiche Nahrung, hier harrten zwei altberühmte Tempel seiner Fürsorge. Merodach und Nebo treten bei ihm zurück, statt dessen sind es Sin, Samas und Istar-Anunit[1]), die drei grossen Gestirngottheiten, deren Verehrungsstätten zu erneuern er berufen war. Von dem Bau des Mondtempels in Ur berichten andere seiner Inschriften; von dem Mondtempel in Charran hat er in dem eben besprochenen Abschnitt erzählt; der übrige Teil dieser Inschrift ist den Tempelbauten in Sippar-Akkad gewidmet[2]).

---

1) Vgl. 1, 44: *Sin, Šamaš u Ištar bêlêa.*

2) Aus I R 69 col. I erfahren wir, dass Nabonid auch den Sonnentempel Êbabbara in Larsam restauriert hat. Dass dort von diesem Tempel die Rede ist, lässt schon Zeile 43 schliessen und wird weiter bewiesen durch die Nachricht, dass er den Grundstein des Burnaburiaš gefunden

In der Stadthälfte, welche Samas zum Schutzgott hatte, lag der Tempel Êbabbara. Hier wohnte Samas, „der Herr dessen das droben und drunten" (*bêl êlâti u šaplâti* V R 62 Nr. 1, 28. V R 65, 10a), das Licht des fernen Himmelsgewölbes, das Panier der weiten Erde, bei dessen Anblick sich die Menschen freuen, wenn er des Morgens aus dem Fundament des Himmels emporsteigt, Schloss und Thürflügel des glänzenden Himmels öffnet uud sein Haupt zur Erde wendet, Himmelsglanz über alle Lande breitend (IV R 20 Nr. 2). Bei Samas wohnt seine Gemahlin Istar-Anunit, genannt „seine geliebte Braut" oder „die grosse Braut"[1]). Sie hat das *Ê-ki-na* inne, wohl eine besondere Kapelle im Tempel Êbabbara; und wie ihr Heiligtum „Haus der Ruhe, der Erholung" heisst, so ist es ihre Aufgabe, das Antlitz ihres Gemahles fort und fort in Freuden strahlen zu machen (V R 65, 20b). Samas' Bote ist *Bu-nê-nê*, der den Sonnenwagen lenkt, auch die starken Farren, deren Kniee nimmer ermatten, anspannt (V R 65, 33 f. b). Jedes Winkes des Sonnengottes aber gewärtig stehen vor ihm die Gottheiten „Recht", „Geradheit" und „Richter" (V R 65, 29b)[2]).

Dieser Tempel Êbabbara hat eine grosse Geschichte. Sein Fundament hatte Narâm-Sin gelegt, 3200 Jahre vor Nabonid, also um 3750 v. Chr.! Narâm-Sin, „der vorzeitige König" (*šarru ullû* V R 65, 38a), ist der Sohn Sargon's, „Königs von Akkad und Königs von Babylon"[3]), eine vollauf historische Persönlichkeit: Nabonid fand den von ihm gelegten Grundstein; eine In-

---

habe; denn Burnaburiaš hat nach I R 4 Nr. 13 eben an diesem Tempel gebaut.

1) *kallât narâmtišu* I R 69 col. I, 60; *kallâtu rabîti* V R 65, 19b; blos *kallâtu* V R 62, Nr. 2, 61. Vgl. auch II R 57, 11 ff. ab (und s. ZIMMERN, S. 61).

2) Die Gottheiten *Šamaš*, *Â*, *Bunênê* finden sich innigst zusammengenannt V R 61, col. V, 5 u. 6. 40 u. 41; col. VI, 7 u. 8.

3) So nennt ihn Nabonid I R 69 col. II, 30.

schrift von ihm ist veröffentlicht I R 3 Nr. 7. Dass dem von Nabonid angegebenen Jahre 3750 resp. der Zahl 3200 Vertrauen entgegengebracht werden darf, ja muss, lehren die mancherlei historischen Angaben Nabonid's, welche er sämmtlich aus Originalurkunden schöpft, und vor allem die von Jahr zu Jahr deutlicher hervortretende Thatsache, dass man in Babylon über die alten Zeiten des Landes sehr wohl Bescheid wusste. Die Aeltesten und Nabonid selbst sind sehr erstaunt und hoch erfreut über den Fund der Inschrift des Narâm-Sin — sie wussten also, welch' wichtiges Dokument sie entdeckt hatten. Keinen anderen seiner Funde erzählt Nabonid so genau als ebendiesen[1]).

Die erste uns berichtete Erneuerung erfuhr Êbabbara durch Zabum (I R 69 col. III, 29). Saggasaltias fand Zabum's Inschrift; Saggasaltias selbst restaurierte den Tempel gleichfalls (s. Mürdter, *Geschichte Babyloniens und Assyriens*, S. 76). Dieser Sohn Kudûr-Bêl's regierte nach dem vorliegenden Texte nicht 500 Jahre vor Nabonid, wie Delitzsch[2]) nach Pinches mitteilt, sondern 800 Jahre vor Nabonid, also nicht um 1050, sondern um 1350. Die Konsequenzen aus diesem Datum zu ziehen, ist hier nicht der Ort. Später wurde Sippar schwer heimgesucht durch das Räubervolk der Sutäer. Der Tempel wurde dem Erdboden gleich gemacht. An seiner Herstellung arbeiteten Simmašši𝔥u[3]) und Êulbar-šarâki-izkur (so liest Hommel), bis endlich Nabû-bal-iddina ihn in altem Glanze strahlen machte. Er fand auch das alte Bild des Samas jenseits des Euphrat wieder und erneute es mit der Weisheit Ea's kunstvoll und prächtig (V R 60 col. III, 61. col. IV). Asurbanipal fand den Tempel in Trümmern und errichtete ihn in der ersten Hälfte seiner Re-

1) Hommel hat seine Einwände zurückgenommen; vgl. Z. f. K. I, S. 37 f.

2) *Die Sprache der Kossäer*, S. 14 Anm. 2.

3) So ist bekanntlich zu lesen gemäss V R 60, col. 1, 13: *Si-im-maš-ši-ḫu.*

gierung in grosser Pracht (V R 62 Nr. 1). Aber er selbst hat ihn wohl wieder zerstören müssen, wenigstens ist Sippar von ihm belagert, erobert und schwer gestraft worden (Asurb. III, 130 ff.). Êbabbara in Sippar gehört auch zu der grossen Zahl von Tempeln, denen Nebukadnezar Fürsorge angedeihen liess. Aber trotzdem war es nach 45 Jahren bereits wieder ganz verfallen, als Nabonid sein Wiederherstellungswerk begann — auch ein Hinweis darauf, dass in jenen Jahrzehnten nicht immer Friede und Ruhe im Innern des Reiches zelteten.

Dies in wenigen Strichen die Geschichte des Sonnentempels Êbabbara in Sippar, wie sie die Inschriften erzählen.

Nach der Erklärung von Nabonid's in unserem Texte gegebenen Bericht über seine Arbeiten an Êbabbara werde ich, in Anbetracht der hohen geschichtlichen Bedeutung der Jahreszahl 3800, das Stück eines zweiten Berichtes in Umschrift und Uebersetzung, nebst etlichen Erläuterungen, geben, welches über die Auffindung der Urkunde Narâm-Sin's nähere, hochinteressante Mitteilung macht. Aus letzterem Stücke wird sich auch die Antwort auf die Frage ergeben, warum vor Nabonid niemand jene alte Urkunde gefunden.

Der babylonische Königsname Saosduchin.

Von *Carl F. Lehmann.*

Auf p. 282 Z. 1 und Anm. 1 dieses Bandes wird — meines Wissens im Druck zum ersten Mal — von Herrn Professor Haupt für den babylonischen Königsnamen, den uns die Griechen als *Σαοςδούχινος* überliefert haben, die Lesung *Šamaš-ukîn* angewandt. Die Möglichkeit derselben soll in folgendem kurz begründet werden; eine ausführliche Besprechung dieses gewöhnlich [cuneiform] geschriebenen Namens behalte ich mir für meine Arbeit über *„Saosduchin und den babylonischen Krieg Assurbanapal's“* vor. Dieselbe wird neben den schon publicirten auf diese Gegenstände bezüglichen Inschriften (einschliessl. der Bilinguis VR 62 Nr. 2) auch die wichtigsten der sehr zahlreichen unveröffentlichten Documente behandeln. Eines dieser letzteren [1]), die nicht mit der üblichen Signatur versehene und als „Terra-Cotta Cylinder referring to the completion of E-sagila, at Babylon by Assurbanî-apli king of Assyria. Babylon“ bezeichnete Inschrift des brittischen Museums, im wesentlichen ein Duplicat zn III R 16, Nr. 5, zeigt in der elften ihrer 24 Zeilen deutlich die Zeichen [cuneiform]. In Zeile 19 ist an der Stelle, wo der Name wiederum vorkommt, der Thon brüchig, doch

1) Dieselben liegen mir vor in Abschriften, die Herr H. Winckler gütigst in London für mich genommen hat. Fast gleichzeitig mit deren Uebersendung machte er mich in einem Briefe aus Berlin Anfangs Juni 1885 zuerst auf die oben besprochene Erscheinung in der von ihm am 13/4. 85 copierten Inschrift aufmerksam.

sind die obern Teile der Zeichen kenntlich; von ist keine Spur zu sehen, und der geringe Zwischenraum zwischen und schliesst die Annahme aus, als hätte etwa ein dagestanden. Bei dem jetzigen Stand unserer Kenntnisse würde jeder Assyriologe, der in einer Inschrift den Namen findet, denselben *Šamaš-ukîn* lesen (für = *Šamaš* s. DELITZSCH bei SCHRADER, *Ber. d. Kgl. Sächs. G. d. W.* 1880, S. 2, Anm. 3[1]), und es kann nicht zweifelhaft sein, dass diese Lesung auch dem Namen des babylonischen Königs eignet.[2])

Die Versuchung liegt nahe, diese Lesung für den in Frage stehenden Namen immer anzuwenden. Man könnte das in der gewöhnlichen Schreibung des Namens erscheinende *mu* () für das sumerische pron. pers. 3 pers. (wie in IV R 22, 51 a; HAUPT, ASKT p. 142 § 14 Nr. 15; HOMMEL, ZK I, p. 215) halten, doch spricht dagegen schon das seltene Vorkommen dieses Praeformativs.

Schon SCHRADER, ABK p. 127 berührte die Möglichkeit, den zweiten Teil des Namens: *mukîn* zu lesen. Denselben Gedanken sprach mir gegenüber JENSEN aus unter Hinweis auf Eigennamen, in denen *mudammiḳ* gelesen werde (z. B. *Nabû-mudammiḳ*; cf. STRASSMAIER, AV Nr. 5818). Aber JENSEN selbst fand bei STRASSMAIER, Nr. 5879 den phonetisch geschriebenen Namen *Nabû-šu-um-u-ki-in*, wodurch das Piel von *kânu* mit *šumu* als Object in der Bedeutung „den Namen verleihen" ausser Zweifel gesetzt wird.

In *Šamašukîn* wäre als nächstliegendes Object jedenfalls *šar(ra)* zu ergänzen: „Šamaš hat den König einge-

1) Vgl. jetzt auch V R 44, 50[d] (Mitteilung Herrn STRASSMAIER's vom 15. Nov. 1884). — *Red.*

2) Diesen Schluss hat (nach einer Mitteilung von Ende Mai 1885) der damals in London anwesende Dr. P. JENSEN zuerst gezogen.

setzt" (cf. ABK p. 163). Dieser Name passt sehr gut für den König, weniger aber für den Prinzen, der wahrscheinlich erst durch spätere Entschliessung seines Vaters Assarhaddon zum babylonischen König bestimmt wurde. — Es liegt hier also einer der Fälle vor, wo eine verkürzte Namensform neben der volleren im Gebrauch war (siehe darüber zuletzt PINCHES p. 313 und 314 dieses Bandes).

Die Lesung *Šamaš-ukîn* stimmt nun in der Silbenzahl mit dem griech. Σαοςδούχιν(ος) auf's beste überein. Allein es fragt sich doch noch, ob die neu gefundene Namensform dieser griechischen Fassung zu Grunde liegt. Vielleicht könnte gerade das δ, das HAUPT a. a. O. in richtiger Consequenz der Lesung *Šamašukîn* als unberechtigten Eindringling in [ ] schliesst, uns das Gegenteil wahrscheinlich erscheinen lassen.

Dass im Babylonischen $m = v$ gesprochen wurde, ist bekannt; also *Šavaššuvukîn*. Die babyl.-assyr. Vokale werden sich ebensowenig wie die Vokale anderer und speciell semitischer Sprachen im Laufe der Jahrhunderte rein erhalten haben und man wird besonders kaum fehlgehen in der Annahme, dass das *ŭ* besonders vor *vû* einen Schwa-ähnlichen Klang erhielt: *Šavašš*^{e}*vukîn* (oder mit der doch wohl von den Griechen gehörten assyrischen Aussprache der Zischlaute: *Savass*^{e}*vukîn*). In schnellerer Aussprache und späterer Zeit konnte sich die Doppelheit des *s* leicht verwischen, wird auch den Griechen, die von der etymologischen Zusammensetzung des Namens keine Ahnung hatten, gar nicht zum Bewusstsein gekommen sein. Nun ist wohl möglich, dass sich zwischen dem dentalen *s* und dem labialen *v* an Stelle des Schwa ein euphonisches *d* einschob (ähnlich wie in ἄνδρες für ἄνερες), so dass die Griechen wirklich *Savas*^{d}*vukin* hörten oder zu hören glaubten (die Grenze ist schwer zu ziehen), was sie kaum anders als durch Σαοςδούχινος wiedergeben konnten.[1]) Diese Er-

1) Vielleicht sind in ähnlicher Weise die Abweichungen des griech. Σαρδανάπαλος vom assyr. *Ašur-ban-apal* zu erklären. Diese letztere Form

wägung spricht dafür, dass der von Ptolemaeos überlieferten Namensform das vollere *Šamaš-šum-ukîn* zu Grunde liegt. — Dagegen finden wir vielleicht die Form *Šamašukîn*

---

wird man als die in Assyrien gebräuchlichere anzunehmen haben: 1) Wenn wir den zweiten Teil des Namens phonetisch geschrieben finden, ist *ba-an* häufiger als *ba-ni* (DELITZSCH bei LOTZ TP p. 74 Anm. 1. V R 64, 47 u. ö.). Am ungezwungensten spricht man dies: *bân* und fasst es auf als stat. constr. des part. I, 1 von *banû*, wie uns solche Formen von Verbis tertiae infirmae auch sonst überliefert sind (cf. *nâš paṭri* „Dolchträger"). 2) Ausserdem erscheint es mir (gegen LOTZ TP p. 2) doch noch fraglich, ob wirklich in solchen Namen eine verkürzte Form *pal* (*bal*) angewendet worden ist. HALÉVY hat zwar in seinen *Recherches bibliques* III (citirt auf Seite 317 dieses Bandes) die Aphaeresis des Anfangs-א in biblischen Namen, deren erster Teil ursprünglich אב oder אח war, sehr wahrscheinlich gemacht: mit der Annahme analoger Erscheinungen wird man jedoch sehr vorsichtig sein müssen. Erklärlicher wäre der Wegfall des Nominalpräfixes (*i* oder *a*) in einem ursprünglich sum.-akkadischen Worte. Ob aber *aplu* (*ablu*) wirklich ein solches Lehnwort ist, erscheint doch (trotz HAUPT, SFG p. 8 Anm. 4; LOTZ, TP p. 2, Anm; SCHRADER, KAT² p. 45 und neuerdings wieder HAUPT, *Wâtch-Ben-Hazael*, „*Hebraica*" Vol. I, Nr 4, April 1885 p. 224 Note 7 und JENSEN, ZK II p. 309) noch nicht ganz unzweifelhaft. Keinesfalls haben wir bis jetzt einen irgendwie stringenten Beweis für die Existenz eines unabhängigen stat. constr. *bil* (*pal*, *bal* [vgl. auch meine *Bab.-assyr. Literatur*, S. 59, Anm. — *Bezold*]), und solange dieser nicht erbracht ist, entbehrt auch HAUPT's (a. a. O. p. 8) ingeniöse Ableitung des aram. *bar* (Sohn) aus *bil*, **bir* (cf. SCHRADER, KAT² 200. 206 und s. auch dagegen DELITZSCH, S. 167. 176 dieses Bandes) der sicheren Grundlage, abgesehen davon, dass es doch ein recht arges testimonium paupertatis für die Aramäer wäre, wenn sie ihr gewöhnliches Wort für „Sohn" via Assyrien von den Sumero-Akkadiern hätten beziehen müssen. — Dasselbe Bedenken spricht gegen DELITZSCH's Annahme, die Assyrer hätten in dem Namen *Bildad* das *bil* durch [cuneiform] oder [cuneiform] „Sohn" wiedergeben können. Eher wäre wohl anzunehmen, dass in Eigennamen ein dem *apal* vorhergehender Vokal mit dessen Anfangs-*a* eine Sandhi-Verbindung einging, wobei natürlich das *a* möglicherweise verschlungen werden konnte (cf. OPPERT, *gr. Ass.* II. ed. p. 117; ABK p. 131). So *Nabûpaluṣur* oder *Nabôpaluṣur* aus *Nabû-apal-uṣur*, so in unserm Falle aus *Ašur-bani-apal Ašur-banipal*, oder wahrscheinlicher **Ašur-bany-apal*, **Ašur-ban'-apal*, *Ašurbanapal*, so dass man zur Not auch die Schreibung mit *ba-an* als graphischen Ausdruck dieser so entstandenen Aussprache ansehen könnte. Gegen eine Lesung *Ašurbânpal* andererseits spricht, dass hieraus durch die Mittelstufe *Ašurbanpal* im Assyrischen wohl bald *Ašurbappal* geworden wäre. Dass wir aber nicht so lesen dürfen, in dem bei Alexander Polyhistor nach Berosus (s. SCHRADER, KG 540 f.) überlieferten *Sammuges* wieder. Man wird für dessen wesentliche Silben von der allerdings auch nicht mehr reinen, aber immerhin durch Eigentümlichkeiten des späteren Bab.-Ass. wie Griechischen erklärbaren Form *ΣΑΜΑΣΟΥΓΗΝ* auszugehen haben. Vertauschung zweier Consonanten, besonders in unbekannten Namen, ist eins der häufigsten Schreiberversehen: geschah dies mit *Σ* und *N*, so erhielt man *ΣΑΜΑΝΟΥΓΗΣ*. Aus *A* + *N* konnte bei undeutlicher Schrift leicht *M* werden, also *ΣΑΜΜΟΥΓΗΣ*.[1]) Die vermutlich ursprünglich angefügte Endsilbe *ος* ward nun überflüssig. Wir geben dies nur als eine mögliche Annahme, bewiesen wird es nie werden können. Eine Corruptel aber ist jedenfalls anzunehmen und es fragt sich, ob nicht die obige erklärlicher ist als Entstehung von *Σαμμουγης* aus *Σαμ[ασ(σ)ου]μουγην(ος)* oder eine Verstümmelung aus einer halb phonetischen halb ideographischen Lesung *Šam[aš]-mu-gin[a]*, die bei Berosus vielleicht nicht ganz ausgeschlossen wäre.

---

zeigt *Σαρδανάπαλος*, das mit seinem *ν* und *π* und dem deutlichen *α* zwischen beiden mit *Ašurbanapal* auf's beste stimmt. Cf. OPPERT's stets festgehaltene Lesung *Assurbanhabal*, die im Wesentlichen übereinstimmt (z. B. in *le poème chaldéen du déluge*, Paris 1885, p. 4. 6); auch JENSEN, ZK I, 295.

Wenn nun das Anfangs-*a* in *Ašurbanapal* zu „ganz kurzem" (NÖLDEKE, *Syr. Gramm.* § 20) *e* oder *i* herabsank, so war es, besonders für das fremdländische Ohr, von dem in den verschiedensten Sprachen, gerade vor *s* so häufigen, auch im Semitischen als א prostheticum erscheinenden Vorschlagsvokal kaum zu unterscheiden. Getrübtes *u* klingt besonders vor ר leicht nach *a* hin. Dass *b* auch im Silbenanlaut sehr weich, dem *v* ähnlich gesprochen wird, ist eine sprachlich sehr häufige Erscheinung, für das nichtsemit. Babylonisch bezeugt und für das spätere Babyl.-Assyrische mit seinen vielfachen Erweichungen mindestens nicht unwahrscheinlich. Aus *Ĭsarvanapal* könnte aber durch Eintreten eines euphonischen *δ* sehr leicht *Ĭsar*^{d}*vanapal* werden. Hörten die Griechen den Namen so gesprochen, so ist *Σαρδανάπαλος* die möglich genaueste Wiedergabe (anders SCHRADER, ABK p. 121). — Ausführlicheres andernorts.

1) Vgl. hierzu LENORMANT's Conjectur, der statt *ΩΤΙΑΡΤΗΣ ΩΠΑΡΤΗΣ* = *Ubaratutu* zu lesen vorschlägt, wie ich von Herrn Prof. HAUPT weiss.

Die Namen Hadad, Hadadezer, Benhadad und ihre keilinschriftlichen Aequivalente.

Von *Eberh. Schrader.*

1. Der Gottesname Hadad.

Bereits an einem andern Orte (s. die Zeitschrift *Hebraica,* Chicago 1885[1]) ist von mir darauf hingewiesen, dass der aramäische Gottesname *Hadad* הֲדַד in der Aussprache *Adad* ADAD (griech.) bezw. in der Schreibung הדד (aram.) auf einer aramäisch-griechischen Bilinguis auf Backsteinen von Tellô in Südbabylonien als integrirender Theil eines gnesiobabylonischen Eigennamens, nämlich als erster des Namens הדדנדנאח = *Αδαδναδιναχης* d. i. babylon. *Adad-nâdin-aḫ* „Adad schenkt einen Bruder", erscheine. Es ward dort aus diesem Auftreten des Namens in einem seinem Wesen nach gnesiobabylonischen Eigennamen gefolgert, dass jedenfalls z. Z. der Aufsetzung der Inschrift — vielleicht 3. Jahrh. v. Chr. nach Euting, 2. oder 1. Jahrh. nach de Vogüé — bezw. zur Zeit der Bildung dieses Eigennamens der Cultus des aramäischen Gottes Hadad in Babylonien bekannt nicht bloss, sondern bereits auch heimisch geworden war. Für die Annahme des Vorhandenseins dieses Cultus in Babylonien in einer -- erheblich — früheren Zeit bot das Vorkommen des Namens in diesem Eigennamen der Bilinguis keinen Anhalt.

1) Ich muss so unbestimmt citiren, da ich zwar die Correctur des betr. Aufsatzes gelesen, das fertige Heft des Jahrgangs aber noch nicht zu Gesicht bekommen habe.

2. Die Personennamen Bir-Dadda und Dad-'idri.

Wo sonst der in Rede stehende Gottesname auftritt, erscheint er, abgesehen von den erläuternden Syllabaren (Pinches), in von den Assyrern in ihren Inschriften aufgeführten Fremdnamen d. h. in Eigennamen von ausländischen Persönlichkeiten: so zunächst in den beiden in der Ueberschrift angezogenen Personennamen, nämlich 1) dem Namen des Vaters eines nordarabischen Fürsten Uaiti' vom Stamme Qēdâr (*Ḳidrai*) z. Z. des assyrischen Königs Aśur-bânî-abal (668—(?)626 v. Chr.), und sodann 2) demjenigen eines damascenischen Königs, Vorgängers eines Königs *Ḥaza'ilu* = Hazael von Damaskus, beides Zeitgenossen des assyrischen Königs Salmanassar II (860—825).

Der erstere der beiden Namen ist der Name [cuneiform] Var. [cuneiform] d. i. *Bir-Da-ad-da* (V. Rawl. 9 col. IX, 2). Da hier *Dadda* als Aequivalent von [cuneiform] erscheint, kann darüber, dass *Dadda* ein Gottesname, und sodann, dass der Träger dieses Namens eine von den Assyrern dem Gotte *Rammân* = [cuneiform] gleichgesetzte Gottheit war, ein Zweifel nicht sein Jeder Unbefangene dazu, der erwägt, dass der Name als derjenige des Fürsten eines nordarabischen Stammes erscheint, welcher als Verehrer der aramäischen Gottheit *Atar-samain* „Athar des Himmels" ausdrücklich bezeichnet wird (*Asurb. Sm.* 283 Cyl. B. 92) und in dessen eigenster Familie der rein aramäische Name *Ḥazailu* d. i. חֲזָאֵל auftritt (ebend. 87 und Parall.), wird sich des bekannten aramäischen Namens *Baradatus-Bar-Hadad* בר־הדד erinnern, der, von der leise variirenden vokalischen Aussprache abgesehen, sich mit dem in Rede stehenden keilschriftlich überlieferten Namen einfach deckt.[1]) Natürlich ist der Name *Bir-Hadad*, wie Bar-Hadad, und wie anderseits der

1) Vgl. KGF 539 einerseits, ebend. 378 anderseits

des andern nordarabischen Hazael (s. vorhin) ein solcher rein aramäischen Ursprungs, und es ist uns unerfindlich, wie FRDR. DELITZSCH (in dieser Zeitschrift oben S. 167) meinen mag, dass man, um den Namen zu erklären, zur Annahme eines „nordarabischen *bar*, ja sogar *bir* „Sohn" fortschreiten müsse: es ist hierzu, so meinen wir unserseits, ebensowenig Anlass vorhanden, wie, um der Eigennamen *Ḥaza'ilu* und *Atar-samain* willen, eine Nöthigung vorhanden ist, zu der Annahme eines „nordarabischen" Verbums חזה „sehen" oder eines „nordarabischen" Substantivs Plur. der Form *samain* „Himmel" seine Zuflucht zu nehmen.

Der Name des damascenischen Königs, Vorgängers Hazael's, erscheint in der Schreibung [cuneiform] (Monolith Salmanassar's) bezw. [cuneiform] (Obelisk und sonst.), überall jedoch mit dem Gottesideogramm [cuneiform], d. i. aber, setzen wir — wie dieses nach der Analogie von *Bir*-[cuneiform] = *Bir-Dadda* das Nächstliegendste — für [cuneiform] als Aequival. *Dadda* = *Hadad* an und ein, der Name *Hadad-'-idri*, aram. הדד־ עדר = hebr. הדדעזר (KGF. 539). Da als Vorgänger Hazael's in der Bibel (2 Kön. 8, 7 ff.) nicht ein Hadadezer, sondern ein König des Namens Benhadad erscheint, ein anderer Hazael als der Nachfolger dieses Benhadad aus chronologischen Gründen auf den Inschriften nicht gemeint sein kann, muss auch der [cuneiform]-*'-id-ri* genannte Herrscher mit Benhadad (II) der Bibel der Person nach identisch sein, und muss weiter entweder der Name [cuneiform]-*'-id-ri* = הדדעזר in den Inschriften fälschlich für den andern: Benhadad, den die Bibel bietet, gesetzt sein, oder aber die Bibel bietet da irrthümlich den Namen Benhadad, wo, gemäss den Inschriften, der Name *Hadad'idri* = *Hadadezer* hätte stehen sollen. Für die letztere und gegen die erstere Annahme fällt ausschlaggebend ins Gewicht: 1) dass der biblische Erzähler, dem der betr. Irrthum d. i.

die anzunehmende Verwechslung der Namen zweier Herrscher, begegnet sein würde, erheblich nach den betreff. Ereignissen lebte, während der keilinschriftliche Bericht von einem Zeitgenossen herrührt, und sodann 2) dass die Verwechslung dem biblischen Erzähler um so leichter begegnen konnte, als der postulirte Name Hadadezer zwischen zwei gleichlautenden und dazu mit demselben Gottesnamen (Hadad) zusammengesetzten Königsnamen, scil. *Ben-Hadad*, eingefügt erscheint, was eine Verwechslung sehr leicht möglich erscheinen lässt, hat doch in analoger Weise, nur noch weiter gehend, ein noch späterer Schriftsteller, Nicolaus von Damaskus, alle Damascenerkönige zu „Adad's" d. h. aber zu „Benhadad's" gemacht (KGF. 379 ff.)! Endlich 3) wird, führte gemäss unserer Transscription des Namens der Vorgänger Hazael's d. i. aber zugleich (s. u.) der Sohn Benhadad's I. den Namen Hadadezer und nicht wiederum den Namen des Vaters d. h. abermals Benhadad, der Unzuträglichkeit ausgewichen, die andernfalls zu statuiren wäre, dass nämlich Vater und Sohn und zwar als Regenten denselben Namen geführt hätten, was (EWALD) gegen die Uebung des Alterthums (KGF. 539); die Reihenfolge nämlich der betr. damascenischen Könige würde nunmehr sein: Benhadad I; Hadadezer, [sein Sohn]; — Hazael; Benhadad II, sein Sohn.

Gegen diese Instanzen macht nun FRIEDR. DELITZSCH oben S. 162 f. geltend:

1) dass „die Annahme eines Irrthums doch füglich überall der letzte Ausweg bleiben müsse". Wir fragen: involvirt denn die von DELITZSCH behauptete Umwandlung eines ursprünglichen *Bur-ʾ-idrî* in ein „mundgerecht" gemachtes d. h. aber, wie auch der Genannte sich schliesslich nicht verschweigen wird, mit Rücksicht auf den Gottesnamen *Hadad* am Ende zurechtgemachtes Ben-Hadad keinen Irrthum? Oder meint DELITZSCH wirklich, dass die Aussprache eines Namens *Benhadar* den Hebräern auch nur die geringste Schwierigkeit gemacht hätte? — Aber vielleicht

2) ist der von uns angenommene „Irrthum" ein weit bedenklicherer, ein ganz exorbitanter: „zeigen sich doch sonst die biblischen Schriftsteller mit der Geschichte von Damaskus sehr wohl vertraut, wie sie denn ausser den drei Königen des Namens Benhadad „„in beglaubigtster Weise"" noch einen Rezôn, Ṭâb-Rimmôn, Ḫaza'ēl und Reṣîn als Könige von Damaskus erwähnen" (S. 162—163). Wir haben zur Zeit nicht den geringsten Grund, die letzteren Angaben irgend zu bezweifeln. Dass aber die biblischen Schriftsteller, bei aller ihrer Vertrautheit mit der Geschichte von Damaskus, gerade für die hier in Betracht kommende Partie derselben, welche notorisch so wie sie in der Bibel überliefert ist, bereits stark durch die hebräische Volkstradition hindurchgegangen ist, vor Irrthum sollten gefeit gewesen sein und gar vor einem so naheliegenden, vermag ich nicht einzusehen. Aber:

3) „es darf auch nicht vergessen werden, dass Hadadezer doch immer nur als der Name eines Königs von Zoba, nicht eines Königs von D a m a s k u s wirklich sicher bezeugt ist". Wir antworten: gesetzt den Fall, dass eine gleiche Controverse wie über Benhadad-Hadadezer, über X-Hazael vorläge oder entstände, würde es ein Grund gegen die Statuirung des aramäischen Namens eines Herrschers von Damaskus sein können, wenn man geltend machen wollte, dass derselbe zwar als Herrscher eines unter aramäischem Einflusse stehenden nord a r a b i s c h e n Reichs (s. o.), nicht aber als ein solcher des Reiches von Damaskus selber bezeugt wäre? – Dass aber der Name הדדעזר als Name eines Königs von Zôbâ[1]) zugleich der

1) Ueber die Lage von Zôbâ siehe die Ausführungen von TH. NÖLDEKE in SCHENKEL's *Bibellexikon* I, 231 flg. (Art. Aram), F. DELITZSCH, *Wo lag das Paradies?* (1881) S. 279 flg., endlich u n s e r e Bemerkungen in KAT² 182 flg., und vgl. die geographischen Listen KGF. 121 flg. Aus den biblischen Angaben erhellt, dass Zôbâ jedenfalls irgendwie in der Gegend zwischen Hamath und Damaskus zu suchen ist. Die keilinschriftlichen Angaben widersprechen dem nicht.

25*

Name eines Aramäers und sicher nur die Hebraisirung des originalaramäischen Namens הדדעדר war, wird schwerlich Jemand in Abrede stellen, der nicht, wie allerdings dieses bei DELITZSCH der Fall, von vornherein an dem Aramäismus der Angehörigen des Reiches von Aram-Zôbâ zur Zeit des Salmanassar zu zweifeln geneigt ist.[1]) Wenn die sonstigen im A. T. uns überlieferten aramäischen Eigennamen analoge consonantische Veränderungen[2]) nicht aufweisen, so hat das einfach darin seinen Grund, dass diesem — ich denke ausser an רזון, טב־רמון, חזהאל und רצין z. B. auch an בְּתוּאֵל, לָבָן — zu solchen Umformungen keinen Anlass gaben, während ein solcher in dem vorliegenden Falle nicht blos überhaupt gegeben war, sofern einem aramäischen עדר in der That im Hebr. ein עזר regelrecht entsprach, sondern dazu mit עזר in analoger Weise zusammengesetzte Eigennamen dem Hebräer sehr geläufig waren.

1) S. hierzu meine Bemerkungen in KAT [2]110 Anm.* — Ich darf übrigens vielleicht hier anfügen, dass es mir scheint, als ob DELITZSCH sich gerade auch, was den in Rede stehenden Namen betrifft, mit seiner eignen Theorie in Widerspruch setzt. Denn ist der Name *Bur-'idrî* derjenige eines kanaanäischen Damasceners, so muss derselbe nach dem Hebräischen erklärt werden. Im Hebr. lautet aber das Wort für „Ehre" הָדָר, bezw. הֲדָרָה; „Bur ist meine Zier" würde also kanaanäisch lauten: *Bur-hădârî*, bezw. *Bur-hadrâtî*, was beides kein Assyrer durch *Bur-'idri* hätte wiedergeben können. *Bur-'idri* liesse sich, sehe ich recht, seinem zweiten Theile nach nur aus einem aramäischen ܗܕܪܐ, הֶדֶר (mit (?) oder ohne Suffix) erklären (Dan. 11, 20 wird mir nicht entgegengehalten werden). — Wegen der nordarabischen, aber in Wirklichkeit aramäischen Namen *Ḥaza'ilu* und *Atarsamain* s. o.

2) Ich sage: „consonantische Veränderungen", zu deren Vornahme aber kein Anlass war. Wie die Hebräer in späterer Zeit sonst d. h. durch vokalische Umänderung derartige Namen sich mundgerecht zu machen bestrebt waren, beweisen evident die Namen רִמּוֹן (Gottesname), טַבְרִמּוֹן (Königsname) der Masorethen anstatt רַמָּן und טַבְרַמָּן, während noch die LXX dafür das traditionelle und richtige *Ῥεμμάν*, bezw. *Ταβερεμά* bieten. Offenbar brachte man den unverstandenen Gottesnamen mit dem hebr. Namen für die „Granate" bezw. den „Granatbaum" in Verbindung und punktirte darnach.

3. Der Eigenname Ben-Hadad.

Der Name Benhadad, geschr. בֶּן־הֲדַד, erscheint im A. T. als der Name dreier damascenischer Könige: Benhadad's I, Benhadad's II, Sohnes des Vorigen [1]), und Benhadad's III, Sohnes des Hazael. In meiner Ausführung über „Benhadad von Damask" KGF. 371 ff. habe ich nachgewiesen:

1) dass der biblische Benhadad II der Person nach identisch sein muss mit dem Könige 𒁹 𒀭 𒅎 *-'-id-ri* der Inschriften Salmanassar's II (S. 371—375), vgl. ob. 367;

2) dass von den möglichen Aussprachen des den ersten Theil des Namens bildenden Gottesnamens die beiden: *Rammân* und *Barku* (für *Barḳu*) in Wegfall kommen müssen, da die dann für den hebr. Erzähler anzunehmende Verwechslung verschiedener Namen wenigstens eine gewisse Aehnlichkeit der betr. Namen voraussetze, eine Aehnlichkeit, die wir zwischen den betreffenden Namen einerseits und dem Namen Benhadad anderseits schlechterdings nicht zu erkennen vermöchten (S. 375—377).

Die mit Rücksicht hierauf von mir vertheidigte Annahme einer besonderen aramäischen Gottheit *Bin* oder *Ban* hat sich, nachdem von mir das Ideogramm 𒀭 𒅎 als Ideogramm auch des bekannten aramäischen Gottes *Hadad*, assyr. *Daddu* (s. o.) erkannt war, was zudem seither seine weitere Bestätigung gefunden hat, als eine unnöthige erwiesen, indem der durch Substituirung des Gottesnamens anstatt des Ideogramms in dem betr. Königsnamen gewonnene Name *Hadad'idri* allen den Anforderungen Genüge leistet, die wir an einen solchen zu stellen hatten. Derselbe ist (vgl. KGF. 538 f.) 1) aus dem Wesen anderer aramäischer Namen in keiner Weise heraustretend; 2) derselbe deckt sich sogar völlig mit dem Namen eines anderen aramäischen Herrschers, trägt man den Lautwandelgesetzen Rechnung; 3) er ist ein solcher, der eine Verwechslung

[1]) Wie aus 2 Kön. 20, 34 zu schliessen steht. S. hiezu EWALD, *Geschichte des Volkes Israel*, 2. A., III, 495 Anm. 1.

mit dem jedenfalls mit dem Gottesnamen Hadad zusammengesetzten Namen Benhadad leicht möglich erscheinen lässt; endlich 4) seine Substitution anstatt des Namens Benhadad beseitigt zugleich den Anstoss, dass andernfalls zwei Herrscher gleichen Namens — und zwar Vater und Sohn (siehe vorhin) — unmittelbar hintereinander auf dem damascenischen Throne gesessen hätten (EWALD; — vergl. hiezu Anm. 1 auf S. 371).

Die Gründe, aus welchen FRDR. DELITZSCH dieser Annahme seine Zustimmung glaubt versagen zu müssen, sind von uns oben namhaft gemacht und gewürdigt. Seine eigene Ansicht geht dahin, dass durch das Gottesideogramm [cuneiform] des Namens *X-'-idri* in der That ein bislang unbekannter Gottesname ausgedrückt sei, der Name nämlich zwar nicht eines Gottes *Bin* oder *Ban*, wohl aber der eines Gottes *Bur* bezw. *Bir*, und dass der zu postulirende Königsname ursprünglich *Bur(Bir)-'idrî* gelautet habe, was „(Gott) Bur ist meine Zier" (R. הדר) bedeute. Das auslautende הִדְרִ(י) sei noch in dem *υἱὸς Ἄδερ* der LXX und dem *Adores* des Justin erhalten (s. darüber KGF. 387—394), und demgemäss in der Bibel überall zu restauriren; das בִּר des ursprünglichen Namens aber sei im Hebräischen theils in Folge von Dissimilation, theils unter Einwirkung des nachfolgenden Dentallautes in *n* „übergegangen" (DEL. a.a.O. 178). Treten wir in die Prüfung dieser Ansicht ein.

A. Das Fundament der Hypothese und den Ausgangspunkt für seine Aufstellung bietet DELITZSCH das babylonische Syllabar V. Rawl. 36. 37, Avers und Revers je zwei Columnen, die aber wieder eine jede dreifach getheilt sind.[1]) Dasselbe ist der Erläuterung des Zeichens 𒌋 = *gigurû* gewidmet. Es beginnt col. I, 1 ff. mit der Angabe der Sinnwerthe des Zeichens in der Aussprache [cuneiform] d. i. *u* und zwar so, dass als solche Sinnwerthe zuvörderst aufgeführt werden:

1) Das betr. Syllabar ist von mir bei meiner jüngsten Anwesenheit

Z. 1 *išî'rit* „zehn"; Z. 2 *ubânu* „Daumen", „Spitze"; Z. 3—10 folgen als Aequivalente des Zeichens die acht Götternamen: *Anuv*, [Keilschrift]*-tuv*, *Bî'l-kit*, *Bî'lu*, *Šamaš*, *Rammân* ([Keilschrift]), *Ištar* und *Ištar kakkabî*; daran schliessen sich Z. 11—33 die Appellative *kiššatuv* „Menge"; *uznu* „Ohr" u. a. m.; weiter *iluv*, *šarruv*, *bî'luv*, *bî'ltuv*, alsdann die Verbalbegriffe *bânû*, *šaḳû*, *manû* u. s. m., eine Aufzählung, die schliesslich Z. 34. 35 mit einem *ša giguru gigurû* | *kakasiga* abschliesst. Es folgen Gruppen von Erklärungen des Zeichens 𒌋 = *gigurû*, falls ihm die Lautwerthe *a*, *ḫû*, *ḫâ* u. *gî'*, auch *šuš* und *umun* eignen (col. I, 36—61; II, 1—22). Hieran schliessen sich II, 23—Rev. I, 12 Sinnwerthe, welche dem Zeichen in der Aussprache *bur* zukommen, anhebend Z. 23—28 mit den Wörtern *palâšu* und *pilšu*, sowie Derivaten der Wurzel *šapâlu*: *šupluv*, *šupâluv*, *šapâluv*, *šuppûlu* (Delitzsch ob. 174), dem weiteren *ḫuptu* „Busen" (? — R. חבב), woran sich dann der Sinnwerth *buruv* (= *bûruv* R. באל, بأر „graben, aushöhlen", — „Loch"? —) reiht, wovon (vgl. *bur* Z. 57) das Zeichen 𒌋 eben den Lautwerth *bur* (s. o.) erhalten hat. Es folgen nun eine Reihe von Verbalnomina und Substantiven, welche, wie schon die beiden letzteren, überwiegend auf den Begriff des „Gekrümmt-, resp. Hohlseins", des „Aushöhlens", „Oeffnens" zurückgehen. Dahin gehören: Z. 31 *kippatuv* (ܟܦܬܐ, كُفَّة? R. כפף); Z. 32 *ḫurḫurmatuv* (R. חרר?); Z. 33 *uznu* „Ohr" (wohl — so auch Pinches —als die „Höhlung" hieher gezogen), vgl. (*uznu*) *rapaštuv* der folgenden Zeile; 37. *naḳâbu* R. נקב; 38. *šî'rû* (vielleicht R. שער in der Bed. „öffnen", „spalten"?). Es folgen nach einer mit *ḫibû* „unleserlich" bezeichneten Zeile (39) und

in London (Sept./Oct. 1885) collationirt. Es ist eine untadelhaft erhaltene Thontafel von bräunlicher Farbe von $15^{1/2}$ cm Höhe und nicht ganz 9 cm Breite und proportionaler Dicke. Der Revers ist stark gewölbt. Die theilweise sehr minutiöse Schrift ist ausserordentlich sorgfältig eingedrückt und das Ganze als ein Muster babylonischer Kalligraphie zu bezeichnen.

nach dem Substantive *kidatuv* (40), sowie nach Ableitungen der Wurzeln *naḥâlu* und *naḥâsu* (Z. 41 f.; 43 f.) die Substantive *šamû* „Himmel“ und *irṣituv* „Erde“ (Z. 45 46), an welche sich wieder Substantive der Wurzeln *bûru* (s. o.) und *pitû* „öffnen“ (R. פתא = פתח) anschliessen (47—50) u. s. w.

Es erhellt — um mit der zweiten Hälfte der angeführten Werthe zu beginnen —, dass sich die Werthe der Zeilen Avers Col. II, 23—27; 28 ff. überwiegend um die Begriffe „niedrig sein“ einerseits, „hohl sein“ anderseits gruppiren. Wie ferner der Begriff „Himmel“ *šamû* hieher gezogen sein mag, sofern er eine Art hohlen Raum, ein Gewölbe repräsentirt, so mag die „Erde“ ihm gegenüber als der „niedrige“ Theil (cf. *šapâlu*!) des Weltganzen aufgefasst sein und so hieher gezogen sein, falls nämlich die Erde hier nicht einfach im Gegensatze zu *šamû* beigefügt ist, um durch beides den Begriff des hohlen, bezw. gewölbten Weltganzen auszudrücken. Evident ist ferner, dass der Werth *bur* des Zeichens 𒌋, welcher demselben in der ersten, linken Columne der II. Hauptcolumne beigeschrieben ist, lediglich von dem Begriffe *bûru* resultirt, der unter den Sinnwerthen der dritten, rechten Columne erscheint (s. o.).

Schon daraus aber ist ein für allemal klar, dass der Lautwerth *bur* des Zeichens 𒌋 nicht von dem Namen irgend eines Gottes herrührt, dessen Namen das Zeichen repräsentirt hätte: nirgends, auch nicht ein einziges Mal, wo dem Zeichen 𒌋 der Werth *bur* beigeschrieben ist, erscheint überhaupt ein Gottesname! Eine specifische Beziehung gar auf den Blitz- und Donnergott *Rammân*, der sonst durch das Zeichen (𒀭)𒌋 repräsentirt wird, findet sich gerade in dieser Partie des Syllabars nicht. Nicht hier, wo man es bei der in Rede stehenden These erwarten sollte, erscheint der Gottesname 𒀭 𒅎, sondern — und damit kommen wir zu der andern, ersten

Partie des Syllabars — in derjenigen Reihe von Werthen des Zeichens 〈, für welche demselben der Lautwerth [cuneiform] *u*, nicht *bur*, beigeschrieben ist, nämlich Z. 8. Wiederum aber finden wir denselben nicht etwa dem betreffenden Gottesnamen ([cuneiform]) allein beigeschrieben: dieser Gottesname rangirt vielmehr als der sechste (!) unter 7 bezw. 8 anderen Gottesnamen (s. dieselben oben), augenscheinlich sämmtlich Gottheiten, auf welche mit Vorliebe von den Babyloniern das Prädikat *bi'lu* „Herr' bezw. *bi'ltu* „Herrin" angewandt wurde — ein Begriff, zu dessen ideogrammatischer Wiedergabe bei Gottesnamen das in Rede stehende Zeichen 〈, wie bekannt, ganz besonders gern gebraucht ward. Nicht einmal dass das fragliche Zeichen mit Vorliebe, wie wir das sonst wissen, zur Bezeichnung des Gottes Rammân verwandt ward, folgt aus unserm Syllabar: es besagt in dieser Beziehung weniger, als was wir sonst und längst wussten!

Es erhellt aus dem Ausgeführten, dass aus den Angaben des Syllabars ein Schluss auf die Aussprache des Namens des Luft- und Donnergottes [cuneiform] mit Nichten gezogen werden kann: so wenig wie der dem Zeichen 〈 beigeschriebene Lautwerth *bur*, so wenig hat auch der andere, ebenfalls beigeschriebene Werth *u* irgend etwas mit der Aussprache des in Rede stehenden Gottesnamens zu thun.

B. Die sonstigen Instanzen. Steht es so um das Fundament der Hypothese, so fürchten wir, sind die sonst ins Feld geführten Instanzen nicht im Stande, den wankenden Bau zu stützen.

Es ist ja richtig, dass der Eponymencanon (Can. II) für das Jahr 848 einen Personennamen *Bur-Ramân* mit der Variante *Bir-Ramân* verzeichnet (vgl. KAT[2] 470), durch welche Variante, wie Del. (ob. 176) richtig wird gesehen haben, der betr. Name, sei es ganz, sei es einem Theile nach, als ein Fremdname gekennzeichnet wird. Gerade dieser Umstand aber wird abermals für die von uns bestrittene Hypothese verhängnissvoll. Denn wenn der Name, wie das Syllabar klärlich an die Hand geben würde, in der Aussprache *Bur* bei den Assyrern Bürgerrecht erlangt hätte — und daran zweifelt ja Delitzsch nicht —, so wäre eben damit ein Schwanken bezüglich seiner Aussprache ausgeschlossen! Das Schwanken in der Aussprache des ersten Theiles des Namens führt vielmehr darauf, anzunehmen, dass der ganze Name *Bur-Ramân*, wie der andere *Birdadda* (s. o.) einerseits, der Ortsname *Til-Barsip*, Var. *Til-Bursip* (vgl. KGF. 219**) anderseits an die Hand geben, nicht wie Delitzsch will (S. 176), ein „echt assyrischer", denn vielmehr ein ins Assyrische herübergenommener Fremdname war, dessen aramäisches Aequivalent und Prototyp etwa ein בַּר־רמן, vgl. בַּר־(הֲ)דַד, auch *Bar-allâhâ* u. s. f., war.

Wenn auch nicht für Assyrien selber, so doch wenigstens für vorderasiatisches Gebiet überhaupt glaubt nun weiter Delitzsch die Existenz eines Gottes *Bur* erhärten zu können durch den Hinweis auf den auf Salmanassar's Monolith (Av. 34/36; [Rev. 37?]) uns begegnenden Namen einer Stadt *Bur-mar-'-a-na* in der Nähe des Euphrat, im Hethiter-Bezirk, welchen Namen er durch „Bur ist unser Herr" erklären möchte. Wir sehen nun zwar nicht recht, wie Delitzsch diese Erklärung des Namens, wie auch die des wirklich kanaanäischen Namens *Samsimuruna* mit seiner, gerade auch für seine Hypothese, wie wir oben sahen, betonten nichtaramäischen Beschaffenheit der Bevölkerung Syriens in der Zeit Salmanassar's II vereinigen will — denn das hier zu postulirende *mâr'* würde ja das aramäische, im Hebräisch-Kanaanäischen ungebräuchliche מָרָא „Herr" sein —; davon aber abgesehen, möchten wir fragen: kann man auf die etymologische Deutung eines bezüglich seiner sprachlichen Zugehörigkeit noch gar nicht sicheren Namens eine Hypothese wie die der Annahme eines sonst in keiner Weise verbürgten Gottes bezw. Gottesnamens stützen? — Wir unterlassen es nicht, bei diesem Anlass noch darauf aufmerksam zu machen, dass nicht bloss in den Eponymenlisten bei dem Namen *Pur-Ramân* vor *Pur* das Gottesdeterminativ fehlt, während es doch vor *Ramân* steht — hier könnte man ja auf „Raummangel", vielleicht auch auf das gleich nachfolgende 𒀭 von *Ramân* provociren —, sondern dass dieses auch bei dem dreimal in einer langen Inschrift auftretenden Stadtnamen der Fall ist, wo doch von Raummangel keine Rede sein kann (bei dem *Bir* des Namens *Bir-Dadda* des Asurbanipal würde für *Bir* ohnehin das Gleiche gelten) —, und den Assyrern war doch, nach DELITZSCH, *Bur* ein ganz bekannter und *bei ihnen selbst* geläufiger Gottesname? — Dass an *keiner einzigen* der betr. Stellen, weder im Syllabar, noch im Canon, noch bei Salmanassar, noch endlich bei Asurbanipal der angebliche Gottesname *Bur* oder *Bir* jemals das Gottesdeterminativ vor sich hat, darf jedenfalls nicht ignorirt werden.

C. *Die positiven Bedenken.* Dass uns ein neuer, bislang noch unbekannt gewesener Gottesname in Inschriften und sonst aufstösst, ist an sich nichts Anstoss Erregendes, obgleich immerhin darauf hingewiesen zu werden verdient, dass von den grossen Hauptgöttern der Assyrer und Babylonier und zumal solchen, deren Cult auch sonst in Vorderasien verbreitet erscheint, die weitaus grössere Mehrzahl, ja, wenn man einige, längst gemachte Vergleichungen für erwiesen erachten dürfte, so ziemlich alle bereits sonst bekannt waren. Jedenfalls muss, glaubt man eine solche „neue" Gottheit statuiren zu sollen, ein zwingender Grund zu einer solchen Annahme vorhanden sein und die Annahme anderweitig hinlänglich gestützt sein. Dass nun das Letztere keineswegs der Fall ist, lehren die vorangehenden Ausführungen, und dass auch kein zwingender Grund zu einer solchen Annahme nöthigt, ist, da sich andere und viel einfachere Wege, um aus den Schwierigkeiten herauszukommen, bieten, ebenfalls einleuchtend. Es werden uns aber noch dazu bei dieser Hypothese Annahmen zugemuthet, zu denen man kaum umhin kann, den Kopf zu schütteln. Nach Delitzsch, S. 177, ist die Urform des damascenischen Königsnamens *Bir-'idri*, genauer — s. S. 178 — *Bir-'idrî*, gewesen und aus diesem originalen *Bir-'idrî* ist das überlieferte *Ben-hadad* 1) durch Lautwandel und 2) durch „Abschleifung" und Mundgerechtmachung entstanden. Delitzsch meint allen Ernstes, dass sich die Liquida *r* eines ursprünglichen בר vor einem Hauchlaute in ein *n* umgewandelt und sodann, dass wiederum ursprüngliches *r*, im Namensauslaut, in demselben Worte (rein organisch) in einen Dental, nämlich *d*, übergegangen sei. Ich erkläre freimüthig, dass es mir einer solchen Annahme meine Zustimmung zu ertheilen, einfach an Muth gebricht; ich vermag schlechterdings nicht zu erkennen, wie man solche Annahmen für das hier in Betracht kommende semitische Sprachgebiet begründen will. Allerdings beruft sich Delitzsch für den Uebergang von *r* in *n* resp. in *d* auf den bekannten biblischen Namen *Bildad* בִּלְדַּד, der aus *Bir-dad* = *Bir-Daddu* umgelautet sei, und findet weiter in diesem *Bir* = *Bur* abermals eine Bestätigung seiner Hypothese von der Existenz eines Gottes *Bir, Bur*. Heisst aber das nicht: Hypothese auf Hypothese bauen? Und die Assyrer oder vielmehr Babylonier sollen nun gar wieder in diesem aus ursprünglichem *Bir*, d. h. aus dem angeblichen gnesiobabylonischen Namen für den Luftgott entstandenen *Bil* eine Abkürzung aus einem andern babylonisch-assyrischen Worte, dem Worte für „Sohn" *ablu*, Status constructus *abil*, abgekürzt *bil*[1]) gesehen und so den Namen *Bil-dad* gelegentlich durch *Abil-Addu* keilinschriftlich wieder-

1) Sicher belegt ist übrigens meines Wissens diese Abkürzung nicht.

gegeben haben (Delitzsch, S. 178)? Wir fürchten, wir haben es hier mit einem Bau zu thun, der nicht bloss in seinem Fundamente wankt, sondern auch in den mit so grossem Geschick aufgeführten Etagen zu Zweifeln an seiner Haltbarkeit Anlass giebt und geben würde — selbst wenn wirklich das [cuneiform]- *(na-tan)* mit *Apil-Addu -(natan)* zu transcribiren wäre, was schliesslich noch von uns zu untersuchen ist.

D. Der Name [cuneiform]-*natan* und seine Varianten. Der in Rede stehende Name begegnet uns auf drei Urkunden in Thon, von denen eine in zwei Copien vorhanden, sämmtlich aus der Zeit des Nabûnâ'id. Es sind die Täfelchen bez. 76, 11—17, Nr. 233; 77, 10—2, 2; 81, 6—25, 70: endlich Sp. 41, die letztern beiden die Doubletten. Für den Inhalt der Urkunden siehe Pinches in den *Proceedings of S. B. A.* 1883, Febr. 6, p. 67 ss.; für den Text Denselben in den *Transactions of S. B. A.* VIII, 271 ss.[1]); eine genauere Beschreibung gebe ich bei C. Bezold, *Kurzgefasster Ueberblick über die babylonisch-assyrische Literatur* etc.

Der fragliche Name kommt in diesen Täfelchen in den nachfolgenden Schreibungen vor:

1) [cuneiform]
2) [cuneiform]
3) [cuneiform]
4) [cuneiform]

Die Identität aller dieser Namen ist gewährleistet durch die Tafel 81 (vgl. Sp. 41), in welcher die Schreibungen Nr. 2, Nr. 3 und Nr. 4 mit einander wechseln. Die beiden andern Täfelchen mit ihren Schreibungen treten bestätigend hinzu. Es ergibt sich daraus, 1) dass

1) S. auch Strassmaier, *Textbeilage zu den Verhdll. des Leidener Or.-Congr.* (Leide 1885), S. 53 f., 90 ff. — *Red.*

das Ideogramm des Luft- und Wettergottes ([cuneiform]) [cuneiform], einem phonetischen *Addu* entspricht; und sodann 2) dass das verbale *natan*, das auch *nadan* gelesen werden könnte, kraft der Var. *natanu* auf die W. נתן zurückgeht. Letzteres sowie die perfektische Ursprache des verbalen Namenselementes bürgen dafür, dass wir es mit einem Fremdnamen[1]) und zwar mit einem Namen hebräischen, sagen wir lieber kanaanäischen Ursprungs zu thun haben. Anlangend den Gottesnamen *Addu* ist durch Pinches und dazu noch auf Grund von Syllabaren (s. o. 166) dessen Identität mit *Daddu, Adad* = *Hadad* sichergestellt; vgl. auch die Variante *Bir-Dadda* zu *Bir*-[cuneiform] [cuneiform] bei Asurbanipal (s. o.). Das diesem Gottesnamen in dem fraglichen Eigennamen voraufgehende Sohnesideogramm ([cuneiform] bezw. [cuneiform]) würde nach üblicher Wiedergabe des Ideogramms durch *ablu*, St. constr. *abal*, *apil* zu transcribiren sein. Die durch das voraufgehende Gottesideogramm als ein Gottesname gekennzeichnete Gruppe [cuneiform] [cuneiform] [cuneiform] (sammt Varr.) wäre danach als *Abal-Addu*, bezw. (babylonisch) *Apil-Addu* zu transcibiren, eine Aussprache, die Delitzsch veranlasst hat, den betreffenden Namen mit dem biblischen, nach ihm aus *Bir-Dad* umgelauteten Namen *Bil-dad* zusammenzustellen, dessen vorderen Bestandtheil die Babylonier eben fälschlich mit einem babylonischen *bil*, als abgekürzten St. constr. von *ablu*, zusammengebracht hätten (der aber, wie bemerkt, so viel wir sehen, inschriftlich nicht zu belegen ist). Aufgefasst haben die Babylonier die Gruppe unter allen Umständen, worüber das vorhergehende Gottesdeterminativ[2]) keinen Zweifel lässt, als einen — zusammen-

1) Allerdings theilt mir Pinches mit, dass er auch einer gnesioassyrischen Wurzel נתן neben נדן begegnet sei; die perfektische Aussprache aber beseitigt jeden Zweifel, dass wir in diesem Falle dennoch einen Namen hebräischer Bildung vor uns haben.

2) Lediglich der Umstand, dass der ganzen Gruppe ein Gottesdeterminativ vorgefügt wurde, war die Ursache, dass bei dem Gottesideogramm [cuneiform] = *Addu* dasselbe nicht wiederholt ward.

gesetzten — Gottesnamen: sie dachten bei dem „Sohne des Adad“ an einen Gott in derselben Weise, wie sie von dem Sohne oder der Tochter eines Gottes als Bezeichnungen bestimmter anderer Gottheiten redeten.

So wäre also der betreffende Eigennamen ein babylonisch-assyrischer und kein hebräischer, wie wir letzteres vorhin aus dem *natan, natanu* glaubten schliessen zu sollen? — Nicht doch! Die Schreibung, d. h. die Wiedergabe des hebräischen Namens in Keilschrift auf den Thontafeln kommt ja auf Rechnung des babylonischen Tafelschreibers, der in dem ersten Theile des ihm namhaft gemachten Namens der betr. gerichtlichen Partei, in diesem Falle in dem ersten Theile des jüdischen Namens irgendwie eine Gottheit wiederzuerkennen glaubte. Wenn nun auch die Annahme keineswegs unmöglich erscheint, dass ein jüdischer, beziehentlich im weiteren Sinne kanaanäischer Mann einen specifisch babylonischen, inschriftlich dazu sonst gar nicht nachzuweisenden, Gottesnamen zur Bildung eines kanaannäisch-hebräischen Eigennamens sollte verwandt haben, so ist es doch jedenfalls das Nächstliegende, in der keilinschriftlichen Gruppe [cuneiform] (sammt Varianten) die Wiedergabe des specifisch hebräischen Ausdrucks für den Begriff: „Sohn des Addu (Daddu)“ zu sehen, das aber wäre — wie unseres Erachtens Pinches scharfsinnig zugleich und richtig gesehen hat — die Wiedergabe eines hebräischen בֶּן־הֲדַד, also dass das babylonische Ideogramm für „Sohn“ [cuneiform] bzw. [cuneiform] zum Ausdrucke und zur Wiedergabe des hebräischen בֶּן gedient hätte. Delitzsch wendet ein, dass „kein babylonisirter „Samaritaner“ es hätte wagen können, in einem babylonischen Document sein *bin* „Sohn“ ideographisch zu schreiben“, da „kein Babylonier das betr. Ideogramm anders als *abal* (oder *abil*) hätte lesen können“ (s. o. 170). Demgegenüber ist aber doch daran zu erinnern, einmal, dass der Schreibende selber nicht der „Samaritaner“, sondern ein babylonischer Tafelschreiber war, und sodann dass diese Tafelschreiber doch auch sonst in ähnlicher Weise verfuhren — gab doch derselbe Tafelschreiber (und schon früher so der Tafelschreiber Asurbanipals) den Gottesnamen *Addu*, bezw. *Daddu*, der s i c h e r nicht heimisch-assyrischen, bezw. babylonischen, sondern fremdländischen Ursprungs war, durch ein Ideogramm (𒀭𒅎) wieder, welches sonst und regelrecht den Gott *Rammân* bezw. *Barḳu* bezeichnet und das an sich und in erster Linie auch jeder Assyrer und Babylonier n i c h t a n d e r s denn s o, d. h. *Rammân* oder meinetwegen *Barḳu*, lesen konnte! Das Wort *bin* selbst aber war den Assyrern, bezw. Babyloniern aus der Wiederholung *bin-bin* = „Enkel" doch noch recht wohl bekannt, wenn es auch im gemeinen Gebrauch durch *ablu* ersetzt war. Es ist sogar nicht ausgeschlossen, dass das Wort in der höheren Rede, in Götternamen u. s. w. auch noch in der späteren Zeit im Gebrauch war, so dass der Tafelschreiber das hebr. בן sowohl nach seinem Sinne erfassen, als auch dementsprechend keilinschriftlich wiedergeben konnte [1]). Und indem er dazu — zunächst von seiner, babylonischen Anschauung aus — den Namen „Sohn des Hadad" auch seinerseits für einen Gottesnamen nahm, setzte er correkt der ganzen Gruppe das Gottesideogramm vor.

Und diese Anschauung des babylonischen Tafelschreibers wird auch die gewesen sein, von welcher sich der Kanaanäer oder Hebräer leiten liess, der jenen Namen kanaanäischer Bildung erfand. Man bedenke doch, dass die betr. Thontäfelchen aus der Regierung des Königs Nabûnâ'id datirt sind, des letzten Königs von Babylon, der zwei Jahrhunderte nach dem Falle des damascenischen Reichs und drei Jahrhundert nach der Herrschaft der den Namen *Ben-Hadad* führenden syrischen Herrscher lebte.

1) Vgl. hiezu die Ausführungen PINCHES' in dieser Zeitschrift S. 311 ff., die, was die Hauptsache anbetrifft, in der That überzeugend sein dürften.

In dieser Zwischenzeit konnte aber der Begriff *Ben-Hadad* bei einem im Auslande lebenden Hebräer oder Kanaanäer gar manche Wandelungen erfahren, wie er sie später positiv erfahren hat. Wir wissen ja, dass Josephus (Arch. IX, 4. 6) Ἄδαδος und Ἀζάηλος für „Götter" und zwar für die vergötterten Könige *(Ben)-hadad* und *Hazael* erklärte (vgl. hiezu KGF. 387 ff.). Kann ein Kanaanäer und ein babylonischer Tafelschreiber nicht der gleichen Ansicht gewesen sein? Hat Josephus nicht vielleicht eine weit verbreitete Ansicht einfach codificirt? — Dann würde das Auftreten des Namens *Ben-hadad* als Gottesname in dem kanaanäischen Eigennamen eines jungbabylonischen Documents alles Befremdliche verlieren. *Benhadad* bliebe *Benhadad* bei dem israelitischen Geschichtsschreiber nicht minder wie bei dem babylonischen Kanaanäer, dieses unbeschadet eines aramäischen Prototyps *Bar-Hadad*. Die Annahme, dass ein in Babylonien lebender Kanaanäer zur Bildung eines, nach kanaanäischer Weise gestalteten Eigennamens sollte einen nach babylonischer Art gebildeten Gottesnamen *(Apil-Hadad)* verwandt haben, ist dazu, wie oben bemerkt, jedenfalls weniger naheliegend als die andere, dass er einen solchen kanaanäischer Bildung *(Bin-Hadad)* zu diesem Zwecke gewählt habe. Wir sind so allerdings auch unsererseits der Ansicht, dass der vom betr. Tafelschreiber keilschriftlich fixirte Eigenname nicht anders lautete (Pinches), denn: *Bin-Addu-natan (natanu).* und dass der als Gottesname gekennzeichnete Namenstheil *Bin-Addu* eben der aus dem A. T. wohl bekannte Name des syrischen Königs *Ben-Hadad* war, dessen heimisches Prototyp *Bar-Hadad* die Hebräer in derselben Weise sich „mundgerecht" gemacht haben würden, wie sie dieses — in durchaus analoger Weise — mit dem Namen des Königs הדד־עדר von Aram-Zôbâ thaten, als sie — s. Bibel! — von ihm als הֲדַד־עֶזֶר redeten.

Ist diese unsere Ansicht über das Auftreten eines, historisch zu einem solchen erst gewordenen, Gottesnamens *Ben-Hadad* in dem kanaanäisch-hebräischen Namen eines jungbabylonischen Keilschrifttextes richtig, so bedarf es nicht der weitergehenden Annahme PINCHES', dass der Eigenname *Ben-Hadad* aus dem volleren Namen *Ben-Hadad -natan* verkürzt sei, wie derartige Verkürzungen auf babylonischem Gebiete ja freilich vorkommen. Dass im 9. Jahrhundert vor Chr. aramäische, näher damascenische Könige sollten derartige aus assyrischen resp. babylonischen Namen verkürzte Namen geführt haben, vermag ich nicht wahrscheinlich zu finden. Ich glaube an dem specifisch aramäischen Ursprunge und Charakter des Gottes *Hadad* festhalten zu sollen, wenn auch die Assyrer, bezw. Babylonier ihrerseits diese Gottheit mit ihrem *Rammân-Barḳu* identificirten.

Assyriologische Notizen zum Alten Testament.

Von *Friedrich Delitzsch.*

IV.[1])

Das Schwertlied Ezech. 21, 13—22.

Eine der vielen alttestamentlichen Stellen, welche der Exegese noch immer grosse Schwierigkeiten in sprachlicher Hinsicht bereiten, ist bekanntlich der Abschnitt Ez. 21, 13—22. Es ergeht dort durch des Propheten Mund Jahwe's Wort an Jerusalem, betreffend sein den Chaldäern in die Hand zu gebendes Straf- und Mordschwert. Die folgende „Notiz" möchte einige Beiträge zur Erklärung dieses „Schwertliedes" geben. Ich schicke eine wörtliche Uebersetzung desselben voraus, deren doppelter Vorzug darin bestehen dürfte, einmal, dass sie einen ungezwungenen und leicht verständlichen Sinn giebt, sodann, dass sie so gut wie keinen einzigen Consonanten des massorethischen Textes ändert.

13. *Und es geschah das Wort Jahwe's an mich folgendermassen:*
14. *Menschensohn! weissage und sprich:*
So spricht der Herr — sprich —:
„Ein Schwert, ein Schwert ward geschärft, auch gewetzt ist's;
15. *„Um ein Schlachten zu schlachten ward es geschärft,*
„Ein Blitzstrahl zu sein ward es gewetzt.
„Freuen wir uns! meines Sohnes Ruthe ist jedem Holz über —

1) Vgl. S. 87 ff.; 161 ff.; 284 ff.

16. *„Man gab es zum Wetzen, mit der Hand es zu fassen,*
„Es ward geschärft, das Schwert, es ward gewetzt, es zu geben in des Würgers Hand!

17. *„Schreie und heule, Menschensohn, denn es, es ergehet wider mein Volk,*
„Ergehet wider alle Fürsten Israels —
„Verfallen dem Schwerte sind sie samt meinem Volk.
„Darum schlage auf die Lende!

18. *„Fürwahr die Probe ward gemacht und was wärs,*
„Wenn's auch eine ganz absondere Ruthe nicht sein wollte? spricht der Herr, Jahwe.

19. *„Und du, Menschensohn! weissage und klatsche in die Hände,*
„Und verdoppelt werde das Schwert, verdreifacht — ein Schwert viele zu morden ist es,
„Das grosse Mordschwert umkreist (?) sie.

20. *„Dazu dass verzage das Herz und der Hinstürze viel sei,*
„Setze ich wider all' ihre Thore Schwertesgemetzel.
„Ha! gemacht ist's zum Blitzstrahl, geschärft (?) zum Schlachten!

21. *„Haue rückwärts, rechtwärts, vorwärts, linkwärts,*
„Wohin deine Richtung bestimmt ist!

22. *„Und auch ich will in meine Hände klatschen und stillen meinen Grimm —*
„Ich, Jahwe, habe geredet."

Es ist klar, dass die ganze Rede als von Jahwe selbst gesprochene Worte zu fassen sind, nicht als Worte Ezechiels, die dieser nur im Auftrag Jahwe's an Jerusalem richtete, wie Smend, *Der Prophet Ezechiel* (Leipzig 1880), anzunehmen scheint. Es lehrt dies wie der Anfang der Rede („so spricht der Herr" — sprich —, das letztere אֱמֹר kann nur parenthetisch verstanden werden) so insonderheit deren Schluss und zwischendurch der Anfang der Verse 17 und 19.

V. 15. Die Vergleichung des Schwertes mit einem Blitzstrahl bezieht sich hier, wie auch V. 20. 33. u. ö., nicht auf den Glanz des geschliffenen Schwertes (SMEND: „blitzblank geschliffen"), am allerwenigsten in dem Sinne, dass es durch solchen Glanz „schon von Weitem schrecke" (SMEND), sondern auf die Schärfe des Schwertes: wie ein Blitzstrahl durch alles hindurchzufahren, es von oben bis unten aus zu zerschneiden, ist das Schwert geschärft und gewetzt. Es geht dies aus dem Zusammenhang unserer Stelle klar hervor, in welcher vom Schwert ausschliesslich als von einem Werkzeug des Schlachtens, des Würgens, des Durchbohrens, Mordens und Metzelns die Rede ist — der Glanz des Schwertes spielt gar keine Rolle. Auch die Worte Dt. 32, 41: „wenn ich geschärft habe den Blitzstrahl meines Schwertes" möchte ich nicht fassen: wenn ich geschärft habe mein blitzendes Schwert, sondern: wenn ich mein Schwert blitzscharf geschärft habe, sodass der Effect der Handlung gleich vorweggenommen ist wie so oft. Damit soll natürlich nicht geläugnet werden, dass anderwärts, z. B. Nah. 3, 3 (לַהַב חֶרֶב וּבְרַק חֲנִית), der Glanz das *tertium comparationis* bildet. Bemerkenswerth ist, dass die babylonische Schrift die Begriffe „Blitzstrahl" (*birḳu*) und „Schwert, Dolch" (*namṣaru, patru*) mit einem und demselben Ideogramm wiedergiebt, nämlich 𒄈, dessen Grundbedeutung durchdringender Schärfe sich ausserdem daran zeigt, dass auch der Scorpionstachel, der Scorpion mit diesem Ideogramm geschrieben wird. Auch die älteste Form des Ideogramms führt auf ein spitzes, einschneidendes Werkzeug, und der Sylbenwerth *ad* jenes Ideogramms ist dem gutbezeugten assyrischen Aequivalent des hebr. Stammes חָדַד „scharf sein", חַד „scharf", nämlich *adâdu*, Pi. *uddudu* „schärfen" entnommen.

„Die zweite Vershälfte" — sagt SMEND — „spottet jeder Deutung und scheint unheilbar verderbt, da selbst die einzelnen Worte für sich im Zusammenhang des Stückes keinen sicheren Anhalt haben". Ich glaube nicht, dass die Sachlage eine so verzweifelte ist. Man sollte es freilich fast meinen, wenn man die unbefriedigenden Deutungen der alten Uebersetzer und die grundverschiedenen Uebersetzungen der neueren Erklärer an sich vorbeiziehen lässt; vgl. nur LXX: ὅπως γένῃ εἰς στίλβωσιν, ἑτοίμη εἰς παράλυσιν· σφάζε, ἐξουδένει, ἀπόθου πᾶν ξύλον; Ewald: „keine schwache (אוֹ = אִי oder אַיִן; נְשִׁישׁ vgl. aram. נשיש) Ruthe meines Sohnes, das weichste (מֹאֶסֶת von מסס eig. zerfliessen) Holz"; Hitzig: „oder sollen wir eine — sc. Kuh — lenken (נְשִׁישׁ vgl. ساس), die den Stecken verachtet hat (בָּזֹה statt בְּנִי), geringschätzt jeden Stock"; Wellhausen: „nicht schwach ist die Ruthe, nicht das Verächtlichste (כְּלִי מֹאֶסֶת) von allem Holz".[1]) Aber sind die Schwierigkeiten dieser Worte wirklich unlösbar? Die gemäss V. 18 offenbar zusammengehörigen Worte שֵׁבֶט בְּנִי מֹאֶסֶת כָּל־עֵץ geben doch einen vollauf befriedigenden Sinn: „die Ruthe meines Sohnes verachtet jedes Holz"; das heisst: die Ruthe, womit ich mein Kind züchtige, ist besser, nutzbringender denn jedes andere Holz, irgendwelcher andere Baum, sei es Ceder oder Feigen- und Oelbaum; leitet sie doch mein Kind auf rechten Weg, vermag sie doch seine Seele von dem Scheol zu erretten (Spr. 23, 14). Die Sentenz giebt sich als ein Sprichwort, welches wohl von Vätern gern gebraucht wurde, und dieses Sprichwort hat in Jahwe's Mund seine ganz besondere Bedeutung, insofern Jahwe's Zuchtruthe, die er bei seinen Kindern, seinem Volk in Anwendung bringen will, von Eisen, ein scharfgeschliffenes Zucht- und Mordschwert ist. Auch grammatisch ist diese Deutung der Worte unanfechtbar. Das Einzige, woran man auf den ersten Blick Anstoss nehmen könnte, ist lediglich das Fem. מֹאֶסֶת nach dem sonst nur als Masculin bezeugten שֵׁבֶט. Allein, ohne darauf Werth

1) Siehe für diese und noch andere Deutungen Smend's Commentar, S. 139. Der Erklärungsversuch Kliefoth-Keil's (s. Keil z. St.) ist „der Anführung, geschweige denn einer Widerlegung" noch viel weniger werth als alle übrigen.

zu legen, dass an allen Stellen, welchen für das Geschlecht des Wortes שֵׁבֶט Sicheres zu entnehmen ist, dieses meines Wissens immer nur in der Bed. „Stamm, Volksstamm“ gebraucht ist, warum sollte nicht, gleich so vielen andern hebräischen Wörtern, auch שֵׁבֶט *generis communis* gewesen sein? Das Geschlecht der hebr. Substantiva ist ja an sich schon sehr unbestimmt und schwankend; wenn nun gar gerade in unserem „Schwertlied“ selbst das durchweg als Masculinum gebrauchte פָּנִים „Gesicht“ als Femininum construirt ist (פָּנַיִךְ מֻעָדוֹת V. 21), warum dann Anstoss nehmen an dem noch dazu zweimal (V. 15 und 21) bezeugten femininen Gebrauche von שֵׁבֶט?[1]) Es kommt noch dazu, dass die feminine Construction von שֵׁבֶט gerade in unserem Abschnitte um so weniger auffallend ist, als diese Zuchtruthe ja eben ein חֶרֶב *(gen. fem.)* ist, Ruthe und Schwert in Jahwe's Gedanken und Worten an obiger Stelle in Eins verschmelzen. Es bleiben hiernach als „jeder Deutung spottend“ nur die beiden ersten Wörter dieser Satzhälfte אוֹ נָשִׂישׂ. Da sich jede Emendation von נשׂישׂ mit Hülfe des syr. ܢܫܝܫܐ verbietet[2]), so muss bei נָשִׂישׂ „wir freuen uns“ stehen geblieben werden. Bleibt als einzigstes Schmerzenskind das winzige אוֹ. Seine Fassung als „oder“ ist freilich unmöglich. Wer aber weiss, dass die richtige Erkenntniss und das richtige Verständniss gerade dieser kleinsten Partikeln eine der schwierigsten (freilich auch eine der lohnendsten) Aufgaben in dem Studium längst erstorbener Sprachen bildet — der Assyriologe wird es bei tieferem Eindringen in die Sprache der Keilschrift-

1) Beiläufig bemerkt, ist *ḫaṭṭu* „Stab“ im Assyrischen *gen. fem.*, z. B. *ḫaṭṭu êllitu* „das glänzende Scepter“; das entsprechende hebr. חֹטֶר mag *masc.* gewesen sein, aber bewiesen wird es durch keine Stelle im A. T. (gegen Ges.[9]).

2) Siehe meine *Prolegomena zu einem neuen hebräischen und aramäischen Wörterbuch Alten Testaments*, S. 63 f.

literatur auf Schritt und Tritt inne —, wird sich angesichts eines solchen kleinen, noch räthselhaften אוֹ zu ganz besonderer Behutsamkeit angespornt finden. Das Assyrische bildet von dem St. אוה „wollen" ausser *ô, û* d. i. אוֹ „oder" noch eine andere Partikel, nämlich 𒄿 d. i. *î* (אִי) „wohlan!" Die lehrreichste, weil ganz unmissverständliche Stelle findet sich für dieses *î* bei Haupt, ASKT. 119, Z. 23. 25: *alkâm î nillikšu î nillikšu, nînu ana âlišu î nillikšu* „wohlan! wir wollen zu ihm gehen, wollen zu ihm gehen, wir wollen in seine Stadt zu ihm gehen!" Nicht minder klar sind die Worte, welche Merodach unmittelbar vor dem Entscheidungskampf der Schlange Tiâmat zuruft (K. 3437 Rev. 3)[1]: *êndîma anâku u kâši î nîpuš šašma* „stehe! ich und du wollen mit einander streiten". An diesen wie an anderen Stellen (siehe z. B. noch Haupt, *Nimrodepos*, S. 44 Z. 68: *î nîkul* „wir wollen essen") finden wir demnach *î* als Cohortativpartikel vor der 1. Person Pl. Imperfecti — die Vermuthung drängt sich von selbst auf, das ezechielische אוֹ נָשִׂישׂ möchte ebenfalls so zu fassen sein als: „wir wollen uns freuen". Ob nun dieses אוֹ in אִי zu emendiren sei (vgl. oben Ewald's Uebersetzung und vgl. das Schwanken der Ueberlieferung zwischen אוֹ und אִי Spr. 31, 4), ist eine Frage von untergeordneterer Wichtigkeit; für nothwendig halte ich es nicht. Man könnte freilich einwenden, dass es bedenklich sei, für das Hebräische eine Partikel anzunehmen, die sonst nicht weiter belegbar sei; allein wie viele Hunderte nur Ein Mal belegbarer Wörter finden sich doch im A. T., das ja doch nur einen Bruchtheil des althebräischen Wortschatzes darstellt! Vgl. gleich unten V. 20 אִבְחַת. Auch innerhalb der so ungleich umfangreicheren babylonisch-assyrischen Literatur ist obiges *î* nur an verhältnissmässig wenigen Stellen bezeugt und dennoch sind wir zur Annahme dieser Cohortativpartikel vor der 1. Pers. Pl. Imperf. gezwungen. Man schreibe

1) *Assyrische Lesestücke*, 3. Aufl., S. 98.

also im Hebräischen Wörterbuch: אַו, אוֹ, von אָוָה, urspr. Wille, Begehren, in dieser urspr. Bed. höchst wahrscheinlich noch Spr. 31, 4; dah. als Partikel: 1) oder, *vel.* 2) Cohortativpartikel Ez. 21, 15. Vgl. assyr. *lû*, von *lê'û* „wollen, wünschen, begehren", ursp. Wille, Begehren, dah. als Partikel: 1) oder; *lû* — *lû* entweder — oder. 2) Wunschpartikel, z. B. *lû ašib* „er möge wohnen"; *lillik* „er möge gehen", *lullik* „ich will gehen". — „Freuen wir uns, meines Sohnes Ruthe verachtet jedwedes Holz" ist in Jahwe's Mund natürlich Ausruf höhnender Freude; es passt vorzüglich zu dem Händeklatschen V. 19 und 22, sowie zu dem mit אוֹ נָשִׂישׂ sich der Bedeutung nach deckenden schadenfrohen אָח Ha! des V. 20.[1])

V. 16. וַיִּתֵּן אֹתָהּ kann nur, wie auch alle Ausleger thun, als „m a n gab es" gefasst werden. In Jahwe's Mund erscheint freilich diese Redeweise ziemlich hart, und es mag die Frage angeregt werden, ob nicht וַיִּתֵּן אֹתָהּ sich besser eigene. Zur Construction siehe Ges., *Gramm.* § 143 a) und vgl. 1 Rg. 2, 21.

V. 17. מְגוּרֵי אֶל־חֶרֶב „dem Schwert Verfallene". Die Bed. „fallen" o. ä. steht für hebr. מגר fest; Ps. 89, 45: „seinen Thron לָאָרֶץ מִגַּרְתָּה hast du zu Boden gestürtzt" beweist es. Das Gleiche gilt vom Aramäischen, denn Ezra 6, 12 passt יְמַגַּר „er möge stürzen, zu Falle bringen" vorzüglich, dazu ist auch für syr. ܡܓܰܪ die Bed. des ܡܓܰܠ ܡܢܦܠ bezeugt. Endlich scheinen auch die assyr. Bedeutungen von *magâru*, „jem. zu Willen sein, ihm günstig, gnädig sein", auf die sinnliche GB. des sich Herablassens, sich Demüthigens, sich Unterwerfens zurückzugehen. Da

1) Die deutsche revidirte Bibel hat Luther's Uebersetzung von Ez. 21, 15 einfach beibehalten: „Oo, wie froh wollten wir sein, wenn er gleich alle Bäume zu Ruten machte über die bösen Kinder!" Die englische bietet besser: „*Shall we then make mirth? the rod of my son, it contemneth every tree.*"

nun ausserdem die Wortverbindung מָגֻר אֶל „jem. zufallen, jem. verfallen" an נָפַל לְ „jem. zufallen", z. B. Nu. 34, 2, eine gewisse Analogie hat und auch die Form מָגוּר in keiner Weise anstössig ist (siehe Ges. § 50, 3 Anm. 2), so scheint mir kein Grund vorzuliegen, um von der Uebersetzung „verfallen dem Schwerte[1])" abzugehen und statt dessen mit SMEND „fürs Schwert aufbewahrt" zu übersetzen, wenngleich zugegeben werden mag, dass die Existenz eines zweiten Stammes מגר „aufbewahren" aus dem Joël 1, 17 mit אֹצָרוֹת vielleicht in Parallelismus stehenden מַמְּגֻרוֹת vielleicht geschlossen werden darf.[2])

Die Phrase סָפַק עַל־יָרֵךְ findet sich nicht Jer. 31, 19 (Ges.[9] SMEND. KEIL), sondern 31, 18.

V. 18. כִּי בֹחַן heisst gewiss: „die Probe ist gemacht", mag man nun בֹּחַן oder בְּחַן zu vokalisiren vorziehen. Gemeint ist: Nebukadnezar und die Chaldäer haben schon ausreichend bewiesen, wie furchtbare Strafe ihr Schwert zu üben vermag.

Die auf „und was?" folgenden Worte sind nach SMEND „wie V. 15 verderbt und ebenso wie dort zu emendiren", d. h. also, sie sind „unheilbar verderbt". EWALD übersetzt: „denn erprobt ist (näml. das Schwert) – und was? (als was hat es sich erwiesen?) obs auch eine weiche Ruthe sei! (ironische Frage) das wird nicht sein". HITZIG: „denn

1) Nicht: preisgegegeben dem Schwerte, wie Ges.[9] übersetzt. Jede Vermengung der beiden Stämme מגר und נגר, von welch letzterem הִגִּיר „hingeben, preisgeben" stammt, ist streng zu vermeiden.

2) Ganz irrig, wie mir scheint, lässt Ges.[9] obiges מַמְּגֻרָה „zunächst von dem Subst. מְגוּרָה Vorrathshaus, Speicher Hagg. 2, 19" gebildet sein, welches sich seinerseits von גּוּר „sich versammeln" herleite. Allein abgesehen davon, dass sowohl die Bed. „sammeln, sich versammeln" von גּוּר als auch die Bed. „Speicher" von מְגוּרָה äusserst fragwürdig ist (בַּמְּגוּרָה an der Haggai-Stelle bedeutet wohl einfach „daheim"), ist eine solche Secundärbildung מַמְּגֻרָה von מְגוּרָה beispiellos, unerhört.

mit Gnade? (בֹּחַן) — was solls, da du auch den Stecken geringschätzest (מָאַסְתְּ)? Sie (Gnade) soll nicht stattfinden". Mir scheint, dass man auch in V. 18 ohne genügenden Grund erhebliche Schwierigkeit findet. Der Prophet soll trauern, dass das Schwert gegen Fürsten und Volk ergeht, zumal da bereits durch Proben bestätigt ist, dass diese Zuchtruthe Jahwe's in der That das leistet, das ist, was nach dem Sprichworte jede Zuchtruthe in der Hand des Vaters ist und was Jahwe auch von der seinigen, von der seinigen erst recht erwartet, nämlich eine שֵׁבֶט מֹאֶסֶת. Der absolute Gebrauch des Verbums מאס ist allerdings etwas hart. Aber wenn man Iob. 7, 16 an demselben keinen Anstoss nimmt und übersetzt: „ich verschmähe (מָאַסְתִּי), *sc. mein Leben,* — nicht ewig werd' ich ja leben"; wenn man Iob 42, 6 daran keinen Anstoss nimmt und übersetzt: „darum (weil mein Auge dich gesehen) verschmähe ich (אֶמְאַס), *sc. mein bisheriges Verhalten,* und bereue in Staub und Asche", so kann man an unserer Ezechiel-Stelle doch erst recht keinen Anstoss daran nehmen, wo sich das Object כָּל־עֵץ durch V. 15 von selbst zu מֹאֶסֶת in Gedanken hinzufügt. Uebrigens halte ich jene *scilicet* an den beiden Iobstellen für unmöglich; מאס muss dort eine intransitive Bedeutung haben, wie man ja auch an der ersteren: „ich bins überdrüssig", an der letzteren: „mir ists leid" zu übersetzen pflegt. Das Verachten, Verschmähen, Verwerfen einer anderen Person oder Sache, welches in dem Worte מָאַס seinen sprachlichen Ausdruck gefunden, wurzelt, wie ich glaube, darin, dass man sich in irgend einer Weise über etwas anderes erhaben fühlt und darum darauf herabsieht, seiner spottet, dass man etwas anderen satt ist und es darum verachtet. Bezeichnend ist hierfür Iob 36, 5: „siehe, Gott ist gross (כַּבִּיר) וְלֹא יִמְאָס und dennoch sieht er nicht geringschätzig von seiner Höhe herab" (ganz allgemein! speciell auf den Frommen 8, 20). Es dürfte hiernach nicht einmal nothwendig sein, zu שֵׁבֶט מֹאֶסֶת irgend etwas zu suppliren; שׁ׳ מ׳ kann schon für sich selbst eine über jede andere erhabene, eine absonderliche Ruthe sein, wie אֶמְאַס, מָאַסְתִּי an obigen Iobstellen ähnlich „ich hab es satt, ich hab's genug" (und will darum von nichts mehr mehr etwas wissen, achte alles für nichts) bedeutet. Die Worte: „die Probe ist gemacht, und was wär's, wenn's auch eine ganz absonderliche, jeder andern weit überlegene, ihrer spottende Ruthe nicht sein wollte", sind, da diese Ruthe eben der Chaldäer bluttriefendes Racheschwert ist, in Jahwe's Mund furchtbarer Spott.

V. 19. „Das Schwert werde verdoppelt שְׁלִישִׁתָה in der Richtung auf ein drittes hin", ein knapper Ausdruck für: es werde verdoppelt und noch weiter vermehrfacht, so viel immer die Umstände es erheischen. Das Racheschwert soll nicht ein einziges, vereinzeltes bleiben, sondern, da es viele zu durchbohren bestimmt ist, da es Jerusalem von allen Seiten her umringen und bedrängen, an allen Thoren ein Blutbad anrichten soll, soll es sich verdoppeln, verdreifachen und so fort, um seine Aufgabe voll und ganz zu erfüllen.

חֶרֶב חֲלָלִים ein Schwert Erschlagener, d. h. ein Schwert bestimmt viele חַלְלֵי־חֶרֶב (Jer. 14, 18. Nu. 19, 16) zu machen, viele zu durchbohren. Vgl. zu dieser Vorwegnahme des Effectes einer Handlung die ähnliche Redeweise Spr. 7, 26: רַבִּים חֲלָלִים הִפִּילָה „viele Erschlagene hat sie (die Hure) gefällt", sowie das häufige assyrische *dîktašu ma'attu adûk* „viele von ihm tödtete ich", wörtlich: eine zahlreiche getödtete Schaar von ihm tödtete ich. Auch das bekannte בְּשׁוּב יַהְוֶה אֶת־שִׁיבַת צִיּוֹן Ps. 126, 1 könnte man sich versucht fühlen zu deuten: „als Jahwe die Zurückgeführten Zions zurückführte", doch dürfte hier שִׁיבָה besser urspr. „Zurückführung" bedeuten, vgl. קִימָה „Aufstehen" Thren. 3, 63.

Die Schlussworte des V. 19 verbinde ich mit Hitzig

und SMEND: חָלָל ;חֶרֶב חָלָל הַגְּדוֹלָה חֹדֶרֶת לָהֶם generisch = Erschlagene, wie 6, 7. 11, 6. 28, 23. Nah. 3, 3 (רֹב חָלָל).

V. 20. Für אִבְחַת־חֶרֶב „Schwertesgemetzel" siehe *Hebrew Language* p. 28 f., dessgleichen meine *Prolegomena* S. 74 f. Es bleibt dabei, dass אבח, assyrisch *abâḫu* (wovon *abûḫu* „Marter, Qual", *nâbaḫu* „Folterstuhl, Schlachtbank") ein Synonym ist von טבח assyr. *ṭabâḫu*.

אָח. SMEND sagt: „אח könnte wie 18, 10 = אך oder daraus verschrieben sein (Ew. Hitz.) und ist dann durchaus angemessen"; „mit *Targ.* ach! zu übersetzen, ist an sich unmöglich (s. zu 6, 11) und gegen den Zusammenhang." Aber so gewiss es ist, dass weder an unserer Stelle noch 6, 11 ein Ausruf des Schmerzes oder des Mitleids wie „ach!" passt, so unmöglich ist die Annahme, dass אח für אך stehe. Eine Verschreibung von ך in ח ist nicht denkbar; lautliche Gleichsetzung von אח und אך verstösst erst recht gegen die elementarsten Gesetze der semitischen Lautlehre; Ez. 18, 10 liegt, wie ich demnächst dartun werde, ein ganz anderes אָח vor[1]); und die nüchternen, matt nachhinkenden Worte: „das eben nur gemacht ist zum Blitzen", weit entfernt „durchaus angemessen" zu sein, passen ganz und gar nicht zu der erregten Schilderung des an allen Thoren tobenden Kampfes V. 19. 20 und zu den schneidigen Commandorufen des V. 21. Wie ist es nur möglich, in diesem אָח nicht den Ausruf höhnender Schadenfreude zu vernehmen, mit welchem Jahwe das Gemetzel des wie ein Blitzstrahl dreinfahrenden Schwertes begleitet, zumal wenn man, wie SMEND (im Anschluss an die LXX), an der Stelle 6, 11 diese Interjection אָח ganz richtig als Interjection des Hohnes erkannt und gefasst hat?[2]) In gleichem Sinne findet sich

1) Die Fassung obiger Stelle als: „wenn er aber einen gewaltthätigen blutvergiessenden Sohn zeugt und nur irgend etwas von diesen Dingen thut" (SMEND) kann nicht richtig sein, denn sie giebt keinen verständlichen Sinn und lässt מֵאַחַד ohne genügende Erklärung.

2) Auch Ges.[9] giebt irrig dem אָח Ez. 6, 11. 21, 20 (!) die Bed. eines

bekanntlich auch הָאָח. Etwas anders ist die Bedeutung des אח in dem zusammengesetzten אַחֲלֵי· אַחֲלַי, über dessen assyrisches Aequivalent meine Beigaben zu ZIMMERN's *Babylonische Busspsalmen* S. 116, handeln.

V. 21 befiehlt dem Schwert, dorthin sich zu wenden, dort dreinzuschlagen, wohin (אָנָה wie Jos. 2, 5. Neh. 2, 16) seine Richtung (פָּנִים bed. weder hier noch Qoh. 10, 10 die Schneide, wie SMEND, KEIL, Ges.[9] übersetzen, sondern die Richtung; die Schneide ist פֶּה) bestimmt sei, wohin immer sich zu wenden seine Bestimmung erfordere. Nichts ist natürlicher, als in den vier Imperativen, welche dem Relativsatz: „wohin deine Richtung bestimmt ist" vorausgehen, eben die vier möglichen Hauptrichtungen zu sehen, zumal da der 2. Imper. in der That „wende dich nach rechts" ist, der 4. „wende dich nach links", der 1. aber, התאחדי, sich ganz von selbst als besser הִתְאַחֲרִי zu lesen[1]) darbietet: „wende dich rückwärts". Und bei dieser natürlichsten Erklärung wird auch in der That stehen zu bleiben sein. Man übersetzt freilich zumeist: „sammle dich rechts, greif an links!" (SMEND), oder: „fasse dich zusammen nach rechts, wende dich nach links!" (KEIL)[2]). Aber abgesehen davon, dass die Anrede an ein Schwert: „sammle dich" schlechterdings unverständlich ist, und „wende dich, wende dich nach links" (KEIL) ein unerträglicher Pleonasmus; auch abgesehen davon, dass kein Hebräer diese vier Imperative anders als coordinirt verstehen konnte, würde ja bei jener Fassung gerade die Hauptrichtung fehlen: wehe

Klageausrufs „ach! wehe!" und lässt אָח Ez. 18, 10. 21, 20 (!) andere Aussprache bezw. Verschreibung von אַךְ sein.

1) Einige MSS. lesen in der That התאחרי; HITZIG und BÖTTCHER folgen dieser Lesung.

2) Ebenso die revidirten Bibelübersetzungen: „haue drein, beides, zur Rechten und Linken" (so schon Luther); *„gather thee together, go to the right; set thyself in array, go to the left."*

dem Träger eines Schwertes, das nur nach links und nach rechts dreinhaut, der erste Hieb von vorne bringt ihn zu Falle. Dazu kommt, dass הָשִׂימִי sich ungezwungen als „wende dich vorwärts, geradeaus!“ erklärt. Die Erzählung 2 Rg. 20, 12 bezeugt שִׂים in prägnanter Redeweise als militärischen Kunstausdruck: „da befahl Benhadad seinen Knechten: „vorwärts!“ (שִׂימוּ), und vorwärts gings auf die Stadt“ (וַיָּשִׂימוּ עַל־הָעִיר); שִׂים עַל heisst „auf jem. losgehen, direct auf jem. draufgehen, ihn angreifen“; zu ergänzen ist entweder פָּנִים (so Hitzig) — vgl. unser „auf jem. halten“ = auf jem. passen, ihm auflauern – oder דֶּרֶךְ — vgl. unser: das Schiff „hält auf ein Ziel“, nimmt seinen Curs daraufhin – oder gar nichts (so Smend; vgl. 1 Sa. 15, 2, sowie שִׁית Jes. 22, 7 mit gleichem innerlich transitiven Gebrauch). Ist aber שִׂים von dem Stellung- oder Richtungnehmen direct auf ein Ziel los, von gerade auf etw. Losgehen in Gebrauch, warum soll nicht הָשִׂימִי an unserer Ezechielstelle „nimm Stellung oder Richtung geradeaus“ [1]) bez. „mache dein Antlitz, deinen Weg geradeaus sich richten“ = „haue vorwärts“ bedeuten können? [2])
Die Wahl gerade des — sonst so gut wie ungebräuchlichen — Hifils von שִׂים, שׂוּם ist wohl durch die nebenstehenden Hifilformen veranlasst. Das einzige Sonderbare bei der Deutung: „haue rückwärts, rechtwärts, vorwärts,

1) Vgl. שׂוּם (Jes. 41, 20) und הֵשִׂים (sc. לֵב) „auf etwas Acht haben, auf etwas merken“ Iob 4, 20. Dass an letzterer Stelle der Alexandriner nicht anders als durch Rathen auf sein „Helfen“ gekommen ist, glaube auch ich (vgl. Nöldeke in ZDMG. XXXVII, 530); es ist einer der Hunderte von Fällen, wo ein Gleiches von den LXX behauptet werden muss (vgl. meine *Prolegomena* S. 14 Anm. 1, u. o.). Wenn Merx nach der oberflächlichen Uebersetzung der LXX das massorethische מִשִּׂים in מוֹשִׁיעַ zu ändern vorschlägt, so ist das um so verwerflicher, als damit ein zu der ersten Vershälfte von Iob 4, 20 gar nicht passender Gedanke hineingetragen wird.

2) Die Aenderung Böttcher's von השימי in הקדימי scheint nach Obigem unnöthig, wie sie auch graphisch unmöglich sein würde.

linkwärts" ist, dass mit der wenigst wichtigen Richtung, der nach rückwärts, der Anfang gemacht ist. Mir würde eine Reihenfolge wie die in babylonisch-assyrischen Texten sich findende: *imnu šumêlu pâni u arku* (V R 65 col. I 31) passender scheinen. Indess da nun einmal die Reihe rundum geht, musste Eine Seite schliesslich den Anfang machen. Neckisch ist die alphabetische Folge der vier Richtungen.

Nöldeke bemerkt in seinem höchst dankenswerthen Aufsatz über die Verba ע״י im Hebräischen (in ZDMG. XXXVII, S. 530) gelegentlich unseres ezechielischen הָשִׂימִי: „Auf השימי in dem bekanntlich sehr schlecht überlieferten Ezechiel (21, 21) ist nichts zu geben; zwischen drei mit ה anlautenden Formen konnte ein träumender Abschreiber leicht noch ein weiteres ה hinzufügen, wenn anders השימי, das doch kaum einen brauchbaren Sinn giebt, nicht geradezu Dittographie des folgenden השמילי ist". Ich kann dieser Anschauung von dem Werth oder richtiger Unwerth des massorethischen Textes nicht beipflichten; trotz aller principiellen Bereitwilligkeit auch zu weitgehenden Textemendationen haben mich für meine Person meine hebräisch-assyrischen Untersuchungen nach dieser Seite hin äusserst vorsichtig und zurückhaltend gemacht. Die kleine vorliegende Studie über das Schwertlied Ezechiels illustrirt meinen Standpunkt zur Genüge. Sie ist gleichzeitig ein erster Versuch, die assyrische Forschung der philologischen Exegese des A. T. auch über die Erklärung einzelner Wörter hinaus dienstbar zu machen. Eine Reihe weiterer Arbeiten auf diesem Gebiete könnte sofort folgen. Indess würde ich mich glücklich schätzen, wenn zuvor dieser erste Schritt auf einer noch völlig unbetretenen Bahn rückhaltloser Kritik gewürdigt werden möchte.

Sprechsaal.

Miscellaneous Notes.

By *A. H. Sayce.*

1. Assyrian *R* for *S*.

Mr. PINCHES pointed out some examples of the change of *s* into *r* in Assyrian before a consonant in the *Proceedings of the Society of Biblical Archaeology* for April 5th 1881. I can add another from a passage which has hitherto been misinterpreted. In W. A. I. III. 8. 99. we read: *pagrisunu murpalu* (not *khar-pa-lu* as SCHRADER) *sa nagu imessir* "their bodies the low ground of the district receives". *Murpalu* stands for *muspalu*.

2. *Tisâ* "nine".

The numeral is found, written in full, in W. A. I. III. 9. 56. where Tiglath-Pileser II. states that he received among other tribute „outspread feathers of the birds of heaven, (and) nine of their wings" (*ti-sa-a gap-pi-su-nu*).

3. Accadian *das-bi* "in one".

In W. A. I. IV. 22. 44—45, the Accadian *das-bi* answers to the Babylonian *istenis*, showing that *dis* "one" was changed into *das* before *bi* either in consequence of a law of vowel-harmony, or else because *das* signified "one" in one of the Sumero-Accadian dialects. The formation of an adverb by means of the suffixed personal pronoun was imitated in Semitic Babylonian, tho' the proceedure is contrary to the genius of an inflectional language, however consonant it may be to the character of an agglutinative language which does not possess adverbs in the inflectional sense of the term. Originally such adverbs in Accadian seem to have been confined to the numerals, where the adverbials were formed by what was really a suffixed demonstrative tho' the Semites rendered it by their third personal pronoun. The usual mode of forming an Accadian adverb (or rather what would be translated by an adverb in an inflectional language) was by means of the plural suffix *ves*, which became *-es* and *-s*, as in the 3[d] personal plural of the verbal aorist. By a curious accident, this termination corresponded in sound to the contracted form of the Babylonian adverb, and we need not be surprised, therefore, that the writers of the artificial literary dialect which sprang up in the court of Sargon I. and his Semitic successors should have confounded them together.[1])

4. Interchange of *b* and *m* in Accadian.

Another example of the interchange of *b* and *m* (or rather *w*) in Accadian is found in the word which answers to the Assyrian *palâsu*. In W. A. I. IV. 17. 26. the Acca-

1) I use Accadian in the sense of non-Semitic, and not as prejudging the difficult question as to which of the two chief non-Semitic dialects of Babylonia the names Accadian and Sumerian should be applied. Besides those two chief dialects there were sub-dialects as well as the artificial dialect used by the scribes and priests of the early Semitic kings. The question is rendered more difficult by the two facts that the cuneiform system of writing continued to develope after its adoption by the Semites, new compound ideographs being invented and older characters being employed with new values, and that the translation of Accadian words and sentences by Semitic scribes is not literal in the modern sense of the word. Moreover I see no reason for supposing that the Accadian became extinct in the marshes of Babylonia before the age of Nebuchadnezzar, so that borrowing would have gone on between it and Semitic Babylonian for many centuries.

dian (*si*)-*minin-barrien* is translated by *tappallas*; in K. 4207. 16 *ipallas* is the rendering of *al-murrain-u-ne*, where *mur* is expressed by . It is possible that it ought here to be read *mar*, since we know that it has the double value of *khar* and *khur* (W. A. I. V. 19. 15.). In any case the original text of K. 4207 is written in one of the sub-dialects of Sumero-Accadian.

5. Accadian *dan-ga* "powerful".

The true reading of the Accadian   is *dan-ga* or rather perhaps *düngi*. As Hincks first observed, *-ga* (also *-gi* and *gü*) is a suffix corresponding to the English *-ful*. *Aggu* is purely Assyro-Babylonian, like *izzis* for . These Semitic values must be carefully distinguished from those of Sumero-Accadian, even tho' they have crept into "Accadian" texts which were composed after the rise of Semitic Babylonian literature. *Izzis* is also found written   (K 4872. 32), an example of what M. Halévy has happily called "the rebus". He is only wrong in ascribing the rebus on a large scale to an early period. We find it in texts of an early period both Accadian and Babylonian, but sparingly. It is not till the Persian epoch that the cuneiform characters were largely used with curious and far-fetched values, like the Egyptian hieroglyphs in the roman age, and that the rebus was much employed, especially in the case of foreign, and therefore meaningless, names (e. g. *Dari-musu, Dari-mu*, and *Darim-ahsu* for Darius).

6. Accadian values of and .

From W. A. I. II. 26. 56, 57 it is evident that had the value of *khid (khi-id)*. We may therefore conclude that the value of *ud* has come from *khud* thro' *hud*. Similarly the spelling חדקל shows that *id* "a river" was once *khid*, and the glosses in K 3927 state that was pronounced *khâ*, while in W. A. I. II. 4. 657. it has the value of *khu*. When used as a conjunction it was pronounced *sa* like ; see W. A. I. III. 70. 40.

7. *Teretu* "written knowledge".

I pointed out many years ago that the Babylonians used papyrus as well as clay as a writing material. The colophon on the reverse of R^{M} 2. III. (lines 5, 6, 7.) begins thus:

5. *zi-khu-te kakkabi sa* (MUL) SAK-ME-GAR . . .
6. BAR-ZU-MES-*ti sa* KA DUP ME-A *ki sa* . . .
7. *ki aru* U-RA-BI AB-SAR *ma* . . .

"The disappearances of the stars which the star Sakmegar . . . the observations recorded on the face of the tablet[1]) according to what . . . like its old papyrus copied and (explained)". *Aru* is here written . *Aru* is properly the "leaf" on rather "rind" of a tree (W. A. I. II. 2. 343., 36. 16.), in Accadian *pâ*. It also denotes the "scale" of a fish (W. A. I. II. 36. 17.). Now in W. A. I. II. 62. 17. is stated to consist of the two characters called *gistar* and *kusa* [*kusá-ku* added to *kus*, the value of according to 82. 8—16. Rev. 4, 5.], and is said to signify *tirtum*. As this is also given as the pronunciation of the two ideographs, they must have been, like many other compound ideographs and phonetic values, of Semitic invention. In 82. 8—16. Obv. 19. is stated to have the pronunciation of *gasam* in Accadian, and to be represented in Semitic by *enqu* "wise", *ippisu* "able", *khassu*

1) I translate thus according to Dr. HOMMEL's correction in ZK II. 104. But as I have met with cases in which *mea* without *nu* is used for the negative like *jamais* or *point* in French I must still leave it an open question whether a lost original is not referred to.

"intelligent", *mudû* "knowing", *abkallum* "prophet"[1]), and *bil terti* "lord of secret knowledge"; cp. W. A. I. IV. 14. Rev. 6. The latter was a title of the Sun-god, and in the legend of the god Zu the *terêti ilâni* are explained as "the tablets of destiny of the gods" (DUP NAM MES AN MES II. 12, 13, &c.).

8. NA-BI "that man".

In my Paper on the Medical tablets of the Babylonians I left the expression NA-BI untranslated. It is merely an equivalent of *nisu suatu*, and interchanges with the more usual MULU-BI in 82. 5—22. 196. 10, 13.[2]).

9. Gudibir.

Merodach is stated to have been called *Gudibir* in Accadian (W. A. I. II. 48. 36.) and is symbolised as the "opener" and "closer" of the year. He is identified not only with the twelve months of the year but also with the ecliptic (W. A. I. II. 47. 21.) represented by the characters (𒀭) 𒄞 𒁇. Hence the planet Jupiter is called 𒈨𒌍 𒄞 𒁇 or "planet of the ecliptic" in consequence of its proximity to the ecliptic, as Dr. OPPERT pointed out many years ago. The Accadian pronunciation of 𒄞 𒁇 must accordingly have been *Gudi-bir* or "bull of light". *Pir* is given as a value of 𒁇 in W. A. I. V. 20, 42. *par*

1) Cp. K. 5139. 1. The change of *g* to *k* shows that the word is borrowed from the Accadian *ab-galla (am-malla)*, and consequently that M. HALÉVY is wrong in reading it *eskallu* and regarding it as an example of the "rebus". A real example of the "rebus" is 𒆠𒂊 𒈨𒄭 𒂊 "the mask of an idol" which is properly written *ki-e-me-khi-e* in W. A. I. IV. 22. 29.

2) The word *idibi* in the incantation I have quoted in Vol. II, p. 214 of the *Zeitschrift* is plainly "the dippers" or "bathers" of the image, and should therefore be transcribed *i-dhi-bi*. I have found among my papers copies of two other fragments of the great medical work, marked M 1101, and M. 1252. The latter has to do with diseases of the mouth and mentions the copy of a receipt from Eridu.

and *bar* being dialectal variations. The astronomical tablets also make mention of "the bull of Anu" and "the bull of Rimmon", and M. Bosanquet and I have shown in a Paper published by the *Royal Astronomical Society* that when the Accadian calendar was formed the Sun still entered Taurus at the vernal equinox or beginning of the year. Hence the name of the month of "the directing bull".

10. *Irad* and *Enoch* in Genesis.

I would compare the Biblical עִירָד or יֶרֶד (Gen. IV. 18., V. 16.) with the name of the Chaldean city *Eridu*, to which it answers exactly. Enoch is the name of a son of Cain as well as of a city built by him, and is identical, I believe, with *Unuk*, the Accadian name of Erech. We see from the equivalence of *Idiqla(t)* and חדקל that an initial vowel in Accadian would be represented by ח. According to the genealogy in Genesis Erech would be older than Eridu. The name Methusael when compared with Methuselah has clearly been assimilated in its termination to Mehujael; I conjecture that it properly represents *Mutu-sa-ilati* "the husband of the goddess", i. e. the Sun-god Tammuz who had a shrine in the garden of Eridu and was the husband of Istar the goddess of Erech. Erech lay eastward of the *edin* or "desert-plain" which extended along the western bank of the Euphrates.

11. The Sagartians of the Behistun Inscription.

The Asagartiya are twice spoken of in the Persian text of the Behistun Inscription (II. 79., IV. 20.), and the land of Asagarta is mentioned several times. In the Amardian text it is simply transcribed *Assagartiya*. In the Babylonian version it appears as *Izkartâ*. It was in the neighbourhood of Arbela, and Spiegel notes that according to Ptolemy (VI. 2.) the Sagartians inhabited the eastern part of the Zagros range. In fact, Zagros is the same word. In the Assyrian inscriptions the country is called

Zikruti or *Zigruti*, and Tiglath-Pileser II. names it between Baršuas on the south-west of Lake Urumiyeh and Nissa or Nisæa.

12. *Eramu* "bare skin".

From R^M 268 Rev. and 82. 5—22. 196. it is clear that *e-ra-mu*, also written *i-ri-mu*, signifies the "bare flesh". The omen-tablet R^M 268 throws light also on the meaning of some Assyrian words denoting parts of the face. SAK-KI is "the form" *(zimu)* or "expression": *kutallu* "the brow"; *ušukku* "the cheeks", and TE apparently "the nose". It cannot be the chin as it is named before the upper and lower lips.

13. *Khamtu* and *maru.*

In the valuable bilingual tablet published by M. Bertin in the *Journal of the Royal Asiatic Society* XVII. 1. we find the words *khamtu* and *maru* used in what is evidently a grammatical sense, as M. Bertin notices. They do not, however, signify "strong" and "weak", as he supposes, but "female" and "male". For this signification of *marû* see W. A. I. II. 32. 65—67. I am inclined to think that the reference is rather to the *ömö sal* or "woman's language", than to the technical terms we meet with in Arabic grammars. In the same tablet we find two other grammatical symbols, 𒁹 for "singular" and 𒁹𒌋𒌋𒌋 for "plural". This explains the frequent use of 𒁹 in the so-called syllabaries.

שדה et מצר.

Par *J. Halévy.*

Au sujet de la combinaison effectuée par M. Delitzsch dans son *Hebrew Language* de שַׁדַּי avec l'assyrien *šadû* «être haut, élevé» j'ai dernièrement remarqué que je connaissait seulement le nom *šadû* «montagne», mais non pas un verbe *šadû* ayant la signification de «être haut, élevé».

Je vois par le dernier numéro de cette Revue que M. Delitzsch tient fermement à sa combinaison. C'est bien, mais au lieu de citer une forme verbale qui m'aurait tout de suite convaincu, M. Delitzsch recourt à des hypothèses que je ne saurais admettre à aucun prix. Qu'il me soit permis de les examiner.

Le mot *šadû* signifie à la fois «montagne» et «orient», n'est ce pas parceque le verbe *šadû* renferme l'idée de «hauteur»? Non, et cela par cette raison péremptoire que voici: le lever du soleil ne s'exprime dans aucune langue sémitique par un terme qui signifierait „se lever ou s'élever», mais par des mots qui signifient „sortir, briller (יצא, זרח, شرق, ሰረቀ). L'expression עָלָה השמש serait un barbarisme insupportable.

Le sens primitif de *šadû* est contenu dans l'araméen שְׁדָא «jeter, projeter» et dans l'arabe سدو (سدا) «tendre, étendre, allonger». La montagne est conçue comme une projection, un objet étendu ou allongé. De là, *šûd* „tendance vers, concernant» et *šêdu* «sommet aux parois lisses et abruptes». Le *šêdu* de la montagne qui ressort comme la lame d'un poignard (*kima ziqip paṭar parzilli*) n'est pas la «hauteur» mais «le sommet ou la pointe». Le simple bon sens suffit pour le faire voir. Chose curieuse, M. Delitzsch a oublié que le mot *še*-[illegible] = *ziqpu* = *pirḫu* qu'il a transcrit lui-même *šê-du* et qu'il a traduit par «stalk (*Hebrew Lang.*, p. 34, note 2)» est précisément le mot *šêdu* dont il s'agit. Dans tous ces synonymes, l'idée de «hauteur et d'élévation» fait absolument défaut.

Ce que M. Delitzsch dit à propos de [illegible] (var. [illegible]) *urri*, n'est pas plus acceptable. Les expressions rabbiniques שעת יום et שעת לילה montrent incontestablement qu'il faut lire *šat* (*ša-at*) *urri* et *šat* (*ša-at*) *muši*. Il s'agit bien de *šattu* (= héb. שָׁעָה, aram. שַׁעְתָּא, سَاعَة) «heure» et non de l'infinitif de *šadû*. L'objection de M. Delitzsch que les

Assyriens n'ont pu avoir un mot pour «Stunde» repose sur un quiproquo allemand. M. Delitzsch aurait dû savoir que «Stunde» marque dans d'autres langues germaniques l'idée vague d'une durée quelconque. C'est aussi le cas de שָׁעָה qui, à côté de l'heure précise, désigne un espace indéterminé de temps et se traduit par «instant, moment». Dans le Talmud בִּשְׁעָה שֶׁ signifie «pendant, durant»; de même quand l'Arabe dit في الساعة «tout de suite» il pense aussi peu à l'heure astronomique que nous en disant «tout-à-l'heure». La locution *ina šat urri* ou *ina šat muši* signifie donc respectivement «pendant le jour» et «pendant la nuit» et ne peut signifier autre chose. Je ne m'explique pas comment M. Delitzsch a pu lire *šad* et y voir un infinitif de *šadû* «Anbruch ou Anbrechen». Le passage qu'il cite lui-même aurait dû le convaincre du contraire. En effet, le mage d'Assurbanipal n'a certainement pas eu soin de se coucher «beim Anbruch dieser Nacht», c'est-à-dire, juste à la tombée de cette nuit, mais à une heure quelconque et *ina šat muši šuati* est simplement «während dieser Nacht», pendant cette nuit. Pareillement, dans le membre de phrase *buduqtum ša ina šat muši šurdat*, l'auteur entend peindre la nocüité de l'averse qui tombe *pendant* la nuit et non de celle que tombe *beim Anbrechen der Nacht*. A cette conception répond aussi l'idéogramme [cuneiform] qui exprime notoirement *labâru* «durer, vieillir» et jamais l'idée de «hauteur» et «d'élévation».

En résumé de ce qui vient d'être dit, je suis peiné de devoir m'inscrire en faux contre le rapprochement de שְׁדֵיאוּר et *šad urri* tenté par M. Delitzsch. Le mot assyrien existe aussi peu que sa prétendue signification de *Anbruch des Tageslichtes*. Quel que soit le sens du nom propre hébreu, son correspondant assyrien, s'il y en a, n'est pas encore découvert. Sur שְׁבִי, voyez *Revue des études juives* 1885, p. 301.

Un mot enfin sur la racine מצר que M. Delitzsch discute à la fin de son article. Une telle racine a certainement existé en hébreu comme le prouve le nom de l'Egypte, מִצְרַיִם: elle a produit l'arabe مِصْر «grande ville, limites, confins» et l'araméo-assyrien מצרא, *miṣru* «limite, confin»; l'idée de «garder» ne s'y trouve pas. Dans *maṣartu* et *maṣrâti*, il y a une omission du daguesh comme dans *madatu*, מַקְלִי; la nécessité d'admettre à côté de נצר une forme secondaire מצר au sens de «garder» ne se fait guère sentir et en tout cas l'hébreu מֶלְצַר ne saurait en être rapproché. Si l'origine babylonienne de ce mot était certaine, on pourrait penser à *amel-niṣirti* «homme de garde», ce qui expliquerait la forme Ἀμελλασάρ qu'on lit dans quelques textes des Septante, mais d'autres étymologies, fondées sur le persan ou le grec viennent également à l'esprit et il est difficile de faire un bon choix. En ce qui est des termes hébreux מָצוֹר, מְצוּרָה ou מְצֻרָה «rempart, forteresse», il faut les séparer des mots homophones qui signifient «siège (*Belagerung*)», les premiers dérivent du verbe צור dont l'étiopien a conservé le sens primitif de «porter»; ce sont proprement les circonvallations qui portent le tours et les autres œuvres de défense. Comparez aussi éthiopien መጸር «litière, palanquin». Les autres viennent de צור = צרר, صَرَّ «lier, serrer etc.». Ni les uns ni les autres ne font supposer une racine מצר.

Varia.

III[1]).

9. In appendice a quanto ho notato sopra (pag. 107 di questo tomo) intorno ai segni [cuneiform sign] e [cuneiform sign] (cf. del resto Chossat, *Repertoire Assyrien*, n°. 627, 820 e 436; Delitzsch-

1) Cf. p. 106 segg.; 302 segg.

Lotz, TP. p. 95; Pinches, PSBA. 1883 p. 106; Lyon, *Sargonstexte* p. 75; Haupt, ASKT. 126, 19 dove leggiamo evidentemente *ḳa-rit-tum*), senza ricordare tutte le forme che ricorrono nei testi ad esprimere i valori *dup, um, šu* noto soltanto [cuneiform] perchè non registrata nei sillabarii più in uso: (evidentem. = [cuneiform]). Si trova in Asurn. R. I. 27, 94 dove è notevole la forma *su*-[cuneiform]-*ḳa* = *sunḳa* (cf. *ušamkir* ed *ušankir, tuḳumtu* e *tuḳuntu*; *šumṭil* Imper. Schaph. di נטל: non *šumtul*: v. Del. AL³. p. 31, nota 1).

10. Asurn. I. 31 (ossia I. R. 17, 31) troviamo l'espressione [cuneiform] colla variante [cuneiform]. Il sig. Lhotzky (*Die Annalen Asurnazirpal's* p. 8) nota: «Die I R. zu *ilâni* angegebene Var. *Ašur* ist entweder unrichtig oder es ist vor *ilâni* einzuschieben; 'Ašur und die grossen Götter', wobei das verbindende *u*, wie oft, fehlt". Intenderei altrimenti. Secondo la mia opinione, gli Assiri (almeno nei tempi della lor massima potenza nazionale) adoperarono l'ideogramma del loro sommo Iddio [cuneiform] a significare κατ' ἐξοχήν l'idea della divinità (cf. *Ištar, ištarâti* per indicare una *dea*, le *dee*). Anche nel Prisma di Tiglathpileser I. col. VI. 16 (Lotz, p. 48) *ili-ia bêli-ia* ha per variante: [cuneiform] *bêli-ia*. Se non erro, anche il P. Strassmaier (n°. 3689) seguirebbe questa opinione. Non nego però che sopra varianti di tal genere conviene appoggiarsi con molta cautela negli studii lessicografici. In effetto poteva lo scrittore del Prisma A di Tiglathpileser esprimersi così: "la conquista dei paesi che io presi per mezzo del Dio mio signore"; ed al contrario lo scrittore di B preferire: "la conquista dei paesi che io presi per mezzo di Assur mio signore".

11. La voce [cuneiform] viene tradotta dagli assiriologi in modi diversi. A me pare che un solo e medesimo significato non possa darsi a *bu-ri-du* nei diversi luoghi dove ricorre. Primieramente in ASKT. 76, 16 sembra doversi tradurre «messaggero» (cf. Hommel, *Semiten*, I 309) ovvero «rapido». Difatti nella linea non semitica corrisponde a *bu-ri-du* l'ideogramma che si può dividere in 1) = *šêpu, kibsu, padânu* (v. ASKT. 29, 666 e 667; p. 204) e 2) ossia *italluku* (ASKT. 111, p. 12: cf. Sayce, *Elem. Gramm.* pag. 3 n° 13 a: *muttallicu* =). Prendendo altri valori per le parti componenti si avrebbe = «*gašru*» forte, (ASKT. 29, 668) e = *pušku*, «fortezza». Questa molteplicità di significati per le parti componenti dell' ideogramma, fa sì che tutto l'ideogramma apparisce di significato incerto, quantunque, ripetiamo, il contesto richieda «rapido» o «messaggero» (Lenormant, *Magie* p. 28: «*hurtiger Bote*»). L'aggiunta del segno all' ideogramma 2) sopra detto non aggiunge nessuna chiarezza. Del resto coi ll. cc. di ASKT. cf. AL³. S^c 301—303; Strassmaier, n°. 1416.

In secondo luogo apparisce in un testo didattico publicato II. R. 38 n° 3 (cf. V. R. 16) donde risulta che *bu-ri-du* = *za-ga-(ḫa)-aš* = *pu-uš-tum* (cf. qui sopra e leggi *pušku* con Haupt, ASKT. p. 41 numm. 286 e 287; Strassmaier, n°. 1447: *buštum*).

In terzo luogo un è nominato nella lista di uccelli II. R. 37 alla lin. 37 dove è da vedere quello che egregiamente ne ha scritto il Delitzsch, *Assyrische Studien* pp. 97—98. Aggiungo che nella medesima tavola II. R. 37, 47 e f. mi sembra menzionato lo stesso animale: *bi-rit bu-ri-di*, (*birit*, rad. ברה v. Delitzsch AL³. *Wörterbuch*, 139). Se con questo luogo abbia relazione V. R. 31, 43 a. b. mi par discutibile. Cf. anche nel racconto del Diluvio ediz. del Delitzsch AL³. p. 106, 189: *ina* .

Finalmente questa voce sembra occorrere in altri luoghi

importanti come IV. R. 26, n° 4,2 in un inno a Marduk: *ana pî buridika mannu ipparašid*? «di fronte (?) al tuo valore (?) chi scampa?». Sfortunatamente è scomparso l'ideogramma che corrispondeva a *buridika*. Nel testo de Nabucco I., PSBA. 1884 pag. 153 alla versione di *buridašu* per "his zeal" [1]) forse occorrerebbe un punto interrogativo. Di questi due luoghi ultimamente nominati cioè IV. R. 26 n° 4, 2 e PSBA. 1884 p. 153 non oserei proporre una traduzione: tuttavia, soltanto per congettura, non si potrebbero anche accettare le letture *ḳitridika*, *ḳitridašu*? (rad. קדר: *ḳitridu* «valore, forza»?).

Firenze, 27 Sett. 1885. X.

Zu den „Deux tablettes bilingues inédites" (siehe diese Zeitschrift Bd. II, S. 297 ff.).

Von *Friedrich Delitzsch*.

Darf ich mir gestatten, zu der dankenswerthen Mittheilung JULES OPPERT's über zwei bislang noch unveröffentlichte Thontafelfragmente einige kurze Bemerkungen zu fügen, sonderlich mit Bezug auf das erstere derselben?

Das von OPPERT 1855 copirte und auf S. 299 f. des II. Bandes dieser Zeitschrift mitgetheilte Fragment gehört zu der Tafel K. 2051, welche theilweise II R 32 No. 5 veröffentlicht ist. Die OPPERT'sche Ausgabe verwechselt Vorder- und Rückseite; die S. 300 veröffentlichten Zeilen sind Reste von Col. II, gehören also zur Vorderseite der Tafel, die S. 299 veröffentlichte Doppelspalte gehört zu Col. III, also zur Rückseite der Tafel. Die wenigen links von Col. III noch erhaltenen Zeilen und Zeilenreste gehören zur assyrischen Spalte von Col. IV und schliessen sich mit II R 32, 61 ff. c. d zur Einheit zusammen.

---

1) HILPRECHT, *diss.* p. 2 seg.: *ša êt-li ḳar-di pu-ri-da-šú* = "des tapferen Mannes Kraft". — *Ed.*

Da meine in einem der letzten Jahre gefertigte Abschrift dieses Tafelfragmentes an einzelnen Stellen von der Ausgabe OPPERT's abweicht, dürfte es bei der Wichtigkeit der einzelnen Gleichungen und Wörter nicht ungerechtfertigt erscheinen, meine abweichenden Lesungen hier kurz zusammenzustellen.

Zu S. 299 (d. i. also Verso!): Was zunächst die Ueberreste der rechten Spalte von Col. IV betrifft, so las ich das dem *um-ma* II R 32, 66 c entsprechende assyr. Wort *bur-šú-um-tu*, nicht *bur-šú-ta-tu* (O.) und darauf folgend noch drei Mal, nicht vier Mal (O.) das voll ausgeschriebene *bur-šú-um-tu* (nicht , O.); ebenso ist *bar-su* auch das zweite Mal voll ausgeschrieben, nicht durch die Gleichheitsstriche (O.) ersetzt. Auf *pa-al-tu* folgt noch einmal *pa-al-tu* und zwar ist das *pa* noch heutzutage erhalten. Hierauf folgt ein doppelter Trennungsstrich und auf diesen die erste Zeile der nächstfolgenden Serientafel, von deren assyrischen Spalte noch die beiden letzten Zeichen *êl-tu* erhalten sind. Auf dem sich unmittelbar anschliessenden Tafelrande stehen dann weiter noch Reste der gewöhnlichen Unterschrift, welche die Tafel als zur Bibliothek Asurbanipals gehörig ausweist.

Col. III war, ebenso wie Col. II, zu OPPERT's Zeit in der That noch vollständiger erhalten als jetzt. Von besonderer Wichtigkeit scheint mir die Gleichung *li-bi-ir* = (d. i. *su-sa-pi-*[*nu*?]) [1] [ ]; Dr. ZIMMERN's Auseinandersetzung in *Babylonische Busspsalmen* S. 60 f. wird dadurch sehr schön bestätigt. In der rechten Spalte der nächstfolgenden Zeile sind hinter *ku* (bez. *tukul*)-*li* noch Spuren eines Zeichens wie *tu* oder *li* erhalten. In der *ušbar* = *êmu* voraufgehenden Zeile, deren linke Spalte nach OPPERT: ( ) lautet, bietet meine Abschrift (*mu*- -*sa*) ! Auf

1) So ist jetzt noch klar zu sehen.

mi-iš-su-lal = *badûlu êmê-sal* folgen, und zwar bis zum Rande der Tafel, zwei Zeilen, übereinstimmend (nicht , O.) lautend; das assyr. Aequivalent beginnt in der ersteren Zeile mit .

Zu S. 300 (d. i. also Recto!) oder Col. II: Bis zum oberen Tafelrande fehlen etwa 5 Zeilen. Darauf folgt nach meiner Abschrift, die hier von der OPPERT'schen erheblich abweicht:

] (?) (?) [*tu*]
] *ma - ši - iš -* [*tu*]
] [*tu*]
] [ ]
] *a - bu - sa*[1] *-* [*tê*]

In der dem Trennungsstrich zunächst folgenden Zeile ist das links durch die Glosse *ur* erklärte Zeichen nicht *il* (O.), sondern ; rechts steht wieder: *šá* (sic!) *a-bu-sa-*[*tê*]; dem assyr. *mu-tar-ri-tu* entspricht das Ideogr. [2] (*ga-ga*) ; dem assyr. *mu-ṣa-pir-tu*[3] [2]] und (nicht , O.); es folgt *kir-rik-tu* (*rik*, *šim*; nicht *il*, O.); es folgen weiter die so hoch interessanten Wörter *za*(sic!)*-am-mê-ir-tu* und *na*(sic!)*-ar-tu*(sic!), endlich abermals *na-ar-*[*tu*][4].

Das zweite, von OPPERT S. 301 f. veröffentlichte Fragment ist auch mir nie zu Gesicht gekommen. Sollte es nicht zu dem später von GEORGE SMITH in Ninewe aus-

---

1) Nicht (O.)! Das Wort ist wichtig für I R 28, 1 b.

2) Das in diesen wie den folgenden Zeilen ist jetzt nicht mehr erhalten.

3) Beachte für dieses, anderwärts *mu-ṣap-pir-*[*tu*] = geschriebene, Wort Asurn. II 76.

4) *Nârtu* etymologisch Eins mit נַעֲרָה, *nâru* mit נַעַר; der Lautwerth *nar* des Zeichens ist assyrisch-semitisch.

gegrabenen und VR 13 veröffentlichten, rothfarbenen Thontäfelchen gehören?

Additional Notes.

By *Theo. G. Pinches.*

1. Additional note to *gurru* (see p. 325).

Dr. S. Louis (T. S. B. A. vol. VIII, p. 406) quotes from the Mishna (Kelim) the word גרורות, meaning "iron scrapings" (filings), thus confirming the etymology which I have proposed for the word *gurru.*

2. Additional note to *Ûnḳu* (see p. 325).

Ûnḳu, "handle," "door-ring," „finger-ring," is connected with the root عنق, whence the Arab. عُنُق, "neck." In Arabic the word حَلْقَة "ring of a door" seems to have a similar derivation, being from the root حلق, the second form of which, حَلَّقَ, means "to be surrounded with a halo (of the moon)," and from which also comes the word حَلْق, "throat," "neck." The word حَلَقَة, Mr. Rassam says, is used (at least at Mosul, his native place) to designate a handle to open or shut the door with, and is attached sometimes to the door, sometimes to the latch. It is not fastened to the door to knock with, though it is often used for that purpose.

3. Additional note upon *îkkallâtum* (see pp. 325—326).

I have since come across a confirmation of the etymology of *îkkallâtum*, proposed on pp. 325—326. The passage occurs on the tablet S.+, 972. (Evil-Merodach, 2[d] year), and is as follows:

. . .

. . . *îk - kal dalti*

ma-la *Nadin-âḫî* *a - na* *bît* *Šapik - zêri*

'u - še - ri - bu *u - še - eṣ - ṣi*

"The bolt(s) of the door(s)[1], as many as Nadin-âḫî takes down to the house of *Šapik-zêri*, he may take away."

My first translation of *îkkallâtum* or *îggallâtum* was "keys," and this may be the meaning here, but it is unlikely that a special clause would be inserted in a contract for objects hardly likely to be useful in another house. A bolt, it is true, is intended to make a door fast, but when it is drawn, the door may be opened, and it is probably for this reason that a bolt was called "the opening thing."

It may here be noted that the name of the month Nisannu is of Akkadian origin, and comes from the same root as *nisag, îsag*, &c., the primary meaning being "chief," "head," "eldest," — literally "what is first", from *nî (nig)* or *î (ig)* "that which," "what," and *sag* "head." (compare *îkkal* and *îkkib*). A byform of *nisag* is *nisang* or *nisan,* whence the Assyrian form *Nisannu*. This month was so named because it was the first of the Babylonian year.

4. Additional note upon *galli* (see p. 328).

This word is, most likely, only a late loanword from the Akkadian *gal,* the earlier form being apparently *kalû* (with long end-vowel, as is common with loanwords from Sumerian and Akkadian). This word occurs in W. A. I. II., pl. 21, ll. 39—40 and 42—43, translating, amongst others, the groups [cuneiform], [cuneiform], [cuneiform], and [cuneiform]; *mulu* and *labar* being the dialectic pronunciation of [cuneiform]

1) The singular of each of these words is here used collectively, probably on account of the formation ("the-what-opens-a-door") — unless, indeed we are to translate *mala* otherwise than "all," "as many as."

(gal) and *(lagar)* respectively. Compare, for the former, the passage in W. A. I. IV., pl. 11, ll. 31—32: = *kalû aḫulap libbi-ka*, "the man (has not said) 'when (shall) thy heart?'"[1]); and, for the latter, W. A. I. V., pl. 38, No. 2, l. 5. See also my "Observations upon the languages of the early inhabitants of Mesopotamia" in the *Journal of the Royal Asiatic Society*, Vol. XVI., part 2, p. 316 (April 1884), in which I have pointed out the relationship between *gal*, *kalû*, and *mulu*. Compare ZIMMERN'S *Babylonische Busspsalmen*, Leipzig, 1885. pp. 14—16.

Nachträge zur Erklärung der Tafel *šurbu* VI.

Von *P. A. Jensen.*

II.[2])

Zu *Zeitschrift* I, 306, ann. 1. — Aehnlich ist das Ideogramm KI aufzufassen, welches in semitischen Texten einfach *Babîlû*[3]) zu lesen ist. Das *ra* des Ideogramms deutet ebensowenig wie das *ga* in dem assyr. Ideogramm DUG-GA an, dass die Zeichengruppe im Babylonischen oder Assyrischen eine auf *ra* endigende L e s u n g hat. Die Zeichengruppe verdankt geradeso wie und (= *Piṣît* und *Baṣît*; denn so bietet ein Duplikat zu 5, 23) der Etymologisiersucht der babyl. Priester und Gelehrten ihre Anwendung. Ebensowenig wie (= *Pisît* = *Basît*) im Sumerischen je *laḫ* bez. *zlag* oder *slag* (vergl. ZK. II, 49 f.) oder *babbar* gesprochen wurde,

1) ZIMMERN, *Bab. Bussps.*, pp. 28—29.

2) Vgl. S. 306 ff.

3) Der Umstand, dass der *u*-Vokal in der letzten Silbe von *Babîlû* mit Vorliebe geschrieben wird, sowie der, dass die Griechen diese Stadt mit *Βαβυλών* bezeichneten, zwingt uns zu dieser Transcription. Es scheint an *Babîlû* der *u*-Vokal bezw. *o*-Vokal ebenso wie an *apšû* (cf. *ἀπασών*) hängen geblieben zu sein.

ebensowenig liegt Grund vor zu der Annahme, dass KA. AN.*ra* im Volksmunde je *kadingira* gesprochen wurde. Ist aber KA.AN-*ra* blosses Rebus, dann konnte auch im Akkadischen, wo das nichtsemitische Wort für Gott nicht auf *ra* sondern auf einfaches *r* endigte, doch in der Schrift nicht unterlassen werden, 𒀭-*ra* zu schreiben. Denn da es nur zwei Möglichkeiten gab *Babîlû* etymologisierend zu ideographieren, nämlich durch KA.AN.*ra* KI und durch KA-DIM-MÍ-IR-KI, so musste Ersteres gewählt werden, weil letztere Schreibung die Möglichkeit offengelassen hätte, phonetisch *kadimmir* zu lesen. So fällt denn einer von den Gründen, mit denen TH PINCHES und P. HAUPT zu beweisen versucht haben, dass der *ṅg*-Dialekt in Nordbabylonien heimisch war. Ebensowenig unerschütterlich ist übrigens nebenbei bemerkt der aus der Uebersetzung von *Tintir (Tindir)*[1]) durch *šubat balaṭi* hergenommene. Denn gesetzt auch, dass in Nordbabylonien n i e *tin* für *balaṭu* im Gebrauch war, so konnten doch die Babylonier für eine Etymologie des Namens *Tindir* (deren Richtigkeit gewiss gerne bezweifelt werden darf) ebensogut aus einem naheliegenden Dialekte ein Wort heranziehen, wie unsere ungebildeten und gebildeten Laien, ja wie in gar nicht lange zurückliegender Zeit unsere Gelehrten nur zu oft zu solchen Zwecken die entlegensten Sprachen benutzten. Die Gleichung: *Tindir* = *šubaṭ balaṭi* spricht also nicht f ü r PINCHES' und HAUPT's Terminologie, vielleicht sogar g e g e n dieselbe. Dies könnte nämlich daraus entnommen werden, dass den Babyloniern, die diese Etymologie aufbrachten, der Umstand, dass in *(Tin)dir* ein *i* erscheint für das *u* in sumer *dur*, nicht anstössig war.

Zu S. 309, ann. — Dass *šagapiru* und *šagapuru* Lehnwörter sind, ergiebt sich aus ihrer unsemitischen Form. Für die Herstellung einer gesicherten Etymologie für beide Wörter ist zu beachten, 1) dass sich **sagabir* in *saga*

---

1) So wird wohl, weil *dur* = *šubtu*, zu lesen sein.

28*

und *bir*, *gudibir* in *gud(i)* und *bir* zerlegen lässt; 2) dass *gud* = *ḳarradu*, *bir* (= [cuneiform]) = „Krieger“ (= *ḳarradu*), endlich dass [cuneiform] = *ḳurâdu* = *gud*[1]) (2, 36, 2 ab); 3) dass [cuneiform] (welches = *gudibir* : 2, 48, 36 a) den Lautwert *kid (gid?)* hat (z. B. 2, 48, 15 ef.). Daraus schliesse ich, dass sowohl *gudibir* als auch **sagabir* (= *šagapiru*) „Held“ bedeuten und dies um so sicherer, als Maruduk den Beinamen *ḳarradu* führt, der ihm, dem Sonnengotte, ebenso zukam wie dem Gotte *Šamaš* und dem Gotte NIN.IP.

Ibid. — Ob Prob. 5, 21. פלס schlechthin die Bedeutung „beobachten“ hat, und nicht mit פלס = wägen, wohl aber mit *naplusu* zusammenzubringen ist?

Zu S. 310. — Dass wirklich [cuneiform] (= *bûru* = *amar*) ursprünglich nur „Junges“ bedeutet und demnach das Ideogramm [cuneiform] [cuneiform] [cuneiform] Maruduk bezeichnet als „die junge Sonne“ (vielleicht gwählt als eine Art Rebus, weil man es auch *amar-utuki* l e s e n k o n n t e), erhellt klar aus 5, 51, 53 b einerseits, andererseits aus 5, 39, 13 cd, wo: [cuneiform] [cuneiform] = *admu*. Denn da *admu* „Vogeljunges“ bedeutet, [cuneiform] = Vogel ist, kann [cuneiform] nur „Junges“ bedeuten. Jetzt erklärt sich das Ideogramm AMAR.MAŠ.KAK (2, 6, 17 c) durch „Junges“ (AMAR) „der Gazelle“ (MAŠ.KAK.). — Beiläufig bemerkt, hat das Zeichen [cuneiform] im Sumer. den

---

1) Da *ḳurâdu*, welches sonst durch [cuneiform] [cuneiform] wiedergegeben wird, hier durch einfaches [cuneiform] ausgedrückt wird, so erhellt, dass das Zeichen [cuneiform] in dem Ideogramm für *ḳurâdu* dieselbe Rolle wie in [cuneiform] [cuneiform] (= *assinu*) spielt, d. h. Determinativ (= „Mann“) ist. Daraus folgt, dass [cuneiform] allein den Begriff *ḳurâdu* ausdrückt, also auch allein *gud* gelesen werden kann. Ist daher 5, 38, 18 g vor [cuneiform]-*du gu*-[cuneiform] zu ergänzen und [cuneiform] [cuneiform] = *kakkadu gudu* zu lesen?

Wert *mušin*[1]) (S^a. col. I, 8). „Vogel“ heisst aber im Akkadischen *mutin* (*mutín*).[2]) Wir haben demnach einen Uebergang von *š* in *t* anzunehmen. Wie dieser Uebergang zu denken ist, ist eine andere Sache. Vielleicht ist das *t* in *mutin* kein reines *t*. (Cf. Pinches, ZK. II, 264, A. 2; Haupt, ZK. II, 282, A. 1). Vielleicht ist auch der Uebergang von älterem -σσω zu späterem -ττω zu einer Vergleichung heranzuziehen. Nicht ausgeschlossen scheint es mir, dass dieser Lautwandel eine Wichtigkeit erlangen wird für eine Untersuchung über den Namen *Tindir*, welcher ein Gebiet bezeichnet, das sich mit dem Begriffe des Namens שנער deckt. Dass שנער nicht = *Šumir* ist, muss einem Jeden feststehen, der die Schwierigkeiten bedenkt, die einer Gleichsetzung beider Namen entgegenstehen, von denen die grösste die ist, dass *Šumir* Südbabylonien, שנער dagegen Nordbabylonien bezeichnet (!). Der Zukunft bleibt es vorbehalten, zu entscheiden, ob *Tindir* und שנער (die sich sachlich decken) auf eine ältere gemeinsame Urform *Šingar* (*Šingir*) zurückgehen. (Beachte, dass Acker = s. *agar* = a. *adar*). Sollte sich dies herausstellen, dann wäre schon durch das blosse Wort *Tindir* die Frage, ob der *m*-Dialekt sumerisch oder akkadisch zu nennen ist, entschieden. Doch braucht man, um darüber in's Klare zu kommen, sich nicht an die Zukunft zu klammern. Die

1) Auf einem im brit. Mus. befindlichen Cylinder *Samsuiluna*'s glaubte ich Zeile 13 [illegible] lesen zu müssen.

2) Dies ergiebt sich aus einer Vergleichung von 2, 25, 41 ab (*mu-tin* (= *mutin*) = *iṣṣuru*) mit 2, 7, 13 cd (*mutin* = *zikaru* in der *imi*-[illegible]) und 2, 23, 39 ab (*mutin* = *zikaru*), vor Allem aber aus 5, 44, 10 cd ([illegible] = *Amil* oder *Arad-Gula*). Wie es möglich ist, dass dem Zeichen [illegible] im Assyrischen „Mann“ entsprechen kann, wird allein durch die Tatsache klar, dass sowohl „Vogel“ (= [illegible]) als auch „Mann“ = ([illegible] =) *mutin* hiessen. Da nun *mutin* im Akkadischen = „Mann“ ist, gemäss 2, 7, 13 cd, so ist auch *mutin* = „Vogel“ akkadisch.

vorliegenden Texte genügen, um zu zeigen, dass die beregte Frage in einer Weise zu entscheiden ist, welche wohl in gewisser Weise beiden Parteien Recht gibt.

Zu S. 312. — Trotzdem, dass *ra* „gehen" bedeutet, möchte ich zweifeln, ob wir *a-ra* lesen sollen und statt dessen die Lesung *(a)ara* vorschlagen. Denn daraus, dass den Namen *araguppû* führt (welches Wort doch nur bedeuten kann: das Zeichen für *ar(a)*[1]), welches auch *gup (gub)* gelesen werden kann), geht hervor, dass = *ara*. Es liegt daher nahe, in dem a vor ein phonetisches Element zu sehen, welches anzeigt, dass im gegebenen Falle von den durch dasselbe darstellbaren Lauten denjenigen darstellt, der mit *a* anfängt. Hiernach sind einige ähnliche Fälle zu beurteilen. Einer sei hier erwähnt. Die bekannte Zeichengruppe hat 2, 55, 68 c die Glosse *a*[2]*)-sa-ru (!)*, ein Wort, das Herr Pinches mit *a-sa-ri* 5, 62, 45 b vergleicht. Diesem entspricht nun aber in der neunordbabyl. Uebersetzung . Aus diesen beiden Stellen ergiebt sich mit grösster Sicherheit, dass zu lesen ist *(dimmir) (a) asari (ri)*. Das *a* mag dem Zeichen vorgesetzt worden sein, um die Lesung *sagabir* zu verhüten.

Zu S. 313. — Auch die Bedeutungen der Formen Iphtʾaal Iphtanaal und Uštaphʾal weisen auf „zurück —" als Grundbedeutung von *apâlu* hin. *Itappalûinni* (= *itápalûini*) wird 5, 63, 4 b „wiederholen, wiederholt sagen" heissen, *attanpal(šunuši)* (= *attanapalšunuši*) hat 5, 63, 22 a und *itanappal* 5, 67, 6 ohne Zweifel die Bedeut. „erstatten", zurückgeben," endlich *uštipilu* 5, 65, 31 a ebenso sicher den Sinn „rückgängig machen." (Beachte, dass *ina amât ilûtika*

1) Im Gegensatze zu dem Zeichen für *ar*, welches nur *ar* und dem Zeichen für *ar*, welches auch *up* gelesen werden kann.

2) So liest Herr Pinches mit Recht. Zu sehen ist etwa:

rabîti ša lâ uštipilu im ‖ mit *ina ķibîtika ṣîrti ša lâ uttakari*). Es liegt nahe, anzunehmen, dass *mušpîlu* (4, 16, 8 a), dem dasselbe Ideogramm ([illegible]) entspricht, welches auch den Begriff von *inû* (= „ändern"; warum dies mit „unterdrücken" übersetzt werden soll, sehe ich nicht ein; dass ענה diese Bedeutung hat, kann doch wohl nicht einen Beweis ersetzen) ausdrückt, sich zu **mušîpilu* verhält wie vielleicht *ušzîz* zu *uši'ziz* (Haupt, ZK II, 272) und sicher *rîba* zu *iri'b*. (Bezold, ZK. II, 69).[1])

Ibid. — Für *ra* (und nicht *rab*) = „Dich" beachte auch 4,25 Col. IV 38,39: *im(m)aranin* — KA = *ukanîka* und 4,25 Col. IV 40,41: *im(m)arantuma* = *itbalka*.

Für den Wechsel von *d* und *r* im Sumerischen (resp. im Assyrischen) liegen vielleicht noch mehrere Beispiele vor. Als zweifelhaft muss ich das folgende bezeichnen: Für [illegible] wird der Lautwert *kur* bezeugt 5, 26, 13 a, *gur* 2, 27, 12 a, den Lautwert *kir* und *kil* hat es im Assyrischen. Der Lautwert *gud* wird für dies Zeichen gefordert durch 5, 29, 74 g, der Lautwert *gid* z. B. durch 3, 61, Nr. 2, 26 b; 30 b, wo für [illegible] (= *gid* = *arâku*) [illegible]-*da* geschrieben steht. (Siehe Sayce, *Elem. Gr.* zu diesem Zeichen). Es scheint äusserst wahrscheinlich, dass *gid, gur, kur, kir, kil* alle insgesammt Variationen und Abarten des ältesten *gud* (*göd*) sind. Möglicherweise wurde ein sumer. *d* gar nicht deutlich vom Zungen-*r* (neben dem es ein Gaumen-*r*[2] gab!) unterschieden und näherte sich dem lateinischen *r* (vgl. dass: *arbiter* = **adbiter, arcesso* = **adcesso, arveho* = **adveho, merîdies* = **medîdies*), obwohl durch [illegible]-*a* in der Schrift angedeutet.

Für sicher muss dagegen folgendes Beispiel gelten: [illegible] wird 4, 16, 30 a durch *nirba*[3]) (*Nirba*)

1) Vgl. auch Latrille, S. 352. — *Red.*

2) Man beachte, dass *šuguz* = *šuruz* = *šamû* (cf. ZK II, 53 A.).

3) Gemäss G. Pinches ist dort allerdings das Zeichen [illegible] zu lesen. Doch ist eine Verwechslung von [illegible] und [illegible] ja öfters zu beobachten. (z. B. 2, 47, 9 c, wo das Original *zi*-[illegible]-*ka-tu* hat).

wiedergegeben. Das Fragment 82, 8—16 giebt der Zeichengruppe MÍ den Namen *išib-nidabaku*, also dem Zeichen den Namen *nidaba*, woraus *nirba* offenbar entstanden. Das Zeichen hat in obiger Zeichengruppe dieselbe Bedeutung, wie in der Gruppe IN.NU, welche mit IN.NU. wechselt. Siehe die Bemerk. zu S. 57.

Ibidem zu *Bad (si-aba)*. — Es sind verschiedene Lesungen des Ideogrammes *ga* vorgeschlagen worden. Ich möchte folgenden Vorschlag machen. 2, 59, 31 de entspricht sog. sumer. *ga* sog. akkad. (sic!)-*ba*, welche Gruppe *dib-ba* zu lesen sein wird. Da häufiger sumer. *g* akkad. *b* entspricht, dürfte es nicht unwahrscheinlich sein, dass + *ga dig-ga* bezw. *dug-ga* zu lesen ist. Leider bleibt ja die Möglichkeit *lu-ba* im Akkad. zu lesen unstritten, weshalb denn auch zugegeben werden muss, dass BAD-*ga* eventuell auch *luga* gelesen werden kann. Auf jeden Fall aber wird man, um die Lesung von BAD-*ga* festzusetzen, von 2, 59, 31 de ausgehen müssen.

Ibidem zu ann. 2. — Die Vermutung, dass in zu verbessern sei in S[c] 242, hat sich nicht bestätigt. Das Original bietet ein durchaus deutliches .

Zu S. 314. — Dass auch das Zeichen den zuerst von mir (Weihnachten 1883) erschlossenen Lautwert *taǧ* hat, ist von Delitzsch in seinen Beigaben zum *Liber Ezechielis*, von Zimmern in seiner Schrift *Die babyl. Busspsalmen* S. 16 A., endlich wieder von Delitzsch p. XVII seiner AL.[3] bemerkt worden.

Zu S. 316. — Ebenso wie *(ub)* ist *nu*-GIG*(-ib)*, der akkadische Name der *Ištaritu* aufzufassen (cf. Delitzsch AL.[2] pg. 74. l. 16; 5 R 52, 14 b). Denn diese Form ist offenbar die akkadische Gestalt des sumerischen *nu*-GIG.[1])

1) Ob dies *gig* oder × + *ib* (*gib?*) zu lesen ist, muss zweifelhaft bleiben, da GIG schon im Sumerischen den Lautwert × + *ib* gehabt hat cf. [

(2, 17, 11 ab u. s. w.). Aus dem Umstand, dass *mu* GIG *(ib)* = *nu*-GIG geht (was von nicht geringer Bedeutung ist) hervor, dass auch im Anlaute der im Wesentlichen von HOMMEL entdeckte Lautübergang von *n* in *m* im Sumero-Akkadischen stattfindet, eine Tatsache, die zu dem Uebergange von *ṅg (ṅ)* in *m* im Anlaute eine Parallele darbietet.

Zu S. 318. — Dass *šâʾilu* (cf. שׁאל) eigentlich „Befrager" heisst und = hebr. אוֹב ist, wird durch das Fragment 82, 8—16 bestätigt. Auf dem Revers dieses Täfelchens ist Zeile 28 und 27 von unten Folgendes zu lesen:

iu-si- EN. ME. LI. |- *iu-mî-i-li-lu-u* ,- [cuneiform] (*a-bu*) [cuneiform] [fehl. 2 Z.].
Es erhellt, dass *ša*- zu *ša-ʾi-lu* zu ergänzen ist, woraus die Identität von *âbu* und *šâʾilu* folgt. Ob אוֹב assyrisches Lehnwort ist?

Zu S. 319. — Nachträglich finde ich, dass die Gleichung KI. LUL = [cuneiform] [[cuneiform] *ti*] auch 2, 19, 1 cd erscheint (*mâmît* [cuneiform] [[cuneiform] *ti*] *ša ina la i* (?!) - *di-i amila* [*laptat?*]). NORRIS hatte also Recht, wenn er 2, 19, 1 d [cuneiform] schrieb, aber HAUPT auch, wenn er nur [cuneiform] sah. Denn soviel ich durch den Glassdeckel sehen konnte, bietet das Original jetzt in der Tat nur [cuneiform]. Aus 2, 19, 1 c erhellt für KI. LUL ein auf *m* endigender Lautwert.

Zu S. 319. Es gereicht mir zu einer besonderen Freude, meine Vermutung, dass [cuneiform] im Sumerischen nicht *mu* hiess, zur Behauptung steigern zu können. Einer freundlichen Mitteilung G. PINCHES' entnehme ich nämlich folgende Gleichung [cuneiform] = *tu* [cuneiform] Dass das letzte Wort zu *ši-ip-tum* zu vervollständigen ist, bedarf

[cuneiform] *ba* = *kibâtum*: 2, 39, 60 ab und K. 166, Z. 3 v. u., wo GIG *ba* = *kibti*. (Beiläufig bemerkt ist 2, 39, 59 ab vor GIG noch ein Keil zu sehen, der gemäss K. 166 Z. 3 der Rest von [cuneiform] ist.)

keiner Erwähnung. Wir haben demnach in einem Dialekte des Nichtsemitischen (welcher nicht akkadisch zu nennen ist, weil im Akkadischen *tâbu* nicht *du* (5, 21, 16 gh) sondern *zĕb* oder *zib* hiess, auch nicht sumerisch, weil in diesem Dialekte [cuneiform] nicht *ir* (5, 21, 51 h) sondern *ur* gesprochen ward) für [cuneiform] das Wort *mu*, in einem anderen, dem sog. sumer. das Wort *tu*.[1]) Haben die beiden Wörter Etwas mit einander zu tun? Im Hinblicke auf 5, 14 c, 32—35, wo für [cuneiform] neben *(tug) tu* (und *ti*) der Lautwert *mu* gefordert wird, möchte ich diese auf der Hand liegende Frage bejahen. Wie aber dieser Uebergang stattgefunden hat, ob nicht vielleicht *twu* und *wu* zu sprechen ist, darüber wage ich mich nicht definitiv zu äussern. Hinzufügen möchte ich, dass das sumer. *tu* = *šiptu* = „Besprengung = Beschwörung" zweifelsohne mit *tu* = *ramâku* = „besprengen" identisch ist. (Siehe: Pinches, *Signlist*).

Zu S. 320. — Zu 46 des Textes. Das „nescimus" lässt sich jetzt streichen. Auf dem mit *gan-na-a-ti ša Maruduk-abal-i(d)dân* unterschriebenen, darum aber doch kaum richtig „list of gardens of M." benannten kleinen Täfelchen haben sämmtliche Ideogr. und phonetisch geschriebene Wörter, darunter *ḳiššû, piḳḳûti* und *lapti* (wozu Delitzsch *Hebrew Lang.* und wohl auch eine 5 R 23 ergänzende Tafel zu vergleichen ist, die als dem babyl. *la-ap-ti* entsprechend ein mit [cuneiform] beginnendes sumer. Wort anführt), soweit sie Pflanzennamen ansdrücken, ein [cuneiform] hinter sich. Ich weiss nicht, ob man dies Zeichen als den Ausdruck für *gannatu* aufgefasst hat. Jedenfalls ist dies unstatthaft. [cuneiform] aber mit „Hain" zu übersetzen ist desshalb ausgeschlossen, weil

1) Was ich schon aus der Gleichung 4 R, 7, 44—45: [cuneiform] = [cuneiform]-*i* = *ti'* zu einem Teil hätte entnehmen können. Denn das Wiederholungszeichen, dem ein *i* folgt, deutet an, dass das 4. 22, 13 erscheinende *ti-i* sumer. Lehnwort ist.

ein „Gurkenhain“ oder ein „Wurzelhain“ ein Unding ist. Es bleibt meiner Ansicht nach als einzige Möglichkeit übrig, in dasselbe zu sehen, das 2, 26, 55 mit *arḳu* übersetzt wird, und darin das Ideogramm für „Gemüse“ ירק (cf. 5 M. 11, 10: גן הירק) zu sehen. (Vgl. das sum. *musara (= musarû)* = „Gemüsegarten“: ZK. II, 16).

Zufälliger Weise ist die erste Gruppe der beregten Tafel: . Fassen wir diese Gruppe auf als das Ideogramm von *šûmu*, was nicht abzuweisen ist, so folgt: dass *šûmu* im Sumerischen (?) allein durch ausgedrückt wird. Vielleicht aber ist dies Zeichen nur ein von den Babyloniern erfundenes Ideogramm gewählt desshalb, weil im Sumer. und Assyr. den Lautwert „*šum*“ hat (schon Halévy hat vorgeschlagen *šum-mu* zu lesen).

Zu *arrat limutti(m)*

Von *Carl F. Lehmann.*

Auf Herrn Dr. Jensen's Nachtragsbemerkung zu *arrat limuttim* IV R 7, col. I, 1. 2 (S. 307 dieses Bandes) möchte ich mir die folgenden Gegenbemerkungen erlauben.

Limuttu ist bekanntermassen (wie auch *damiḳtu*) sowohl Femininum des Adjektivs (masc. *limnu*) als auch Substantivum abstractum; vgl. z. B. IV R 41, 38 [c]; IV R 8, 45 [b]; IV R 28, 8 [a] sowie auch die unveröffentlichte Statueninschrift Assurbanapal's 80, 6—17, 1, Z. 39: *a-mat da-mi-iḳ-ti.*[1]) Es

1) Siehe auch Asurb. R[M] I, 120; II, 5; III, 79. 117. 123. IV, 43; VIII, 72; Asurb. Sm. 26, 27 und das in meiner *Babyl.-assyr. Literatur* S. 87, § 51 zu Sarg. St. mitgeteilte Duplicat, welches Z. 37 (der Lyon'schen Ausgabe) *a-mat* bietet. Durch dieses (=) wird, wie der Herr Verfasser oben mit Recht geltend macht, allerdings die substantivische Fassung des dem Status constructus folgenden Wortes seitens der Assyrer bezeugt. — Die hier besprochenen Fälle aber abgerechnet, werde

fragt sich nun, ob man *arrat limutti(m)* grammatisch als eine regelrechte Statusconstructus-Verbindung aufzufassen hat („Fluch der Bosheit"), oder ob man ein Substantivum mit nachgestelltem attributiven Adjectiv im Nominativ darin sehen will („ein böser Fluch"). Im letzteren Falle stände *arrat limutti(m)* statt *arratu limuttu*; man hätte also anzunehmen, dass 1) der Endvocal von *arratu* „abgefallen" (?) wäre (was allerdings auch bei *lišân limuttu* der Fall), und dass 2) das Adjectiv im Nominativ ungenauer Weise die Genetivendung zeigte. Schon an sich wird man diejenige Auffassung wählen, die sich ungezwungen ergiebt.

Ein deutscher Uebersetzer könnte recht wohl einmal englisches *an evil tongue* wörtlich mit „eine böse Zunge" übersetzen, und desshalb doch ein andermal, ohne sich eines Uebersetzungsfehlers schuldig zu machen, *an evil malediction* frei durch „ein Fluch der Bosheit" wiedergeben. Dieselbe Freiheit stand auch dem assyrischen Uebersetzer aus dem Sumerisch-Akkadischen zu. Daher ist II R 17, 32[ab] *imi gulgal* = *lišân limuttu* unserer Auffassung durchaus nicht „wenig günstig". Wohl aber zeigt in IV R $^{1}/_{2}$[c]: *u gul* = *ûmu ša limutti(m)* das eine Statusconstructus-Verbindung andeutende *ša*, dass *limutti(m)* nach der Auffassung der Assyrer Genetiv ist.

Dazu kommt noch, dass, sieht man genauer zu, die Unterschiede in der assyr. Uebersetzung durch Verschiedenheiten in der Ausdrucksweise des Originals begründet sind. Denn es entspricht

IV R 7 $^{1}/_{2}$[a] assyr. *arrat limuttim*: sum. = akkad. *aš gul*
IV R 1 $^{1}/_{2}$[c] „ *ûmu ša limuttim*: „ „ *u gul*
II R 17,32[ab] „ *lišân limuttu*: „ „ *imi gulgal*

und ferner auf der sechsten *šurbu*-Tafel selbst

IV R 8 $^{45}/_{46}$[b] assyr. *mâmît limuttu*: sum. = akk. *nam-irim gulgal.*

---

ich im Glauben an die Richtigkeit der S. 316 vorgetragenen Vermutung bestärkt durch mand. היואת נוקובתא (Nöldeke, *Gramm.* S. 311). — *Bezold.*

Also nur in den Fällen, in welchen assyrisch *limuttu* zweifellos als Adjectiv steht, finden wir im Sum.-Akkad. das Adjectivsuffix *gal*. Die assyrische Uebersetzung ist also genau: ein Beweis mehr für die Richtigkeit unserer Auffassung.

Wer dieser beistimmt, der wird auch — und deshalb ist die Sache von Wichtigkeit -- in der beachtenswerten Notiz des Herrn Dr. Bezold (S. 316 dieses Bandes) von allen denjenigen Beispielen absehen wollen, bei welchen das Adjectiv auch als Substantivum abstractum im Genetiv gefasst werden kann, weil dann keine eigentümliche, sondern die gewöhnliche Statusconstructus-Erscheinung vorliegt: also von den dort citierten Fällen: *arrat limutti*(*m*), *riḫiṣ limut*(*t*)*i*, *šîmat damiḳti*(*m*) und *šipir limutti*(*m*). Zu den übrigbleibenden Beispielen müsste mehr Material hinzugefügt werden, ehe die von Bezold aufgeworfene Frage entschieden werden kann. Nur allseitige Mitwirkung wird hier, wie bei allen, Durchforschung der gesammten Literatur erfordernden, grammatischen Fragen zum Ziele führen.

München, 25/9 85.

Recensionen.

The cuneiform Inscriptions and the Old Testament by **Eberhard Schrader,** D. D., Ph. D., Professor of Oriental Languages in the University of Berlin &c., *translated from the second enlarged German edition with an introductory preface by* Rev. **Owen C. Whitehouse,** M. A., Professor of Hebrew, Cheshunt College. Vol. I. *With a Map.* Williams and Norgate, London and Edinburgh 1885. XXXII und 310 p. in 8°.

Nur mit wenigen Worten sei auch hier auf die jüngst erschienene äusserst verdienstliche englische Bearbeitung des bekannten, bedeutenden Schrader'schen Handbuchs durch Professor Whitehouse hingewiesen. Mit besonderer Freude wird dieselbe gewiss in England und America begrüsst worden sein.

Der erste Band, welcher bis jetzt allein vorliegt, reicht bis zu den assyriologischen Bemerkungen zu 2 Koe. 18, 13, S. 317 der zweiten deutschen Ausgabe; um die zahlreichen Citate aus dieser (KAT²) auch in der englischen Bearbeitung leicht auffinden zu können, sind am Rande derselben die Seitenanfänge der ersteren beziffert beigeschrieben. In der *introductory preface* bespricht Prof. Whitehouse zunächst einige formelle Abänderungen der englischen Ausgabe gegenüber der deutschen, insbesondere was die Verweisung längerer Parenthesen des Contextes in die Fussnoten betrifft, ein Verfahren, das vielleicht noch öfter hätte in Anwendung kommen dürfen. Prof. Haupt's Bearbeitung des keilinschriftlichen Sintflutberichtes ist weggeblieben; dafür aber sind von SCHRADER (p. 56—60) die wichtigsten Stellen desselben, welche mit solchen des A. T. correspondiren, in neuer Besprechung und Uebersetzung eingefügt worden. — In kurzen Zügen entwirft der Uebersetzer sodann ein Bild von dem jetzigen Stand der Pentateuchkritik und kennzeichnet den Standpunkt SCHRADER's (NÖLDEKE's, DILLMANN's) gegenüber GRAF-KUENEN-WELLHAUSEN. Der Schluss dieser Einleitung enthält die Erklärung einiger assyriologischer termini technici für Nichtassyriologen: „Ideogramm", „Syllabar", „Determinativ", „Regentencanon" und „Verwaltungsliste".

Die Uebersetzung, welche sich, abgesehen von den im Englischen ungebräuchlicheren, häufig widerkehrenden Parenthesen gut liest[1]), ist, soweit wir dieselbe prüfen konnten, eine ziemlich getreue Widergabe der zweiten deutschen Ausgabe, vermehrt um die dort als „Nachträge" bezeichneten Notizen, um einige Anmerkungen des Uebersetzers sowie auch um mehrere Literaturnachträge des Verfassers. Unter den letzteren bemerken wir z. B.: p. XXXII zu p. 222 die Note über *Pûlu*, wozu man den Schluss meines Aufsatzes in *the Academy* 1885, p. 76 vergleiche; ferner p. 19, Note * und ***, zu letzterer siehe jetzt auch DELITZSCH bei ZIMMERN, *Bussps.* 76, N. 1 und JENSEN in dieser *Zeitschrift* II, 323. Zu der Vermutung DELITZCH's (bei LOTZ) über *šarru* (p. 23, N. **) möchten wir mit HAUPT, *Akk. Spr.* XXXIII auf SAYCE, *on an Accadian Seal*, p. 16 verweisen. Gegen die von HAUPT, KAT² 79 ausgesprochene Vermutung eines Zusammenhanges von ברכ mit ברך (p. 39, N. *) müssen wir uns mit HOMMEL, *Ltr. Ctrbl.* 1883, Sp. 355 ablehnend verhalten. — Vgl. ferner p. 46, N. **, p. 61, N. **, p. 71, N. * (s. HAUPT, *Andover Review* 1884, p. 91, N. 7, zur Sache aber auch schon OPPERT, EM I, 275 suivv.), p. 79, N. **, p. 104, N. *, p. 115, N. *, p. 155 (zu Josua 15, 46) u. s. w.

---

1) Die Titel deutscher Werke sind in den Citaten bisweilen englisch widergegeben, aber nicht immer.

An Druckfehlern sei verstattet zu verbessern p. 83, l. 23 (line 9 statt 12, wie KAT[2] richtig bietet) und p. 108, N. ***, l. 2 (l.: Basel 1872; der Vortrag war 1871 in Zürich gehalten worden). — Wir wünschen dem Buche auch in Deutschland weite Verbreitung und viele Freunde.

München, am 9. Nov. 85. C. B.

Babylonische Busspsalmen, umschrieben, übersetzt und erklärt von **Dr. Heinrich Zimmern**. Band VI von: *Assyriologische Bibliothek, herausgegeben von Friedrich Delitzsch und Paul Haupt.* Leipzig (Hinrichs) 1885, X und 120 S. in 4°.

Dieses Buch ist ein Mustererzeugnis der assyriologischen Schule Delitzsch's. Der Verfasser, welcher die ersten Bogen desselben zunächst als Inauguraldissertation drucken liess, ging nach gründlichster Kenntnisnahme der einschlägigen Literatur an seine Arbeit, was in der Assyriologie jetzt gerade nicht mehr leicht genannt werden kann. Dankenswerte Vorbemerkungen „zur babylonischen Busspsalmenliteratur“, „zur sumerisch-akkadischen Sprache“ und „zur Transscription“, welche der eigentlichen Abhandlung vorangehen, kennzeichnen die Stellung des Verfassers zu einigen der wichtigsten assyriologischen Controversen: wie uns scheint, enthält derselbe sich mit Recht (S. 1) einer genaueren Bestimmung der Abfassungszeit der babylonischen Busspsalmen, mit Recht (S. 2) „religionsgeschichtlich-vergleichender Betrachtungen“. Mit Recht wird auch nach unserer Ansicht (s. *the Academy* 1885, p. 76) der jüngst von M. Halévy beleuchtete (s. *revue critique* 1885, p. 45—9), auf Dr. Dvorak's Anregung (s. Bd. I, 168, N. 1) „von Hommel unternommene Versuch, das Sumerische schon jetzt einer bestimmten Sprachfamilie, speciell der turko-tatarischen, einzugliedern“ als „verfrüht“ bezeichnet. Das Entgegenkommen gegenüber der bekannten Theorie M. HALÉVY's, bezüglich dessen sich FRDR. DELITZSCH in seinen sehr verdienstlichen „Zusatzbemerkungen" (S. 113—9) dem Verf. anschliesst, wird zur Lösung dieser schwierigen Probleme allseitigst neue Anregung gegeben haben: an der Existenz einer oder mehrerer nichtsemitischer Sprachen in den (unter anderen) im 2., 4. und 5. englischen Inschriftenbande veröffentlichten Keilschriftdenkmälern wird aber, so glauben wir, unser hochverehrter Mitarbeiter M. HALÉVY, gerade wegen seiner scharfsinnigen Untersuchungen, zu zweifeln aufhören müssen (*lasciate ogni speranza!*).

Die eigentliche Abhandlung gibt K. 101, K. 4931, K. 4623, K. 2811, K. 4608, K. 1296, K. 4934 + K. 4899, K. 3158 + K. 3194 + K. 3184 (aus diesen drei Stücken ist IV R 61, Nr. 1 zusammengesetzt) und K. 254 in sehr genauer lateinischer Umschrift, mit Uebersetzung und ausführlichem Commentar wider. Zu manchen dieser Tafeln konnte Verfasser die Textverbesserungen von HAUPT, zu den beiden letzten die (bisher unedirten) von DELITZSCH benützen. Es sei Ref. verstattet, die Ergebnisse seiner eigenen Collation von IV R 61, Nr. 1 (11. Juli 1882), soweit sie für die von Prof. DELITZSCH von Interesse sind, hier beizufügen: obv. 2 fehlen von *ru* nur die beiden schrägen Anfangskeile; von *az*, Z. 12 nur Spuren zu erkennen; vor *ctiq*, Z. 21 noch mehrere Spuren senkrechter Keile; *pi*, Z. 37 war nicht von etwaigem *ši* zu unterscheiden; Z. 43 sahen auch Mr. PINCHES und Ref. nach *zanâna* deutliche Spuren von *šú*; rev. 6 vor *tim-ma* Spuren des Anfangs eines Zeichens wie *ru*; die Spuren des zwischen *ka* und *iš-ša*, Z. 7 stehenden Zeichens beginnen oben wie bei *ur* ([cuneiform]); *lu* nach *ši-tu*, Z. 14, schien Ref. sicher; Z. 15 las er nach *ra* ziemlich deutliches *ar*.

Ueber die Schwierigkeit der Uebersetzung der Texte darf man sich keine Illusionen machen; gibt doch Verf. selbst an (S. 76), dass ein namhafter Sumeroakkadist in der Inschrift IV R 19, Nr. 3 „eine Schilderung religiöser Festlichkeiten zu Ehren der Göttin (Istar) zu sehen scheint", während er selbst der Meinung ist, „es handelt sich vielmehr um eine Schilderung des über Land und Stadt Erech vom Feinde gebrachten Unglücks". Man fühlt sich dem gegenüber berechtigt daran zu zweifeln, ob diese „geschichtliche Auffassung" der Inschrift „besonders auch durch die unmittelbar vorhergehenden, noch in Spuren erhaltenen Zeilen bestätigt" wird.[1])

Der Commentar des Buches enthält eine Fülle von neuen, treffenden, fast stets sorgfältigst nach allen Seiten geprüften Bemerkungen, auf die wir hier leider nicht näher eingehen können. Bei den sehr dankenswerten „Indices" möchten wir nur die Aufzählung der assyrischen Wörter „in Auswahl" missbilligen: würde die Hinrichs'sche Buchhandlung, die den Bänden der „assyriologischen Bibliothek" eine so prächtige, geschmackvolle Ausstattung zu teil werden lässt, es nicht gestattet haben, die paar Seiten, welche alle die vom Verf. gesammelten Wörter im Text der besprochenen Inschriften und im Commentar (wie bei Lotz, *Tiglathpileser*) beanspruchten, in das Werk mit aufzunehmen?

Wir heissen den Verfasser mit vielem Dank für seine Erstlingsarbeit in der Reihe der Assyriologen willkommen.

München, am 14. Nov. 85. C. B.

1) Ref. hat sich am 1. Mai 1882, auf Anregung von Prof. Haupt eine selbständige Copie der Inschrift sowie auch des Fragmentes K. 4648 angefertigt, ohne dass es ihm gelungen wäre, die verwaschenen Zeilen weiter zu entziffern, als dies Haupt bereits vermochte.

Berichtigungen.

S. 299, Z. 15 l.: st.

S. 308, Zz. 2. 4. 7 l: *ki*- -*la-an* st.

S. 315, Z. 10 l. Syrische st. Assyrische.

S. 347, Z. 35 l.: (S. 249) st. (S. 19).

Bibliographie.

Brunengo, P. Gius. — L'Impero di Babilonia et di Ninive dalle origini fino alla conquista di Ciro, descritto secondo i monumenti cuneiformi comparati colla Bibbia. Prato (Giachetti) 1885. 2 Bde. in 8°. 599 und 585 pp.

Cook, F. C. — The origins of religion and language considered in five essays (darin Nr. 2: On the Persian cuneiform inscriptions and the Zend Avesta). London (Murray) 1884.

Delattre, A. — L'Asie occidentale dans les incriptions assyriennes: Extrait de la Revue des Questions scientifiques 1884—85. Bruxelles (A. Vromant) 1885. 175 pp. gross-8°.

Halévy, J. — Recherches bibliques. IV: Revue des études juives 1885, p. 57—74.

Harper, W. R. — An important help for the Study of Assyrian: Hebraica 1885, Oct., p. 56—8.

Haupt, P. — On the etymology of *mûtnînû*: Hebraica, 1885, Oct., p. 4—6.

Holtzendorff, Fr. v. — Die geschichtliche Entwickelung der internationalen Rechts- und Staatsbeziehungen bis zum Westphälischen Frieden: Handbuch des Völkerrechts auf Grundlage Europäischer Staatspraxis unter Mitwirkung von ..... herausgegeben von Dr. Fr. v. Holtzendorff, erster Band, (S. 157—392 =) drittes Stück (darin § 44: Babylonien und Assyrien, § 45: das Medisch-Persische Reich). Berlin (Habel) 1885. 236 Ss. in gross-8°.

Kaulen, Fr. — Assyrien und Babylonien nach den neuesten Entdeckungen. Dritte, abermals erweiterte Auflage. Mit Titelbild, 78 in den Text gedruckten Holzschnitten, 6 Tonbildern, einer Schrifttafel und 2 Karten. Freiburg (Herder) 1885. XII, 266 Ss. in gr.-8°.

Klatt, J. — Bibliographie über Keilinschriften: Literatur-Blatt f. orient. Phil. II, S. 269—74.

Kohler, J. — Ueber zwei babylonische Rechtsurkunden aus der Zeit Nabonids: Zeitschr. f. vergl. Rechtswiss. 1884, S. 376—84.

Lyon, D. G. — Kritik über Frdr. Delitzsch's „assyrische Lesestücke", dritte Aufl.: Hebraica 1885, Oct., p. 61—2.

Menant, J. — Un camée du musée de Florence: revue archéol. 1885, p. 79—86.

Neteler, B. — Lösung der assyriologisch-alttestamentlichen Schwierigkeiten: Zusammenhang der alttestamentl. Zeitrechnung mit der Profangeschichte. Zweites Heft. Münster (Theissing'sche Buchh.) 1885. 26 Ss. in 8°.

Pinches, Theo. G. — On a Series of Specimens of the Familiar Correspondence of the Babylonians and Assyrians: Proceed. Soc. Bibl. Arch. 1885, p. 170.

— Babylonian Art, illustrated by Mr. H. Rassam's latest Discoveries: Transactions Soc. Bibl. Arch. vol. VIII, p. 347—57.

Rassam, H. — Biblical Nationalities Past and Present: Transactions Soc. Bibl. Arch. vol. VIII, p. 358—85.

Rawlinson, G. — On the early cities of Babylonia: The monthly Interpreter 1885, p. 321—32.

Sayce, A. H. — A note on the relative (אֲשֶׁר): Hebraica 1885, Oct., p. 51.

Schrader, Eb. — The cuneiform inscriptions and the Old Testament. Translated from the second enlarged German edition with an introductory preface by O. C. Whitehouse. Vol. I, with a map. London (Williams and Norgate) 1885. XXXII und 310 pp. in 8°.

— Die Keilinschriften am Eingange der Quellgrotte des Sebeneh-Su: Abhandl. d. k. preuss. Ak. d. Wiss. zu Berlin vom Jahre 1885. Berlin 1885. 31 Ss. in 4°. mit 1 Taf.

— A south-babylonian aramaic-greek Bilingual: Hebraica 1885, Oct., p. 1—3.

Strassmaier, J. N. — Die babylonischen Inschriften im Museum zu Liverpool nebst andern aus der Zeit von Nebukadnezzar bis Darius: tiré du vol. II des Travaux de la 6e session du Congrès international des Orientalistes à Leide. Leide (Brill) 1885. 56 gedruckte und 176 autographirte Ss. in gross-°8.

Vigouroux, F. — La Bible et les découvertes modernes en Palestine, en Égypte et en Assyrie. 4ème éd. Paris (Berche et Tralin) 1884—5. 4 Bde. in 12-°, 524. 630. 612 und 694 Ss.

— Anzeige davon in: Civiltà catt., Ser. 12, Vol. 11, Quad. 843, p. 823—6.

— Die Bibel und die neueren Entdeckungen in Palästina, in Aegypten und in Assyrien. Autorisirte Uebersetzung nach der vierten Auflage von J. Ibach. I. Bd. Mainz (Kirchheim) 1885. XV, 431 Ss. in 8°.

Ward, W. H. — Extract from a Private Letter from Babylonia: Amer. Journ. of Archaeology, Vol. I, 3 (Baltimore, July 1885).

Young, Al. — Assyrian Antiquities illustrating Sacred History. I—IV: Evangelical Repository, July-Oct. 1885.

Zimmern, Heinr. — Babylonische Busspsalmen umschrieben, übersetzt und erklärt. Leipzig (Hinrichs) 1885. 120 Ss. in 4°. („Assyriologische Bibliothek", herausg. von Frdr. Delitzsch und P. Haupt, VI.).

Zschokke, Herm. — Ueber die Wichtigkeit der assyriologischen Forschungen insbesondere für das alttestamentliche Bibelstudium. Wien 1884.

Abgeschlossen am 17. November 1885.

Akademische Buchdruckerei von F. Straub in München.

Akademische Buchdruckerei von F. Straub in München.

Zeitfracht Medien GmbH
Ferdinand-Jühlke-Straße 7
99095 Erfurt, Deutschland
produktsicherheit@kolibri360.de